明源不动产研究院

明源不动产研究系列丛书

品 质 力

明源不动产研究院 编著

中信出版集团 | 北京

图书在版编目（CIP）数据

品质力 / 明源不动产研究院编著 . -- 北京：中信出版社，2023.1
ISBN 978-7-5217-5065-2

I. ①品… II. ①明… III. ①房地产业-质量管理-研究-中国 IV. ① F299.233.3

中国版本图书馆 CIP 数据核字（2022）第 231017 号

品质力

编著者：明源不动产研究院
出版发行：中信出版集团股份有限公司
（北京市朝阳区东三环北路 27 号嘉铭中心　邮编　100020）
承印者：北京联兴盛业印刷股份有限公司

开本：787mm×1092mm　1/16　　印张：27　　字数：445 千字
版次：2023 年 1 月第 1 版　　印次：2023 年 1 月第 1 次印刷
书号：ISBN 978-7-5217-5065-2
定价：108.00 元

版权所有·侵权必究
如有印刷、装订问题，本公司负责调换。
服务热线：400-600-8099
投稿邮箱：author@citicpub.com

《品质力》编审委员会

总　编：高　宇　王立军
主　编：周孝武　覃　丹
编　委：王润泽　黄祎伊　唐　亮　黄　乐
　　　　朱兰兰　施建波　许菲菲

目 录

序言 黑铁时代，品质突围 / IX

第一章 品质突围：地产大变局，品质力是新周期核心竞争力 / 001

第一节 房地产动能转换，品质红利成必然之势 / 002
- 002 一、我国房地产业发展概览
- 003 二、制度改革与需求释放的双轮循环效应造就土地红利时代
- 005 三、行业内外资本意识觉醒推动资本红利时代到来
- 007 四、长效机制与融资收紧促使行业向管理红利转型
- 008 五、经济与市场变化促使房企追求品质红利

第二节 品质红利时代，房企品质突围十分迫切 / 009
- 010 一、品质房企更能实现逆势突围
- 010 二、内外部环境已变，倒逼房企转向品质竞争
- 021 三、品质红利时代，房企急需实现品质突围

第三节　房企品质突围难题与典型案例分析　/ 021
- 022　一、房企提升品质力面临的难题
- 023　二、对标制造业案例，寻找品质突破点
- 026　三、对标典型房企，寻找品质提升路径

第四节　房企品质力提升之道　/ 033
- 033　一、房企品质力提升"1234"模型
- 033　二、品质力提升的两大聚力点：产品力、服务力
- 035　三、品质力提升的三大链条
- 037　四、品质力提升的四大驱动

第二章　客户驱动：房企品质力提升的行动指南针　/ 041

第一节　房企客户驱动落地问题与解决路径　/ 042
- 042　一、存在问题：意识、组织、能力、协同未实现客户驱动
- 044　二、解决路径：文化、组织、执行全维度实现客户驱动落地执行

第二节　文化与组织：打造有客户信仰且以需求为导向的组织体系　/ 045
- 046　一、文化营造：上下一体转变意识，强化客户中心文化
- 048　二、组织设计：打造客户导向组织，实现高效协同

第三节　需求洞察：以多维调研，洞见不同客户需求　/ 052
- 052　一、存在问题：存在五大问题，无法触达真实客需
- 054　二、解决方案：做好客户细分，调研量化，动态更新
- 054　三、建立适配客户细分体系
- 063　四、多维度＋场景化客户调研
- 070　五、转化与量化客户需求
- 076　六、建立动态更新机制

第四节 产品升级：与需求动态同频，提升竞争力 / 078

- 079　一、存在问题：不重视、无规划、管理粗放
- 081　二、产品力核心体现：适配、适销、适用
- 081　三、提升方法：差异化的产品自生长体系

第五节 服务强化：打造优质全周期服务体系 / 102

- 103　一、房企服务发展阶段：三大阶段并存，发展水平不一
- 104　二、存在问题：认知存在误区，执行质量参差不齐
- 105　三、提升路径：做实、做细、做优，强化服务品质

第六节 品牌塑造：产品和服务转化为 IP，持续赋能 / 115

- 116　一、品牌 IP 的类型：产品 IP、工程 IP、服务 IP
- 118　二、塑造条件：拥有资源、业务、管理、产品优势
- 119　三、适合的房企类型：规模房企、区域深耕房企更具优势
- 120　四、塑造方法：标准化、品牌化、价值化

第三章　管理驱动：以标准化管理为核心打造卓越品质力 / 125

第一节 从管理看品质：地产品质管理的问题与困境 / 126

- 126　一、缺少全局视角，缺乏系统性的品质管理思维
- 127　二、品质意识淡薄，品质文化理念缺失
- 127　三、团队间配合差、协同差，相互间无补位，责权利不清晰
- 128　四、标准落地难、执行差、缺整改、缺闭环
- 128　五、学习意愿差，少总结复盘，技术工艺落后，无提升动力

第二节 管理驱动品质提升的策略与蓝图 / 129

- 129　一、全周期系统化品质提升蓝图

132　　二、品质战略的规划与实施
134　　三、品质文化的树立与建设
137　　四、品质制度体系建设
139　　五、建设赋能型组织

第三节　设计阶段品质力的提升与保障　/144
144　　一、困扰设计阶段品质力提升的问题与原因
146　　二、以管理驱动设计阶段品质力提升
160　　三、时代与客群变迁驱动产品设计不断升级

第四节　构建全方位的供应链品质保证体系　/161
161　　一、房企供应链的品质与管理现状
161　　二、升级供应链管理，全面赋能品质提升
173　　三、打造全方位品质供应链管理体系

第五节　在生产中锻造品质——建造过程中的品质管理　/174
174　　一、房企建造过程中的品质管理现状与困难
174　　二、锻造品质的根基——系统化进行建造过程品质管理

第六节　交付管理的品质管控　/208
208　　一、交付管理问题：客户意识缺失，交付管理滞后
209　　二、交付管理思路：建立基于客户视角的全周期交付管理体系
210　　三、"防"字诀：建立全周期风控体系，从救火到防火
215　　四、"实"字诀：建立完善的交付体系
227　　五、"快"字诀：实现一站式报修，提升处理效率

第四章 技术驱动：创新重塑行业品质，技术引领建筑未来 /233

第一节 外部环境日趋严峻，技术创新迫在眉睫 /234

- 234 一、政策：双重政策驱动，技术创新箭在弦上
- 235 二、市场：生存环境急剧恶化，技术创新成为房企突围的不二选择
- 236 三、客户：传统建造模式已经无法满足购房者对住宅品质的要求

第二节 业内并不缺乏新技术，但技术应用呈两极分化状态 /237

- 237 一、近年来，行业新技术如雨后春笋般涌现
- 238 二、头部房企积极布局新技术且已初见成效
- 240 三、中小型房企对新技术大多处于不敢用、不愿用、不会用的尴尬境地

第三节 技术驱动落地方法论 /245

- 245 一、前期筹备：充分清除新技术落地的前期阻碍
- 250 二、技术试点：探索经验以防出现失误，降低整体决策成本
- 258 三、全面推广：提升工程质量、降低建造成本
- 263 四、迭代升级：保持持续创新的能力，坚持对品质的极致追求
- 265 五、组织及制度支撑：挖掘员工的潜在创造力

第四节 重塑行业品质的四大技术变革趋势 /268

- 268 一、预制化：现代工业化生产方式的典型代表
- 273 二、绿色化：创造品牌溢价的新吸引力
- 277 三、一体化：实现设计、采购、施工全过程协同的最佳路径
- 279 四、减人化：缓解建筑用工荒的必经之路

第五章　数字驱动：数字化构建房企品质核心竞争力　/283

第一节　行业管理升级，品质数字化转型成为必然　/284
- 284　一、行业生存战要求房企实现品质发展
- 284　二、传统品质管理存在局限，需要进行数字化转型

第二节　品质数字化发展面临挑战　/288
- 288　一、数字化失败案例导致疑虑丛生
- 289　二、品质数字化发展误区

第三节　房企数字化发展成功案例　/292
- 293　一、招商蛇口的数字化转型历程
- 296　二、招商蛇口数字化转型经验

第四节　实现路径：战略重视、全局规划与分步兑现、评估调优　/297
- 297　一、战略重视
- 303　二、全局规划、分步兑现
- 311　三、评估调优

第五节　品质数字化实践　/315
- 316　一、智慧设计
- 321　二、智慧风控
- 328　三、智慧工程
- 338　四、智慧供应链
- 349　五、客服数字化
- 352　六、全触点服务

第六章　变革路径：不同房企如何实践品质力变革　/359

第一节　变革路径蓝图：战略、组织、业务、品牌　/360

360　一、战略变革

361　二、组织变革

361　三、业务变革

362　四、品牌变革

第二节　规模型房企变革路径　/362

362　一、房企特点与存在问题

365　二、品质变革路径：战略转型、组织聚变、业务创新、品牌优化

第三节　成长型房企变革路径　/372

372　一、房企特点与存在问题

376　二、品质变革路径：战略重视、夯实基础、彰显优势、品牌塑造

第四节　房企变革案例　/382

382　一、规模型房企案例：绿城中国，从品质特长生到全面优等生

393　二、成长型房企案例：东原集团，坚持长期主义，将品质特长发挥到极致

403　三、成长型房企案例：永威置业，精细化战略突围之道

序言　黑铁时代，品质突围

我国房地产业正在经历一场新旧发展模式的深刻变革

自 1998 年取消实物分配福利住房以来，我国房地产业迎来超常规发展的黄金时代。从最近二十年的数据来看，全国房地产销售额增长了 30 倍，而 GDP 同期增幅为 9.4 倍。在房地产野蛮生长的时期，众多房企将高周转、高杠杆、高负债奉为圭臬，一路高歌猛进，迅速跨越百亿、五百亿乃至千亿门槛。在规模面前，产品品质、客户口碑、绿色节能等统统让路。

但进入 2022 年，随着三道红线等房住不炒政策持续发力、人口负增长拐点临近、城镇化率增速放缓、投机性需求透支，再叠加新冠肺炎疫情反复和国际环境严峻等因素的影响，房地产业的黄金时代戛然而止，百强房企的销售额普遍腰斩。那些过度使用杠杆、追求规模的房企更是接连爆雷，出现债务违约、项目停工，这直接影响到众多购房者的利益。楼盘交付烂尾带来的断供潮冲击着我国的金融秩序，也对公众的购房信心造成了巨大冲击，并进一步形成恶性循环。房地产投资迅速下滑，并直接拖累我国经济复苏，仿佛一夜之间，房地产业从黄金时代迈入了黑铁时代。新周期已至，原有模式已成桎梏，新的模式何在？

高质量发展是房地产业的新模式，品质力是新模式下房企突围的关键能力

在黄金时代，房地产被视为投资品，品质力少有人关注，房企决策层最注重的是土地获取能力、融资能力、快周转运营能力。然而当潮水退却时，品质优秀的房企彰显其英雄本色，形成对品质平庸房企的碾压。比如，2022年6月业绩环比增长超100%的房企有7家，其中仁恒、招商蛇口、滨江、绿城、金茂均是业内公认的品质力卓越的房企。再反观爆雷的房企，它们在品质方面大都存在问题，以致降价去化都无人问津。

我认为品质力才是穿越地产周期最强大的力量，其中有外因和内因两大核心根因。

外因是房地产已进入买方市场，客户正成为稀缺资源。随着城镇化率增速逐步放缓，城镇户均套数已达1.1套，城镇人均居住面积超过40平方米，房屋紧缺问题已不复存在，老百姓的关注点也正从"居者有其屋"转向"居者优其屋"。当下老百姓虽不缺房子，但缺好房子，即那些能够承载起美好生活的好房子。特别是在房价上涨预期消失、投资性需求减退、消费信心不足的时候，能够打动购房者的只有实打实的品质力。同时由于前几年高周转、低品质的后遗症逐步显现，购房者对房屋品质的不满情绪正在上升，掏空全家钱包买来的房子却有一堆问题，交付必维权已是普遍现象。那些忽视品质、忽悠客户的房企正被购房者抛弃！

内因则是房地产总量见顶，房企竞争日趋加剧，行业正迎来一场优胜劣汰的大洗牌，只有均好无短板、制胜有长项的房企才能活得好。正如绿城中国董事会主席张亚东所言，绿城中国的定位就是有特长且全面发展的优等生。以绿城中国、朗诗、滨江等为代表的品质房企正在获得以下四种独特优势：

- 客户获取优势。高品质产品自带客户流量，良好的客户口碑促进老客户再购与推荐，降低了品质房企对渠道的依赖，所以品质房企的获客成本明显低于其他房企，比如滨江的营销费用占比仅为1.8%，而行业均值高达4%。
- 供应链合作优势。品质房企对供应商有两大吸引力：一是品质房企销售去化好，付款更有保障；二是与品质房企合作有助于供应商打造行业标杆项目案例。所以，供应商主动拿出更好的合作条件来谋求与品质房企合作。
- 合作操盘优势。地产下行，由多家房企联合开发的项目增多。品质房企由于具有品牌优势，更能获得项目操盘主控权。尤其是近期大量拍地的城投城建类企业，它们自身并不具备商品房开发能力，更需要引入有团队、有品牌的品质房企。在此背景下，品质房企迎来第二增长曲线——向轻资产代建方向转型，比如绿城管理、金地管理、朗诗绿色管理。
- 政府资源优势。2022年基建全面提速，在保障房、学校、医院等公益性市政基础建设领域，政府会更倾向选择品质房企代建代管，比如绿城管理已经成为我国最大的保障房建设服务商。

有了上述四种优势加持，品质房企的崛起已经势不可挡，而且越是行业下行，其比较优势越凸显。品质力的战略重要性已毋庸置疑，但品质力锻造却十分困难：需要系统性全局推进；耗费周期长，动辄3~5年；成果缺乏衡量指标；涉及的环节多，过程易失控。如何高效锻造品质力，是众多房企面临的共同难题，这也是我们编写本书的初心。我们通过对数十家品质房企持续多年的系统性研究，并充分借鉴中国家电行业、全球汽车业等其他行业的品质提升之路，历时三年最终形成本书。

品质力提升之道可以归纳为"1234"，即以客户价值为核心，聚焦产品和服务两端，贯通客户链、生产链、供应链三链，依托客户驱动、管理驱动、技术驱动、数字驱动四大驱动，持续推动品质力进化和企业能力塑造。

客户价值既是核心，也是企业大厦的基石。商业企业的本质是通过创造客户价值来获得合理利润，但很多房企却本末倒置，以攫取高额利润为出发点，无视客户基本利益，结果导致粗制滥造、降标减配的项目充斥市场。渗漏、空鼓、开裂已是常态，其至建筑结构强度不足、防火门不耐火、阳台坍塌、门窗脱落伤人等严重侵害公众安全的事件也时有发生，这导致公众普遍认为"开发商流淌着不道德血液"。所以，全行业应正本清源，回归以客户价值为核心。而要做到以客户价值为核心，首先就要塑造以客户为本的企业文化，通过文化潜移默化地影响员工和供方的思维和行为，比如，部分房企创立工程师文化节，推行工匠精神，这是一种可喜的现象；其次要以持续创造客户价值为原则进行制度设计和工作变革，包括场景沉浸式理解和洞察客户需求、基于客户价值导向进行产品研发、打造客户透明可视的工程建造体系、构建超出客户预期的服务体系等，比如，东原的"超级工厂"和旭辉的"透明工厂"一经推出就受到客户的高度认同。

品质是硬件产品和软件服务的有机结合，所以品质提升应聚焦产品和服务两端发力。从客户视角来看，产品和服务能相互补位，且有不同的时间效应。我们研究发现，对于入住不足三年的业主来说，产品质量好坏最影响他们的满意度；

对于入住三年以上的业主来说，服务质量的影响权重则明显加大，好的服务甚至可以弥补产品的先天不足。这可能也是物业公司越来越受市场追捧的一个原因。产品力提升面临两大关键难题：一是要解决标准化和产品创新的平衡；二是要解决成本投入与客户获得感的平衡。服务力提升的关键在于两点：一是保障类服务的标准化落地，做到每个项目、每个员工、每个场景都能贯彻如一；二是超预期服务的差异化和服务 IP（知识产权）化，比如，"小海豚""四点半学堂"已经成为绿城服务辨识度极高的名片。

  品质力的打造离不开客户链、生产链、供应链的密切协同。我们通过一个简单的公式来说明这四者之间的关系，即品质力 = 客户链 × 生产链 × 供应链，任何一个环节的失误都是品质力无法忍受之痛。客户链是客户全生命周期，包括营销阶段、交付阶段、物业服务阶段的所有客户触点。万科的客服"6+2"体系就是客户链的一部分。生产链是产品全生命周期，包括土地获取、产品定位策划、规划设计、施工建造、竣工交付、维护保养，涉及房企各个部门，可以说是工作最复杂、管理密度最高的领域。供应链则是供应商与房企合作的全过程，包括供方入库、供方招标、供方履约、供方评价、供方培育、供方激励与淘汰等环节。客户链、生产链、供应链这三链单独拎一个出来，也许并不难，难的是协同适配，这也是众多房企对品质提升望而生畏的根源。所以，我们进一步研究行业标杆房企的优秀举措，将其归纳为客户驱动、管理驱动、技术驱动、数字驱动。

  本书对四大驱动进行了详细阐述，涵盖现状与问题分析、解决方案框架与细节、落地实践案例剖析、未来趋势展望等。

  客户驱动。客户是企业生存的基础，决定着企业的产品规划、服务模式和经营模式。因此，企业在生产过程中需要具备客户思维，以客户需求为准则。过去，由于客户意识长期缺位、客户组织相对弱势、客户需求难以转化为业务管理能力等问题，客户驱动在房地产业一直是口号大于行动。但随着行业形势变化，产品品质的重要度上升，客户驱动需要重回房企生产与管理的行动指南地位。经过对品质房企的研究，我们发现要实现客户驱动，房企需从文化、组织、业务执行方面转变：在形成客户文化和以客户为中心的组织的基础上，采用多维度、场景化的客户研究方法，深度触达客户需求，以需求指导产品、服务和 IP 体系构建。

管理驱动。企业战略需要规范的管理制度体系来承接和落地。相较制造业、零售业等发展成熟的行业，房地产业尽管历经了三十年的发展，但高速发展造成了品质意识薄弱、业务管理粗放及标准落地难、执行差等问题，这些问题严重地制约了房企品质力的提升。要想解决品质问题，并通过管理推动品质战略落地，房企需要建立健全品质保障制度体系，打造强健、富有韧性、以品质为核心的组织，塑造崇尚"匠心"的品质文化，从品质价值链的设计、供应链管理、工程建设、交付管理四个阶段综合发力。在品质价值链设计上，从产品标准化、项目策划、方案设计、施工图设计四个维度进行品质把握，提升设计质量，防止错漏碰缺。在供应链管理上，通过加强采购招标管理、强化材料与供方筛选、建立供方评价等全方位供应链管理体系，实现采购环节的品质管理。在工程建设上，抓好以文化为基、组织为柱、管控体系标准化和作业体系标准化为支撑的五大核心场景，包括工程策划、主体建造、精装管理、竣工验收、复盘与后评估，对建造过程进行全面质量预防和质量控制。在交付管理上，做好"防""实""控"的全周期交付管理，让品质得到更好的呈现。

技术驱动。在房地产业日趋下行的大环境下，政策、市场、客户的变化都对房地产业的技术变革提出了迫切需求，技术创新成为房企突破困境的不二选择。而近年来房地产业其实产生了很多新技术，只是在应用上却呈现出两极分化趋势：一方面，头部房企积极布局新技术并取得了一定成效；另一方面，因环境不确定性、技术复杂性与能力有限，大多中小型房企面对新技术却处于不敢用、不愿用、不会用的尴尬境地。因此，我们总结了一套技术驱动落地方法论，以"技术高效、高质、全面落地"为目标，将技术落地过程拆分为前期筹备、技术试点、全面推广、迭代升级四个阶段，对每个阶段的要点进行重点把控，并对组织和制度等支撑要素进行优化。

数字驱动。随着移动互联网、大数据、人工智能等数字化技术的普及，全业务在线、全流程可控、全数据支撑、全决策智能成为房企数字化转型的发展趋势。房企的品质数字化误区涉及数字化转型动力不足、品质数字化战略规划不合理、数字化战略规划落地缺乏科学性和系统性方法论三个方面，我们据此提出了战略重视、全局规划与分步兑现、评估调优的数字化方法论，并针对品质管理前端、中端、后端三个阶段涉及的智慧设计、智慧风控、智慧工程、智慧供应链、客服数字化、全触点服务业务场景的数字化实践展开详细分析。

锻造品质力是一场自上而下的变革，不同规模、类型的房企推进变革的路径亦有所不同。为了让读者能结合企业自身发展情况，借鉴标杆企业的变革路径和优秀实践，在最后一章，我们精选了绿城中国、东原集团、永威置业三家品质房企，全面分析其发展历程、品质变革路径、重大关键举措。

在撰写本书的过程中，我们发现一个很有意思的现象：市面上与品质相关的著作很多，但大都是围绕制造业等行业展开讨论的，房地产相关著作也不少，但多数讨论的是营销、成本、项目运营领域。本书应是首部聚焦房地产品质力的著作。回顾中国家电行业、全球汽车业的发展历程，它们也走过质量低劣、服务缺失的一段黑暗道路，华为、海尔、格力、比亚迪等企业最终也是依靠品质力才成功突围，成为行业翘楚的。同样，房地产业正在加速进入大浪淘沙、胜者为王的黑铁时代，唯有品质方能突围！

周孝武

明源不动产研究院、供应链研究院院长

2022 年 10 月

第一章
品质突围：地产大变局，品质力是新周期核心竞争力

第一节
房地产动能转换，品质红利成必然之势

一、我国房地产业发展概览

自20世纪90年代开始，我国房地产业正式迈入行业发展的快车道。国民经济腾飞带动房地产业历经长达三十年的高速发展时期，诸如政策制度、市场机制等行业顶层制度设计以及房企经营理念、业务体系等行业支撑体系从无到有，从粗放到逐步成熟。

受到经济发展、人民需求、行业顶层制度设计等多维度因素综合影响，房地产业的增长动能历经土地红利、资本红利、管理红利、品质红利四次转变（见图1-1）。在动能转换的背景下，房企的经营打法也需要因势利导地进行调整。未知因焉知果，要做出正确的战略决策，房企就需要了解导致行业动能转换与周期变化的原因。综上，本章将穿透四大增长动能转换的前因后果，梳理出不同增长模式的底层逻辑，帮助房企跑好品质红利时代的马拉松赛。

土地红利阶段	资本红利阶段	管理红利阶段	品质红利阶段
1992—2007年 房地产高速发展期	2008—2016年 房地产螺旋上升期	2017—2021年 房地产持续调控期	2022年起 房地产高质量发展期
住房制度和土地使用权出让制度改革，土地生产要素限制解除，形成低买高卖模式。	房企资本意识和金融化程度提升，充分利用外部资本并结合内部周转提速，实现高速增长。	高杠杆、高周转的模式无以为继，通过提升管理精度、经营水平来全面扩大利润空间。	转向买方市场，面向升级的客户需求，以品质产品和服务打动客户为突破点，走高质量发展之路。

图1-1 房地产业增长动能的四次转变

二、制度改革与需求释放的双轮循环效应造就土地红利时代

制度改革与需求释放的双轮循环效应是土地红利模式的成因。受计划经济影响，早年我国房地产业存在土地行政划拨制度、住房实物分配制度两道关卡，无论是一级土地市场还是二级房产市场，均由国家或集体依据计划进行调配。由于市场几乎无流通，居民旺盛的住房需求受到抑制。而随着住房制度和土地使用权出让制度的改革，行业发展的禁锢从制度本源上得以解决，房地产业自此进入了由土地红利主导的高速发展期。以 2002 年《招标拍卖挂牌出让国有土地使用权规定》颁布为界，土地红利周期分为 1992—2002 年和 2003—2007 年两个阶段，不同阶段的底层发展逻辑不同。

1. 制度改革打破市场封闭性，土地转化为商品

第一阶段为 1992—2002 年。生产关系改变促进了生产力发展，在行业发展初期，土地使用权、住房所有权相关制度改革是推动行业发展的主要因素。

（1）住房制度改革：实物分配转为货币分配，住房需求释放

在计划经济时期，我国实行以国家和企事业机关单位为投资主体的住房实物分配制度，所有权由国家与单位拥有，住房建设、分配、维修和管理全周期工作由单位一体化负责，单位按照福利条件向职工分配住房使用权。

住房实物分配制度实现了资源高度统一筹划，有效解决了中华人民共和国成立初期资源有限背景下的分配问题，但随着经济发展、人口增加，住房实物分配制度逐渐无法满足人民住房需求。为平衡经济效率和社会公平，国家开始探索住房货币分配，1994 年 7 月 18 日颁布《关于深化城镇住房制度改革的决定》，取消福利分房，建立公积金制度，开创商品房市场。到 1998 年，我国停止住房实物分配，全面开启住房商品化的时代。住房制度改革打破了居民住房限制，房地产需求得以释放。

（2）土地制度改革：行政划拨转为有偿出让，土地资源释放

土地国有是我国土地基本制度。在资源紧缺的计划经济时期，土地使用权由政府通过行政划拨来分配，所有者一旦获取土地便可无偿和无限期使用。在此阶段，由于土地使用权的流转被严令禁止，土地不存在商品属性，土地市场也不存在。

20 世纪 80 年代至 90 年代，国家开始探索土地有偿出让制度的基本框架。1990 年国务院出台了《中华人民共和国城镇国有土地使用权出让和转让暂行条例》，以行政法规的形式确定了国家实行城镇国有土地使用权出让和转让制度。1992 年 11 月 4 日颁布的《国务院关于发展房地产业若干问题的通知》，在法律法规层面第一次明确提出了土地划拨制度与土地出让制度的适用边界，将国有土地使用制度的适用范围扩大到商业、金融、商品房等经营性较强的用地类型。

从制度改革的内容来看，本阶段国有土地使用制度的改革特点主要是变无偿、无限期、无流动的行政划拨供地为有偿、有限期、有流动的出让供地，但在实际落地时，仍然有大量建设用地实行行政划拨，城市土地使用权出让的方式也主要以协议出让为主，市场透明度较低。

综上，受益于制度改革，本阶段土地供给市场、住房供应市场实现了从计划到市场的解封。基于城市发展需要和土地财政需求，政府通过一对一协议出让方式，即与房企签订有偿出让协议来出让土地使用权。这种出让方式使得房企能以相对低廉的价格获取土地，实现在核心城市的土地积累。

2. 需求释放促使市场开放度进一步提升，低买高卖模式形成

第二阶段为 2003—2007 年。由于土地供应与住房需求供需两旺，房地产业迎来了进一步改革，包括住房金融制度、土地公开出让制度等制度的落地，这使得市场更加开放流通。顺应发展形势，本阶段的房企通过选择长期看好的地段，低价购入土地，再以高于土地价格的售价销售的低买高卖模式来实现业绩增长。

（1）住房金融制度：住房消费信贷解决居民"钱袋子"，需求进一步释放

经过多次政策颁布与优化，住房消费信贷业务开始步入高速发展轨道，我国逐步建立了以公积金为核心的政策性住房金融业务和以个人住房抵押贷款为主体的商业性住房金融业务结合发展的住房金融制度。在上述制度的支持下，我国居民的住房购买力大大提升，住房需求得到进一步释放。

（2）土地市场：协议出让转向公开出让，市场开放度大大提升

2002 年 5 月 9 日国土资源部颁布《招标拍卖挂牌出让国有土地使用权规定》，规定商业、旅游、娱乐和商品住宅等各类经营性用地，必须以招标、拍卖或者挂

牌方式出让，这标志着我国土地公开市场的形成。以招拍挂为基本形式的国有土地市场配置制度的确定，使土地资源市场化进程进一步加快，土地资源供应量快速增加。

3. 土地红利阶段房企的经营特点与代表

由于土地价格低廉，本阶段房企主要借助长线投资、长期囤地、低买高卖的模式来获取高利润——房企拿到土地后先不进行开发，而是捂盘晒地，分期开发，等待地块周边成熟，土地升值，从而充分获取土地溢价。受益于多年经营积累，港资房企（比如和记黄埔、新鸿基、九龙仓等）在进入内地房地产市场时拥有充足的资金，这足以支撑它们大量买地、囤地的开发行为，因此，港资房企是本阶段房地产开发的先锋与标杆。

三、行业内外资本意识觉醒推动资本红利时代到来

2008年之后，在美国次贷危机的后续影响下，我国经济进入了增速换挡的新阶段。房地产业作为经济支柱，在这个时期多次出现阶段性过热的情况，影响社会发展的方方面面。国家出于稳定房价的目标，多次发布限售、限贷政策，房地产市场进入螺旋式的调控期，但收效甚微，主要原因是房地产业转为资本导向。在金融危机的四万亿刺激计划执行后，房地产成为社会流动资金的蓄水池，外部资本为获取高额回报，大举投资房地产。另外，房企自身资本意识觉醒，通过内部提速、员工跟投等管理措施不断放大杠杆。充足的资金推高了土地市场价格，"地王"现象频现，土地红利消退，资本红利时代到来。

1. 外部资本介入，房企融资渠道拓展，资金充沛

众所周知，房地产投入大、回报周期长，资金来源是决定房企发展的重要命门。资本需要找到高回报的产业，而房地产业此时高速发展，正是能够获取高回报的产业之一，因此，房地产业与资本的关系越发密切。资本介入房地产业主要通过投资公司、投资项目两种方式。

（1）投资公司：房企通过上市、股权入股来募集资金

在房地产发展高峰期，投资机构因看中房地产长远发展潜力，投资优秀房企

以谋求长久投资回报，投资方式主要包括房企上市和股权入股两种。

在本阶段，大型房企实现规模快速扩张的基础是数额大且筹集高效的资金资源。基于上述要求，大型房企谋求上市，借助登陆资本市场来筹集资金是最优选择。2012—2014年，旭辉、新城、当代、时代、龙光等多家房企赴港上市，补充资金缺口。

除了上市，资本机构还可通过股权入股的方式对优质房企进行投资。例如，中国平安就先后入股了碧桂园、融创、旭辉等多家房企，成为众多头部房企背后的隐形资本大鳄。

（2）投资项目：锚定优质资产、以股权和基金募集资金

对于非标杆房企，资本通常会选取优质项目资产进行投资，投资方式主要包括项目股权投资和地产基金两种。

项目股权投资，指的是资本通过联合拿地、项目公司增资入股的方式来参与房企优质项目资产，从项目收益中获得投资回报。地产基金，指的是资本融资平台构建优选项目资产包，打包设计成基金产品，让银行资金、风险资金、私人资金流入地产，收取管理费、手续费、通道费等作为收益。

2. 内部周转提速：极致应用杠杆，放大资金效益

在资本意识逐渐觉醒后，房地产业更加具有资本视角，懂得资本运作的房企抓住了资本红利的趋势。它们通过借用外部资金杠杆、提升内部周转速度、缩短资金占用时间的核心逻辑，来实现自有资金回报率的倍增。这一时期的房企一般能够实现3~4倍的自有资金放大效益。

3. 资本红利阶段的房企经营特点与代表

受益于持续上涨的购房预期、较为宽松可持续的融资环境、强有力的信用背书，本阶段房企相较于利润，更注重规模快速扩张。房企的经营打法主要是"高杠杆+高周转"模式——通过借助外部、内部资金杠杆，在项目拿地、开发、销售等环节保持快节奏，充分提高资金使用效率，用少量资金同时撬动多个项目，从而实现市场份额的快速扩容。恒大、阳光城、泰禾等房企是高周转模式的代表，由于充分整合了资本资源，这些房企在短期内实现行业排名的快速上升。

四、长效机制与融资收紧促使行业向管理红利转型

随着资本入场和高周转模式普遍应用，房企在一、二线城市调控受压的情况下，通过"轮耕"模式快速收割三、四线城市红利。这种方式继续推高房价，导致房地产投资过热，增加了经济和社会风险。基于这一背景，国家从 2017 年开始着手推动房地产长效机制的建设与落地，以促使房地产业健康发展，房企开始由资本红利转向管理红利。

1. 第一阶段：长效机制下，房企转向"主打高周转、运营控风险"

第一阶段为 2017 年至 2020 年 7 月。2017 年，国家提出"房子是用来住的，不是用来炒的"，决定综合运用金融、土地、财税、投资、立法等手段，加快研究建立符合国情、适应市场规律的基础性制度和长效机制，保持房地产稳定发展。基于这一政策导向，2017 年至 2020 年 7 月，不同城市纷纷出台限购、限贷、限售、限价及限商的"五限"政策，配合严查消费贷、首付贷，严控资金违规流入房地产市场以抑制短期投机需求。

随着调控持续深入，三、四线城市购房需求下滑，房企经营性现金流紧缩，房企开始由单纯的高周转模式转向"大运营＋高周转"模式。在确定一定规模的增长目标的前提下，房企通过盘家底、找缺口、定红线、保供货、促回款、优融资等手段，来解决利润增长的问题。

2. 第二阶段：三道红线扼紧高周转，房企彻底转向管理红利

第二阶段为 2020 年 8 月至 2021 年。2020 年 8 月，国家强势出台了三道红线政策，严控房企融资，对房企大规模举债行为进行禁绝。由于缺少动力来源，高度依赖杠杆的高周转模式难以维持，房企要想生存，就要彻底提升经营能力，通过精细化的管理来增加利润。

3. 管理红利阶段的房企经营特点与代表

综上，在"五限"政策、融资调控政策等多重因素的作用下，"高杠杆＋高周转"模式难以为继。本阶段房企的经营打法转变为向管理要效益的精益管理模式——通过内部经营管理精细化、促使数字化升级等手段，来实现风险规避、降

本增效和利润空间提升。

这一阶段的代表房企有最早喊出管理红利时代的万科、以经营管理在行业著称的龙湖等，它们一方面坚持稳健经营，提升资源转化效率，量入为出地保证流动性现金流的安全，另一方面则聚焦数字化、科技对主业的提升，通过外部高薪聘请及内部人才培养的方式选拔优秀数字化管理人才，提出数字化转型计划，比如万科沃土计划等。

五、经济与市场变化促使房企追求品质红利

1. 追求高质量发展，行业进入品质红利时代

尽管房企不断做细管理，但从经营管理上降本增效只能减缓利润下滑趋势，并不能彻底解决当前房企面临的生存困境。房企要想真正打赢生死之战，就要思考如何更有效地解决销售去化，实现开源。

品质是房企实现开源的最大依托，这是国家经济发展、行业市场的共同要求。从房地产市场角度来看，总量见顶已经成为行业共识，买方市场格局已经形成，居民的住房需求已从"有没有"转向"好不好"，建房就不愁销售的时代已经过去，品质住房才是客户心之所向。

从国家经济发展角度来看，当前国家经济发展的要素条件、组合方式、配置效率已发生改变，资源的约束接近上限，国家经济必须转向高质量发展，在质的大幅提升中实现量的持续增长。其中，房地产业是实现高质量发展的重要一环。因此，自 2022 年 1 月起，住建部在承接"十四五"规划的基础上，发布了《"十四五"建筑业发展规划》《"十四五"住房和城乡建设科技发展规划》《"十四五"建筑节能与绿色建筑发展规划》一系列规划文件，对市场体系优化及绿色化、产业化、科技化技术应用等提出要求，力争在 2035 年使建筑业的发展质量和效益大幅提升，建筑品质显著提升。

综上，房地产业转向品质红利，不仅是房企自身生存发展需要，也是实现国民经济高质量发展的要求，房地产业的品质红利时代已经到来。

2. 品质红利阶段的房企经营特点与代表

本阶段房企回归产品经营本质，客户价值成为房企经营的核心，因此，房企

的经营打法主要是长期研究深耕区域客户需求，通过差异化产品品质、品牌和轻资产能力输出来实现企业增长，如表1-1所示，代表企业有绿城中国、旭辉中国、招商蛇口、保利发展等。

表1-1 2022年部分房企品质战略

企业	2022年品质战略
绿城中国	以品质立身，未来也以质量取胜。2022年公司走全品质、高质量的发展道路，具体表现在：（1）运营效率提升，重点在于缩短设计周期与领取施工证前的工期，为保品质，交付周期30个月左右没有缩短；（2）成本管控精细化，但不意味着减配
旭辉中国	去掉规模上的过度追求，转而强调对发展质量和经营效益的追求。未来五年要做强、做厚和做久，聚焦做强地产主业、整体多元化，打造"一业为主、相关多元"的发展战略
招商蛇口	2022年是公司的"品质年"。"品"是持续做优产品质量，提升服务质量，夯实公司品牌；"质"是在新发展形势下，转变发展观念，全面提升发展质量，实现内生增长。公司将坚定"三个转变"，全面提升各项经营发展能力，推进综合发展模式有效落地，由同质化竞争向差异化发展转变，打造各业务产品标杆，打造一城一模板、一业态一模板、一园一策管理品牌
保利发展	持有坚定的信心和决心，同时坚持以产品和服务为核心。另外，公司会在拓展方面发力，主要以一、二线城市为主，尤其是长三角、大湾区的城市

房地产业发展历经土地红利、资本红利和管理红利三个阶段，当前进入品质红利时代，每一种模式的出现都并非偶然，而是我国经济社会发展以及房地产周期性规律所形成的时代必然。新周期下，房企只有顺应趋势、更新打法，才能活得好、活得久。

第二节
品质红利时代，房企品质突围十分迫切

品质红利时代，房企应围绕品质进行打法更新，但品质力却是行业普遍的短板。无论是从品质房企表现，还是当前房企所面临的内外部环境来看，房企品质力短板的解决都显得极为迫切。

一、品质房企更能实现逆势突围

分析 2020—2021 年房企销售额，我们可以发现品质房企在惨淡的市场中更能跑赢大势。据统计，2020 年中国房地产商品销售额为 17.36 万亿元，比 2019 年增长 8.7%，其中百强房企的销售额增长率为 12.4%。这是规模至上最后的余晖。到了 2021 年，风口明显转变，当年的房地产商品销售额为 18.2 万亿元，虽然同比增长 4.8%，但百强房企的销售额增长率却下降 3%，部分房企甚至出现业绩同比下滑 30% 以上的情况。而销售额逆势增长的房企均为品质力优秀的房企，比如绿城中国、金地集团、招商蛇口等（见图 1-2）。这充分说明在当下的激烈竞争环境中，重视品质力、创造客户更青睐产品的房企，更能实现逆势突围。

图 1-2　2021 年品质房企销售额增长情况

二、内外部环境已变，倒逼房企转向品质竞争

行业增长逻辑已发生巨变，企业之间分化加剧，在品质房企享受品质红利、实现赢家通吃的同时，大部分房企却停留在黄金时代的思维中，对产品品质不重视，轻视客户价值，并未为品质时代到来做好准备，面临被客户全面抛弃的风险！

1. 政策：投融资收紧，监管加强

我国房地产业的变化与发展向来与政策息息相关。当前，房地产业由经济的助推器转变为经济的稳定器，行业导向转折明显，但房企仍未摆脱旧模式，政府通过控杠杆、控投资、强品质的政策组合拳来推动房企重视品质，促使行业回归稳步发展的健康状态。

（1）控杠杆：三道红线拧紧财务杠杆和信贷总闸

2020年8月，三道红线政策要求房企剔除预收款后的资产负债率大于70%、净负债率大于100%、现金短债比不小于1。按照上述指标要求，房企被分为"红、橙、黄、绿"四档，"红档"企业有息负债规模不能高于现有水平，"橙档"企业有息负债年增速不得超过5%，"黄档"企业不得超过10%，"绿档"企业不得超过15%。从要求来看，三道红线政策的导向是降低房企金融属性，让房企避免因为盲目加杠杆而出现风险。

（2）控投资：土地"两集中"，卡住投资端

在投资方面，土地出让"两集中"政策要求全国22个重点城市一年分三次发布土地集中出让公告，组织土地集中出让活动。土地出让"两集中"政策的发布对房企拿地能力提出了更高要求，卡住了房企的投资端口。

（3）强品质：品质政策力度持续加大

除了限制房企投融资，调控政策还做了品质要求上的拓展，如表1-2与图1-3所示，国家机构以及地方政府都相继出台了质量管理政策和技术升级政策，鼓励建筑工业化、科技化、绿色化，提倡节能减排提质，推动房地产品质提升。

表1-2　国家层面品质监管政策

文件名	发布时间	发布单位	内容概要	核心观点
《住房和城乡建设部等8部门关于持续整治规范房地产市场秩序的通知》	2021年7月	住建部等8部门	聚焦人民群众反映强烈的难点和痛点问题，加大房地产市场秩序整治力度，包括违法开工、设计不符、延期交付、质量差、配套不全等问题	持续整治规范房地产市场秩序

（续表）

文件名	发布时间	发布单位	内容概要	核心观点
《国务院关于印发2030年前碳达峰行动方案的通知》	2021年10月	国务院	城乡建设碳达峰行动是十大碳达峰行动之一，推进城乡建设绿色低碳转型，加快提升建筑能效水平，加快优化建筑用能结构，推进农村建设和用能低碳转型，降低碳排放	多管齐下，降低碳排放
《关于推动城乡建设绿色发展的意见》	2021年10月	中共中央办公厅、国务院办公厅	大力推进绿色发展，建设高品质绿色建筑，实现工程建设全过程绿色建造	全面落实绿色发展理念
《"十四五"住房和城乡建设科技发展规划》	2022年3月	住建部	分为总体要求、九大重点任务和六大创新体系建设。规划的发展目标主要在于绿色低碳、人居环境品质提升、防灾减灾、城市信息模型（CIM）平台等关键技术的突破，数字化、智能化技术在城市建设领域的大力发展，以及建筑业工业化水平的提高	促进建筑科技在建筑业应用，提升建筑业工业化水平
《"十四五"建筑节能与绿色建筑发展规划》	2022年3月	住建部	分为总体要求、九大重点任务和五大保障措施。规划的发展目标主要在于城镇新建建筑全面建成绿色建筑，建筑能源利用效率稳步提升，建筑用能结构逐步优化，建筑能耗和碳排放增长趋势得到有效控制，基本形成绿色、低碳、循环的建设发展方式，为城乡建设领域2030年前碳达峰奠定坚实基础	推动绿色低碳建设方式应用
《住房和城乡建设部办公厅关于加强保障性住房质量常见问题防治的通知》	2022年2月	住建部	要求各地结合实际和群众反映的突出问题，在执行工程建设标准规范基础上，参照室外迎水面防水、室内房间不渗漏、室内隔声防噪、室内空气健康等八项工程技术要求，明确本地保障性住房工程质量常见问题防治的底线要求，制定便于监督检查的技术要点	建立标准要求来保障住房质量水平

拿地品质要求

根据各地拿地要求，拿地品质要求主要包括定品质和竞品质两项。
- 定品质指的是对项目的质量、使用功能均有明确规定，并将定品质的要求前置到土地出让合同中。
- 竞品质着重考量绿色建筑和装配式建筑等方面的实力，除了严格要求竣工品质，一些城市还在土地出让条件中设置了现房销售要求。

精装修品质要求
- **样板房要求**：近年来，浙江、武汉、成都、北京等地均发布了关于样板房展示标准以及展示期限的政策，其中多地要求样板房自集中交付起3个月内不得擅自拆除、出售，这一要求未来或成标配。
- **精装修标准**：成都提出精装修必须安装智能家居系统，实现入户门锁、可视对讲、燃气监控、空调、采暖和新风等设施的智能控制，精装修品质体系再升级；银川提出在严格控制精装房标准基础上，优化配套设施建设，切实满足群众高质量的居住需求，高质量居住理念被提出。
- **分户验收标准**：海南推出"分户验收不合格将不得进行竣工验收"，绑定竣工验收，精装房品质验收越发严格。

图 1-3　各地政府品质监管政策

2.市场：传统红利消退，行业规模见顶

当前，推动房地产业高速发展的土地与资本红利已经逐渐消退，行业规模见顶，买方市场已经形成。房企只有转向品质竞争，提供优质产品和服务来应对市场竞争。

（1）传统红利消退：土地、资本红利消退

首先，土地价格上涨，地货比提高。如图1-4所示，从2019—2021年土地价格与住宅价格增长率对比来看，土地价格同比增长率远超住宅价格同比增长率，地货比提高，特别是土地"两集中"政策执行后，购地资金审查、限地价、定品质等规则提高了房企拿地资格要求，土地红利消退。

其次，杠杆限制，融资不畅，资本红利难以运转。房企资金来源主要包括自有资金、经营性现金流、融资性现金流三种，其中自有资金取决于房企自身家底，经营性现金流取决于能否快速去化回款，融资性现金流主要包括A股和H股融资、美元债及一些其他的融资手段。2021年后，受到限购限贷、三道红线和融资收紧影响，依赖融资的"三高"型房企经营性现金流与融资性现金流基本枯竭，出现了房企集中违约、品牌房企爆雷等行业乱象。尽管2022年政策在销售面、融资面均有转暖，但房地产稳定上升的预期已经打破，市场信心下滑，传统模式房企的销售融资仍然乏力，而品质房企则凭借优质产品、良好口碑收获了销

售市场、融资市场的大部分资源，以维持企业的长期可持续发展。

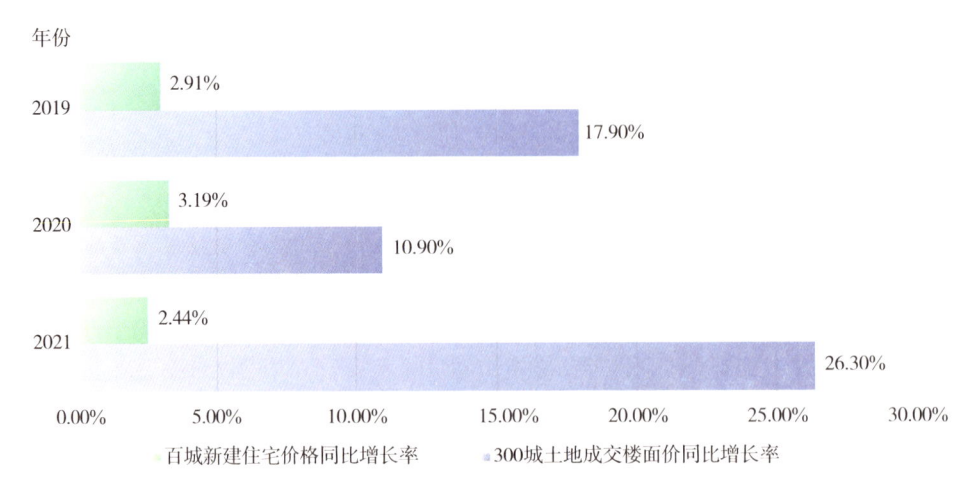

年份	百城新建住宅价格同比增长率	300城土地成交楼面价同比增长率
2019	2.91%	17.90%
2020	3.19%	10.90%
2021	2.44%	26.30%

图1-4　2019—2021年土地价格与住宅价格增长率对比

（2）行业规模见顶：销售面积高速增长不再，买方市场已成

如图1-5所示，行业销售面积增长逐年走平，这表明单纯依靠高房价增长预期难以拖动实际需求高速增长，销售面积已触达行业天花板。在这种情况下，房地产市场由卖方市场转变为买方市场，品质竞争是买方市场的主要竞争方式。

3. 客户：品质需求提升，以客户为中心才能立于不败之地

受时代变化和物质生活丰富的影响，当代购房者对住房的需求已由"房子"上升到"美好生活"这种物质与精神需求结合的层级。购房者将正面回馈满足上述需求的品质房企，使品质房企在竞争中立于不败之地。

（1）客户变化：美好生活愿景促使不同代际客群需求升级

物质生活充沛使得购房群体对生活的理解更加多元化，在这种变化投射到住房需求上时，不同代际客群有不同表现，我们按照Z世代、奋斗主力和社会中坚三类客群进行分析。

① Z世代：质量、美学、社交满足均好

Z世代以95后与00后为主，处于一个意识形态丰富与开放的时代。他们追求自我，渴望体现自身的与众不同，但也需要获取认同感。因此，如图1-6所示，

房地产商品房量价分析

图1-5 2007—2021年房地产销售面积与销售金额增长

第一章 品质突围：地产大变局，品质力是新周期核心竞争力　　　　015

Z世代不仅要求房子有好的质量,而且愿意为舒适的环境、产品美学、契合的社交空间买单。

Z世代(95后,00后)
- 住房上倾向于以个人体验与舒适度为主。
- 更加全面地考虑室内居住空间及室外的配套设施。
- 对户型设计、小区配套、生活服务等方面有更细致的要求。

图1-6　Z世代住房需求

②**奋斗主力:既要求质量,也要求情感链接**

奋斗主力出生在1986—1994年,他们既是作为独生子女成长的一代,也是互联网的原住民,个性意识较强但不乏责任担当,注重情感链接。如图1-7所示,在奋斗主力住房需求中,存在刚性和弹性两类参考指标,价格与区位是刚性指标,舒适度与情感链接、价值取向是弹性指标。

奋斗主力(1986—1994年)
- 住房需求与偏好源于自身的现实生活需求。
- 为了更舒适的生活环境,希望小区的物业能力达标。
- 为了更好地放松身心,他们注重卧室的居住空间。
- 为了更好的社会关系互动,他们想要更大的客厅。

图1-7　奋斗主力住房需求

③**社会中坚:消费主力,注重品质与教育**

社会中坚出生在1975—1985年,成长在改革开放之后,经济生活出现了巨大的变化。他们拥有强劲的经济实力,愿意为品质和品牌买单,在家庭结构上,不少人是多孩家庭。因此,如图1-8所示,社会中坚在住房消费上将住房视为阶级身份的象征,居住品质体验、不同家庭成员居住需求、子女教育配套满足都是置业的重要影响因素。

社会中坚（1975—1985年）

- 在住房需求方面，更加注重居住体验。
- 喜欢大户型，要求住房满足不同家庭成员的要求，户型设计满足居住舒适度。
- 需要高品质、贴心管家式的物业服务。
- 对于居住环境有品质要求，关注绿化环境、配套设施、智能化建设。

图1-8　社会中坚住房需求

（2）客户负面反馈品质不作为的房企

与客户美好生活愿景形成鲜明对比的是，一些房企连基本的质量底线也无法保证，质量问题频频发生。客户在容忍底线被不断触及的情况下，以大规模群诉为路径寻求解决方案，房地产业投诉总量逐年增长（见图1-9）。

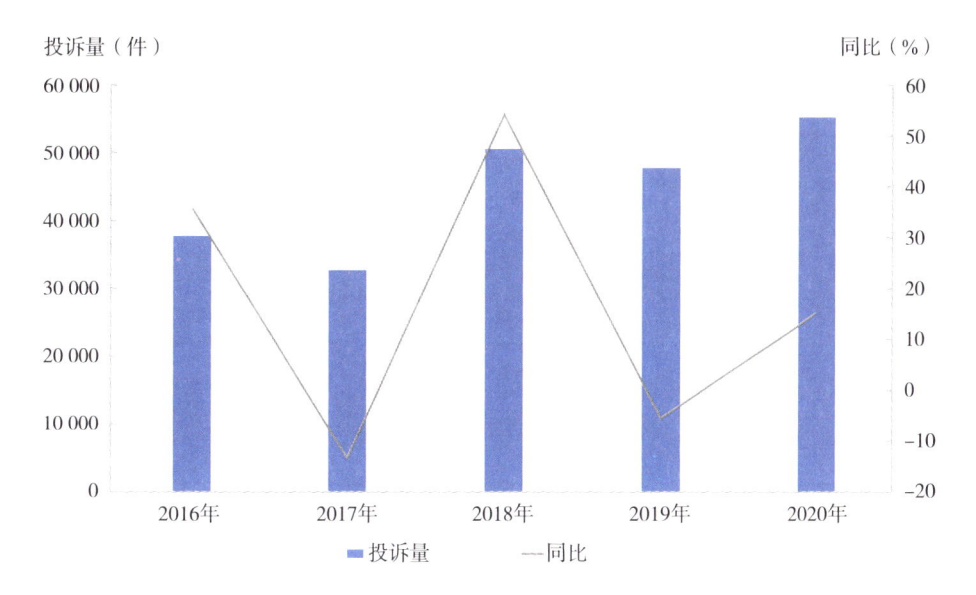

图1-9　房地产业投诉总量增长情况

资料来源：贝壳研究院。

购房者在进行线下群诉的同时，开始使用微博、微信、抖音等线上平台传播投诉信息，这对品质不作为房企形成社会负面评价。

4.房企：品质房企五大优势逐步显现
（1）营销优势：品质房企自带获客渠道

相比品质不作为房企，客户更愿意支持拥有良好口碑的品质房企。一方面，品质房企的客户满意度和忠诚度高于行业平均水平；另一方面，品质房企拥有更高的再推荐度。这使得品质房企自带获客渠道，营销费用占比能达到3%以下（见图1-10），而行业多数房企的营销费用占比为4%~6%。房企与其在营销渠道上饮鸩止渴，花巨资买客户，不如在品质上主动作为，让好产品吸引客户！

营销费用占比（%）

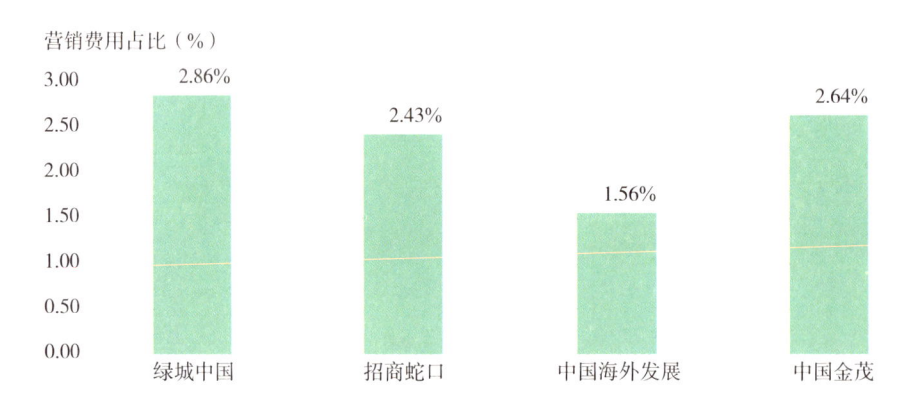

房企	营销费用占比
绿城中国	2.86%
招商蛇口	2.43%
中国海外发展	1.56%
中国金茂	2.64%

图1-10 典型品质房企营销费用占比

（2）供应链优势：资源整合转化为供应链新模式

随着部分房企出现爆雷、商票拒付、款项拖欠等情况，供方的持续经营被严重拖累，行业的供需信任度降至冰点。因此，供方在选择合作房企的时候，更趋谨慎。在此背景下，品质房企越发受到供方的青睐，从而拥有更强大的供应链统治力。品质房企不仅依托强大的供应链来降低自身成本，取得成本比较优势，而且发挥其供应链链长的优势，向行业输出供应链能力，形成新的商业模式。

案例 1-1
中海领潮的供应链实践

中海地产依托在房地产业 40 多年的建材供应链管理经验以及先进的成本领先战略管理模式和集采标准，成立领潮供应链管理公司，并打造了以建材产品为中心的综合性服务平台——领潮供应链平台（见图 1-11）。该供应链平台锚定政府事业单位、房企、施工或装修单位等机构，开展业务涉及材料交易、质量管理、金融服务、大数据应用等。其中，材料交易业务以中海领潮自营为主，撮合、联营、第三方品牌运营为辅。

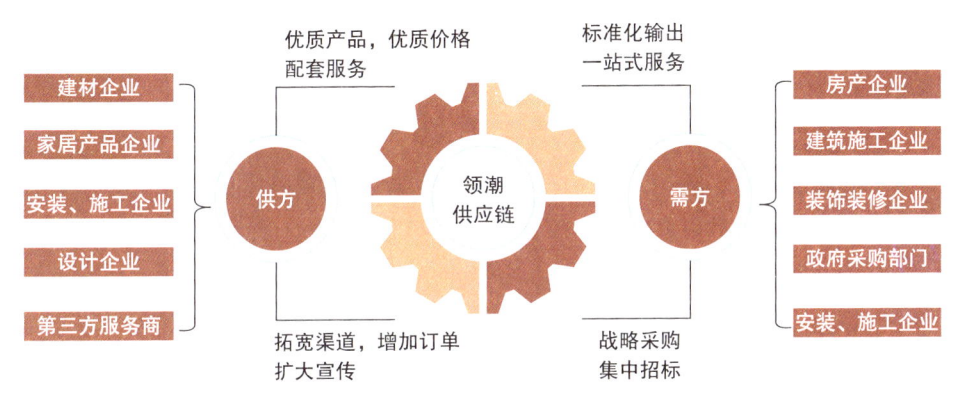

图 1-11 领潮供应链平台

中海领潮正是中海地产将自身供应链能力整合，通过对外输出管理模式和供应链服务，从而获取新的增长点的代表之一。随着行业价值链的不断细分，未来会有更多标杆房企涉及供应链业务，探索不同的业务发展与业务合作模式。

（3）合作优势：扩大合作机会，实现优势互补

如表 1-3 所示，品质房企可以将优秀产品和服务能力作为优势基础，与资金条件良好、融资渠道优质、区域土地储备充足的房企和城投企业合作，从而减少资金压力，降低开发经营风险。

表1-3 典型品质房企合作案例

房企	合作企业	时间	合作情况
绿城中国	复星蜂巢	2021年3月	"以项目为抓手,以产品为纽带"积极开展战略合作,后续还将围绕TOD①建设、绿色小镇、城市健康社区等方向,积极拓展产城融合大项目的合作机遇,打造产业新标杆,构建产业可持续发展新生态,促进区域经济高质量发展
绿城中国	成都交投	2020年8月	双方将充分发挥各自在资金、技术、人才、管理、资源等方面的综合优势,在传统投资项目、代建领域、产业园区、康养业务等多个方面展开广泛合作
永威置业	绿城小镇	2021年4月	利用双方极致的产品力和精致的服务力共同开展河南区域小镇业务

（4）政府合作优势：品质能力转化为产城开发能力

拥有融资能力、高品质综合开发能力、产业整合能力的特色房企，可以聚焦产城开发，与地方政府共同打造产业与城市融合发展的综合性地产业务，从土地一、二级开发切入，提供区域规划、开发建设、产业导入、产业投资、产业服务的全链条服务。

（5）轻资产优势：品质力转化为服务、进行外部赋能

品质房企可以将良好的品牌口碑及精细化的产品、建设、成本管理经验转化为对外服务，成立代建管理公司，帮助中小型房企、政府机构等委托方做开发全周期管理。比如绿城、金地、建业等大力布局代建领域，并取得出色的成绩。

> 案例1-2
> **绿城管理：优质品质转化为代建能力**

绿城管理是中国代建行业当之无愧的老大。2021年，绿城管理的项目达到345个，净利润保持31.9%的高速增长，主要业务包括政府代建、商业代建、资方代建以及金融、产城、产业链服务。如图1-12所示，绿城管理得以壮大发展的基石是绿城中国的高品质品牌以及精细化管理能力，基于上述积累，绿城管理可以帮助中小型房企轻松突破种种瓶颈。

---

① TOD，指以公共交通为导向的发展模式。

品牌加持
通过和绿城管理合作，中小型房企可以借助绿城的品牌，降低教育成本，实现溢价。绿城代建的项目，比竞品溢价20%是常态。

瓶颈一 品牌

瓶颈二 产品

产品赋能
对于中小型房企来说，突破巨头们的产品护城河有难度。可和绿城管理合作后，这一切都变得简单，因为绿城的产品在国内公认优秀，其前期的积累足够深厚。

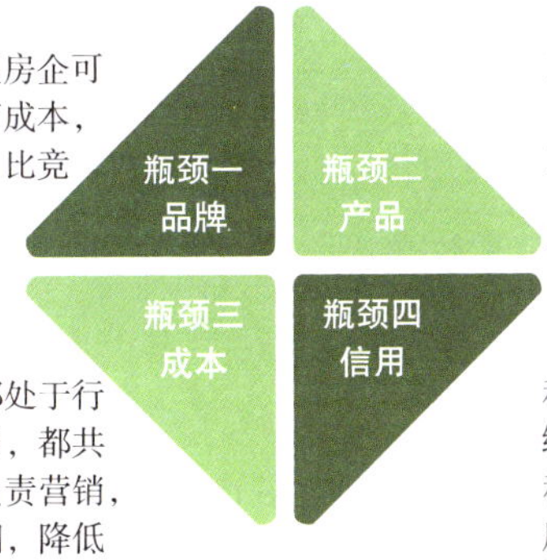

降本增效
绿城管理的开盘和工程节点都处于行业的上游水准。绿城代建项目，都共享绿城的品牌。绿城管理也负责营销，提升去化速度，缩短开发周期，降低企业的财务成本。

瓶颈三 成本

瓶颈四 信用

信用背书
和绿城管理合作，合作方可以获得绿城的信用背书。凭借着先发优势和品牌实力，绿城管理帮助中小型房企获取银行信任以及地方政府信任，达成合作。

图 1-12　绿城管理的代建优势

资料来源：绿城管理、明源地产研究院。

三、品质红利时代，房企急需实现品质突围

当行业进入品质红利时代，房企构建品质竞争力既必要又迫切：必要性在于面对激烈的市场竞争，品质房企更能在市场中脱颖而出，但品质力却是大多数房企的最大短板，必须补足；迫切性在于政策、市场、客户、房企经营环境都发生了重大转变，房企需抓紧时间改变发展模式，构建品质力，以在市场竞争中赢取时间差。

第三节
房企品质突围难题与典型案例分析

上文论证了在品质红利时代，房企进行品质突围的必要性和迫切性。回归现实，当前大多数房企在推动品质提升时面临种种问题，难以达成目标。本节，我们将通过详细剖析房企提升品质力面临的难题，结合其他行业及地产行业案例，为房企实现品质突围梳理出针对性解决方案。

第一章　品质突围：地产大变局，品质力是新周期核心竞争力　　021

一、房企提升品质力面临的难题

在走访与服务房企的过程中，我们发现房企在推动品质力提升时，在提升方式、提升周期、衡量方式、管理效果四个方面存在问题。

1. 提升方式：单点发力，缺乏系统性

很多房企一谈及提升品质，就将重心落在产品规划和客户服务上。从品质调研反馈来看，房企要想提升品质，绝不能单点式地做好产品和服务，而要认识到品质提升是一个系统性问题。房企需要在结合社会发展趋势、客户需求趋势、房企运营目标以及产品、服务、工程、成本、品牌等业务管理的基础上，研究如何促使品质提升。

2. 提升周期：阶段性、运动式提升，难有成效

一些房企提出了品质提升的战略，但在落地时却采用"品质年""服务年"等阶段性、运动式的提升方法。这种短时间突击的方法对其他战略或许有效，但对于品质提升这种长期工作而言，提升效果不显著，且容易挫伤团队积极性。

3. 衡量方式：缺乏量化数据，提升成效难衡量

不同于经营指标和利润指标，在品质管理过程中，有些管理环节没有留存量化数据，无法支撑成效评价，有些管理环节则未建立起完整的评价体系。当前多数房企仅仅依靠第三方评估公司来对工程品质进行量化考核，但由于第三方评估公司的能力有限，再加上屡禁不绝的迎检现象，第三方评估结果的公正性不足，甚至会出现第三方评估得分高，但交付客户满意度低的倒挂现象。因此，房企很难真实、动态地衡量品质提升情况。

4. 管理效果：管理复杂，品质管控过程易失控

房企品质管理涉及总部、区域、城市、项目多个层级，以及设计、工程、成本、客服、运营等多个部门，统筹协同工作十分复杂，品质管控过程极易失控，管理末端失效成为常态。

二、对标制造业案例，寻找品质突破点

纵观各大行业，制造业的发展过程与房地产业极为相似，经历过从走量到走质的发展变革。下文将选取具有代表性的家电行业及汽车行业进行详细分析。

1. 中国家电品质升级之路——以格力为例

我国是世界上最大的家电制造国，家电行业也是我国最早开放的行业之一，市场化程度较高。经过多年的发展，中国家电行业已形成了一批高品质、敢创新、互联网化的龙头企业，完成了从高量低质向高量高质的华丽转型。我们以格力为例梳理中国家电品质升级之路，为房企提供思路参考。

（1）家电困境：大而不强、高附加值不足

2010年左右，中国家电行业由原来的供不应求发展为供大于求，进入了渠道为王的竞争局面，生产商的利润空间被逐渐压缩。家电行业出现上述情况主要有以下原因：

- 结构不合理，企业扎堆现象、产品同质化现象严重。
- 劳动力成本逐渐丧失原有的国际竞争优势。
- 核心技术掌握较少，很多企业租赁或者购买使用发达国家的技术。
- 定位中低端产品和加工组装，高附加值家电产品起步较晚。

大而不强、高附加值不足、低价竞争的局面，逼迫家电行业必须进行转型。

（2）格力发展之路：聚力四个维度，走格力自主创新发展道路

如图1-13所示，面对中国家电行业的困境，格力坚定了以自主研发为核心的创新发展道路，先后在生产技术、质量管理、产品研发、智能化上发力，实现了家电战的突围。

"工欲善其事，必先利其器"，格力认为要想在家电行业实现突破，首先就需要从人力制造转向装备制造。2012—2016年，格力花重金对所有生产工厂进行自动化升级和改造，将工业机器人、智能AGV（自动导引运输车）、数控机械手等智能装备运用于一线生产。

A 生产技术	B 质量管理	C 产品研发	D 智能化
人力制造转向装备制造	PQAM完美质量保证模式	自主创新，制造向创造的转型	以客户需求为导向，将互联网、智能化作为发展方向布局智能家居业务

图 1-13　格力发展路径

如何通过升级管理方式来保障质量，是格力在向装备制造发展过程中同步思考的问题。2014 年，在学习和吸收 ISO9000、六西格玛、卓越绩效模式等管理体系优点的基础上，格力提出独具特色的 PQAM 完美质量保证模式（见图 1-14）。从质量管理过程出发，通过质量预防五步法进行事前过程严控，利用质量技术创新循环 D-CTFP 进行事后追溯。格力通过主动预防管控，保证了产品的可靠性和适用性，避免产品在使用过程中出现质量问题，逐步形成了以自主创新为核心的全面质量管理模型，为提供"零缺陷、零售后"的完美产品及服务打下了良好的管理基础。

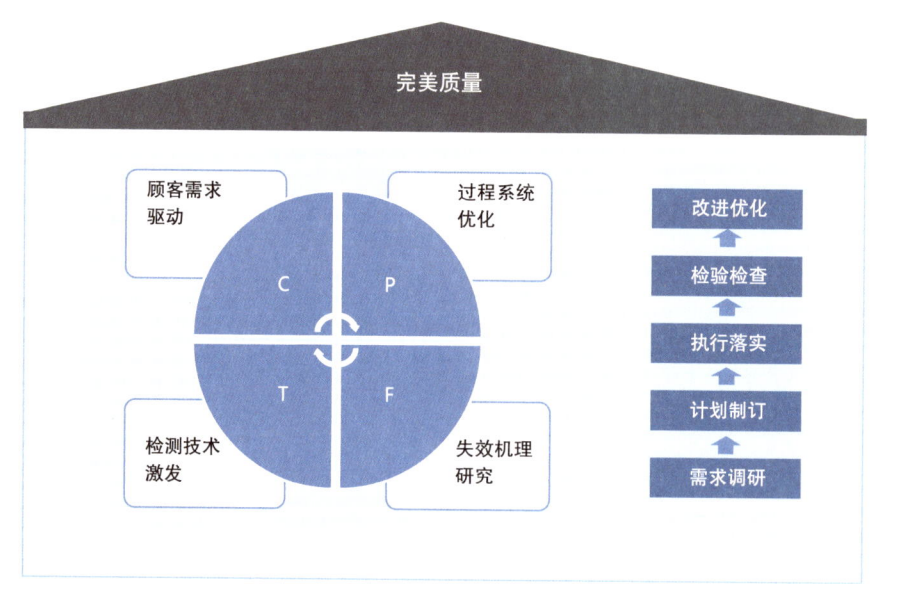

图 1-14　PQAM 完美质量保证模式

在打好生产和管理基础的同时，格力致力于自主创新，不断为自身产品研发新技术，实现了从制造向创造的转型。在2018年格力取得的众多科研成果中，"空调光储直流化关键技术研究及应用""地铁车站用高效直接制冷式空调机组"等五项成果被评为"国际领先"成果。

在消费需求不断升级、智能化家居概念不断普及的当下，格力以客户需求为导向，将互联网、智能化作为发展方向，提早布局以光伏发电、储能为基础，家用电器、终端智能控制为实现方式的智能家居业务。

当前，格力已成为中国家电行业创新和品质的代表，这与上文提到的改革密不可分。基于不断改善管理模式、优化生产技术、布局数字化与智能化的管理驱动、技术驱动、数字驱动，格力将继续以累累硕果为高质量发展注入活力。

2. 从福特、丰田、特斯拉三代汽车霸主变迁看品质提升

如图1-15所示，全球汽车业发展历经了福特、丰田、特斯拉三代霸主，它们推动了汽车业品质管理能力的升级。

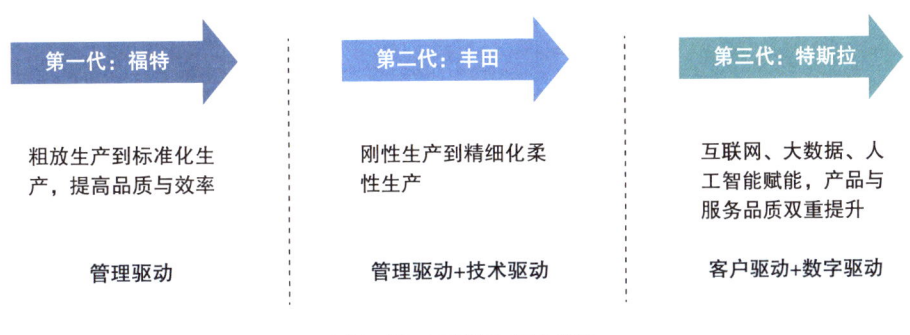

第一代：福特	第二代：丰田	第三代：特斯拉
粗放生产到标准化生产，提高品质与效率	刚性生产到精细化柔性生产	互联网、大数据、人工智能赋能，产品与服务品质双重提升
管理驱动	管理驱动+技术驱动	客户驱动+数字驱动

图1-15 三代汽车霸主变迁

（1）福特：标准化生产提高品质与效率

福特通过T型车流水线分工制初步实现了汽车标准化生产，对早期汽车业发展产生了重大影响。流水线的产生，使得汽车工人实现了分工协作，每个人只需重复自己的那道工序。这一方面大大提高了生产效率，另一方面促使产品的质量和产量大幅度提高，为汽车业生产工艺过程和产品标准化的建设打下了坚实的基础。

（2）丰田：精细化管理+技术产业集群

在全球化的时代背景下，汽车的生产方式从刚性生产向柔性生产发展，丰田

通过"精细化管理+技术产业集群"成为第二代汽车霸主。

精细化管理包括产品经理制度、精益生产制度。丰田的产品经理制度不同于其他车企，重量级产品经理在组织中的地位很高，对概念创意、产品规划、生产协调、销售整个流程负责，以满足柔性生产快速设计、快速生产、快速上市的需求。JIT（准时制）精益生产建立在"零库存"或极小库存理念上，以订单为驱动，采用拉动的方式将零部件供应、产品组装生产、销售环节紧密衔接，从而保证品质，提升效益。

技术产业集群指的是将汽车零件、铸模和工具外包给关联产业厂商，带动专门的关联产业厂商进行汽车零部件新技术和新工艺研发，车企则可专注于技术难度大、保密要求高的关键零部件的生产。

（3）特斯拉：客户化、数智化

进入互联网时代，特斯拉带着Autopilot（自动驾驶系统）、OTA（空中下载技术）等数字化卖点横空出世，受到消费者的追捧和市场的认可，成为汽车业新一代霸主。在汽车业发展基础上，特斯拉以客户化、数智化实现了品质的提升。

首先，特斯拉借助互联网和体验店直接连接客户，在客户研究的基础上，为客户提供多种方案，以满足不同类型客户的需求。

其次，特斯拉采用数字化结合智能化的超级工厂生产方式，实现了质量与生产效率的持续提升。

最后，特斯拉将大数据、人工智能植入汽车，为客户提供更长远的汽车服务，实现了汽车服务品质在个体层面的延伸。

三、对标典型房企，寻找品质提升路径

回到房地产业，华润置地、万科、绿城中国及日本三井不动产等典型房企在结合自身特点的基础上，进行了品质升级实践，其他房企可从中寻找成功之道。

1. 华润置地：做优管理，实现高质量发展

如图1-16所示，面对复杂的房地产市场环境，华润置地在重申"城市投资开发运营商"战略定位的前提下，树立了"重塑华润置地，实现高质量发展"的总体目标。为实现上述目标，华润置地从战略引领投资和生产运营精细化管理两

大管理支撑体系入手，推动开发销售业务、经营性不动产业务、轻资产管理业务、生态圈要素型业务四大业务组合一体化发展。

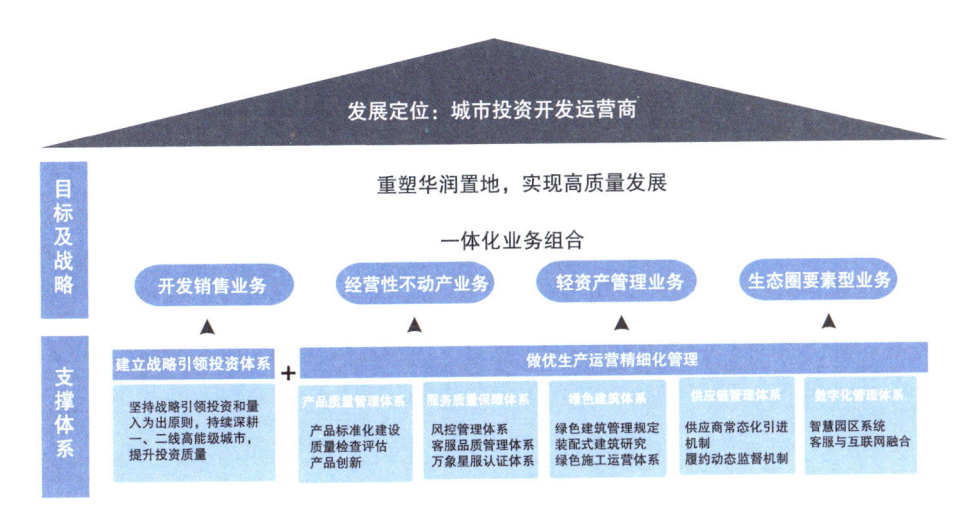

图 1-16 华润置地品质提升路径

（1）战略引领投资

华润置地坚持战略引领投资和量入为出原则，持续深耕一、二线高能级城市，提升投资质量。

（2）生产运营精细化管理

生产运营精细化管理是华润置地管理支撑体系的核心，通过做优管理，华润置地的项目全周期回报能力和市场竞争力得以提升。从内容上看，生产运营精细化管理包括产品质量管理体系、服务质量保障体系、绿色建筑体系、供应链管理体系、数字化管理体系。

第一，产品质量管理体系。基于产品建设全周期，推动产品标准化建设及质量检查评估体系、产品创新体系的完善。

第二，服务质量保障体系。基于客户满意度提升，明确满意度调研规则，全面落地风控管理体系及住宅和商业的客服品质管理体系。

第三，绿色建筑体系。积极响应国家绿色建筑标准要求，对内部标准进行重新修订，在实践过程中要求所有新建项目按照国家绿色建筑一星标准开发，积极开展装配式建筑项目及产业技术研究。

第四，供应链管理体系。引入供应链管理概念，从全生命周期视角重塑采购管理体系，包括供应商常态化引进机制、履约动态监督机制等。

第五，数字化管理体系。在优化管理的同时，探索管理与互联网、数字化的融合，落地智慧客服、智慧园区、智慧工程等数字化系统。

综上，华润置地为实现高质量发展目标，选择以优化管理为核心驱动力，通过完善产品、服务、建筑、供应链等多个维度的管理体系和落地标准，融合数字化管理工具，推动品质管理落地，提升发展质量。

2. 万科：技术、管理双轮驱动品质发展

作为中国房地产业先行者，万科的品质升级与其建筑工业化发展之路紧密结合，形成了技术、管理双轮驱动的品质提升路径（见图1-17）。

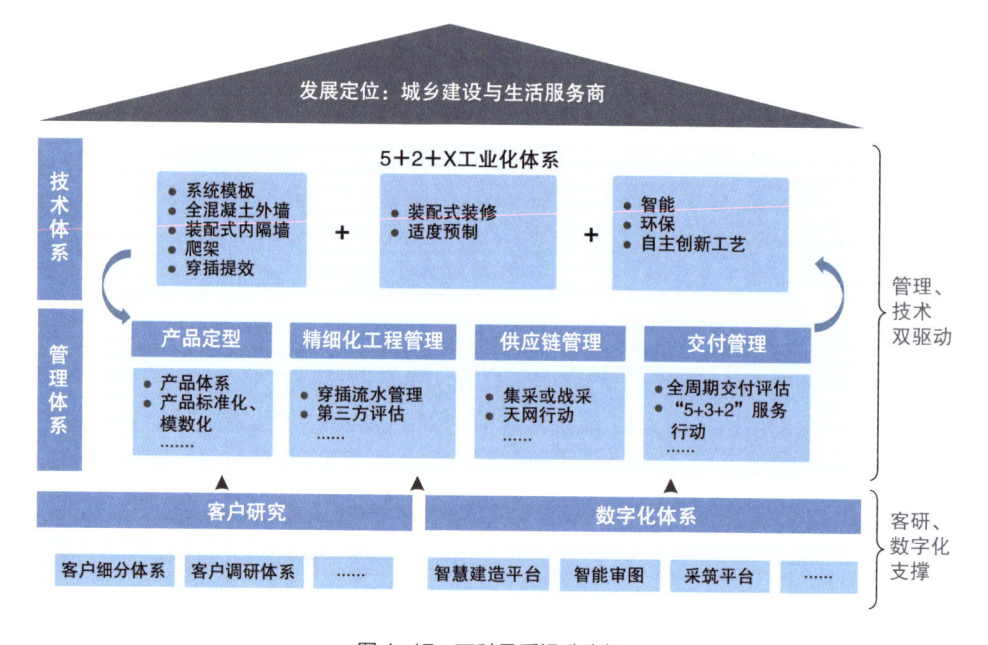

图1-17 万科品质提升路径

（1）技术：5+2+X 工业化体系，提质提效

作为劳动力密集型的传统产业，早期的建筑业存在资源高消耗、工人素质低、管理落后等问题，这影响着房企项目的生产效率和质量水平。针对以上

情况，万科首先想到从技术入手，通过推动建筑产业化落地来实现"两提一减"——提质、提效、减少人工。历经多年发展，当前万科已形成泛工业化发展、适度预制的5+2+X工业化体系，获得了明显的质量效益和经济效益。2021年，万科住宅产业化在新开工项目中的应用比例为83%。

（2）管理：能力升级辅助工业化体系

住宅产业化并非单纯的技术更新，而是需要房企提升专业能力和管理能力，辅助工业化体系落地。为此，万科在标准化、精细化、数字化三个层面升级管理，与工业化体系实现双轮驱动。

标准化指的是建立基于模数协调的标准化设计体系，只有模数协调才能实现各部件、构件接口的标准化，实现通用性。

精细化指的是从设计到交付的全周期精细化管理。在设计上，通过BIM（建筑信息模型）技术实现多专业集成设计。在供应链上，打通工业化产业链，对工业化构件进行严格质量管理与检测。在施工和交付上，通过穿插施工、第三方评估保证效率与质量。万科还建立全周期交付评估体系，结合升级的"5+3+2"服务行动，提升产品和服务质量。

数字化指的是万科通过沃土计划，先后落地了匠心、BIM、供应链系统，打通了业务板块，实现了业务协调、数据共享，为工业化体系进一步落地打下了良好的数据基础。

综上，万科为实现"两提一减"的发展目标，选择以技术体系升级为核心驱动力，在设计、工程、供应链、客服管理能力提升的辅助支撑下，实现建造品质的提升。

3.绿城中国：以客户为中心，推动变革

面对快速集中的房地产市场，绿城中国在选规模还是选品质的抉择上，坚定选择了客户驱动下的品质优先战略。2020年，绿城中国明确了"战略2025"规划以及"1299"战略体系。

2025年成为全国TOP10房企中的品质标杆是绿城中国"1299"战略体系的核心目标。对于如何实现这一目标，绿城中国确定了"最懂客户、最懂产品"两大战略支点。围绕客户和产品，绿城中国一方面实现了对九大业务资源的整合，另一方面则强调提升持续变革、高效营销、精准投资、精益运营、财务稳健、做

强商业、做强金融、组织人才、内控保障九大能力（见图1-18）。

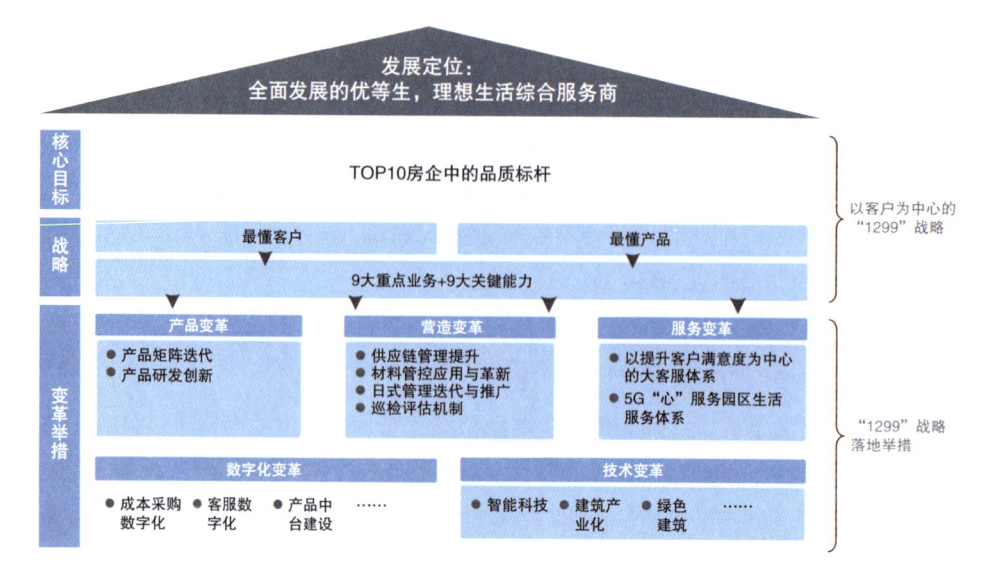

图1-18 绿城中国品质提升路径

"1299"战略体系在落地时将重点放在"补短板、锻长板"两个部分，"补短板"指的是在改善组织、管理的基础上，实现效率的提升，"锻长板"则是指以客户需求为中心，驱动绿城中国实现产品、营造、服务及数字化、技术的持续变革。

4. 三井不动产：日本房地产界的"品质细节控"

三井不动产成立于1941年，作为日本规模最大的房产开发商，隶属日本财阀——三井集团。1990年，日本经济泡沫破灭，两年之内超过2 323家房企集中破产。几经洗牌，在TOP20房企名单上，只有三井不动产、三菱地所、住友不动产三家巨头得以幸免。三井不动产之所以能打赢这场生死战，是因为及时调整了发展策略，推出以客户为中心，聚焦品质细节，以及扩大轻资产，打造新的业务模式等举措。

（1）以客户为中心，建筑设计委托专业化机构，整体统筹

自三井不动产成立以来，其标志性的开发理念就是实现项目价值理念与生态环境等因素的和谐共生，这种和谐共生既包括项目与周边自然环境的共生，也包括建筑本身与客户需求的共生。正是在这一理念的指引下，三井不动产无论开发何种业态，首先考虑的都是未来用户的感受，以用户需求作为设计的最高宗旨。

为达成上述宗旨，对于旗下项目，三井不动产选择由自己负责总体规划，而将具体的建筑和绿化设计外包给世界一流的设计商，这既保证了设计的品质、美学，又能对设计公司掌握足够的控制权，把控客户导向的方向（见图1-19）。

图 1-19 三井不动产设计专业化

（2）聚焦品质细节、推动建筑工业化和施工精细化

作为日本房地产界的"细节控"与"创新狂"，在品质细节上，三井不动产将工业化、精细化展现得淋漓尽致。

首先，推动建筑工业化，如图1-20所示，三井不动产采用装配式建筑模式，通过高质量的工厂预制建筑部件产品、高质量的现场拼接施工，最大限度地改善墙体开裂、渗漏等质量通病。

其次，推动施工精细化，作为日本房地产界的"品质教科书"，三井不动产在项目建造过程中，严格进行精细化施工，在防渗漏措施，包括反坎防水、密封胶防渗漏、高压水枪淋闭水以及成品保护中处处显示出"魔鬼般的细节"。

图1-20 三井不动产建筑工业化

（3）扩大轻资产，打造新的业务模式

在不断锤炼客户需求理解能力、品质细节打造能力的基础上，三井不动产形成了"开发+持有+管理"的大生态圈。以住宅领域为例，三井不动产打通了新房、流通、建筑服务、装修、租赁、资产管理和家居服务等各个环节，并不断强调三井品牌整体的入口作用，在少子化、老龄化的宏观背景下，增强客源的复用价值，保持了稳定的利润水平。

"他山之石，可以攻玉"，通过梳理上述案例，我们可以总结出不同行业、不同企业实现品质突围的共同之处。

第一，战略高度重视。不论是哪一个行业，企业都应将客户中心、产品品质放在战略高度，将其作为自身竞争力的重要组成部分，通过对比自身与竞争对手的客户需求满足性和产品品质差异性，确定企业经营发展方向和策略。

第二，管理、技术、数字化联合发力，久久为功，持续迭代。为实现产品品质的提升，优秀企业均是从管理、技术、数字化等方面联合发力，持续完善与迭代，从而保障自身在客户需求理解和兑现方面走在行业前沿。

第四节

房企品质力提升之道

一、房企品质力提升"1234"模型

结合上节案例，我们梳理形成品质力提升"1234"模型（见图 1-21），即以客户价值为核心，聚焦产品与服务两力，打通客户链、生产链、供应链三链，通过客户驱动、管理驱动、技术驱动、数字驱动四个驱动落地来实现房企品质力的提升。

以客户价值为核心
构建品质力，实现高质量发展

产品力　　　服务力

客户链	触达	了解	看房	购买	享受服务	口碑推荐	收房	问题反馈	验收	满意入住	社区服务
生产链	前策	拿地	设计	采购	施工	验收	交付	维保	社区经营
供应链	供方评估	入库	投标	选型	下单	生产	运送	验收	安装	保修	供方奖惩	战略合作

客户驱动　管理驱动　技术驱动　数字驱动

- 客户组织力建设
- 客户需求洞察
- 产品体系升级
- 服务体系强化
- 品牌IP塑造

- 品质制度体系
- 设计阶段品质管理
- 供应链品质管理
- 建设阶段品质管理
- 交付阶段品质管理

- 技术驱动落地方法论
- 技术驱动1：预制化
- 技术驱动2：绿色化
- 技术驱动3：一体化
- 技术驱动4：减人化

- 战略重视
- 全局规划
- 分步兑现
- 数字化应用实践
- 数字化规划调优

客户价值"1"核心

产品与服务"2"力

客户链、生产链、供应链"3"链

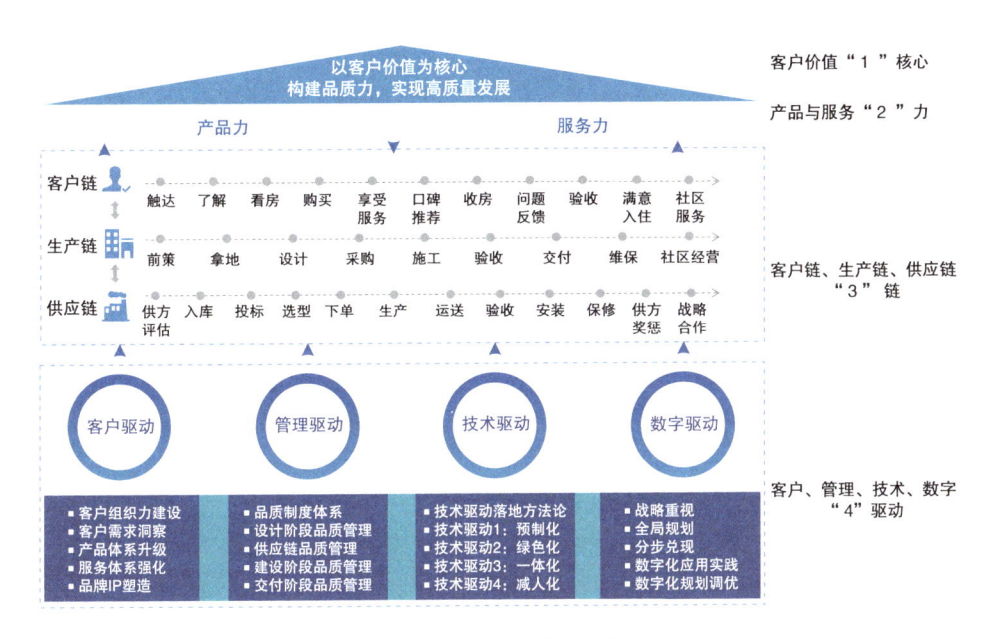

客户、管理、技术、数字"4"驱动

图 1-21 品质力提升"1234"模型

二、品质力提升的两大聚力点：产品力、服务力

产品和服务是企业发展的本质。当前房地产业已经转向了产品竞争时代，市场主导权由卖方转移到买方，客户从仅能选择房企所提供产品到要求房企形成产

品、服务一体的综合性生活方案。房企所提供的生活方案与客户需求的匹配程度，即代表其在客户心中的品质力水平，因此，房企需要将产品与服务作为提升品质的两大聚力点。

> **案例 1-3**
> **保利发展聚力产品和服务，构建全生命周期居住系统**

成立 30 年以来，保利发展作为国家战略的践行者、美好生活的同行者、舒适人居的引领者，始终聚焦产品和服务的优化，经过"起步引领、稳步推广、全面提升、精益突破"四个发展阶段，保利发展逐渐形成了与公司发展战略相匹配的产品特征，那就是以"均好性+户型最优+多一点"为代表的产品特征。

2019 年后，新冠肺炎疫情使得人们意识到居家、社区健康、便捷、安全、高效的重要性。在洞悉上述需求之后，一些标杆房企开始研发健康住宅生活方案，保利发展就是其中之一。2020 年，保利发展在全生命周期居住系统 1.0 的基础上，针对客群"环境要变健康、家要变大、生活要变聪明"的三大需求趋势，打造了居住系统 2.0。通过 Well Space 健康高效空间、Well Support 健康便捷服务、Well Smart 健康安全科技的 3S 系统与十大健康技术，保利发展打造了无"Well"不至的 Well 集和社区，构建出一整套的健康人居解决方案，为客户提供"健康高效空间、健康便捷服务和健康安全科技"。与业内其他主打绿色建筑产品的开发商不同，保利 Well 集和社区基于洞察客户新需求，从户内的健康配置拓展到社区层面的健康配置，更注重社区的公共安全、公共健康，提出十大健康技术与社区健康服务，其中包括高效洁净家政、定制健康家装、居家健康微气候、无接触通行、敏捷社区组团、全龄健康运动系统、全时健康会所等一系列产品解决方案。

2021 年，保利发展在调研新生代青年主力购房群体对产品个性、生活品质、情感共鸣的需求后，结合 Well 集和社区又推出了"和美精装、和趣景观"两大体系（见图 1-22）。新体系的加入使保利发展的健康生活方案实现"乐、颜、精、智、康"五个维度的提升，形成了针对 80 后、90 后、95 后不同客群以及养生、潮玩不同爱好需求，北欧、莫兰迪、极简工业不同审美爱好，单身、二人世界、三口之家、三代同堂不同居住细节的生活方案，以满足客户生活需求。

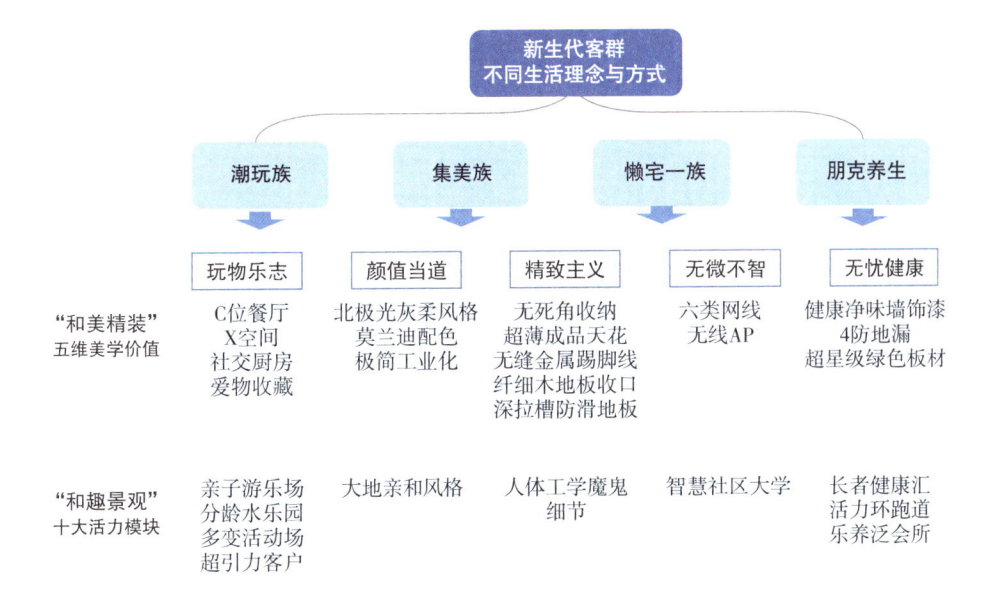

	潮玩族	集美族	懒宅一族	朋克养生
	玩物乐志	颜值当道	精致主义	无微不智	无忧健康
"和美精装" 五维美学价值	C位餐厅 X空间 社交厨房 爱物收藏	北极光灰柔风格 莫兰迪配色 极简工业化	无死角收纳 超薄成品天花 无缝金属踢脚线 纤细木地板收口 深拉槽防滑地板	六类网线 无线AP	健康净味墙饰漆 4防地漏 超星级绿色板材
"和趣景观" 十大活力模块	亲子游乐场 分龄水乐园 多变活动场 超引力客户	大地亲和风格	人体工学魔鬼 细节	智慧社区大学	长者健康汇 活力环跑道 乐养泛会所

图 1-22 保利发展"和美精装、和趣景观"体系

随着行业变化，保利发展与国家发展同频、与时代进步共振。结合房地产业新常态，保利发展提出产品四力，即匹配力（与企业发展目标相匹配的中高端产品）、匠造力（以工匠精神打磨产品，为客户提供更好的居住空间）、运营力（在项目展示阶段就为客户提供所见即所得的生活场景及服务）、牵引力（以产品牵引房地产各个开发环节达到品牌最优），在夯实产品和服务的基础上，以客户战略为导向，通过极致专业化来实现企业的高质量发展。

三、品质力提升的三大链条

正如上文所言，客户对房企所提供产品和服务的要求更为多元化。在多元化需求的驱使下，行业势必会向细分市场下沉，房地产生产链需要柔性、敏捷地响应客需，而这种响应离不开上下游（需求端和供应端）的协同配合。因此，我们认为品质力提升需要实现客户链、生产链、供应链三大链条的打通。

1. 客户链与生产链打通

作为服务目标，客户是房企品质力的来源，房企的生产建设过程不能脱离目标客群的需求。因此，房企提升品质力需要实现客户链与生产链的打通。房企生产链的产品设计人员要能够准确获取客户需求并快速迭代，将客需转化为产品需求并同步给供应链。而当房企与供应链协同产出优质成果后，比如适配客户需求的产品特点、材料特性等，房企又能借助生产链的品牌、营销、客服人员，实现客户有效传达，提升客户感知度。

2. 生产链与供应链打通

在理解客户需求后，房企要保证按时按质满足客需，不仅要抓内部生产链，还需要管好供应链：一方面实现供应链风险预控和品质管理；另一方面建立生产链与供应链协同机制，放大两链融合的协同效应。

> **案例 1-4**
> **万科供应链与生产链打通**

早在多年前，出于保证品质、降低成本、保证供应链安全稳定三个层面的目的，万科便对供应链整合和提升有了整体规划，对材料准入、材料检测与验收、供方新合作模式等都有所探索。

在材料准入上，万科制定了全集团通用的《采购材料标准对标清单》，对标国际及国内领先标准，规范防霉材料、门窗、防水材料、装修材料等关键材料的基础性能要求。

在材料检测与验收上，万科将品质管理提前到材料源头。为杜绝假冒伪劣材料部品进入万科项目工地，万科制定了《万科集团工程天网检测实施方案》和《万科集团集采产品天网检测标准》，对材料进行包括工厂、现场在内的全生命周期监测（见图 1-23），以严控材料质量，提升工程品质。

在供方新合作模式上，万科选择与长期合作的优质供方进行种种新模式的探索，包括建立联合研发实验室、联合建厂、投资入股等。这些新模式通过整合万科和供方资源，在降低研发成本和经营成本的同时，还能挖掘新增长点，放大供应链协同效应。

工厂监测	现场监测	监督整改
充分发挥集采优势，重点对工厂生产源头原材料、半成品、成品质量做检测管控，降低不合格产品出厂概率。	对所有在建项目执行全覆盖检测，每月动态调整抽样频次，对连续合格率低的材料在次月增加抽检频次。	建立检测不合格闭环机制，实现不合格问题100%关闭处理，对连续出现低合格率材料的供应商进行约谈，要求出现材料关键指标不合格的供应商暂停供货，监督其改善供货质量后供货。

图 1-23　万科质量监测

四、品质力提升的四大驱动

要想实现三链打通，赋能产品与服务，房企需要从自身管理体系与方法入手，寻找品质力突破点。经过持续研究众多标杆房企品质力提升的经验与教训，我们提炼出品质力提升的四大驱动，即客户驱动、管理驱动、技术驱动、数字驱动。

1. 客户驱动

客户是企业生存的重要基础，决定着企业的产品规划、服务模式和经营模式。因此，企业在生产过程中需要具备客户思维，以客户需求为准则。过去，房企缺乏客户思维，但随着行业形势变化，产品品质重要度上升，客户驱动需要重回房企生产与管理的行动指南地位。

影响房企客户驱动落地的因素包括客户意识不足、客户相关组织弱势、人才能力不足、业务协同受阻四大因素。因此，要想真正在房企生产管理中落地客户导向，不应仅仅聚焦客服或营销等单一部门的提升，而应该实现文化、组织、业务执行等多维度转变。在文化上，促使上下一体转变意识，强化以客户为中心的企业文化观。在组织设计上，打造客户导向的组织与团队，实现高效协同。在业务执行上，建立需求洞察、产品升级、服务强化、品牌塑造的标准化方法，并在实际应用中，实现需求与产品、服务、品牌的相互反馈，不断优化和提升。

2. 管理驱动

企业战略需要管理动作来承接和落地。相较于制造业、零售业等发展成熟的行业，房地产业尽管历经了三十年的发展，但高速发展造成了品质意识薄弱、业务管理粗放及标准落地难、执行差等问题，这些问题严重地影响了房企品质力的提升。要想解决管理问题，通过管理推动品质提升，房企需要从品质价值链的设计、供应链管理、工程建设、交付管理四个维度综合发力。在设计阶段，从产品标准化、项目策划、方案设计、施工图设计四个维度进行品质把握。在供应链管理上，通过加强采购招标品质管理、强化材料与供方筛选、建立供方评价机制来实现采购环节的品质管理。在工程建设上，以文化为基，以组织为柱，抓好以管控体系标准化和作业体系标准化为支撑的五大核心场景，包括工程策划、主体建造、精装管理、竣工验收、复盘与后评估。在交付管理上，做好"防""实""控"的全周期交付管理。

3. 技术驱动

技术体系是房企产品品质力的重要支撑。回顾过去，建筑工程存在一些品质、效率、成本问题，本质上是由传统建筑技术体系的缺陷导致的。房企依靠管理可以减少问题发生的次数，但不能根除问题。要想让品质问题得到彻底解决，房企就需要及时进行技术体系更新，以技术驱动品质提升。当前，房地产业并不缺乏新技术，但房企技术应用呈两极分化状态：头部房企积极拥抱与布局新技术，且部分房企已初见成效；大部分中小型房企对新技术的应用持保守态度，不敢用、不愿用、不会用现象较为普遍。房企如何通过新技术落地来推动品质力提升？围绕预制化、绿色化、一体化、减人化四大技术变革趋势，我们提出了前期筹备、技术试点、全面推广、迭代升级、组织制度支撑的技术驱动落地方法论。在前期筹备时，充分排除新技术落地的阻碍，采用技术试点探索经验，防止出现大的失误，降低整体决策成本。在试点基础上实现全面推广，助力提升工程质量、降低建造成本，提升项目利润水平。技术体系并非一成不变，房企需要保持持续创新的能力以实现技术迭代升级。为使上述方法落地，房企需要打造利于技术驱动的组织制度体系，保障员工的潜在创造力不受阻碍。

4. 数字驱动

移动互联网、数字化技术已在全社会广泛应用，借助数字化改造管理模式，实现经营与质量的进一步飞跃也成为房企的必然发展趋势。相较于其他行业，房地产业数字化转型起步晚、误区多，品质管理数字化出现了叫好不叫座的情况。细数房企品质管理数字化误区，包括数字化转型动力不足、品质数字化战略规划不合理、数字化规划落地缺乏科学性和系统性方法论三个。基于上述误区，我们提出了战略重视、全局规划与分步兑现、评估调优的数字化方法论，并针对品质管理前端、中端、后端三个阶段，包括智慧设计、智慧风控、智慧工程、智慧供应链、客服数字化、全触点服务业务场景在内的数字化实践展开详细分析。

本章小结

本章我们围绕房地产业发展动力变迁、房地产市场环境变化阐述了房企品质力提升的必要性与紧迫性。

首先，在行业发展变迁下，房地产业的底层增长动能已经由土地红利、资本红利、管理红利转向了品质红利，房企需要通过提升自身产品品质与服务品质来全面提升利润空间。在品质红利时代，房企只有顺应时代变迁，实现品质主导的打法更新，才能活得好、活得久。

其次，房企提升品质迫在眉睫、不容拖延，这是由政策、市场、客户、房企共同影响的。政策层面，国家对于房企投融资收紧，品质监管力度加大，要求房企提高对项目质量和经营质量的重视度。市场层面，行业见顶，高速竞争环境已经转向产品为王、品质竞争的环境。客户层面，美好生活愿景促使不同代际客群需求升级，客群的产品选择权也大大提升。房企层面，高周转、高负债、高杠杆的房企爆雷不断，品质驱动逐渐成为房企经营重心，房企需要提升客户优势、供应链优势、合作优势、政府合作优势、轻资产优势五大优势，尽早进行品质布局。

在房企品质力提升难点总结的基础上，我们详细分析其他行业与标杆房企的品质提升解决思路，梳理形成了系统性的"1234"品质管理模型，以客户价值为核心，以产品、服务为品质提升聚力点，依靠客户驱动、管理驱动、技术驱动、数字驱动实现客户链、生产链、供应链打通，促使产品和服务品质提升。

第二章
客户驱动：房企品质力提升的行动指南针

国际知名咨询机构埃森哲在做客户体验研究时发现，当企业的核心目标是给客户带来积极影响时，其商业影响力也会随之攀升。例如，苹果、亚马逊、软件营销部队等公司在经营中始终以客户为中心，不仅在消费者中颇具口碑，也获取了实质性的丰厚回报。然而在地产行业，客户思维长期缺位却是房企常态。随着行业增速放缓，房企对品质力的关注度急剧提升，而客户需求将作为房企品质力提升的重要行动指南。

第一节

房企客户驱动落地问题与解决路径

客户驱动并非新生理念，从一家企业经营的最基本逻辑来看：企业利润只能来自客户，企业生存本身就是为了满足客户需求，提供客户所需的产品和服务。各行各业都需遵循这一基本逻辑，地产行业也不例外。然而，由于过去地产行业的增长模式严重依赖杠杆，客户驱动在实际落地时困难重重。新周期下，"以客户为中心"不能再停留于一句口号，而要通过明确变革路径真正落到实处。

一、存在问题：意识、组织、能力、协同未实现客户驱动

1. 意识：自上而下客户观念淡薄

长期以来，客户研究和经营并未被列为房企经营核心事项，而且无论是房企高层还是一线员工，都对客户的重视度不足，客户观念淡薄。

（1）高层：盈利思维主导，很少在意客户口碑

高层管理者更加关注企业财务指标是否达成及达成水平，极少关注甚至是忽略客户反馈指标，比如满意度、忠诚度等。当客户研究和经营不能为房企带来短期内的显性价值时，这类高层管理者将毫不犹豫地将其放弃，以便为实现更好的财务指标让位。

（2）一线员工：事不关己，甚至抗拒以客户驱动业务

客户观念淡薄在一线专业部门主要表现为事不关己和抗拒两个方面。

事不关己是指其他专业部门认为客户导向仅仅是客研、客关等客户组织的核心导向，与自己执行的工作关系不大。抗拒指的是在执行工作时，有些专业部门认为客户组织提的意见是在给自己门前扔石头，他们认为客户组织专业能力有限，建议真实性存疑，一旦客户组织对项目的建议与自己的项目计划之间存在差异，就需要大量论证和多方协调才能弥合。例如，某公司拿地的楼面地价为 1.5 万元，按项目预期实现的财务指标，配合成本算出来的售价是 3.5 万元，但客研部门论证后建议将售价定为 3 万元，两方存在差异。客研部门需要论证和实现售价 3.5 万元，而财务和成本部门则需要测算售价 3 万元是否能够盈利。在这种情况下，一线专业部门对客户导向极为抗拒。

2. 组织：组织弱势，职能范围偏离

由于房企自上而下客户观念淡薄，其所映射的组织体系也存在偏颇，主要体现在组织设计和职能范围两个层面。

（1）客户组织缺乏独立性，极为弱势

房企将工作重心几乎全部压在销售回款、成本控制两个方面，因此极为重视与其相关的营销、成本等部门，将这些部门在组织中设计为独立中心组织体系进行运营，而客研和客关等与客户相关部门则作为二级部门存在，挂在投资、营销、运营等一级中心部门下面。作为下属部门，客户相关部门即使希望保持独立性，也难免会被一级部门的部门站位所绑架，话语权极弱。

（2）承担职能重心偏离，价值不凸显

客研与客关等部门局限于低价值的事务性工作，并未涉及真正拥有巨大价值的客户研究和客户经营工作。

比如，客研部门在成立之初承担的就是拿地参谋的职责，核心作用是以判断和建议的方式为投资等职能部门做项目可行性研判——协同投资看地，根据土地条件给出户配、产品配置、价格建议。也有一些房企的客研部门会做市场监控、客户调研工作，但由于经费不足、人员配置不足，这种高价值工作很难开展及做出成果，久而久之，房企高层也就认为客研部门无价值。

再如，当前绝大部分房企的客关部门的核心职能是处理客诉，但除此之外，

客关部门其实更需要做好客户经营工作，在深度了解客户的基础上，以客户思维对房企各专业职能进行检视。无论是对于客关部门本身还是整个房企而言，这项工作才是真正具有价值的。

3. 能力：人才缺乏，专业能力有限

不同于其他专业部门的人才受过专门教育，同时拥有多年的从业经历，客研和客关这类客户部门的人员教育背景不一，专业水平体系没有统一标准，因此，客研和客关部门的专业能力饱受其他专业部门的质疑。比如，在最初成立时，客研部门的从业人员来自咨询、营销和投资转岗，研究方法并不精细，而之后招收的客研人员，入行就专注于客研环节，对地产的价值链不熟，对真实的市场逻辑缺乏深入调研。

4. 协同：协同受阻，客户需求未转化为业务管理能力

从前文可以看出，当房企的人员意识、组织设计、专业能力都不具备客户驱动基因时，客户部门与专业职能部门协同不畅是难以避免的事情。从结果来看，有些房企尽管执行了客户研究和经营的动作，但却并未将客户需求转化为实际业务管理能力。

二、解决路径：文化、组织、执行全维度实现客户驱动落地执行

从上文所列举问题来看，客户驱动落地难并不是管理层或者一个部门的问题，而是由多层面问题共同导致的。因此，如图2-1所示，要解决问题，房企必须从文化、组织、执行全维度入手，避免头痛医头、脚痛医脚。

- 文化层面：上下一体转变意识，强化以客户为中心的企业文化。
- 组织层面：打造客户导向的组织与团队，实现高效协同。
- 执行层面：建立需求洞察、产品升级、服务强化、品牌塑造的标准化方法，并在实际应用中实现需求与产品、服务、品牌的相互反馈，不断优化和提升。

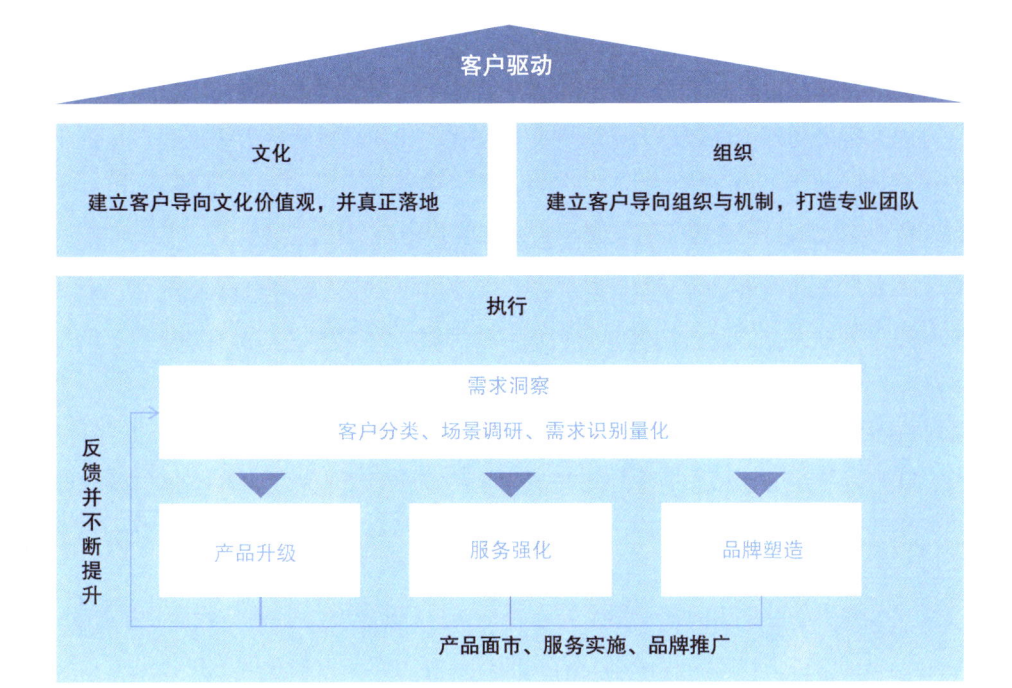

图 2-1　客户驱动落地路径

第二节
文化与组织：打造有客户信仰且以需求为导向的组织体系

　　文化与组织是企业的灵魂与骨架，从深层不断推动企业发展。因此，房企要想实现客户驱动的推广与落地，首先必须构建以客户为中心的文化，打造以客户需求为导向的组织体系（见图 2-2）。

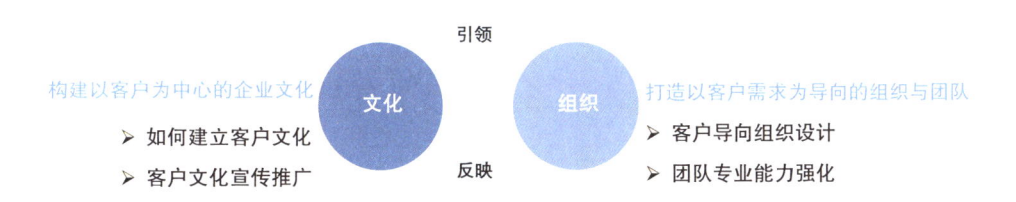

图 2-2　构建客户驱动的文化与组织

一、文化营造：上下一体转变意识，强化客户中心文化

优秀房企均强调以客户为中心的企业文化，比如绿城就认为尊重客户是企业内核基因，将客户满意度作为"一号标准"，将品质作为"一号工程"。相对来说，行业中大多数房企仍需转变意识，强化客户中心文化。

1. 转变意识：客户中心文化是品质实现的压舱石和助推器

（1）客户中心文化为管理托底，是客户驱动落地、品质实现的压舱石

企业的管理机制完善是一个不断进步的过程，但凡管理机制落到实际执行，必然存在薄弱之处，这个问题即使是口碑极佳的品质房企也难以避免。因此，品质房企往往选择强化以客户为中心的价值观，形成客户中心文化，为尚处于完善阶段的管理机制托底，守住质量底线。

（2）客户中心文化根植于员工内心，是客户驱动落地、品质实现的助推器

假如我们将工作拆解至最细，看到的就是与工作职责相对应的执行员工，可以说每一项工作都是由执行员工来推动实现的。因此，房企员工有没有在心中建立以客户为中心的价值观，有没有充分认可这种价值观，关系到房企在具体业务中能否将客户导向、品质理念贯彻到位。因此，房企必须通过管理手段将客户中心文化根植于员工内心。

2. 强化落地：形成客户文化，与日常工作融合

（1）客户文化形成：调研、诊断、输出

"事之难易，不在大小，务在知时"，受到不同阶段房企认知和能力的限制，并不是所有房企都能够实现最大程度的客户导向。因此，房企要因势而谋、顺势而为，通过实际调研、诊断，形成并输出适配房企特点以及员工认知的客户文化。

第一，调研。企业文化调研是房企建设客户文化必不可少的环节：一方面，通过调研，房企能够全方位、真实地了解自身客户文化建设全貌，以确保后续输出的文化价值观的落地效果；另一方面，调研是实现员工客户文化价值观重建的一环，调研主导者在过程中对员工优秀做法进行总结，对错误做法提出问题，从而将员工心中模糊的客户文化认知转化为显性的客户文化价值观。在具体调研

时，房企可采取多种调研方法交叉进行，以获得更全面的结论，常见的调研方法包括资料收集、问卷调研、访谈调研、标杆对照等。

第二，诊断。诊断是输出客户文化的基础。通过诊断评判，房企可明了自身客户文化的基础、贯彻情况、发展特点和优化方向。当前已有相对成熟的企业文化诊断体系，如图2-3所示，丹尼森组织文化模型是一种比较简单可行的诊断方法，其将文化分为参与性、一致性、适应性和使命感四大指标，不同指标下再细分具体考察指标。房企可在其基础上对客户文化建设情况进行诊断。

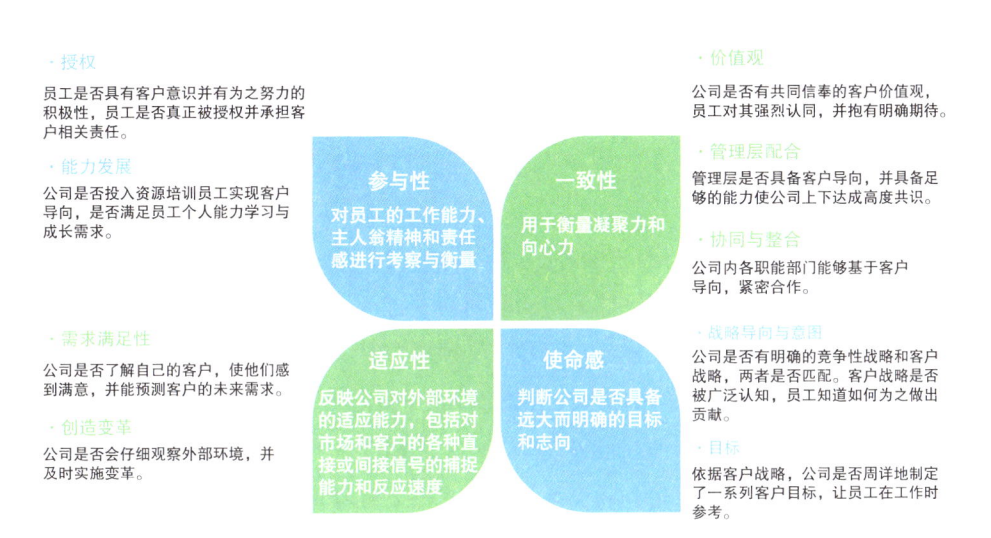

·授权
员工是否具有客户意识并有为之努力的积极性，员工是否真正被授权并承担客户相关责任。

·能力发展
公司是否投入资源培训员工实现客户导向，是否满足员工个人能力学习与成长需求。

·需求满足性
公司是否了解自己的客户，使他们感到满意，并能预测客户的未来需求。

·创造变革
公司是否会仔细观察外部环境，并及时实施变革。

参与性
对员工的工作能力、主人翁精神和责任感进行考察与衡量

一致性
用于衡量凝聚力和向心力

适应性
反映公司对外部环境的适应能力，包括对市场和客户的各种直接或间接信号的捕捉能力和反应速度

使命感
判断公司是否具备远大而明确的目标和志向

·价值观
公司是否有共同信奉的客户价值观，员工对其强烈认同，并抱有明确期待。

·管理层配合
管理层是否具备客户导向，并具有足够的能力使公司上下达成高度共识。

·协同与整合
公司内各职能部门能够基于客户导向，紧密合作。

·战略导向与意图
公司是否有明确的竞争性战略和客户战略，两者是否匹配。客户战略是否被广泛认知，员工知道如何为之做出贡献。

·目标
依据客户战略，公司是否周详地制定了一系列客户目标，让员工在工作时参考。

图2-3 基于丹尼森组织文化模型进行客户文化诊断

第三，输出。结合战略与诊断结果，房企在匹配自身发展阶段的基础上，建立或优化客户文化并输出成果。值得注意的是，客户文化必须适配企业发展阶段，必须是在经营管理与客户服务沉淀的基础上形成的。一些房企将客户文化建设目标定位在企业可承受的范围之外，脱离企业实际，这极易将客户文化变为空泛的口号，使其无法在业务中落地执行。客户文化也必须符合员工认知。客户文化建设不能是照搬其他房企的拿来主义，也不能是基于管理层意图自上而下的强制推行。一个房企建立什么样的客户文化必须由所有员工共同决定，因为客户文化要符合员工认知，实现"从群众中来，到群众中去"。

（2）客户文化融合：与管理机制、日常工作融合

客户文化必须与管理机制融合。为确保客户文化的普及，房企必须通过完善的制度体系、监督体系、激励体系、保障体系，使之与其他管理机制融合。

房企可以采用高层示范、培训培育、文化节日化等方式，将客户文化与日常工作融合。高层示范即通过领导者以身作则、树立优秀典范、借助标杆案例等示范方式，引领员工做出与客户文化导向一致的行为。培训培育即通过打造客户文化教育培训内容体系、组织多样化培训活动、做好培训效果管理等方式，使客户文化得以全面推广。文化节日化即将客户文化打造成房企内部专项文化活动节，通过轻松活泼的形式，潜移默化地将客户文化融入员工价值观念与日常工作。

二、组织设计：打造客户导向组织，实现高效协同

企业文化与组织体系是一体两面、相互统一的关系：企业文化需要组织体系来进行承接和保障，而对组织体系与团队能力的打造则体现了企业文化导向。因此，房企要想实现客户文化建设与落地，必须要在组织设计中合理地安排客户部门及其职能，打造客户导向的团队，实现高效协同。

由于不同房企的客户部门设置情况不同，如图2-4所示，基于客户组织从无到有、从基础到精细的逻辑，我们认为房企需根据自身条件、发展阶段、战略规划等，进阶式地完善客户组织。

2.0客户组织
保障项目品质，提升客户满意度

1.0客户组织
守住质量底线，做好基础服务

3.0客户组织
长期经营客户，深度挖掘价值

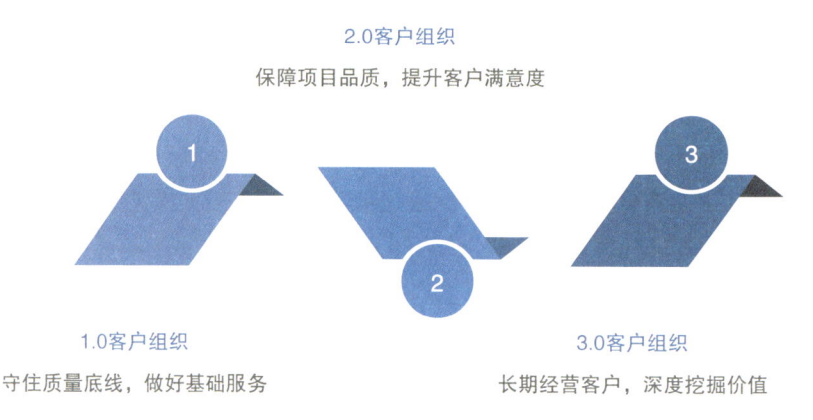

图2-4　1.0至3.0客户导向的组织进阶

1. 客户组织设计

（1）1.0 组织：守住质量底线，做好基础服务

1.0 客户组织如图 2-5 所示。

- 房企条件：城市或区域型房企，规模小，拥有 3~5 个项目。
- 组织设计：成立客户服务部门，主要职责为售后服务，做好客户安抚与处理客诉事件。
- 关注重点：保障项目交付顺利，无重大客诉、群诉，避免出现客户不满意的情况。
- 职责范围：客户投诉处理、项目交付服务、房修维保服务、模拟验房参与等。
- 人员配置：一般而言，一个城市配备一名客服经理，两个项目配备一名客服对接。客服经理负责城市公司客服服务管理和群诉事件的处理，客服对接负责日常投诉的处理以及与物业、保修的协同。
- 考核指标：交付率、投诉关闭率、客户满意度、重大投诉处置事件等。

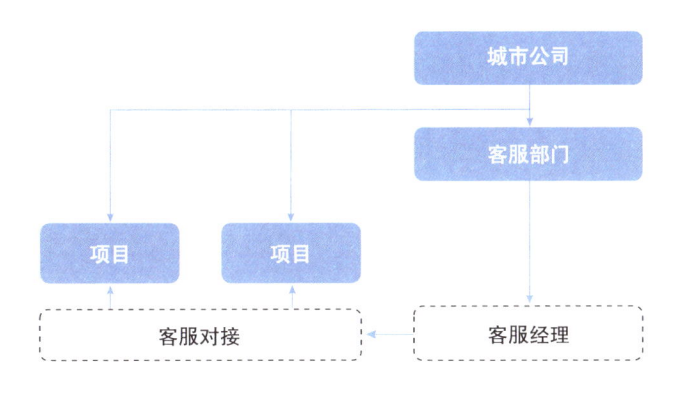

图 2-5　1.0 客户组织示例

（2）2.0 组织：保障项目品质，提升客户满意度

2.0 客户组织如图 2-6 所示。

- 房企条件：区域成长型房企，有了一定规模量级，在区域内拥有 10~20 个项目。

- 组织设计：除了设置客户售后服务职能，还可设置客户风控职能，进行项目品质监督和统筹管理。
- 关注重点：从解决问题转变为前置预判问题，在过程中控制质量问题的出现。
- 职责范围：客户投诉处理、项目交付服务、房修维保服务、模拟验房参与、风控管理。
- 人员配置：一般而言，总部设置客服总 1 名、风控管理岗 1~2 个，城市公司配备 1 名客服经理，根据项目个数配备客服对接。其中，客服总负责统筹全公司客服与风控管理事项；风控管理岗负责编制风控标准，跟进各城市公司风控情况；客服经理负责城市公司客服服务管理、群诉事件处理、风控统筹与跟进；客服对接负责日常投诉处理、风控执行及与物业、保修的协同。
- 考核指标：客服层面考核指标包含交付率、投诉关闭率、客户满意度、重大投诉处置事件等；风控层面考核指标按照阶段划分有开盘检查完成率、交付检查完成率等，按照专业划分有项目缺陷、销售承诺等。

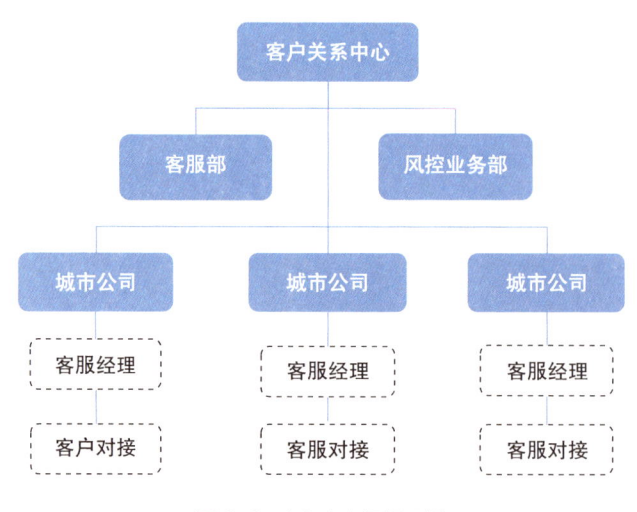

图 2-6　2.0 客户组织示例

（3）3.0 组织：长期经营客户，深度挖掘价值

3.0 客户组织如图 2-7 及图 2-8 所示。

- 房企条件：全国型房企，在多个区域拥有项目。

- 组织设计：客户研究、客户风控、售后服务、客户经营全覆盖，依据是否能够更好地实现战略、更好地服务客户，分为客户职能独立为一级部门、客户职能与关联专业一体化两种模式。
- 关注重点：通过好服务、好产品做好客户全周期经营，深度挖掘客户价值。
- 职责范围：客户投诉处理、项目交付服务、房修维保服务、模拟验房参与、风控管理、客户研究、客户经营。

图 2-7　客户职能独立为一级部门的组织架构设置

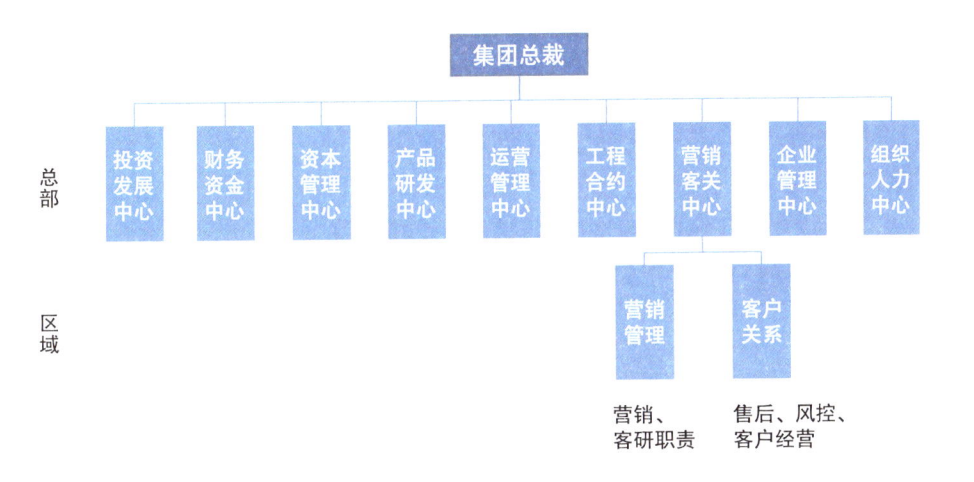

图 2-8　客户职能与关联专业一体化设置

2. 部门协同提升

除了在组织架构中合理设置客户部门，房企还需实现客户部门与不同专业职能部门之间的协同，使专业职能部门也实现客户导向。如图 2-9 所示，在具体做法上，房企可深入分析客户部门与其他部门的协同流程，梳理形成标准环节、标准成果、标准责任人，建立客户部门主导的客户需求研究与运营机制，其他部门基于上述成果开展业务工作。

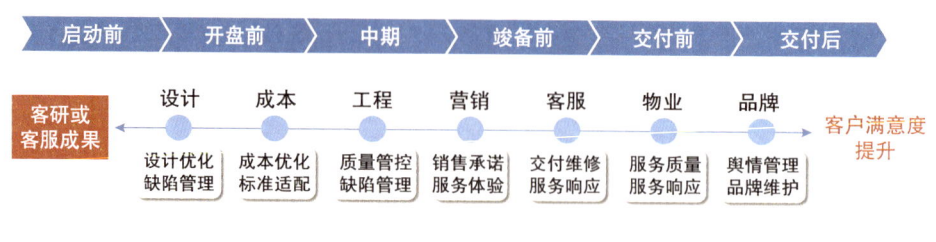

图 2-9 客户研究成果指导全价值链各专业工作

第三节

需求洞察：以多维调研，洞见不同客户需求

"民之所忧，我必念之；民之所盼，我必行之。"房企实现客户驱动本质上是要提供客户需要且满意的好房子，而要创造出客户真正满意的房子，房企就必须做好需求研究工作，深刻理解目标客户对居所的需求，为优质产品与服务夯实基础。

本节将从当前需求研究存在的问题展开，分析行业需求研究基本路径，为房企形成自身客户需求研究体系提供参考。

一、存在问题：存在五大问题，无法触达真实客需

1. 借鉴模仿：忽略自身情况，借鉴标杆房企客户细分体系

受重视程度、专业水平影响，大部分房企的客户细分体系较为模糊，有些房企甚至没有建立客户细分体系，而是简单借鉴标杆房企的客户细分体系，将之套用到自己的业务中。而未经过深层次逻辑理解、单纯生搬硬套的客户细分体系根本无法与房企适配，准确洞察客户需求更是无从谈起。比如，万科最早建立客户细分体系，按照家庭生命周期将客户细分为经济务实、社会新锐、望子成龙等五大类八个子类，并将客户与产品、土地对应，后来有很多房企借鉴万科这套体

系，但并未彻底理解其背后的逻辑，只是单纯将某一类或某几类客户与项目关联起来。

2. 重心错位：重心集中于竞品分析，结论存疑

客户需求研究是在结合城市土地情况的基础上，找出目标客户、地区范围、样本量，经过多维度调研找出客户需求的过程。有些房企的项目节点安排不合理，预留给客研的时间比较紧，客研人员为快速出成果，很多都选择通过找竞品销售询问、找同行报告参考的方式快速形成报告。这种方式无疑是将客户需求研究错当成了竞品分析，在此基础上形成的客户需求也并不是真实的客户需求。

3. 场景不足：调研场景性不足，不能获取真实客需

传统的调研方式倾向通过询问来获取客户需求，但是这种方法存在两个问题：一方面受到调研环境、交谈状态等影响，调研者不能很好地做客户引导；另一方面受限于客户自身的认知，因为客户不一定真正了解自己的需求，且其需求也局限于自己过往的经验及眼界，当看到更具长远性和先进性的产品时，客户需求也会随之发生变化。

在这种情况下，房企容易获取错误需求或出现需求遗漏问题。错误需求即将客户的设想当成真实需求，比如曾经有客户向房企提出在园区装个插座，但其实装了之后基本未使用。需求遗漏即某个需求属于核心需求，但由于客户未提及，因而被忽视，比如玄关的收纳、夜灯照明等。

因此，客户调研需要更加场景化，实现"从客户生活中来，到客户生活中去"。

4. 未经量化：需求未转化为专业语言，难以应用

一般而言，房企在对客户调研后将形成客户特点和需求成果，对客户的身份情况、家庭结构、支付能力、需求痛点等进行描述。但由于这类描述比较笼统，对需求优先级的梳理也较为模糊，调研成果很难为设计部门和客服部门所用。因此，房企在进行客户需求研究后，必须将客户语言转化为专业语言，使各个部门统一对需求的理解。

5.动态不足：研究指标不更新，客户需求不迭代

很多房企在完成了初版客户研究体系后就很少进行更新，主要表现在研究指标和客户需求两个层面。

首先，研究指标不更新。随着时代的发展和数据搜集广度的拓宽，有很多新的指标可以帮助房企更精确地了解市场和客户，但有些房企固守原有的研究体系，并未更新研究指标以实现全面性。

其次，客户需求不迭代。客户需求并不是一成不变的，而是受年龄增长、时代变化、产品变化的影响，因此，需求洞察也并非一锤子买卖，而是需要房企长期关注、动态跟踪、灵活调整。但在实际业务中，大部分房企并未形成客户需求更新机制，对需求的了解明显落后于需求变化。

二、解决方案：做好客户细分，调研量化，动态更新

综上，要真正洞察客户，房企需要掌握客户细分方法、需求调研方法、需求转化方法和动态机制建立方法，通过搭建适配的客户细分体系，选用多维度、场景化的调研方法，精准获取客户需求，转化与量化指标供专业部门使用（见图2-10）。

01 建立适配客户细分体系　02 多维度+场景化客户调研　03 转化与量化客户需求　04 建立动态更新机制

图2-10　需求洞察四步法

三、建立适配客户细分体系

1.客户细分作用：在全公司统一客户标准定义

所谓客户细分体系即对客户分级分类，这种体系是在调研前或者调研后，依

据不同客户特征和客户需求所形成的。

建立客户细分体系是房企精细化管理的需求。当前，地产行业做产品、做项目主要有两种模式：一种是先拿地再去找客户，另一种是在拿地前就锁定目标客群。在第一种模式下，房企投资部门对所获取地块的目标客群的研究不够深入，极易造成地块价值高估、项目去化缓慢的问题。在第二种模式下，房企在拿地前就已经在公司内部建立起土地和客户的对应关系，拿地时可更清晰地判断地块投资价值。先锁定客户的做法无疑更加精细，更符合当前房企发展趋势。房企做客户细分的目的就在于通过对客户分级分类，进而从庞大的客户基数中，剔除不合适的客群，锁定有价值的目标客群，形成全公司统一的客户标准定义并输出标准的客户需求点，为投资、设计、营销、客服等职能赋能（见图2-11）。

统一4种专业语境，打通多达20个沟通环节，减少沟通成本

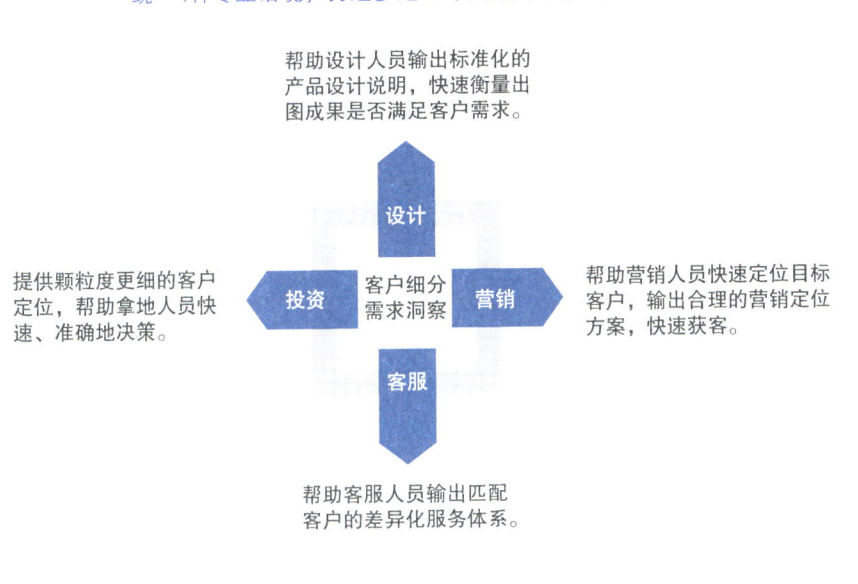

帮助设计人员输出标准化的产品设计说明，快速衡量出图成果是否满足客户需求。

提供颗粒度更细的客户定位，帮助拿地人员快速、准确地决策。

设计

投资　客户细分需求洞察　营销

客服

帮助营销人员快速定位目标客户，输出合理的营销定位方案，快速获客。

帮助客服人员输出匹配客户的差异化服务体系。

图2-11　客户细分体系赋能

2. 客户细分体系建立方法

如图2-12所示，客户细分体系是通过选取不同客户特征，相互组合而形成的。

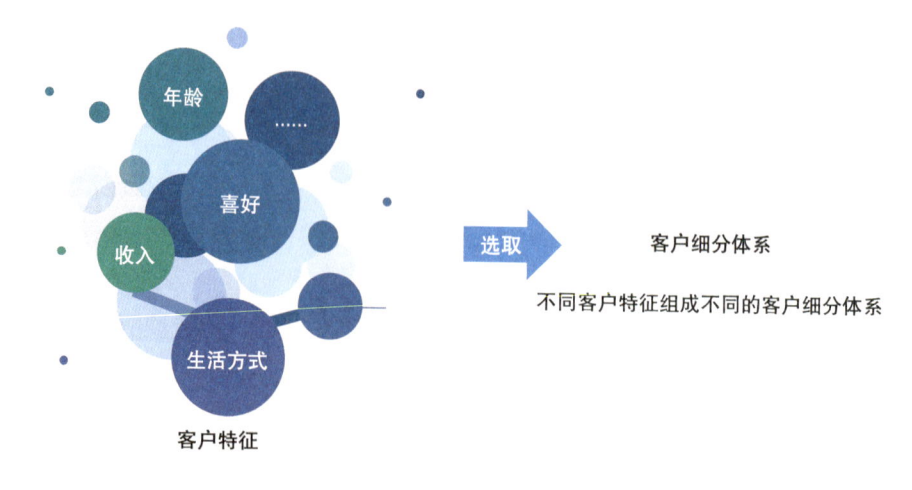

图 2-12　客户细分体系建立方法

房企在构建客户细分体系时需要注意以下三个要点：

- 客户细分体系选择哪些客户特征？
- 总部与属地之间如何实现差异与统一？
- 客户细分体系需要动态更新。

（1）**客户特征选择**：同时满足客户逻辑、土地适配、数据易得要求

客户特征基于马斯洛需求理论演化而来。如图 2-13 所示，客户特征可以分为四种：人口特征、行为特征、态度特征、情感特征。以上四类特征还可进行细化，比如人口特征可以细分为年龄、家庭结构、收入、生活方式等。

客户特征有物质性特征、情感性特征，物质性特征相对易变，而情感性特征则相对稳定。在调研和识别时，房企要透过客户表述，准确地抓住物质性特征和情感性特征。

为使客户细分体系易于使用，房企需要选取同时满足客户逻辑、土地适配、数据易得要求的客户特征。

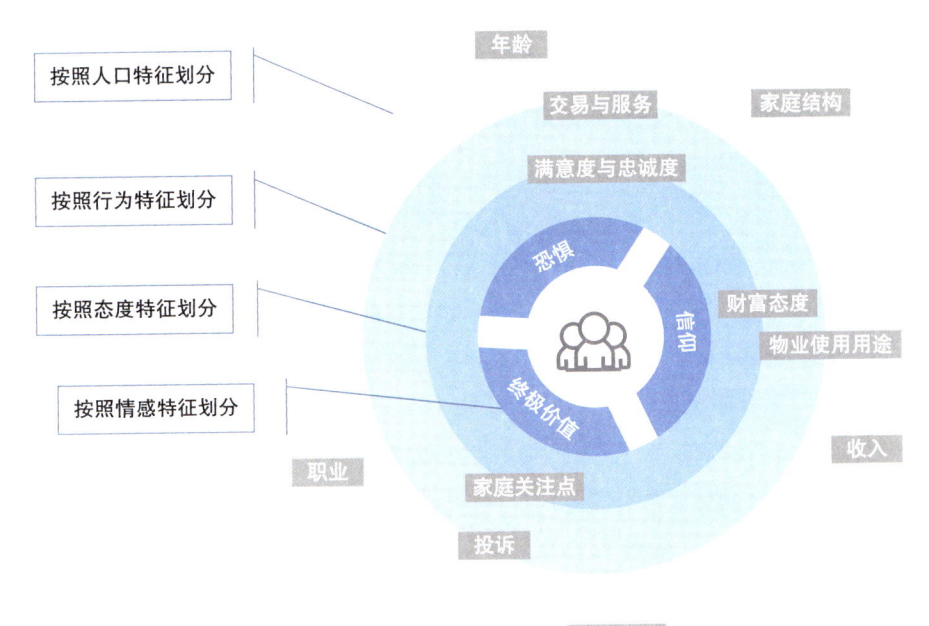

图 2-13 客户特征分类图

（2）客户细分体系建立：总部定框架、区域做适配

由于不同城市的客户需求存在差异，房企的客户细分体系一般由总部定整体框架，由区域做属地化适配。常见的客户细分体系有家庭生命周期分类、价值驱动力特征分类、居住性能分类等。

① 家庭生命周期分类

家庭生命周期分类是基于人口特征和收入特征划分的客户细分体系，这一套体系运用较早，它基于家庭生命周期分类理论，最早由美国人口统计学家保罗·G.格里克（Paul C. Glick）在 1947 年提出，目的在于更好地进行人口分析。自从万科把它运用到客户分类上后，家庭生命周期分类成为房企最为通用的客户细分体系（见图 2-14）。

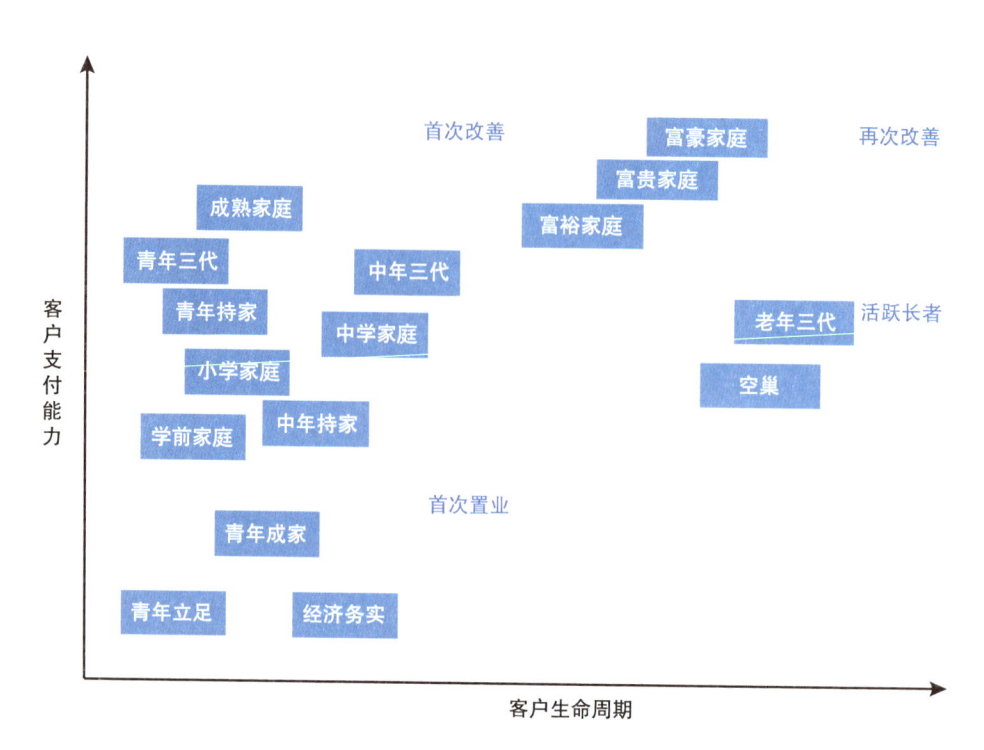

图 2-14 常见的家庭生命周期分类体系

资料来源：锐理顾问。

② 价值驱动力特征分类

如表 2-1 所示，价值驱动力特征分类体系结合了人口特征、居住偏好、环境偏好等多个特征的客户需求，以更全面地理解客户。

表 2-1 常见的价值驱动力特征分类体系

类别	人口特征	居住偏好	环境偏好	配套偏好
实现者	讲究品位，注重形象，善于接受新的事物	重视自然环境和人文情怀	高品质、稀缺的环境	高品质的社区会所和配套，人文为先
满足者	喜欢从事社会活动，广泛阅读，对高档商品无较大依赖性，有一定品牌忠诚度	有自己的置业标准，不易被外界言辞所改变，重视社交和生活圈	古典、富有文化底蕴	有供社交用途的会所，配套设施舒适、温馨

(续表)

类别	人口特征	居住偏好	环境偏好	配套偏好
成就者	喜欢追逐高消费，购买奢侈品，认为金钱可以代表身份	房屋是其社会地位的象征，重视硬软件设施的档次，追求奢华	奢华、大气，空间的阔绰	品牌、高端的配套设施，物业服务的尊贵
享受者	追逐流行与时尚，喜欢参与社交活动，冲动型消费	个性化的生活方式，活力、乐趣，喜欢创新型的居住环境	现代感，个性化	多功能、运动型社区会所，商业配套齐全
信任者	忠诚的，不愿改变习惯，偏好舒适、安定的生活	居住环境的舒适性、安全性，对特定区域有明显偏好	简约、自然	周边各类配套便捷可达，物业服务周全、贴心
奋斗者	注重自身形象，渴望获得更大的成就，向往高收入的生活，但目前收入有限，消费较为盲从	倾向于公认的高品质楼盘，会购买超过目前支付能力的产品	现代，国际化	品牌物业服务
劳作者	喜欢变化，倾向于性价比较高的商品，品牌忠诚度较低	较为理性，会综合考虑小区的多项指标，偏好经济实用的户型和小区配套	简洁、方便	配套设施的实用性
挣扎者	对价格的重视程度较高，对折扣活动较为敏感	能承受的物业总价较低，对价格较为敏感，渴望有属于自己的住房	对环境要求不高	基本的配套设施

资料来源：同策顾问。

③居住性能分类

居住性能分类是结合居住面积、收入状况、土地位置等多个因素形成的客户细分体系。所谓居住性能指的是客户在同等总价上，综合考量土地位置、居住面积、收入情况后的选择差异。比如，客户以400万元的总价在城市中心地区仅仅可以购买约80平方米的两房，而在城市近郊区域，同样的400万元可以购买到约120平方米的大三房。客户需要在居住在优质地段但空间有限和居住在近郊但生活空间舒适之间进行选择，而这个选择最终将影响客户的购买决策，这就是居住性能分类。

案例 2-1
越秀地产客户细分体系的设计

当前,越秀地产总部已经完成了客户细分体系的建设。在设计客户细分体系时,越秀地产的细分特征是以家庭生命周期为主轴,同时考虑客户的支付能力与购房动机。

基于上述三个维度,越秀地产将城市客群分成奋斗扎根、筑巢家庭、社会新锐、安居家庭等八类(见图 2-15)。

单身或青年两口
奋斗扎根
城市扎根,奋斗阶段的首次置业
房屋是我在城市安家的地方,未来可以再置换。

三四口之家或三代同堂
筑巢家庭
首次筑巢,只要求满足基础教育和家人基础生活配套
作为城市安家的栖息地,有基础的教育和基本生活配套。

中至中高支付力
单身或青年两口
社会新锐
独立分巢,享受自由
我享受城市生活,有独立自由的空间,一个安家的地方。

中支付力
三四口之家或三代同堂
安居家庭
城市安居,要求基本的小区环境与教育配套
有基础生活、教育、医疗配套,较好的小区内外环境,舒适安居。

成年两代
实用中年
追求高性价比,基础生活配套
房型适合每个家人的舒适居住,小区休闲舒适。

中高支付力
三四口之家或三代同堂
优享家庭
追求优质生活和舒适享受
户内空间宽敞舒适、功能齐全,小区环境舒适,周边有优质教育配套,让全家舒享优质生活。

成年两代
品味中年
追求产品品质及优质环境
改善小区周边环境,户内空间兼顾休闲与兴趣爱好。

高支付力
三四口之家或三代同堂或成年两代
宝贵之家
富足家庭,追求生活品质与极致享受
周边有最好的教育与医疗资源,家是我提升生活品质、享受工作与生活的地方。

图 2-15 越秀地产客户细分体系

一种客户细分体系不可能满足所有区域。越秀地产各区域在总部客户细分框架下，结合本地客群的特征进行属地化客户细分。例如，长沙房价较低，不同档次的产品总价差别并不会太大，客户置业也倾向于一步到位；深圳产品总价高，客群的支付力差距大，且高端客户更为多样化。

（3）动态更新：客户细分指标体系更新、客户需求更新

房企的理解与客需变化实现最大程度一致，是以客户为中心提供产品和服务的基础。为此，客户细分体系需要实现动态更新，包括客户细分指标体系更新和客户需求更新两个层面。

①客户细分指标体系更新

房企需要根据客户变化和市场环境变化，及时进行客户细分指标体系的更新。比如，旭辉在客户细分体系上就实现了客户特征的更新，根据客户变化情况和数据获取难易度，新增了消费理念与习惯、生命周期等指标，通过定性分析总结了10个维度50个指标，用此描绘客户生活及其居住价值观，再回到定量问卷里去验证（见图2-16）。

人口特征
年龄、学历、职业、本地人或新移民等

支付能力
家庭收入情况、目前所持房产及未来购房计划、拥有的私家车及其档次、是否有居家保姆

支付能力与产品标准体系的档次关联挂钩

消费理念与习惯
购房消费理念，日常消费重视方面（吃穿住行、教育、健康、娱乐等）

生活方式
日常生活画像（状态压力、饮食起居）、交通出行、娱乐生活工作状态、兴趣爱好、媒体接触习惯

功能性需求与产品特点、功能关联挂钩

生命周期
生命周期（单身、已婚无孩、已婚有幼儿、已婚有大孩、空巢）、家庭结构

购房动机
生命周期的相关性、支付能力的相关性、本地人或新移民的相关性

情感价值观
理想和目标的背后原因、个性和生活态度、个人及家庭生活态度

客户内在精神需求，可与风格偏好、调性结合

图2-16 旭辉客户特征选择

② **客户需求更新**

房企需要对原有客户细分体系下各个类型的客户需求进行动态更新，比如标杆房企会借助大数据分析，通过对比一定时期内（如两年）主流客群的变化趋势，如单身人士、多孩家庭、已婚人群、高消费人群所占比例的变化情况，及时掌握不同客户群体需求的变化动向，更新不同特征和需求描述。

案例 2-2
南京万科客户研究年轻化战略

南京万科统计显示，在2020年区域成交客户中，35岁以下的客户占比达到了55.6%，越来越多的年轻人成为南京万科主流客群。在此背景下，南京万科基于原有客户细分体系，展开了对350位年轻人的调研，通过调研迭代更新了85后、90后、95后、00后的客户特征与最新需求（见图2-17）。

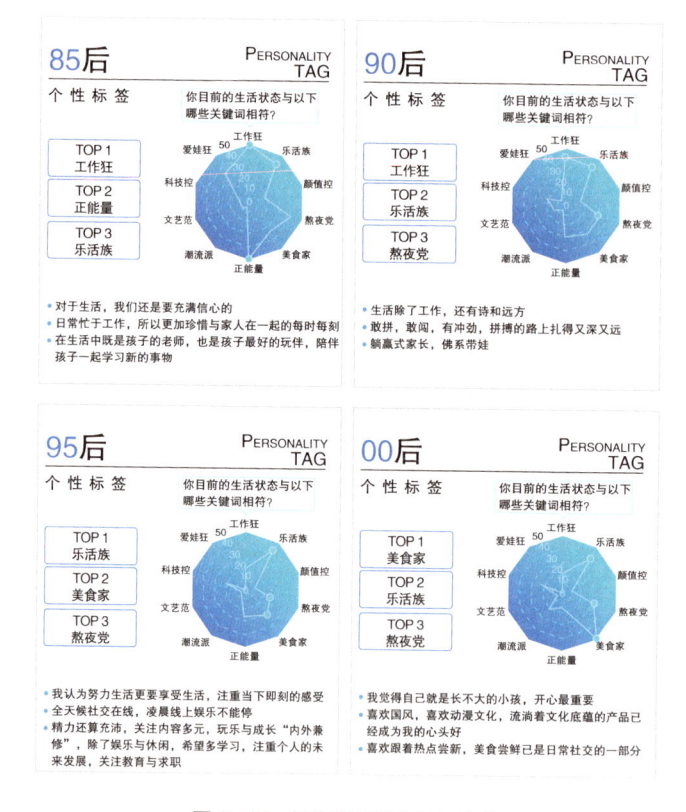

图 2-17 新生代客群特征与需求

通过对不同阶段的年轻人进行调研，南京万科挖掘和总结出年轻人日常生活的四大关键词：乐活、美食、工作、熬夜。通过对年轻人日常生活的需求挖掘，南京万科提出3大生活圈产品、4大生活场景、21项生活场景标准的产品策略，以"自由无界共享圈、亲密有间私享圈、健康保障护航圈"为核心，构建南京万科光年产品2.0的产品价值体系，给不同年轻人带来美好生活愿景。

四、多维度＋场景化客户调研

传统调研方式因其成熟性和科学性，是客户洞察不可或缺的手段，而为解决场景性不足、客户数据样本偏差问题，一些房企也开始应用创新的客户研究方法，通过"传统调研＋沉浸式场景调研＋大数据客研法"的组合方式，不断深入挖掘客户需求。

1. 传统调研：定性研究与定量研究

传统的客户调研方法从性质上看，包括定性研究与定量研究两种。

定性研究偏向于主观，需要有经验的调研者从交谈的过程、客户的行为以及回答的问题中获取信息、形成结论，包含小组座谈法、深度访谈法等。

- 小组座谈法：采用小型座谈会的形式，挑选一组具有同类性质的客户，由一个具备经验的调研者以一种无结构、自然的形式与客户交谈，从而获得有关问题的信息。
- 深度访谈法：在访问过程中，一个掌握高级技巧的调研者深入地访谈一个客户，以确定客户对某一问题的潜在动机、信念、态度和感情，是一种更为深入且能够获得更为具象答案的调研方式。

定量研究则更加偏向于客观，是通过工具对客户信息进行数学统计分析并形成结论，包含问卷调研法、数据采集法等。

- 问卷调研法：调研者通过设计问卷对所研究的问题进行度量，从而搜集到可靠资料的一种方法。问卷调研法采用的形式较为多样，包含电话调研、当面调研、邮寄调研等，在互联网技术广泛应用后，网络调研逐渐发展，微信调研成为网络调研的主要形式之一。
- 数据采集法：主要是借助专业的数据机构，比如中指、克而瑞、阿里、腾讯等获取客户数据，并进行分析的一种方法。

同时使用多种调研方式是比较少见的，因为这要求房企必须拥有强大的调研团队、充足的时间和预算。因此，较为合理的做法是对定性和定量方法做好组合，以匹配不同调研场景。

当前房企在进行客户调研时，主要是将问卷调研法、小组座谈法与深度访谈法进行组合。

（1）问卷设计是问卷调研法的重中之重

问卷设计是问卷调研法的重中之重，问卷设计成功则意味着调研已经成功了80%。如图2-18所示，问卷设计的过程包括确定调研目的、设计问卷提纲、细化提纲问题、问卷试用与修改四个步骤。

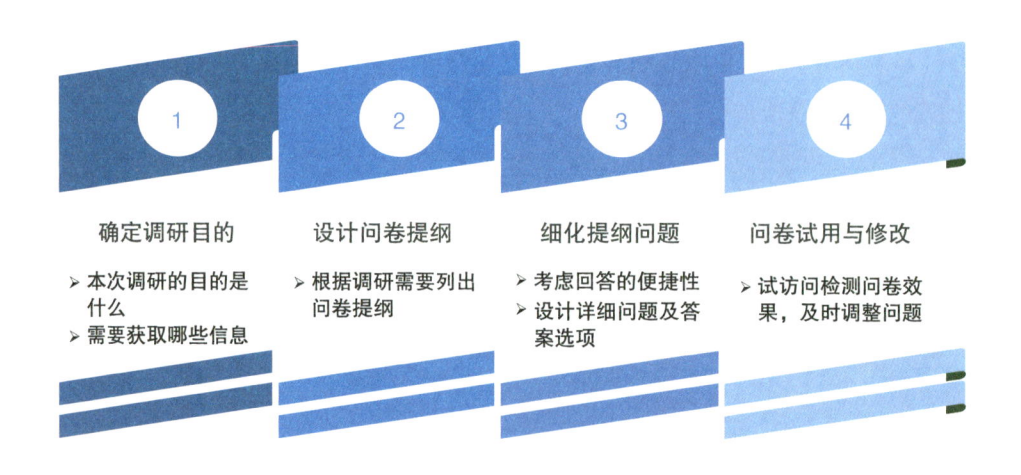

1 确定调研目的	2 设计问卷提纲	3 细化提纲问题	4 问卷试用与修改
➢ 本次调研的目的是什么 ➢ 需要获取哪些信息	➢ 根据调研需要列出问卷提纲	➢ 考虑回答的便捷性 ➢ 设计详细问题及答案选项	➢ 试访问检测问卷效果，及时调整问题

图 2-18　问卷设计的过程

确定调研目的：客户研究贯穿整个房地产开发流程，对城市研究、产品研究、投资定位、规划设计、交付服务起到支撑作用。因此，房企在进行问卷设计时，首先需要考虑清楚调研性质、调研目的，换句话说就是调研为谁服务，核心问题是什么。

城市研究：核心问题是城市客户购买力及购买特性，为城市地图设计服务。

产品研究：核心问题是目标客户群体及产品需求，为产品标准化服务。

项目定位：核心问题是该项目的目标客户产品偏向与价格偏向，为投资与营销阶段的客户需求分析服务。

规划设计：核心问题是该项目的客户对设计的产品是否满意，为项目产品测试服务。

交付服务：核心问题是客户对服务是否满意，是否期待服务内容与形式，为服务体系完善服务。

设计问卷提纲：基于调研核心问题，可以将问卷的主要问题分为客户特征、位置取向、产品需求三类。

客户特征包括人口特征（如籍贯、年龄、职位、兴趣、收入）、家庭特征（如家庭结构、儿童年龄、居住区域）、购买能力（如面积、总价、单价）等。位置取向包括客户选区动机、客户未来的意向居住区域地图等。产品需求包括规划需求（如立面、绿化、公共设施）、户型需求（如套数、功能、附加值、收纳系统）、服务需求（如物业、车位、配套）等。

基于这三类问题，在分析调研结果时，可有效实现客户类型、产品类型、土地类型的匹配。

细化提纲问题：问题的设计需要考虑调研环境，遵循问卷填写便利性、问题便于理解性、信息获取完整性和真实性原则，做到五个避免。

第一，避免出现抽象概念，比如在问卷中出现像安居者、乐活者这类房企内部专用名称。

第二，避免答案含糊不清，比如在问卷中出现高档、中档，但并未对档次进行进一步说明。

第三，避免问题带有强烈的倾向性，比如直接在问卷中询问客户是否愿意购买某一个项目的产品等。

第四，避免问题或答案存在双重含义，比如在询问厨房要求时，将橱柜与电器放在同一个问题中。

第五，避免答案设计不合理，在设计答案时要基于互斥原则，尽量覆盖全面。

问卷试用与修改：在调研问卷设计完成后，房企可通过内部访问来检测问卷效果，以便及时调整问题。

问卷调研法的优点在于调研效率高、针对性强、调研样本量大，但存在调研过程、质量难控制及获取深度信息量较少等缺点。因此，问卷调研法可获取客户需求的大体框架，更适合在初步调研摸排或者做定性调研成果验证时使用。

（2）设计好访谈提纲是开展访谈调研的首要任务

不管是小组座谈还是深度访谈，设计好访谈提纲都是开展访谈调研的首要任务。访谈提纲的设计遵循主题分解、问题细分与归纳、明确优先级三个步骤。

主题分解：提纲设计者会将调研目的和需要获取的信息整合形成多个调研主题，但这些调研主题仍然比较笼统，不适宜直接向客户提问。因此，提纲设计者需要对调研主题进行分解，直到变成可以直接提问的问题。如图2-19所示，调研主题是了解客群对产品的接受度，向下可以分解为客群特征、产品需求、产品价格认可度，为了便于提问，以上三个主题可以持续进行分解。

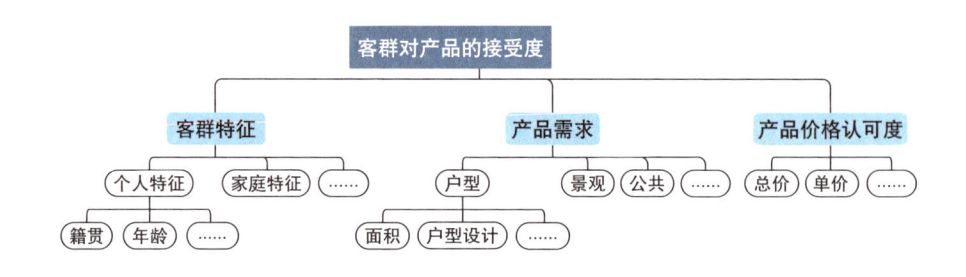

图2-19 访谈提纲设计主题分解

问题细分与归纳：细分指的是围绕主题，按照各个问题互不相关的原则，将相关问题罗列出来。比如，主题为家庭特征，罗列问题包括家庭人口数量、家庭人口年龄结构、家庭性别结构等。在细分后，考虑到访谈调研人提问的便利性、客户访谈感受，可以将逻辑相关问题归纳到一个问题内，比如在询问客户子女情况时，可用一个问题询问子女数量、年龄、性别。

明确优先级：访谈调研的发散性较强，客户交谈意愿会受到时间、情绪等因素的限制，因此有必要对访谈提纲中所列举的问题进行分级，确定哪些问题必须知道，哪些问题为锦上添花，并尽量将必须了解的问题安排在前期询问。

访谈法非常适合探讨细节性问题，深入挖掘客户的精神、意识层面内容，从而获取质量较好的观点。但访谈法的局限在于调研时间长、成本高、样本量较少。因此，访谈法非常适合在深度调研阶段使用，需要向被访者展示多种内容，并给予细致评价。

2. 沉浸式场景调研

当前标杆房企在挖掘客户需求时，会采用更加贴近客户真实生活场景的方式，包括浸入式观察法、真实客户共研、BNOP（行为、需求、场景、客群）评价等。通过沉浸式场景调研，房企可将客户的需求按照场景细分，构建多元化的场景模块，从而更加贴合客户对未来生活的需求。

（1）浸入式观察法

龙湖的浸入式观察法是业内非常有代表性的深度调研法。龙湖2016年提出了浸入式观察的客研方式，对客户七天的全生活场景进行跟访。以重庆两江新宸项目为例，在重庆区域，龙湖花费23 597个小时，对6 742个家庭进行跟访，研究潜在客户的生活轨迹，获取大样本量的基础客研数据。

这七天的跟访团队由客研、研发、景观、精装的工作人员组成，他们深入每个具有代表性的家庭，浸入家庭的各类生活场景，找到客户因住宅产品缺陷而造成的各类生活痛点并详细记录。

在这个过程中，跟访团队发现很多被住宅产品研发所忽略的生活细节。比如调研发现，双套房户型较一大一小户型销量佳，结合该区域的产业，发现这是因产业结构影响，老人在家庭中经济话语权较强，双套房户型更能平衡老人与年轻人的关系。

（2）真实客户共研

新城控股在做产品研究时，除了做大量的基础调研，比如各大标杆楼盘热销户型研究、客户需求问卷调查，还专门开辟了几十亩地，建了一个住宅标准化研发基地。这个研发基地包括建材展示区、施工工法展示区、各面积段户型展示、清水样板房、不同标准精装样板房等。在各项目开盘前，公司会组织准客户来基地参观。客户在参观过程中，充分表达了对产品的各种建议，新城将这些建议收集起来，作为产品研发的重要依据。

美的置业则是携手网易新闻，推出新生代深度共创的设计大赛。抓住客户需求这一产品设计根基，通过联合媒体，邀请业主和行业大咖进行设计比赛的形式，从美的原创到客户共创，更为真实地洞察了新生代客户的住房需求。

（3）BNOP 评价

旭辉认为传统的深度访谈无法系统描摹多面化的客户生活，无法深度洞察客户行为，实际居住才是客户洞察最好的素材，而行为通常都跟场景紧密关联在一起，因此制定了 BNOP 评价标准，反向评估业主体验，与产品前策交叉验证。

旭辉客研总结了 13 类客群在园区和住宅内的全部用户旅程，并描绘出所有生活场景，详细记录目标客群在每个场景出现的频次，针对出现频次最多的场景，通过半天多的深度跟访，用影像记录业主在这个生活场景下的全部行为，辅以针对性提问，了解每个行为背后的原因、痛点以及未被满足的点。

在得到大量数据后，旭辉客研按照 BNOP 评价标准，即以客户行为出发，总结行为背后的诉求，并根据该诉求可覆盖最多的场景和最多的客群找到一系列最能改善客户体验的价值点，持续夯实产品价值的客户感知。

（4）场景塑造验证

房企通过沉浸式场景调研，可以推演出未来客户生活场景。一些房企选择将产品与生活场景结合，成立客户体验中心，这一方面可向客户更好地传递价值和理念，激发场景空间与客户的情感链接，使客户与品牌和产品产生共鸣，另一方面可为验证和收集客户需求提供帮助。

比如，万科落地了 co·life 体验中心（见图 2-20），从业主私人空间到公共空间为客户提供未来生活的真实体验。

图 2-20　万科 co·life 体验中心

3. 大数据客研法

受制于数据获取难度、调研人力与物力成本等，客户研究工作在过去长期依托统计学抽样分析方法。随着数字化时代来临，客户研究也进入了基于LBS（基于位置的服务）的大数据驱动时代（见图2-21）。

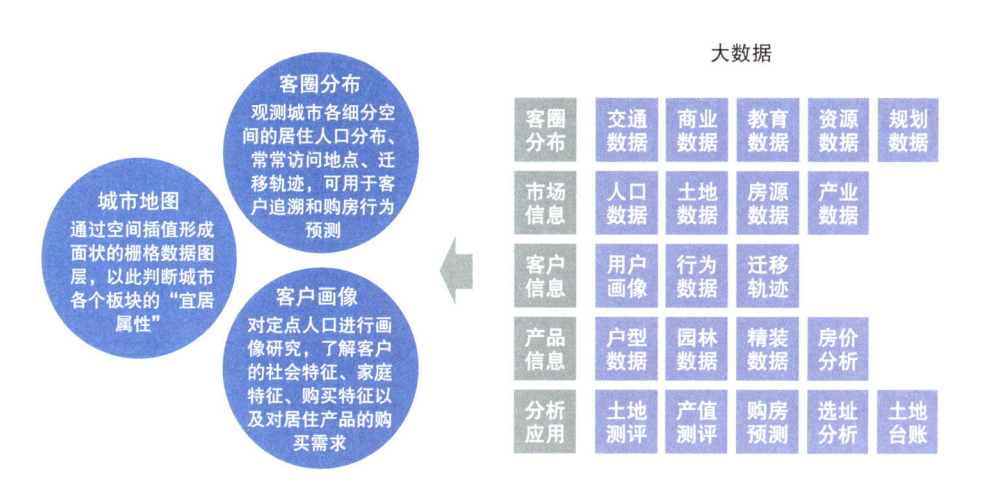

图2-21 基于LBS的大数据客研

这种变化使客户研究向着更为精细化的方向发展：首先，客户历史行为留痕，房企可以根据这些历史行为数据对客群进行更细颗粒度的精准切割；其次，借助外部数据平台或建立房企自身的数据平台，不需要第三方机构来协助执行，使得房企客研成本大幅降低，短期内进行多次客户分析成为可能；最后，对定性分析的验证方式更为直接，在传统方式中，定量对定性的验证多是通过定量问卷中前后逻辑问题的拆分和维度交叉等方式来实现的，而通过大数据，房企可以实现对结论或问题的直接验证。

当前也有不少房企已经建立或正在着手建立数字客研系统。比如，越秀地产建立的城市地图大数据分析平台以250m×250m的细颗粒度对土地进行栅格化，根据人口、区位、交通、配套等维度评级，结合越秀的产品线逻辑，对土地价值属性相似的栅格进行归类，叠加城市规划，最终得到七大土地类型。在进行投资定位时，越秀地产可快速对项目进行评判及匹配客群。

再如，保利在上海、武汉的地区公司均运用基于LBS手机信令的移动大数据，挖掘潜在客户热度分布和人口迁移，从而发现人口流动趋势，协助判断板块未来的人口潜力。

五、转化与量化客户需求

前文提到客户需求的描述比较笼统，而房企要想应用调研成果，就需要对初始需求素材进行转化和量化，形成专业语言和量化指标。房企可通过形成客户画像来实现需求转化，通过梳理客户需求敏感点来实现需求量化。

1. 需求转化：建立客户画像，实现需求转化输出

"用心听，但不要完全照着做"，是业内有名的一句话，有时候客户给到的并非有效答案，需要房企进行推理和转化。

如图 2-22 所示，在对新生代客群的调研中，房企分别调研了他们的爱好、消费趋向、社交意愿、居住设想，但从 Z 世代的回答来看，得到的答案都较为表象，并不能概括一个群体的共通性，更不能为产品设计所用。因此，调研人员对资料进行了深层需求推理和产品需求转化。

客户回答的	深层需求	产品需求
爱好主要为潮玩、滑板、滑雪等	凸显独特性的需求	独立空间
愿意为知识付费，充实自己	满足个人发展的需求	强化办公学习区域
希望能够融入兴趣圈层，丰富独特社交关系	得到群体认同感的需求	社交化的公共空间
居所既要拥有独立空间，又要符合舒适、娱乐、社交的需求	追求美好生活体验的需求	多功能户型设计

示例：Z世代客群需求转化

客群需求需要研究人员进行转化：客户描述 → 推理 → 需求本质 → 应用 → 产品功能（直接使用 ✗）

图 2-22　客户需求转化

需求转化的重要成果就是形成客户画像，对不同客群的关键语录、基本特征、价值观、区域倾向、产品诉求等进行详细说明。

图 2-23 为客户画像中的客群基本特征部分，包含典型客群语录、家庭结构特征、社会身份特征、购买力情况、购房主要目的、购房偏好性等内容。

| 乐品 | 三代同住，中产之家，远而舒适 |

典型客群语录——

"这次换房就一个想法，换套大的。之前去世园会、李村都看过，200多万元只能买套百十平的，还是高层，五口之家根本不够住。最后选择了惜福镇，电梯洋房，加阁楼200多平，远的确是远了点，但住得舒服，日常基本生活周边都能解决，不足就是教育，过两年孩子上小学得落户口到姥姥家去。"

家庭	■ 外来定居（57%）市区或城阳当地（43%） ■ 老中幼三代家庭为主（67%） ■ 单孩家庭为主，孩子多在学前年龄（3~6岁）
社会	■ 年龄31~35岁、36~40岁为主（50%或30%） ■ 事业稳定期、个体经营者、私营或民企 ■ 老板、中层管理者
购买	■ 家庭年收入20万~30万元/30万~40万元（33%或33%） ■ 总价支付力250万~300万元/300万~350万元（49%或51%） ■ 自有资金+银行贷款

购房价值观——

主要目的：产品（面积）改善、满足多代同居

区域选择：远离中心（单价低）、自然资源较好

敏感因素：户型基础设计、单价、总价

（排序前三）

图 2-23 客户画像——客群特征示例

通过对客群基本特征进行描摹来为客群打上客户标签，营销、设计等职能部门就能够很清晰地将该客群与其他客群区别开。表 2-2 为客户画像中客群对居住区域、产品偏好的详细描述，这些诉求还原了已有居住痛点和未来产品需求，包含居住区域、户型、园林、精装设计以及园区配套和物业服务等。详细梳理客户的产品需求，能够为设计部门进行产品规划和设计给出指向性的方向。

2. 需求量化：量化客户敏感点，指导业务

并不是所有需求都同等重要，如果将所有的需求都交付给设计等专业职能部门，那么这极有可能造成产品规划和设计与客户最迫切的需求偏离。因此，房企需要通过 KANO 模型梳理客户敏感点，以形成客户需求的优先级排序。

（1）KANO 模型：基本需求、预期需求、惊喜需求

如图 2-24 所示，KANO 模型将需求分为了基本需求、预期需求、惊喜需求。基本需求是客户认为产品"必须有"的属性或功能。当这种特性不充足，导致不能满足客户需求时，客户对产品的评价为不满意；当这种特性充足时，客户

表 2-2　客户画像——区域产品偏好示例

项目		内容	嫁产者		筑巢者		舒居者		分庭者		功用者		享受者	
地段		置业标签	婚前财产/本地置产		求偶/婚房/二人世界		宜居/舒适/婚房/改善		子女独立空间/独立空间		额外功能空间		享受生活	
		环线	二环内	二环到三环	二环内	二环到三环	二环内	二环到三环	二环内	二环到三环	三环外	二环内	二环到三环	三环外
		板块	低	中	低	低	高、中	中高	中低	中低	高	低	高	中
产品	面积（平方米）		60~70		70~80		80~90		90~100		90~120		125+	
	房型		紧凑二居		功能二居		舒适二居		舒适三居		功能三居		舒适三居	
	配套		交通（公交、地铁）基础配套		基础生活配套		完善商业配套		交通（公交、地铁）配套、完善商业配套		交通便利		配套完善、道路畅通	
	限制		预算、低首付、低总价		预算、低首付、低单价		核心居住区、新型居住区		交通便利、配套完善		交通便利		中心城区、新型核心	
关注点	产品		居室数量（够用-两室）		居室数量（够用-两室）		居室数量（够用-两室）、居室面积舒适		居室数量（够用-两室）、居室面积舒适		居室数量充裕		居室数量充裕、居室面积舒适	
	其他		品牌、升值保值、发展潜力		品牌、体量		园区绿化、品牌、口碑、物业		—		园区绿化		园区绿化、环境、景观、品牌、物业、品质	

对产品的评价充其量是满意，不会有更好的感受。

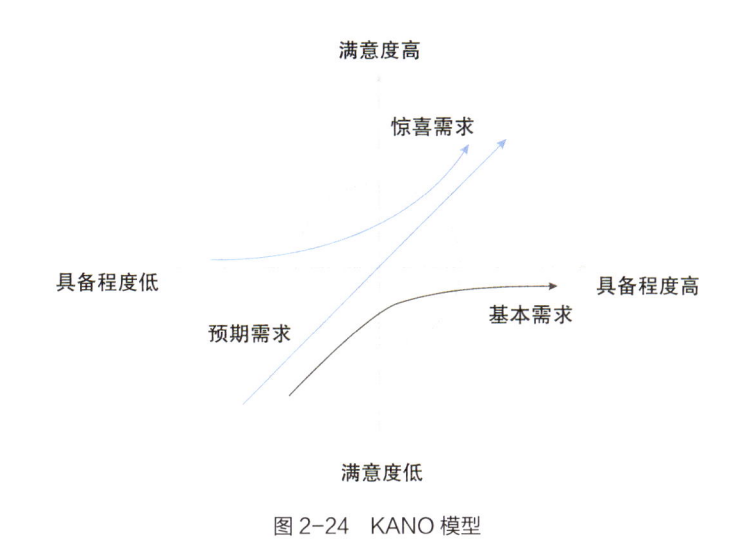

图 2-24　KANO 模型

预期需求要求提供的产品或服务比较优秀，但并不是"必须有"的产品属性或服务行为。在客户调研中，客户谈论的通常是预期需求，预期需求在产品中实现得越多，客户就越满意。如果预期需求没有在产品中得以体现，那么客户对产品是不满意的。

惊喜需求即提供给客户一些超出预期的产品属性或服务行为，使客户产生惊喜。这类需求特性在不在产品中体现，客户其实无所谓，但是当产品提供了这类特性时，客户就会对产品非常满意，从而增强忠诚度。

房企根据 KANO 模型可以明确哪些需求是必须满足的，哪些需求是需要尽量满足的，哪些需求是可不满足但可带来高回报的，哪些需求是不能满足的。

需要注意的是，不同客群的基本需求、预期需求、惊喜需求并不是一样的，比如购买豪宅客户的基本需求与刚需客户的基本需求就不一样。因此，在进行产品规划和设计时，房企需要针对不同客群分别进行需求细化和理解。

（2）敏感点梳理：形成量化手册、指导业务工作

客户敏感点是客户需求基于 KANO 模型实现的量化。房企在梳理不同客群需求的基础上，形成客户敏感点手册，可作为产品定位设计、客户服务产品设计、客户经营体系的指导准则，通过客户敏感点分级匹配，可以实现"人无我有，人有我精"的竞争优势。

①**针对不同客群需求建立不同的客户敏感点手册**

对客群需求进行梳理，界定敏感点所属类型、主要内容、所从属阶段、负责部门甚至负责岗位，形成客户敏感点技术解决方案以指导业务工作。

建立客户敏感点手册，首要任务是梳理清楚客户敏感点的类型。根据发生节点划分，客户敏感点可以分为购房决策敏感点和使用功能敏感点，购房决策敏感点包括地段、总价、单价、资源配套、品牌价值、服务体验等，使用功能敏感点可分为交房敏感点、装修敏感点、居住体验敏感点、精神价值敏感点等。表2-3所示的是根据发生节点划分的客户敏感点一级目录。

表2-3　客户敏感点一级目录

客户敏感点	包含内容
户型设计	功能间空间与数量、尺寸、采光、人性化设计等
户内精装	装修风格、用材、品牌、人性化设计等
园林景观	小区规划、花草树木、娱乐设施等
规划指标	小区规模、公摊、层高、密度等
公区品质	外墙用材、公共区域装修、电梯品牌等
物业服务	物业服务公司品牌、服务质量、社区活动数量与质量等
内外配套	外部城市或社区配套、开发商自建配套等
地段资源	项目所处地段、景观资源等
物业价值	物业总价、单价、开发商品牌价值等

从敏感点的控制源头划分，客户敏感点可分为设计敏感点、施工敏感点、营销敏感点。

从敏感点的性质划分，客户敏感点可以分为"保健"敏感点和"激励"敏感点。"保健"敏感点是指这样一类敏感点，它们的高性能不能或者说不能明显地提升购房者的购买意愿或业主的生活质量，但一旦出现质量问题，绝对会降低购房者的购买意愿或业主的生活质量。而"激励"敏感点与"保健"敏感点相反，提高前者的性能可以明显地提升购房者的购买意愿或业主的生活质量。

房企可通过分类组合敏感点，建立房企自身的客户敏感点手册。如表2-4所示，万科的客户敏感点手册便是根据发生节点划分的，再根据客户重视程度将敏感点分为客户敏感项、客户重视项，并划分敏感点等级。客户敏感项为集团必须执行的工作，客户重视项在具体项目中可作为客户敏感项。

表 2-4　万科客户敏感点手册

客户敏感点项目			所涉及的硬件设施		产品标准要点、工艺工序要点
大类	中类	等级	小类	等级	
户型设计	公共活动区	B	起居室	B	①起居室形状方正，适宜家具布置 ②户内交通线路应避免斜穿起居室 ③起居室面积 20~45 平方米，如有可能与餐厅分开设置 ④起居室必须开放、明亮，有较好的视野和景观，最好与阳台相连 ⑤结构梁偏向走道和次要房间，起居室内不需梁角
^	^	^	餐厅	B	①高标准住宅宜独立设置餐厅，或与厨房在一起合设 ②面积条件限制时可以与起居室合并设置 ③餐厅与厨房相邻设置，餐厅开间不小于 2 400 毫米 ④开向起居室的门不宜多并应集中开，以减少交通干扰，留有适当的长墙面布置家具，墙面直线长度应大于 3 米
^	^	^	门厅	B	如有可能尽可能设置入户门厅，避免开门见厅
^	^	^	家庭厅	B	家庭成员内部活动空间，独立于起居室，位于家庭内部
^	私密休息区	B	卧室	B	①主卧室：15~25 平方米；次卧室：10~15 平方米 ②保证主卧室良好朝向 ③卧室形状应方正，最小开间应保证大于 2 400 毫米 ④卧室宜相对集中，并与卫生间临近布置 ⑤结构梁偏向走道和次要房间，卧室内不需梁角
^	^	^	书房	B	①书房开间中线尺寸不应小于 2 400 毫米 ②高档住宅在面积允许的情况下应单设书房，邻近起居室、主卧室，或可与起居室合设，合设时宜做空间分隔
^	^	^	保姆房	B	面积：4~6 米，独立的出入口和卫生间，与家庭卧室分离
^	辅助区	B	卫生间	B	①室外管道安放在隐蔽处，减少对立面的影响 ②洗浴空间与盥洗空间分隔，做到干湿分区，面积允许可分两间设置 ③装修尽量一次到位 ④预留强排燃气热水器排风管，如有可能燃气热水器安装在生活阳台，热水管预埋 ⑤套内应预留洗衣机位置，卫生间应安排肥皂盒、手纸盒、浴盆起身扶手、毛衣架、挂衣架、镜箱等配件，并留出洗衣机、电吹风等电源插座 ⑥卫生间设排气扇、煤气表位置、煤气管走向、热水器排风孔洞
^	^	^	厨房	B	①必须有防止厨房异味扩散措施 ②按照操作流程合理布置洗涤池、案台、炉灶、橱柜、排油烟机、排气扇，考虑冰箱、微波炉、消毒碗柜、洗碗机、电饭煲、电开水器等位置，并预留插座 ③厨房宜布置在户内近入口处，靠近餐厅
^	^	^	阳台	B	分成观景阳台和生活阳台，观景阳台宜宽大，突出休闲功能
^	^	^	贮藏空间、过道	B	过道宽度能够保证搬运家具的要求

绿城则是在百余个项目的基础上，根据客户敏感点的发生节点、控制源头整理了设计、建筑、景观、防水、材料、工程、精装修、营销、物业、服务十份品质管控敏感点案例手册，以图文并茂的方式为项目的具体执行提供参考。

②客户敏感点手册的应用

在完成客户敏感点手册后，如何在实际项目中应用手册，各个专业职能部门如何配合工作，是房企客户敏感点管理工作的另一个重点。由于同时管理项目较多，为保障每个城市公司的执行达到预期效果，房企将客户敏感点策划、实施、审核、应用等业务要求形成标准的流程机制，以促进横向、纵向的协同。

对于施工敏感点，房企应在施工阶段向施工单位和监理单位做出明确要求或提供大样做法，由项目工程部负责把关控制。

对于设计敏感点，房企应在各阶段任务书中向设计单位明确提出，并在出图后由研发部、工程部的专业工程师在审图时重点核对和认真解决。

对于交房敏感点，房企应分建筑业态整理交房共性问题，做好预案，并向交房人员宣讲培训，用以应对业主提问、介绍后期装修布置方案，引导业主解决问题。

六、建立动态更新机制

需求洞察成果要实现与时俱进，不但需要以客户为中心的意识和研究专业能力的提升，还需要房企建立一套标准机制并严格执行，以实现对客户需求的动态更新。如图 2-25 所示，房企可按照"需求挖掘前—需求实现—需求落地后"的逻辑进行设置。

需求洞察动态更新机制

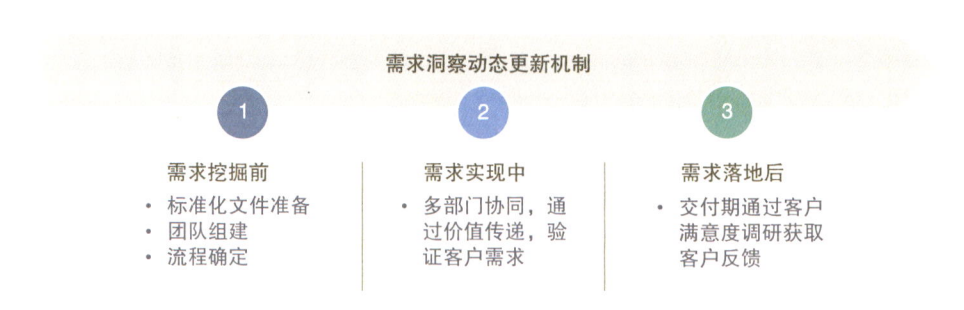

1 需求挖掘前	2 需求实现中	3 需求落地后
• 标准化文件准备 • 团队组建 • 流程确定	• 多部门协同，通过价值传递，验证客户需求	• 交付期通过客户满意度调研获取客户反馈

图 2-25　需求洞察动态更新机制

1. 前端：做好需求挖掘的准备工作

在需求挖掘前，房企需要做好准备工作，包括准备标准化文件、组建专业团队并形成标准化流程。

（1）准备标准化文件

客研工作是一项复杂、严谨的工作，需要各个专业参与完成。为了保证执行效率和效果，建立标准的方法论与标准的研究工具是进行需求挖掘前必不可少的一步。一般而言，房企需要准备需求挖掘工作指引文件、标准成果模板、客研标准问卷、产品清单等。

（2）组建专业团队

客户研究是企业战略级别工作，不是一个部门的独角戏，需要以高层牵头，客研主责，研发、项目、成本等核心团队共同参与的形式，成立专门的工作团队（见图2-26）。这种模式能够使相关职能部门参与客户研究工作，基于各自专业角度发表见解，并在工作过程中高效沟通，使成果具备落地性。

启动　组建团队，研讨调研方案
高层牵头，跨专业职能组建专项研究团队，各职能以结果应用反推调研需求，全职能部门参与调研方案设计，方案在集团和地区公司充分交圈后启动。

执行前期　团队各职能共研共商，确定调研基调
各职能参与访谈大纲设计与确认，对定量客户调研成果进行研讨，确定定性调研基调。

执行中期　充分对称信息，阶段性讨论、回顾、调整
定性深访全面执行，客研与各职能在过程中深入沟通客户细分维度，研讨各职能应用方向。

执行后期　调研成果形成落地战略
客研及职能部门在进行报告撰写时，各职能部门根据商讨方向进行应用尝试，形成成果，经汇报后在集团进行客户细分成果应用的推进。

图2-26　客研工作团队与工作职责

（3）形成标准化流程

由于客户研究工作参与专业职能多，并且需要集团、区域、城市公司多个层

级协同作业，因此，做好流程设计与节点控制是确保客户调研执行的重要手段。不同管理强度的房企的调研计划节点颗粒度不同和管控细度不同。一般而言，调研的重要节点按照执行前、中、后划分为三个阶段。

- 执行前期重要节点有启动会、客户研究需求沟通、客户研究方案设计、主流客户假设、调研问卷或大纲设计等。
- 执行中期重要节点有定量调研启动、定量数据分析与解读、定性访谈工作启动、访谈结果分析解读等。
- 执行后期重要节点包括客户细分探索、补充调研、客户细分成果校验、内部评审等。

2. 中端：价值传递过程中验证需求

在营销过程中，客研团队可与一线营销人员配合，通过抓取价值传递过程中的有效信息，反复验证客户需求。

3. 后端：做好满意度调研，获取业主真实反馈

真正居住的业主对于需求满足情况最有发言权，因此，房企可通过做好业主满意度调研来获取客户需求满足情况的反馈，并验证客户需求在实际生活中是否发生了变化。

比如，某标杆房企的客服部门在每个季度做客户满意度调查时，会将需求调研融合起来，详细地询问业主近期对产品、服务的需求，在完成调研后，将结果整合成清单，把产品设计需求提交给客研和设计部门，把服务需求提交给客关部门，把物业需求提交给物业公司。

第四节

产品升级：与需求动态同频，提升竞争力

当前，房企重新回归比拼产品能力的发展模式。然而，市场上产品同质化竞争严重，打造口碑产品、提升产品力成为当前房企工作的重中之重。房企要想提

升产品竞争力，当务之急就是要搞清楚自己存在哪些问题，在以客户需求为导向的基础上，通过分解问题、因情施策。

一、存在问题：不重视、无规划、管理粗放

房企在产品打造上有不重视、无规划、管理粗放三类问题，这三类问题又有不同的具体表现。

1. 房企对产品不重视

尽管房企认可"产品很重要"的理念，但是很多房企在实际动作上对产品并不重视。这一问题并不只存在于小规模房企，在一些中大型房企中也屡见不鲜，具体表现为产品重模仿、资源支持弱。

（1）产品重模仿

房企效仿、模仿标杆房企产品，这一现象经常出现在中小型房企，它们往往效仿头部房企，设计了产品系列和产品标准，但是在落地中存在偏差，有些产品标准甚至完全无法落地。究其原因，本质上是中小型房企对产品的重视程度不够，光想着通过效仿实现产品标准的一步到位，而未考虑目标客群和自身管理能力能否匹配，效仿的产品标准是不是自己的目标客群所需要的，以及在同样的产品标准下，自身的成本控制是否能够达到，工艺工法是否能够做到，工程品质能否保证。产品打造不是设计一个部门的事情，而是一项综合性的系统工程，需要整个价值链的精益管理作为支撑，因此，光靠模仿是无法构建产品竞争力的。

（2）资源支持弱

对于产品的重视仅停留在口号，落地支持弱，这一问题常出现在中大型房企。这些房企的高层往往经常要求产品品质提升、产品创新增强，但是大多仅仅是口头要求，缺乏实际的资金、人力、权限上的支持。比如，尽管强调产品创新，但有些房企并没有专门的产品研发部门，产品研发费用不足；还有些房企尽管建立了产研或者建研中心，但并没有持续的研发任务，久而久之，该部门便形同虚设。

2. 房企没有做好产品规划

有些房企确实为打造产品力付出了努力,但努力方向错误,有付出无结果——它们仅仅专注于打磨产品的细枝末节,没有做好顶层产品规划,从而导致产品特色不足,市场认可度不高,销售去化自然也就困难重重。

产品规划包含产品策略、产品结构、产品落地计划等,其中,前两项最为重要,问题也较多。

(1) 缺乏有效产品策略

产品策略与整体战略是相辅相成的关系,房企的产品策略必须在整体战略的基础上进行综合考量,整体战略也需要产品策略来支撑实现,比如产品如何适用于布局区域、产品如何达成运营指标、供应链战略需要怎么配合等。除此之外,产品策略还需要与房企特点和品牌打造结合,形成一定产品特色,从而形成品牌认知,比如朗诗的绿色建筑、金茂的绿金科技、龙湖的景观等。当前大部分房企都未明确产品与公司战略如何匹配,一谈及做什么产品就捉襟见肘,更别说打造特色产品并在市场中形成差异化优势。

(2) 产品结构规划缺乏市场、客户洞察

在产品结构规划上,一些房企缺乏对市场、客户的洞察,对于市场产品需求、供应情况把握不准确,导致主流产品和辅助产品与市场需求不合拍,比如在改善型需求产品畅销时,却盲目供应刚需产品,在刚需市场火热时,反倒大量供应改善型需求产品。

3. 产品管理粗放

大部分房企产品管理粗放,无法做到三大平衡——标准化与差异化平衡、成本与品质平衡、大规模复制与产品创新迭代平衡。

(1) 标准化与差异化难以平衡

房企关于产品的标准化和差异化存在两个极端:一方面是完全不做标准化,对不同项目进行不同设计,这常见于中小型房企;另一方面是绝对痴迷于标准化,对区域和项目的差异化进行严格管控,从而导致需求匹配性差。

(2) 成本与品质难以平衡

长期以来,大部分房企普遍认为产品成本与产品品质是存在冲突的,"高品质必然高成本"观念在房企管理层与一线普遍存在。在上述观念的影响下,房企

要么开展与竞品的部品成本比拼大赛，不断在某些部品上抬高成本，但这不仅没有提升客户品质观感，还降低了房企的盈利空间，得不偿失；要么将成本压低，结果因品质引发客户群诉，影响口碑。

（3）大规模复制与产品创新迭代难以平衡

随着市场与客户的发展，产品的创新迭代在所难免，但创新产品如何落地、怎么实现大规模复制、如何与原有标准化体系匹配等问题在大部分房企都未得到解决。房企光有创新概念，无法形成可推广的实际成果。

二、产品力核心体现：适配、适销、适用

如图 2-27 所示，一家房企的产品力并不局限于产品质量的精雕细琢，而是适配、适销、适用的综合体现。

与房企管理特色、发展目标适配
- 和房企发展目标适配
- 和房企品牌诉求匹配
- 和房企业务特色匹配

满足市场、客户需求，实现快速销售
- 符合市场主流需求
- 满足目标客群居住和精神需求

具备快速应用的能力
- 产品可实现从概念到落地
- 具备大规模标准产品推广能力
- 具备标准与差异统一能力
- 具备成本与品质平衡能力

图 2-27 产品力的核心体现

三、提升方法：差异化的产品自生长体系

如何实现产品的适配、适销、适用？房企需通过"定策略、建体系、属地化、勤创新"来打造差异化的产品自生长体系（见图 2-28）。

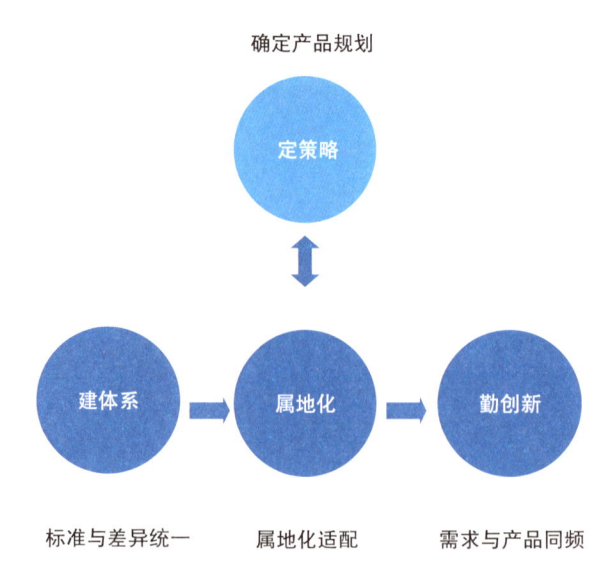

图 2-28 差异化的产品自生长体系

1. 定策略：基于三方平衡，制定差异化产品策略

（1）产品策略内容

产品策略是产品力建设的行动纲领，如表 2-5 所示，一般包含产品理念、产品体系与结构、产品竞争力、实施路径四部分内容。

表 2-5 产品策略主要内容

内容	含义
产品理念	企业产品观与价值主张的简要释义，帮助产品策略快速推广贯彻
产品体系与结构	■ 按照类型分刚需、改善、高端结构组成，按照经营目标分现金流、均衡、利润结构组成 ■ 基于上述结构分类，需形成几条产品线，标准化比例是多少
产品竞争力	■ 差异化竞争策略，打造人居设计、科技、绿色等一个或多个差异化特点 ■ 找出差异化打造的抓手，比如人居设计抓舒适、品质、精细等，科技抓智能家居等
实施路径	■ 产品落地组织和管理保障等 ■ 实施目标、计划、职责、绩效等

①**产品理念**

产品理念是房企文化价值观的重要组成部分，通过提取产品价值主张、产品特色、产品竞争性方式等产品策略内容，形成简明扼要的一句话释义。产品理念对于产品策略的准确贯彻有导向作用，但凡一家房企的产品理念不端正或产品理念宣导不到位，其产品往往都会存在较大问题。当前，不少标杆房企都提炼了产品理念，比如东原就秉持"空间营造即生活创造"的理念。

②**产品体系与结构**

房企生存的本质是通过满足客户需求，实现房企经营目标。因此，房企做什么类型的产品、不同产品的结构比重需要综合考量市场主流需求和房企经营目标。

首先，市场主流需求决定刚需产品、改善产品和高端产品的结构。房企对市场主流需求是否有前瞻性、是否能够踩准市场需求轮动的节奏在很大程度上决定了产品是否适销。如表2-6所示，2021年，市场呈现出"改善全龄化"的特点，改善需求占据市场主流，刚需产品和高端产品分别呈现面积小型化降级、豪宅成交升级两极化趋势。对应这种市场需求，房企应以改善产品为主产品，刚需产品和高端产品为辅助产品，甚至在刚需产品和高端产品中也需要进一步细化产品结构比重。

表2-6　重点城市普通住宅分户型成交套数占比

房型	4个一线城市 2021年	4个一线城市 2020年	4个一线城市 2019年	31个二线城市 2021年	31个二线城市 2020年	31个二线城市 2019年	159个三、四线城市 2021年	159个三、四线城市 2020年	159个三、四线城市 2019年	194个样本城市 2021年	194个样本城市 2020年	194个样本城市 2019年
一房	5.64%	6.76%	10.36%	5.47%	6.60%	7.92%	4.14%	4.42%	4.84%	4.85%	5.52%	6.57%
二房	22.02%	24.07%	27.17%	14.44%	15.66%	19.59%	13.79%	12.20%	13.15%	14.67%	14.45%	16.89%
三房	48.56%	46.53%	39.71%	55.27%	54.81%	51.42%	54.55%	55.38%	54.30%	54.45%	54.58%	52.17%
四房	12.60%	11.07%	7.99%	19.93%	18.12%	16.26%	22.68%	22.81%	21.80%	20.72%	20.03%	18.48%
五房	0.97%	0.88%	0.66%	1.11%	0.90%	0.96%	1.55%	1.60%	1.80%	1.31%	1.25%	1.35%
别墅	5.26%	5.65%	5.23%	2.69%	2.99%	3.01%	2.08%	2.17%	2.27%	2.58%	2.74%	2.77%
复式	4.97%	5.03%	8.87%	1.10%	0.91%	0.83%	1.22%	1.41%	1.84%	1.43%	1.42%	1.76%

资料来源：克而瑞。

其次，房企的经营目标决定了现金流型产品、均衡型产品、利润型产品的结构。如果经营目标是扩大规模，那么房企的产品结构可能以现金流型产品为主；如果经营目标是提升利润，那么房企的产品结构可能以利润型产品为主。

在确定上述产品结构后，房企便可结合客户需求洞察，进一步设计自己的产品线，明确不同产品系标准化比例，为后续产品落地确定方向。

③**产品竞争力**

要想打造有竞争力的产品，房企就要在满足市场需求的基础上，进一步思考自身优势和特点，将其融入产品，夯实差异化竞争的基础。比如，美的置业借助美的集团家居生活科技的优势，自2014年起便启动智慧家居战略，不断打磨智慧健康产品。在自身优势的助力下，美的智慧健康产品不仅易于落地，而且获得了客户的认可。

（2）产品策略确定：客户、市场、企业三方平衡

房企如何制定产品策略？我们认为一个好的产品策略必然是实现了客户需求、市场需要、企业发展三方的平衡（见图2-29）。

图2-29 产品策略的三方平衡

①**客户需求**

产品策略需要建立在洞察并正确理解客户需求的基础上。由于不同客群需求不同，他们所认为的优质产品也不同，因此房企脱离客户谈产品策略是无意义的，必须根据目标客户需求，确定产品策略，实现客户战略与产品策略的统一。

②**市场需要**

产品策略受市场供给情况影响。房企需要详细研究战略布局区域市场的产品供应结构、发展趋势，同时研究竞争对手产品规划特点与优势。

③企业发展

产品策略需要为企业经营服务，同时也需要考虑企业优势和限制。比如产品策略中是否明确发展智能化产品，除了考虑客户需求和市场情况，房企还需要明确自身设计、成本、供应链是否具备落地智能化产品的能力。

> **案例 2-3**
> **朗诗绿色产品战略**

随着科技赋能趋势加强，绿色与科技已经成为房地产业产品力的重要体现。朗诗便是绿色科技的典型代表房企之一。在绿建领域，朗诗已深耕近20载。朗诗拥有国内绿建认证98个、国际绿建认证21个、专利431项，可谓硕果累累。

从2014年起，朗诗就进行"产品差异化、资产轻型化、收益多样化"的战略升级，其中"产品差异化"正是朗诗在综合评判客户需求、市场产品供给与自身发展优势的基础上提出的产品战略。朗诗的产品战略可细分为差异化产品理念与文化、绿色产品标准化体系、绿色产品系列三大部分。

第一，差异化产品理念与文化。围绕差异化产品战略，朗诗打造并向全集团宣贯了对应的产品理念与价值观（见图2-30）。

图 2-30　朗诗差异化产品文化与落地动作

第二，绿色产品标准化体系。在绿色产品标准化体系上，朗诗始终坚持"为人造房"的使命，从集中式三恒住宅的1.0、2.0、3.0版到户式化产品，再到自主研发的新一代健康住宅"自由方舟"，实现产品的持续迭代更新，满足用户不断增长的需求。

第三，绿色产品系列。结合客户全生命周期居住需求与绿色产品标准，朗诗规划了乐府、熙华府、玲珑郡、未来街区四大产品系，分别针对顶级客群、高端客群、中高端客群、中端刚需客群。

从上述分析来看，朗诗正是立足于客户、市场、企业三方平衡，打造了差异化产品战略，从而在当前同质化的市场中树立起绿色科技口碑。

2. 建体系：建立产品体系，实现标准与差异的统一

当前，差异化、品质化、属地化成为产品理念的主流。从表面上看，打造系列化、标准化的产品体系似乎与这一主流趋势形成了冲突，房企是否还需要建立标准产品体系，如何建立标准产品体系？实现标准与差异的统一成为新周期下产品力打造的核心问题。

（1）标准产品体系建立的必要性

新周期下，是否还有必要建立标准产品体系？房企需要厘清两个问题：差异化≠差异化开发，标准化≠完全复制。

首先，差异化和差异化开发存在区别，差异化指的是房企在产品理念、产品体系规划上有自己的特点，而差异化开发指的是先拿地再进行产品规划与落地，一个项目一个样，这是一种典型的粗放开发模式。其次，标准化与完全复制存在区别，标准化指的是基于房企特点确定产品系列，形成标准成果以指导项目开发，而完全复制则是不管区域、客群，将标准产品完全照搬到某一项目上。

从上述两个问题来看，建立标准产品体系是房企的一种管理手段，有着三大必要性。

①标准产品体系的建立，可避免出错，提升效率

无论是标杆房企还是中小型房企，普遍存在基层员工专业经验不足、能力不强、工作疏漏等问题，以致房企在拿地、产品策划、设计时产生各种问题，这不仅影响了效率，还产生了大量试错成本。传统房企往往会采取严控人才选拔、加强人才培养、严格审核机制等方式解决上述问题，但是效果却并不尽如人意，因

为尽管员工能力得到提升，但其工作主观性仍然非常强，存在自身的评判标准，而这种主观标准并不一定与公司战略一致。基于上述情况，要想彻底避免问题的反复发生，标准制度和标准产品体系的建立必不可少，随着全公司产品理解与语言的统一，投资失误、定位错位、设计走样等问题将大量减少。

②标准产品体系的建立，有助于降低开发成本，提高经营收益

房企搭建标准产品体系，可以有效降低设计费用、设计变更成本、采购成本。

首先，降低设计费用与设计变更成本。房企在建立标准产品体系后，可基于标准化设计图纸，协同乙方设计单位进行项目设计。这一方面减少了彼此的磨合，提升了协同顺畅度，由于设计难度低、协同良好，设计单位给出更优惠的设计价格；另一方面则降低了设计错漏空缺导致的变更，减少设计变更成本。

其次，降低采购成本。标准产品体系是实现集约化采购的必要前提，通过推行集中采购，房企以量换价，从而实现采购成本降低。

③标准产品体系的建立，有助于形成产品品牌IP

标准产品体系是打造产品品牌IP的重要基础，因为产品品牌IP需要实现对内价值趋同、对外传播统一。如果不同项目以不同标准进行开发，则员工和客户很难建立起对品牌的统一认知。

（2）如何建立标准产品体系：客户、产品、土地三位一体

房企应该以客户需求和产品战略为导向，通过进行客户、产品、土地三位一体匹配，建立房企产品系列及所属的设计标准、级配标准、精工标准。

①产品与土地类型匹配

实现产品与土地类型的匹配可帮助投拓、设计、营销在投资拿地阶段快速锁定片区适合产品。房企形成土地类型体系是建立对应关系的前提。在土地类型梳理完成后，一线可以根据土地特性和产品特性进行匹配，找到匹配土地的最优产品类型和次要产品类型，再进行产品策划与优化。

房企可通过选取土地指标建模的方式，综合评估土地资质来进行土地分类。如图2-31所示，龙湖就基于土地指标类型建立了"4+2"土地评估模型，对土地的交通、商业、教育、医疗、景观资源和稀缺资源进行评估。

通过评估，龙湖将土地划分为城区住宅、近城住宅、远郊住宅、顶级住宅四大类，细分了九个系列（见表2-7、表2-8），不同系列有其匹配的产品特征和核心诉求。在形成土地类型体系后，龙湖以集团标准赋能、城市公司因地制宜的形

式，既实现了集团与城市公司业务语言的统一，也赋予了城市公司灵活性，使各个城市的土地价值分类更为准确。

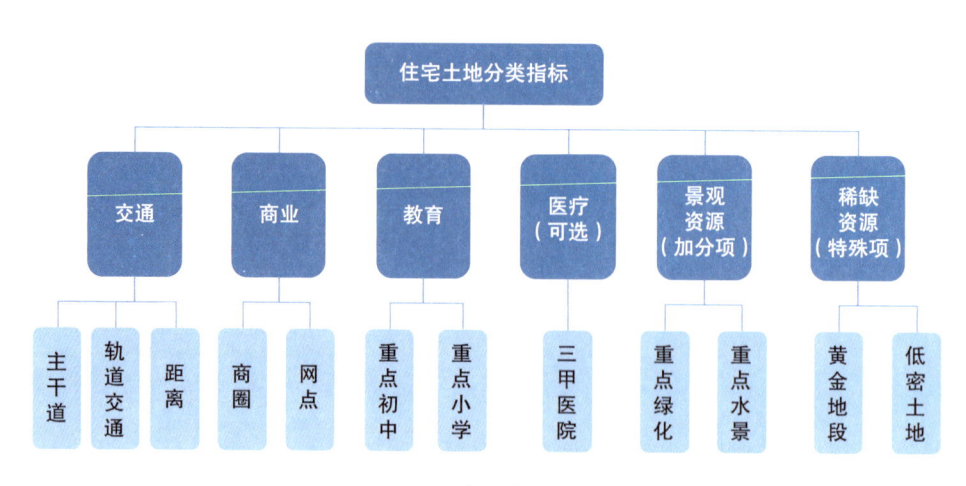

```
                        住宅土地分类指标
    ┌───────┬───────┬───────┬───────┬───────┬───────┐
   交通    商业    教育    医疗   景观资源  稀缺资源
                          (可选) (加分项) (特殊项)
  ┌─┬─┐  ┌─┬─┐  ┌─┬─┐    │    ┌─┬─┐   ┌─┬─┐
 主 轨 距 商 网  重 重   三甲   重 重   黄 低
 干 道 离 圈 点  点 点   医院   点 点   金 密
 道 交    　   初 小           绿 水   地 土
    通         中 中           化 景   段 地
```

图 2-31　龙湖"4+2"土地评估模型

表 2-7　龙湖土地品类划分

类别	板块属性描述					
	U3（城区商务）	U1（城区栖居）	U2（城区品质）	C1（近城栖居）	C2（近城品质）
核心诉求	时间成本，工作便利	低总价，生活便利	品质居住，圈层较好	近核心，性价比高	核心外溢、改善居住
产品特征	办公楼密集，商务属性较高	城中住宅，生活便利	闹中取静，居住品质佳	近城高密，品质一般	近城低密，居住环境佳
区位	中心通勤时间0.5小时，临近传统的城市中心和商业中心			距离传统城市中心0.5～1个小时车程	
环境	临近商业中心，城市界面良好	周边以普通住宅区为主，缺少绿化、湖泊等资源，甚至临近城中村、安置房等	周边以高档住宅为主，有公园、河、湖泊等资源，城市界面良好，通常具有较好的人文资源（比如传统富人区、风水资源等）	正在开发的新区，城市界面正在建设	正在开发的新区，拥有稀缺资源（山、河、公园、湖泊）

（续表）

类别	板块属性描述				
	U3（城区商务）	U1（城区栖居）	U2（城区品质）	C1（近城栖居）	C2（近城品质）
交通	便捷的公交和地铁，与城市各区域路网通达良好	地铁或许需要接驳，公交便利但不能算发达	与城市各区域路网通达良好	较为便利的交通，通常需要换乘到达其他区域，临近地铁或接驳地铁	
生活配套	满足基本的生活需求	生活配套成熟，在15分钟左右有中大型超市	生活配套成熟，在15分钟左右有中大型超市	生活配套有待成熟，在规划中亦可接受	
商业配套	办公区林立	商业档次中等以下，餐饮丰富	商业层次中高档	距离大型商业中心1小时甚至更远，缺少中大型超市	距离大型商业中心2小时甚至更远，缺少中大型超市，未来30分钟内规划有中大型商业中心或超市
教育配套	通常缺少	普通公立中小学	教育体系完善，个别区域拥有重点教育资源	普通公立中小学，可接受规划中	
规划前景	已经成熟的办公、商业区域	已经成熟的区域，缺乏具有打动力的规划前景	已经成熟的区域，或者属于具有规划前景的老区改造	缺少具有前景的规划，区域成熟难以加速	片区有较为明确规划，区域成熟和界面提升可期待

表2-8 龙湖土地品类划分续表

类别	板块属性描述			
	O1（远郊栖居）	O2（远郊品质）	TOP1（城市顶级）	TOP2（远郊顶级）
核心诉求	低总价，低单价	低单价，环境佳	城市稀缺资源，身份象征	稀缺景观资源，身份象征
产品特征	远郊高密，居住质感一般	远郊低密，非高端区域	黄金地段，高端楼盘聚集区	环境雅静，低密土地
区位	距城市中心1小时甚至以上车程		距城市中心0.5小时左右车程	距城市中心1小时左右车程

(续表)

类别	板块属性描述			
	O1（远郊栖居）	O2（远郊品质）	TOP1（城市顶级）	TOP2（远郊顶级）
环境	缺乏城市界面，有小城市或者镇区的特征，界面混杂，缺少稀缺性资源（河、湖、公园）	缺乏城市界面，有小城市或者镇区的特征，相对独立并形成明显的区隔，通常拥有稀缺性资源（河、湖、公园）或者能够形成区域中心	良好的城市界面，片区无不良规划，拥有稀缺性资源（山、河、公园、湖泊等），拥有一定的文脉资源（传统的高档区）；远郊顶级通常拥有一定容积率优势，可以通过形态进行拉动	
交通	较少的公交线路，接驳地铁或者规划中	较少的公交线路，接驳地铁或者规划中，路网发达，通往城市中心便捷	与城市各区域路网通达良好	
生活配套	缺乏生活配套，配套依赖于楼盘规划或周边居住区		生活配套成熟，5分钟左右有中大型超市等	普通生活配套
商业配套	区域内未来缺乏中大型的商业设施	区域内30分钟或规划有中大型商业配套	商业层次中高档，临近大型超市甚至进口超市	缺乏商业配套，距商业中心0.5小时左右的车程
教育配套	未来规划有小学	未来规划有小学或有规划中的重点学校分校入驻	拥有良好的教育资源	
规划前景	缺乏规划前景	明确的片区规划	具有唯一的区域规划或已经是成熟的区域	规划中的低密度居住区域

如表2-9所示，金茂则是在评判区位、距城市中心车程、商业、教育、交通、环境等维度土地指标的基础上梳理了四类土地类型。

表2-9 金茂土地类型划分

土地类型	区位	距城市中心车程	商业	教育	交通	环境
TOP1城市顶级	城市核心	30分钟以内	繁华	一流	便捷	城市公园

090　　　　　　　　　　　　　　　　　　　　　　　　　　　　　　　　　　品质力

（续表）

土地类型	区位	距城市中心车程	商业	教育	交通	环境
TOP2 近城顶级	城市近城	30～60分钟	繁华	良好	便捷	景观优越
TOP3 郊区顶级	郊区低密景观住区	60分钟以上	基础良好	弱	通达	绝版景观
C1 城市品质	城市核心或新城区核心	30分钟左右	基础良好	品质	通达	城市公园
C2 城市栖居	老城边缘或新城边缘	30分钟左右	略有基础	良好	一般	弱
T1 近城品质	近城或城市普通区	30～60分钟	略有基础	良好	通达	城市公园
T2 近城栖居		30～60分钟	弱	良好	一般	弱
S1 郊区品质	城市郊区、卫星城	60分钟以上	略有基础	良好	弱	城市公园
S1 郊区栖居		60分钟以上	弱	弱	弱	弱

在确定土地类型后，金茂再根据产品系不同级别的配置标准与土地特点，进行产品与土地的一一对应（见图2-32）。

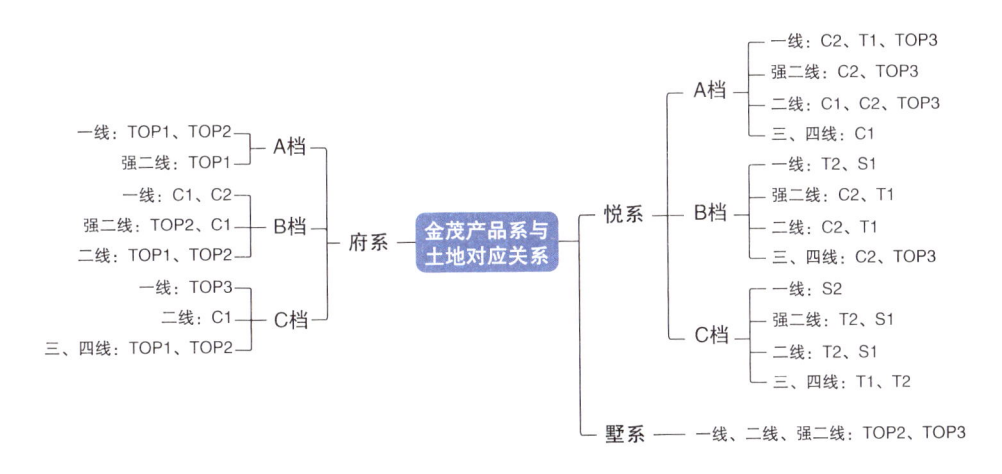

府系
- A档
  - 一线：TOP1、TOP2
  - 强二线：TOP1
- B档
  - 一线：C1、C2
  - 强二线：TOP2、C1
  - 二线：TOP1、TOP2
- C档
  - 一线：TOP3
  - 二线：C1
  - 三、四线：TOP1、TOP2

悦系
- A档
  - 一线：C2、T1、TOP3
  - 强二线：C2、TOP3
  - 二线：C1、C2、TOP3
  - 三、四线：C1
- B档
  - 一线：T2、S1
  - 强二线：C2、T1
  - 二线：C2、T1
  - 三、四线：C2、TOP3
- C档
  - 一线：S2
  - 强二线：T2、S1
  - 二线：T2、S1
  - 三、四线：T1、T2

墅系 —— 一线、二线、强二线：TOP2、TOP3

图2-32　金茂产品系与土地类型对应

②客户类型与产品、土地对应

通过产品系、土地属性、客户细分体系的对应，房企可帮助一线在同一品牌定位、同一价值体系的产品系中，快速定位同一客户类型下不同细分客群适配的产品标准，从而实现产品系列落地。

首先，客户与土地对应。如表2-10所示，房企结合客群的动机、支付能力、偏好等特点，将客户与土地类型进行匹配，从而快速锁定和目标地块匹配度最高的客户群体。

表2-10 龙湖客群与土地属性对应

土地类型	扎根者	聚巢者	安居者	功改者	乐活者	重教者	悦享者
U1 城区栖居			√ 牺牲功能或舒适度，控总价	√	√ 就近选择	√ 优质教育	√ 就近置业
U2 城区品质				√	√		√
U3 城区商务				√			
C1 近城栖居	√ 牺牲功能或舒适度		√	√		√ 优质教育	√ 形态提升
C2 近城品质			√	√			
O1 远郊栖居	√	√	√ 交通、配套不匹配，可吸引就近置业客户			√ 优质教育+提升形态或舒适度	
O2 远郊品质	√ 控制面积和总价	√ 控制面积和总价	√ 改善交通	√ 提升形态或舒适度		√ 优质教育+提升形态或舒适度	
TOP1 城区顶级						√ 优质教育，可牺牲舒适度和功能	√ 控制总价、牺牲舒适度

（续表）

土地类型	扎根者	聚巢者	安居者	功改者	乐活者	重教者	悦享者
TOP2 远郊顶级							√ 控制总价、形态提升

注：√表示为最优选择，其他为次要选择与条件。

其次，客户与产品对应。在同一客户分类中，根据家庭结构或购房价值观等条件可进一步划分细分客群，不同细分客群的产品需求存在差异，需要产品实现一一对应。如图2-33所示，龙湖将客户需求划分为功能需求、舒适需求、品质需求。其中，同样是功能需求，在客户类型"落根者"中，青年之家客群更关心总价和基础配套，小太阳和大太阳则更加看重房间数和得房率。在这种情况下，"落根者"所对应的产品系必须有不同产品标准以应对青年之家、小太阳、大太阳的需求。

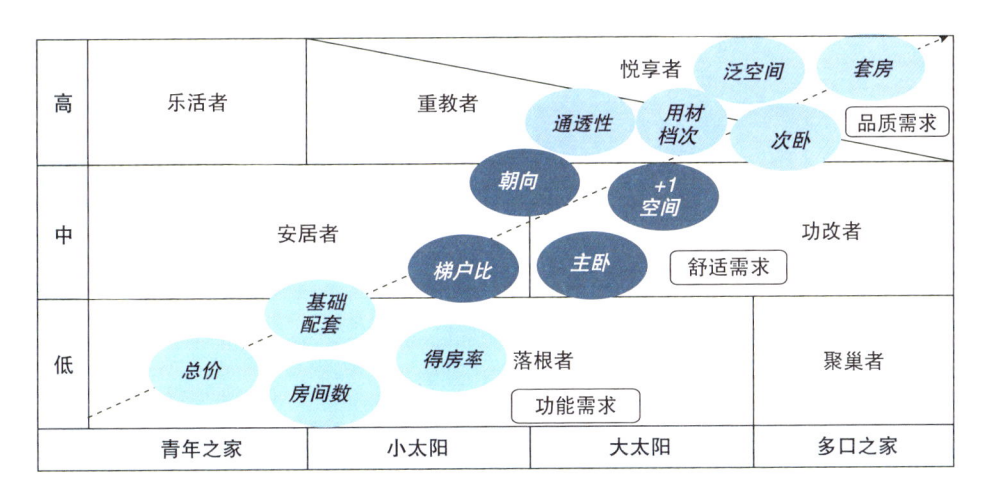

图2-33 龙湖按照需求划分客户层级

如图2-34所示，某咨询公司设计的客户、产品、土地对应体系，则更为清晰地展示了不同客群如何实现产品和土地的对应。该咨询公司基于客群的需求，将产品关注因素分为包容的产品需求、务实的产品需求、品质化的产品需求、定制化的产品需求，分别对应"住""居""选""享"四条产品系。在"住"系列中，郊区年轻铁需、远郊两口过渡、市区结婚离巢这三类不同客群的需求存在差异点，因此，产品系中再细分出了"简住""栖住""安住"三项产品标准，分别满足三类客群的需求。

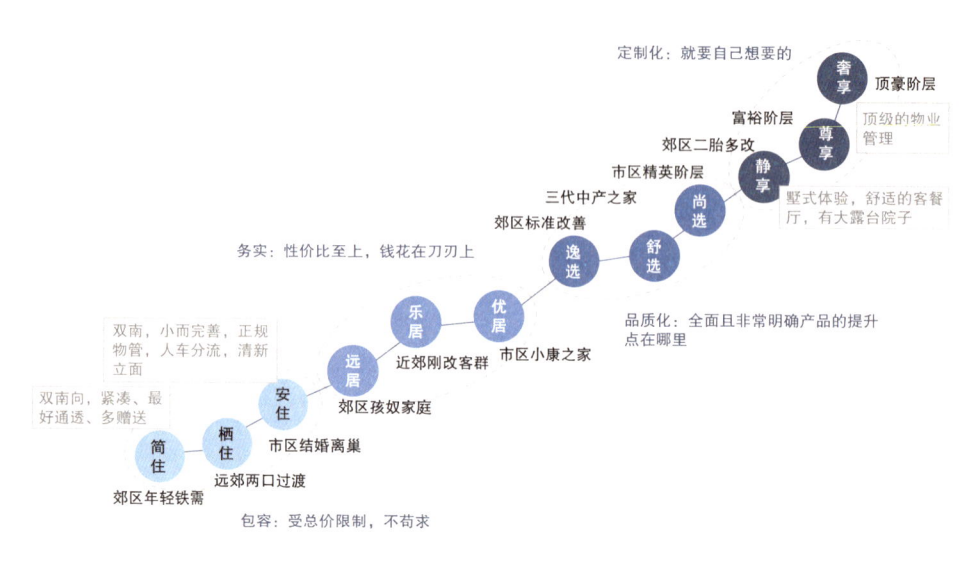

图 2-34 咨询公司客群分类

基于上述方法，房企可以清晰地划分出产品系列，在确定各系列标准设计、级配标准、精工要求后，便可指导具体项目快速应用。

（3）产品体系要实现标准化与差异化统一

正如前文所言，建立标准产品体系不是目的，而是一种管理手段。因此，房企需要认识到产品体系的标准化率不是越高越好，在应用上也不是硬性规定，而是要根据自身能力和客户需求去调整标准化率，在应用上通过对各标准项的灵活匹配，结合创新性设计，实现标准化和差异化的统一。

当前标杆房企在推行标准产品体系、解决差异化问题上，主要有两个流派：第一种流派以万科为代表，主要是以标准做法和样板标准化、模块标准化与部品标准化为主，在解决差异化问题时主要通过灵活匹配模块标准和部品标准，再结合创新性设计实现；第二种流派是以级配标准化为主，设计标准化为辅，通过灵活匹配级配标准来实现标准化和差异化的统一。

> 案例 2-4
> **绿城"如意宅"**

在 2021 年度绿城中国生活开发者大会上,绿城展示了自己全新的室内产品概念"如意宅"。"如意宅"依托绿城的千人千面分析图谱,从购房者的生命状态、文化价值观、生活空间三个维度进行分析,形成了超过 600 个的室内功能模块,通过模块的搭配组合打造购房者生长之家、留白之家、乐变之家、智慧之家和艺术之家五种不同生活方式的 600 多种生活场景,实现空间可变、颜值可变、部品可变。

如图 2-35 所示,"如意宅"的户型之所以具备多种变化的可能,最重要的是来自功能模块标准化、部品标准化的保障——"如意宅"的户型结构是由内而外推导而成的,即在户型设计前先预设同一空间可以安放的多种功能模块组合,从部品到模块,由内而外推导出户型结构,形成多样性的空间模块组合,满足不同家庭的空间需求。

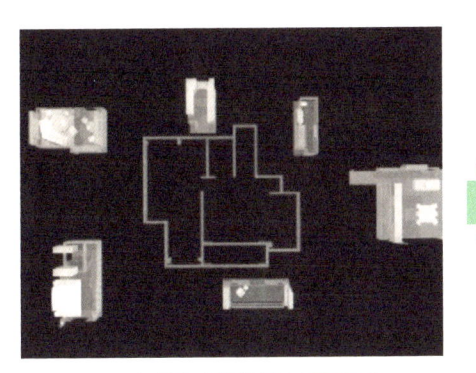

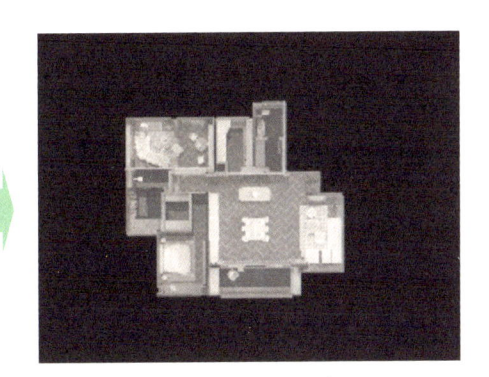

预设空间的多功能模块和部品组合　　　　"如意宅"多样化的户型

图 2-35　"如意宅"模块、部品组合

绿城"如意宅"正是通过这种模块、部品的大批量标准化,依托不同模块和部品的灵活组合解决了标准化和差异化统一的问题。

3. 属地化:因地制宜,标准化体系与区域适配

当前,区域深耕已成为房企发展共识,打造匹配区域的产品是实现区域深耕

的关键。因此，标杆房企极为重视区域之间的差异性，要求区域公司在总部标准基础之上，进行自主研发，建立属地化标准产品体系（见图2-36）。

图2-36　标准化体系实现属地化

（1）需求洞察属地化

区域不同，客户需求不同，因此，区域公司需要深入调研本地客群需求，在调研的基础上，与总部编制的标准客户细分体系进行比对，从而形成属地化的客户分类和属地化的产品需求清单。

（2）产品体系属地化

在属地化客户分类基础上，区域公司可做产品体系的属地化，主要包括产品系列属地化适配、产品设计属地化调整、属地化成本适配三项内容。

①产品系列属地化适配

由于客户需求不同，总部划分的产品体系并不能在属地市场实现一一匹配，因此，大多数房企在深度研究客户之后，从总部划分的产品系列中选择出匹配区域的产品体系，并基于总部发布的标准持续进行属地化研发。

②产品设计属地化调整

在确定区域适配的产品系列后，房企可在总部标准设计成果的基础上，结合属地客户需求敏感点，对户型、园林景观、公共大堂等标准化设计进行调整和优化，从而使产品更加符合区域市场和客户的需求。

③属地化成本适配

标准产品体系中的成本控制点也需要根据区域客户情况进行调整和适配。尽管在产品设计上需坚持客户需求至上原则，但这并不意味着对客户需求百分之百满足。从经营角度出发，能够带来回报的客户需求才应该被重点关注和优化。房企可以通过对比客户敏感点和成本敏感点来进行判断。

如图2-37所示，基于KANO模型对客户敏感点与成本敏感点进行对比分析，敏感点可以分为五类，分别用A、B、AC、BC、C表示。

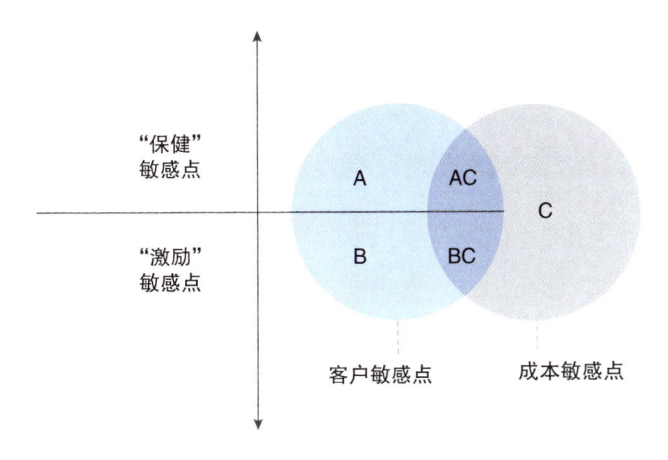

图2-37 客户敏感点与成本敏感点对比

A类敏感点，客户对未实现或未达成预期需求负向价值敏感，但对这类需求的成本不敏感。建议做法是满足基本功能需要，保证工程质量。

B类敏感点，客户对实现需求正向价值敏感，同时对这类需求的成本不太敏感。建议做法是在产品设计时，针对此类需求做更方便、更人性、更好看、更环保的细节设计，做到惠而不费。

AC类敏感点，客户仅仅对未实现需求负向价值敏感，同时对这类需求的成本非常敏感。建议做法是用最低成本满足功能需要，保证工程质量。

BC类敏感点，客户对实现需求正向价值敏感，同时对这类需求的成本非常敏感。建议做法是在边际收益为正的基础上，尽量提升产品的功能与档次。

C类敏感点，成本非常敏感，但客户基本上感受不到其价值。建议做法是以最低成本满足房企内部标准。

房企可以在深度调研区域客户需求后，梳理出其成本敏感度关系，用以指导区域项目进行标准配置的合理增配、减配。一般而言，标准配置调整准则如下：

根据客户敏感点进行配置调整：对各配置项进行客户敏感点分级，由于高敏感点配置项最能带来溢价，需要进行成本投入，因此，应在对标市场竞品状况的基础上再考虑是否减配。

总部规定的强制配置项不可调整：强制配置项是产品品质保证的底线项，因此，总部对强制配置项进行严格管控。

调配后总价应在成本批复总价内：标准配置调整的目的是通过成本腾挪实现

成本策划，而不是突破成本红线，因此，调配后的总价应在成本批复总价内。

4. 勤创新：敢创新、能转化、小步推广，推动产品良性生长

在社会快速发展的背景下，人们的生活方式和生活场景不断地更新。客户的居住需求也会随之升级，因此，房企提供的产品要与客户需求实现同频共振。但在已有标准产品体系的情况下，如何使产品创新转化为可大规模推广应用的成果？对于上述问题，不少房企没有抓住关键点良好解决，导致创新成果停留在单个项目，产品研发一度搁浅。但也有一些标杆房企建立了产品创新机制，通过明确创新模式和落地思路，实现了产品良性生长（见图2-38）。

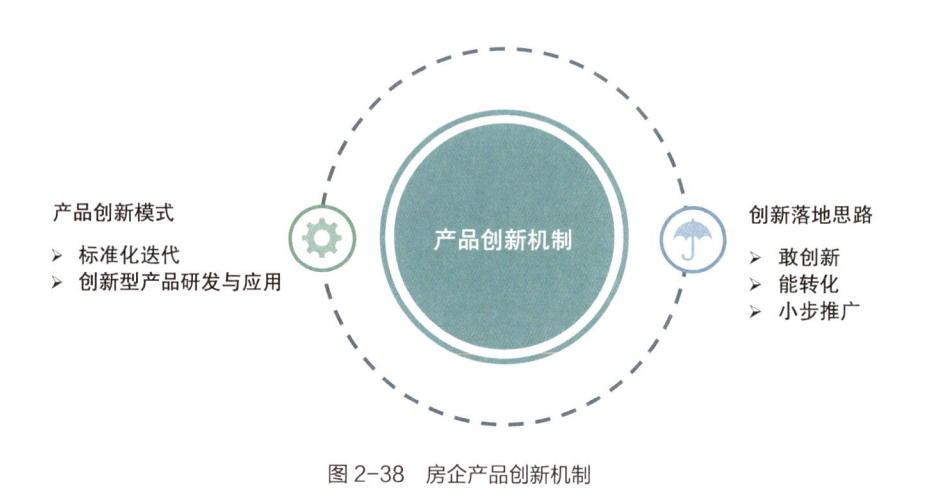

产品创新模式
- 标准化迭代
- 创新型产品研发与应用

产品创新机制

创新落地思路
- 敢创新
- 能转化
- 小步推广

图 2-38　房企产品创新机制

（1）产品创新模式：标准化迭代；创新型产品研发与应用

产品创新包含标准化迭代和创新型产品研发与应用两种模式。

首先，标准化迭代，指的是房企在标准产品体系的基础上，优化反馈的产品缺陷，实现产品迭代。房企提供的标准产品体系并非完美无缺，实际应用时可能会收到工程、营销、采购等业务部门，甚至是客户对于产品缺陷的反馈意见。标杆企业对这些缺陷反馈意见进行梳理分类并形成产品缺陷库，根据产品缺陷库迭代标准产品设计。

其次，创新型产品研发与应用，指的是房企在标准产品基础上，结合客户最新需求进行创新设计，从而形成创新型产品。在形成创新型产品后，房企有两条路径来实现创新型产品的落地。

第一，形成单独产品系。创新型产品对客群来说区别于现有产品系列，在成果获得客户认可和验证后，房企便可以封装形成新的产品线，进行逐步推广。比如金茂的国际社区产品系列便是在深度研究年轻客群的基础上形成的创新型产品，最终逐步形成了府系、悦系、墅系三大主流产品系，加上全新的国际社区产品系的大产品系。

第二，创新促进产品优化。房企在进行创新研发后，将成果应用于标准产品，以实现产品外立面、户型、景观、社区等维度的优化。比如，由于客户越来越重视户型功能空间拓展性和社交属性，不少标杆企业基于以上需求进行优化设计，实现了原户型的新功能空间设计或扩容等。

> **案例 2-5**
> **基于客户需求变化的创新趋势**

（一）外立面去风格化

受到年轻客群的影响，当前建筑外立面风格更加偏向于现代简约。一方面，从客群需求来看，现代简约风没有太多杂糅元素，具有一种科技感，更符合现代人的审美；另一方面，从内部管理来看，现代简约风更加有利于集采和质量控制，预计建筑去风格化将是大势所趋。如图 2-39 所示，绿城的无边框设计将建筑外框从 50~100 厘米降到了 12~15 厘米，同时将窗户边框从 6~12 厘米弱化到 1~1.5 厘米，这是典型的现代风格。

图 2-39 绿城无边框设计立面效果图

（二）户型多功能空间设计

根据调研，95后、00后购房者更希望在居所拥有培养自我爱好以及家庭情感交流的空间，当前标杆房企在户型设计上由原来的单一功能满足转向多功能满足，提升客户体验感。如图2-40所示，一些头部房企开始打造客厅、餐厅之外的第三厅，这个第三厅的功能可以由居住者自己定义。

图 2-40　保利第三厅设计

（三）公共空间多元化、社交化

当前客户不仅对自有空间要求升级，而且对公共空间也极为看重，社区主入口、社区景观、社区配置等都是客户关注的重点。首先，社区主入口更加精细化，承担了快递服务、拿取外卖、测温消杀、港湾式落客、无风雨门禁等更细分功能，提升归家体验。其次，社区景观强调交互，为住户提供更多交往空间。最后，社区配置呈现适老、适幼、健康三大主题，着力打造活力社区空间。

(四)智能化家居落地

智能化家居成为住宅的标配,智能门禁、智能梯控、车牌识别、人工智能入侵监测、有害气体探测、一键报警、智能访客等智慧安防和智慧通行系统是当前住宅智能化中最受关注的领域。

(2)创新落地思路:敢创新、能转化、小步推广

①敢创新

一些房企尽管已经认识到了产品创新对产品竞争力提升的重要性,但却将产品创新停留在理念上、口头上。房企要想实现产品创新,就要敢于创新,给产品部门必需的资金支持、管理制度支持、人力资源支持。

②能转化

一些房企做了创新,但创新却无法落地,房企需要认识到创新并非悬浮的创新,而是能够应用的创新。产品的创新成果只有应用到项目中,才能看到创新的成效。而且一个项目的成功并不足以支撑创新落地,房企需要思考如何进一步将成果固化,转化为产品标准,充分释放产品创新的价值。

③小步推广

在推广进度上,一些房企急于将创新成果进行大面积推广,结果导致创新在项目上的失败,从此该成果被束之高阁。在研究时要敢创新,但在推广上房企需要谨慎,通过小面积项目验证进行创新成果的小步推广。

> 案例 2-6
> **康桥地产"1-3-6 生态自驱"产品体系**

康桥地产建立了"1-3-6 生态自驱"产品体系(见图 2-41),基于标准化项目大量实践和客户反馈的积累,用规模流量支撑微创新、创新型项目良性发展,再在对创新型项目溢价型客户需求的深入研究基础上,以研发创新引领,实现产品不断自我更新生长。

10% 创新型项目

- 优选10%的创新型项目，留给产品研发部门更多的时间与空间进行创新性尝试，持续优化打磨项目产品力，并在形成成果后充实产品体系。
- 目的：引领市场，树立新产品（产品系）的IP形象，提升品牌力和产品力。

30% 微创新型项目

- 作为创新型项目与标准化项目的承接。选取创新型项目在外立面、户型、景观、社区等创新维度的成果进一步落地实践、沉淀。
- 目的：洞察目标客群痛点及需求，验证创新点可行性，保持产品领先和极致，提升产品溢价能力。

60% 标准化项目

- 在全国化布局进程中，通过60%标准化项目的迅速落位来实现"品质型、快周转"目标。
- 目的：助力公司决策，提升企业利润与周转率。

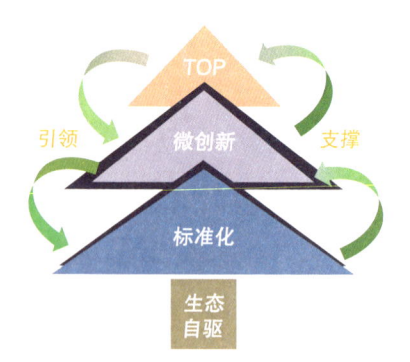

图 2-41 "1-3-6 生态自驱"产品体系

第五节

服务强化：打造优质全周期服务体系

随着行业进入高质量发展时代，近年来已有不少标杆房企将服务战略上升到与产品战略同等重要等级，纷纷推出自己的服务体系。这种变化是因为产品与服务是互为表里的关系，优质的服务可以为客户带来产品体验的延伸。盖洛普的调研显示，准业主（已签约未收楼或已收楼未入住）、磨合期业主（交付1年以内）、稳定期业主（交付1~2年）、老业主（入住2年以上）各有其核心需求，准业主和磨合期业主更加关心产品功能与产品质量，而稳定期业主和老业主更关心服务。综上，我们认为随着入住时间推移，产品所提供的精神满足将逐渐消减，房企必须依靠优质全周期服务来提升客户感知，延伸产品的品质印象。

一、房企服务发展阶段：三大阶段并存，发展水平不一

如图 2-42 所示，房企服务划分为基础服务、客户关系服务、客户价值服务三个阶段。

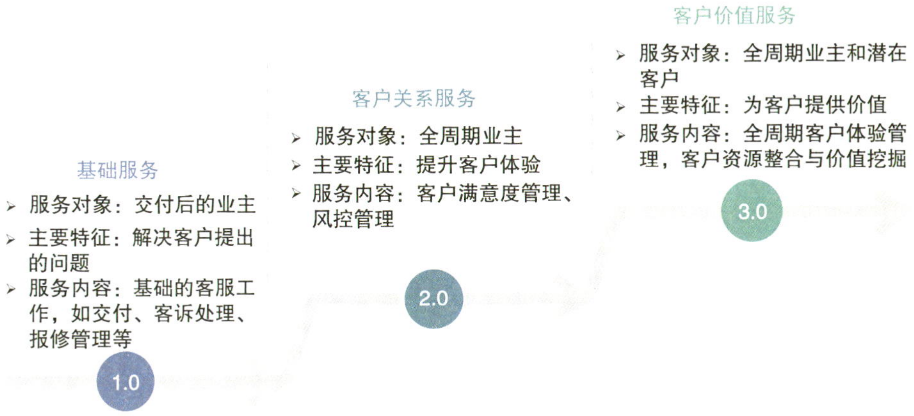

客户价值服务
- 服务对象：全周期业主和潜在客户
- 主要特征：为客户提供价值
- 服务内容：全周期客户体验管理，客户资源整合与价值挖掘

客户关系服务
- 服务对象：全周期业主
- 主要特征：提升客户体验
- 服务内容：客户满意度管理、风控管理

基础服务
- 服务对象：交付后的业主
- 主要特征：解决客户提出的问题
- 服务内容：基础的客服工作，如交付、客诉处理、报修管理等

图 2-42　房企服务发展阶段

基础服务阶段：我国房企的基础服务起源于万科，万科于 1998 年、1999 年两次客户群诉事件中先后成立了"业主委员会""客户维修中心"，它们成为房企客服组织的雏形。万科成立客服组织的目的在于"救火"，因此其职能为客诉处理、报修管理等基础服务工作，通过解决交付后业主提出的问题，避免重大群诉事件的发生。

客户关系服务阶段：由被动应对转为主动解决是这一阶段客户服务的最大特点。房企可通过提前预判解决可能存在的客诉隐患，提升客户体验感，从而提高客户满意度。本阶段服务的客群扩大至全周期业主，重点关注购房后业主，主要工作内容包括客户满意度管理、风控管理等。

客户价值服务阶段：随着市场变化与行业增长动能的转变，客户资源成为房企核心竞争资源，如何全周期、深度服务客户与客户资源挖潜成为房企关注的重点。在此背景下，房企服务正在向 3.0 阶段——客户价值服务进化。本阶段的服务对象除了准业主和业主，还包括潜在客户，核心目标是为客户提供价值，主要工作内容包括全周期客户体验管理、客户资源整合与价值挖掘等。

以上三个阶段是基于房企服务发展历程做的划分，但这种划分并不代表所有房企都已经跨过第一、第二阶段，向第三阶段发展。事实上，受到服务重视程度与经营能力的限制，当前房企之间服务体系发展差距非常大，绝大部分房企的服务体系仍停留在第一阶段，各房企呈现出发展不均衡的状态，在服务体系升级建设上存在各种问题。

二、存在问题：认知存在误区，执行质量参差不齐

经过总结与梳理房企服务体系建设案例，我们认为当前房企在认知和执行上均存在误区，从而影响了服务成效。

1.房企在服务认知上存在误区

近年来服务越来越被客户感知，服务种类、服务内容、服务边界不断更新，但大部分房企对服务认知的更新相对滞后。这些房企仅仅将客服部门视为简单的救火部门，在算经济账时，认为客服部门的价值贡献度不高，但人力成本占比高，因此选择将客服部门精简或撤销。这一措施导致房企的基础服务工作大幅度依赖第三方公司，服务质量难以保证，而风险控制、关系维系等高维度客服工作的开展受限。在当前产品为王、品质为王的大势下，相比于服务体系不断更新的房企，这些房企无论是客户竞争力还是业务竞争力都不足，极易在市场竞争中被淘汰出局。

深究导致误区的原因还是这些房企未将客户需求作为核心导向，它们有客户导向、客户至上等相关口号，但在需要体系更新、资源投入时却并未将客服考虑在内。

2.房企服务执行不到位

除了认知问题，执行不到位也是服务成效不能凸显的原因。房企服务执行不到位既有机制问题，也有具体落地问题。

（1）机制上：服务体系标准化不足，考核标准不清晰

①服务体系标准化不足

服务是一种软性产品，依赖员工与客户之间的互动来帮助房企变现、增值其

至提升品牌美誉度。为实现上述目标，服务需要标准化，通过标准来减少服务人员之间的差异，保证所有项目输出服务的统一性。但事实上，行业中仅有极少数房企建立了完整化、标准化、可量化的服务体系，大部分房企在服务体系标准化上发力不足。

②服务考核标准不清晰

服务更多体现的是一种感受，如果没有明确、合理的量化标准，房企很难衡量其成效。由于服务标准化程度不高，房企对服务的考核标准也就极不清晰，要么依靠主观评断，要么设置的考核指标偏离实际操作。这种考核现状既无法为管理层呈现真实的服务情况，也无法实现服务的增进与提升。

（2）落地上：执行者心态未摆正，实际执行与预期产生偏差

员工是服务的一线执行者，员工执行情况在很大程度上决定了服务的好坏。很多房企花费大量精力打造了服务体系、服务IP，但员工却没有摆正心态，在执行上出现了纰漏，结果与预期产生偏差，更有甚者影响了企业口碑。

三、提升路径：做实、做细、做优，强化服务品质

随着行业的不断成熟，服务将越发影响销售和品牌。房企要将服务提升到产品战略级别，在"客户第一"理念指导下，依据客户需求，打造既符合自身又满足客户需求的服务体系，并通过"做实、做细、做优"形成品质服务口碑（见图2-43）。

做"实"基础服务
对客诉处理、房屋维保等工作，端正心态，做到积极、快速、扎实。

做"细"关系服务
对客主动沟通，详细了解需求；对内前置预控，落实每个风险点。

做"优"体验服务
打造全周期、全触点客户服务，优化客户体验，增强客户感知。

图2-43　房企服务发展路径

1. 做"实"基础服务：反馈积极、快速、扎实，杜绝群诉

客户投诉往往由小事累积而来。随着自媒体的兴起和第三方专业公司的介入，客户利用新媒体进行线上线下发声，已经由个案发展为常见手法，传播速度快、范围广。房企如果还不及时进行处理，不重视、不真诚，极有可能会付出金钱和声誉代价。比如2021年，两家标杆房企就由于项目减配和质量问题遭遇客户群诉，客户委托第三方专业公司编写的整改要求文档在社交软件上广为流传，这对两家房企的品牌口碑造成了严重的影响。

如何化大问题为小问题，避免群诉发展为重大舆论事件？关键是理解客户，在问题出现之初，房企就要以积极正面的态度对待客户投诉，快速而又扎实地解决客户提出的每个问题。

（1）解决客诉需要积极正面的态度

处理客诉最重要的是端正心态，应付、漠视、怕多事的态度只会造成更多问题，而以积极正面的态度应对，客户才能感受到尊重，从而为问题的解决打下互信基础。积极正面的态度包括与客户同频、高度重视、主动解决三个层面。

①与客户同频

要解决投诉问题，首先要了解客户投诉的问题和心理原因是什么，在分析客户心理的基础上，给出符合房企标准也符合客户期望的解决方案。

客户进行投诉的心理原因往往有很多种，比如寻求尊重、寻求补偿、发泄等，房企需要认识到客户进行投诉的心理往往不是单一的而是综合的，不能单线程思考解决方案。客户的投诉心理主要有以下四种：

求尊重的心理：尽管客户投诉可能使其自尊心甚至自身利益蒙受损失，但在采取投诉行动之后，客户希望别人认为他的投诉是对的，他是有道理的，希望得到理解、同情、尊敬和重视，希望有关人员、有关部门立即受理，向他表示歉意并立即采取相应的行动。

求补偿的心理：客户在受到物质和精神损失时，希望通过投诉得到补偿。

求发泄的心理：客户遇到令他不快、烦恼、沮丧的事情时，或者被讽刺挖苦甚至被辱骂之后，心中充满怒火，要利用投诉的机会发泄出来，以维持他们心理的平衡。

对立敌视的心理：因个人利益或要求得不到满足，或其他不可告人的目的，个别客户对公司怀有敌意或对立情绪，希望公司声誉蒙受损失，因此没事找事，

小事闹大、大事闹更大，刻意为企业制造大的麻烦。

②**高度重视**

对客诉的高度重视应从管理层做起，从上到下营造重视客诉的氛围。首先，公司管理层对客户工作的重视程度将大大影响普通员工对客户问题的关注，包括他们及时发现危机的能力。当群诉事件发生后，项目总经理应该亲自主持解决。其次，管理层平时也应该经常性关注客户问题，以带动普通员工的客户意识和危机意识。最后，员工"怕给领导添麻烦"、一线公司"怕给总部添麻烦"的想法是完全错误的，应坚决予以纠正。

③**主动解决**

被动地防御只会让客诉处理人永远落后于问题变化速度。尤其是在当前维权事件传播快、影响广的舆论背景下，争取主动是避免"小事演变为大事"的最佳手段。房企在手握主动权后，可以做足预案准备，引导事态发展趋势。

（2）解决客诉需要建立标准处理程序、快速扎实解决问题

要想解决客诉，房企在行动上要做到快速、扎实，群诉问题一旦出现，就快速反应，启动危机处理程序，做到不遗留任何问题。如图2-44所示，这需要房企建立标准化的客诉处理程序，使服务人员快速应对并不出错。

01	02	03	04	05	06	07	08
投诉处理	投诉确认	投诉评估	投诉调查	投诉回复处理	投诉反馈	投诉回访	信息回访
投诉渠道通畅	区别投诉的有效性和无效性	评估投诉性质对企业的影响力	调查投诉产生的原因	投诉问题的处理与回复	关于投诉处理的结果和质量	让投诉产生价值和利益	自查纠正，体系持续改进

图2-44　客户投诉处理八步法

2.做"细"关系服务：联动内外，细化风险点管理

面对交付体量增加，房企解决投诉上升和客户满意度问题不能仅依靠做好基础服务。如图2-45所示，房企对外要深化客户维系，对内则要做好部门协同，细化风控管理，实现内外联动的双循环。

对外：深化客户维系

深化客户关系维护工作，建立双方信任，真正深入了解客户需求。

客服内外联动循环

对内：做好部门协同，细化风控管理

真正站在客户视角，协同业务部门，细化风控管理，降低风险项带来的负面影响。

图2-45　客服内外联动循环

（1）深化客户维系

客户维系对企业而言是一项极为重要的工作。如果一家房企能与客户维持良好、稳定的关系，客户对该房企提供的产品或服务的信任度就比较高，甚至有一定感情基础与品牌忠诚度。在购房时，客户愿意为信任的房企降低价格敏感度。在购房后，客户在一定程度上愿意容忍房企的失误，不会轻易流失。在敏感需求调研时，这类客户给出的信息往往是最全面、最真实的。因此，深化客户关系维护工作，是强化服务的重要一环。

客户关系维护包括围绕业主居住和生活的社区服务，围绕业主情感需求的社群活动运营，以及围绕深度客户经营、品牌打造的客户会员体系等。

①社区服务

社区服务主要面向入住业主，其重心在于提升业主的居住和生活质量。传统的物业服务存在诸多问题，不能匹配业主日益增长的居住生活需求，比如物业服务单一不到位、便民惠民服务设施覆盖不全、社交和精神类型服务空缺等。针对这些社区服务痛点，围绕社区居民24小时的生活需求，一些标杆房企重新拆解形成了自身的社区服务内容。

从当前多数房企提供的产品来看，社区服务大致包含安全居住、舒适生活、便捷生活三类。

安全居住：如表2-11所示，房企通过搭建完整的安防系统，构建"人防、物防、技防"立体防控体系，用智能化系统提升社区的安全系数，守护社区的安全。

表 2-11　部分房企社区安防体系

类型	产品	内容
人防	人员巡逻	网格化管理，24 小时人员巡逻
	专属管家	管家配置以单元为单位，实现精细化管控
物防、技防	人脸识别	通过人脸识别门禁系统，实现业主身份识别
	智能化摄像头	通过智能化摄像头对进出人员进行人脸识别，对路面违章停车、人员离岗睡岗、人员落水、人员摔跤自动报警监控
	智能化周界	实时监控小区周边电子围栏，对报警处自动调整摄像头进行跟踪确定

舒适生活：通过强化物业服务和硬件设施维护，确保居住环境干净、整洁，使业主居住舒适。

便捷生活：通过链接商家资源，为业主提供便捷的线上、线下生活服务，使业主享受足不出户的便利。东原地产将居家服务、居家日用、医疗、学习娱乐等场景链接到不同商家，通过配套设施提升和服务提升来为社区业主提供一站式便捷生活服务。

②社群活动运营

社群活动运营面向群体包括潜在客户、准业主、业主等，重心在于通过满足客户情感需求，建立与客户的情感联结。当前，社群活动运营已经由此前的小众关注，逐渐发展为房企普遍推动的新趋势。

社群活动运营的关键在于以客户分类为切入点匹配不同资源和活动设计，通过持续运营，激活用户参与，增强延续性，并逐渐推动社群建立自运营能力。

在前期设计上，社群的设计主要注意四个要点，如图 2-46 所示。

洞悉业主痛点：定位准确的目标业主群，洞察业主痛点，从痛点入手更容易打动用户，建立情感联结。比如前文提到的，儿童社群的痛点主要是成长、社交，老年人社群的主要痛点是养生，等等。

配套先行：社群活动运营并非单纯线上运营，还需要线下链接空间，可从项目拿地开始就为社群活动留出公共空间，通过多个项目线下特色场域的搭建将社群活动融汇到业主生活中。

社群主题清晰：社群要有明确的主题和价值主张。价值主张要具体，尽可能抓住重点，要有与业主互惠互利的共生点。

	洞悉业主痛点	
定位准确的目标业主群,洞察业主痛点,从痛点入手更容易打动用户,建立情感联结		
	配套先行	社群活动运营并非单纯线上运营,还需要线下链接空间
社群要有明确的主题和价值主张	社群主题清晰	
	拉动业主参与	通过设计社群活动运营机制,邀请大咖带领活动等方式,拉动业主参与,提升社群活跃度

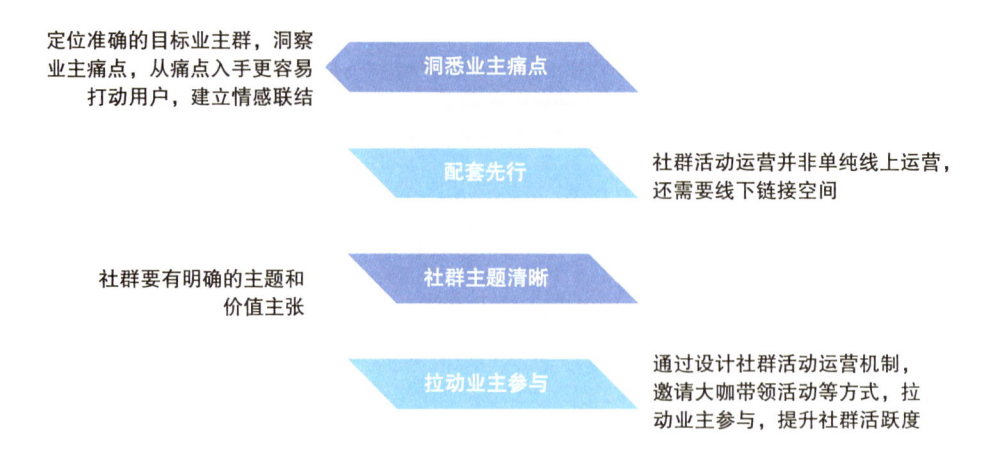

图 2-46　社群设计的四个要点

拉动业主参与:通过设计社群活动运营机制、邀请大咖带领活动等方式,拉动业主参与,提升社群活跃度。比如前文提到的金茂会在社群中设置主理人,由主理人带动业主参与。再比如在雅居乐的社群中,每一位业主都可与雅乐领航员定点对接,享受专属服务。

社群活动要进行统一运营,因为要通过社群实现客户的有效经营甚至深度经营,房企就需要形成完善的社群运营体系,由统一的运营团队保障执行效果。比如,雅居乐地产就将其上升到了集团架构层面,由集团统一赋能,下沉运营,通过"集团—项目"二级联动的扁平化社群运营架构,在 21 个重点项目和多个自选项目设置专属服务运营团队。正是依靠集团专属运营架构的搭建,雅居乐地产的社群打造充分发挥了区域统筹能力,调动城市品牌力,实现优质商业资源的嫁接,号召业主领袖等共同参与,落地社群活动,保证社群健康运转。

③客户会员体系

客户会员体系发展多年,从 1998 年开始,以万科、招商地产为代表的房企已经开始筹建万客会、招商会的会员体系,成为各大房企的借鉴对象。在当前多产业发展趋势下,地产客户会员体系向多个板块客户整合经营发展,通过联动房企多产业板块资源,加强集团和会员的互动,提高品牌口碑的同时为产业板块赋能。

比如,金茂构建了金茂荟线上平台,面向业主和非业主提供会员服务,通过自建的物业服务 App、金茂荟 App 将客户聚集在一起,同时整合金茂酒店、金茂商业等集团内外部资源，提供生活和社交全方面服务。

（2）做好部门协同，细化风控管理

客户关系的维护以及客户问题的反馈不仅需要客服等服务部门努力，也离不开横向业务部门的支持。房企需要加强客服部门与产品、营销、工程等业务部门的联动，即客服部门要基于客户敏感点，对概念方案评审、工程管理、营销、交付等阶段进行监督与赋能，通过提前预控，消除销售宣传及产品风险隐患，提升客户满意度。

3. 做"优"体验服务：全触点服务，增强感知

全触点服务指的是关注客户与房企在各个接触点上的交互，建立客户全生命周期、全场景的服务体系，从线上到线下，从销售到交付、生活，让客户服务渗透到方方面面，通过合适的方式对客户施加积极影响，传递给客户有价值的正面体验。通过这种体验服务，房企可在同质化产品的困境下，实现差异化竞争。

如图2-47所示，与传统的产品或服务仅把客户简单地作为接受者，由企业单方面决定服务设计过程不同，全触点服务是基于客户需求，通过定位设计、销售等各阶段触点，不断获取客户反馈以实现服务设计及后续的产品优化与服务优化的。

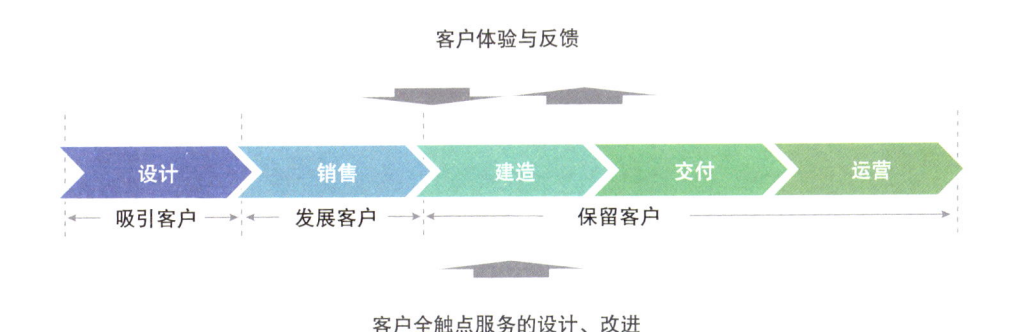

图2-47 客户全触点服务模型

与产品设计相似，不同类型客户对于服务内容、服务品质要求不同，全触点服务要真正提升客户体验，需要根据客户类型进行专门设计。如图2-48所示，

在选取客户类型时需要综合考量客户细分体系以及客户生命周期。

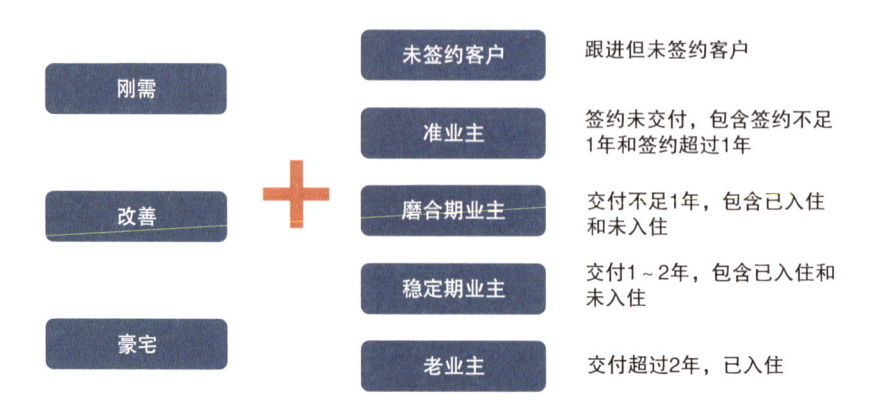

图 2-48 基于客户类型设计差异化的全触点服务

（1）全触点服务设计：基于场景提炼需求

全触点服务设计包含三个步骤，即服务场景提炼、客户需求识别、服务设计，服务设计完成后，通过客户参与体验获得反馈，在原有服务体系上进行提升优化。

①服务场景提炼

从项目开发全生命周期来看，房企与客户的触点涵盖全阶段，如果进行细分，多达几百项，因此并非所有的触点都重要。如图 2-49 所示，房企需要在梳理客户触点的过程中，通过场景提炼来甄别关键触点。

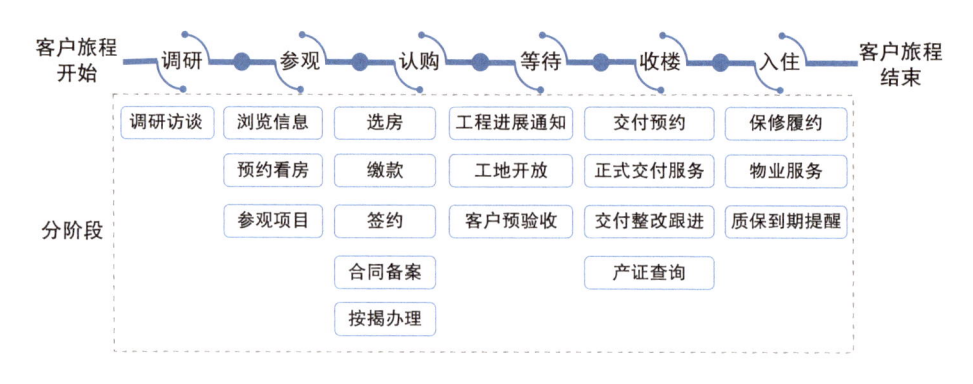

图 2-49 核心场景与触点

首先，梳理关键场景。选择代表性项目进行浸入式场景调研和客户调研，梳理客户服务全过程，提取客户服务关键场景。当前，从多家房企的总结与验证可以看出，无论对于哪种客户，项目参观、认购、等待、收楼、入住都被认为是五个核心场景。

其次，客户触点提炼。对关键服务场景进行进一步细化，拆解至某一具体触点。在综合考量房企特色与客户需求的基础上，明确场景中的重要触点有哪些。比如，在项目参观中，预约看房与参观项目是重要触点，这两个触点的服务质量直接影响客户感知。

②客户需求识别

在进行场景提炼后，房企便可基于关键场景与触点，针对不同客户类型定制问卷表，调研分析客户的敏感点，以建立客户敏感点库。一般而言，客户敏感点涉及六个阶段。

设计调研阶段，客户重点关注设计部门对户型、门窗、电梯、室内公区、外立面、园林景观、道路系统、车库车位、设备设施等的设计方案是否符合预期。

参观阶段，客户重点关注项目信息获取的方式和渠道是否便捷，项目重点信息如区位、交通、均价、户型等是否充分，预约看房时服务流程是否合理、服务态度，等等。

认购阶段，在看房选房触点中，客户最为关注重点信息提示、销售物料与销售沙盘模型内容与设计、示范区与样板间设计、档次是否匹配其需求等。客户在认筹甚至签约时，则关注认筹退筹流程、缴款流程、合同签订流程与合同重点信息披露等。

等待阶段，由于销售工作的性质，签约后等待是容易被忽视的客户触点，但这往往会影响客户对服务的满意度，房企应该重点关注签约后回访，注意回访礼仪、说辞，并在客户生日或重大节日时发出祝福和问候，在工地开放日或客户预验收时及时快速响应客户整改需求，保持对准业主的持续关注。

收楼阶段，客户关注交付服务质量、交付产品质量两个维度。在交付服务质量维度，交付组织通知及时性与完整性、交付流程合理性、各产证办理时间与等待时间、交付服务态度较为重要。交付产品质量则包含交房时缺陷项数量，以及对缺陷项的反应速度、解决方式与解决时间。为尽量减少交付阶段产品缺陷项数量，不少房企都充分利用了工地开放日与客户预验收，尽早发现问题，同时管控客户预期。

入住阶段，就服务而言，客户最关注物业是否有针对性、精细化的服务与关怀，房修人员对报事报修的处理速度、处理态度等；就居住社交体验而言，客户关注活动种类是否匹配自身喜好、活动组织情况等。

除了定向问题，房企也可增加开放领域问题，询问客户在各触点所体验到的服务做法与业内最佳实践有何不同，以收集更多的定性建议。

③服务设计

在厘清客户需求的基础上，房企确定各触点的服务内容、职责部门、协同部门，让全触点服务更具备落地性。比如在等待期内，为了提升信息透明度、减少客户等待焦虑、提升客户对房企的信任感，工程进度的告知是重要的触点之一，在设计这一触点服务时，房企需要明确如何告知工程进度、时间频率、职责部门和协同部门等。

值得注意的是，不同类型和不同周期的客户关注点不同，全触点服务应遵循服务差异化原则进行设计。

一些业主关怀和业主面对面活动的触点可以设计惊喜服务，以提升客户服务感知和满意度。比如，在工地开放日和物业见面会等活动中，标杆房企利用各种小细节为客户提供惊喜服务。

（2）全触点服务数字化：即时响应客户需求

当前，房企在执行全触点服务时面临内部与外部难点，导致全触点服务体系无法发挥最大作用。从房企内部来看，服务内容越来越多，房企如何在利用有限的人力资源快速完成对客服务的基础上，发挥出客服组织更大的价值。从客户角度来看，有些房企没有建立线上对客渠道，客户需要服务时无法及时响应、及时处理。因此，数字化、自动化成为推动全触点服务真正落地的不二选择。数字化、自动化可以为客户提供高质量、多渠道的支持，从而使客户随时随地获得他们所需的服务。如图 2-50 所示，金地集团就应用一个 App 将全触点服务五大阶段 20 项及全阶段 8 项服务触点线上化，实现了服务水平提升、项目销售助力、品牌提升、多元业务客户导流四大目标。

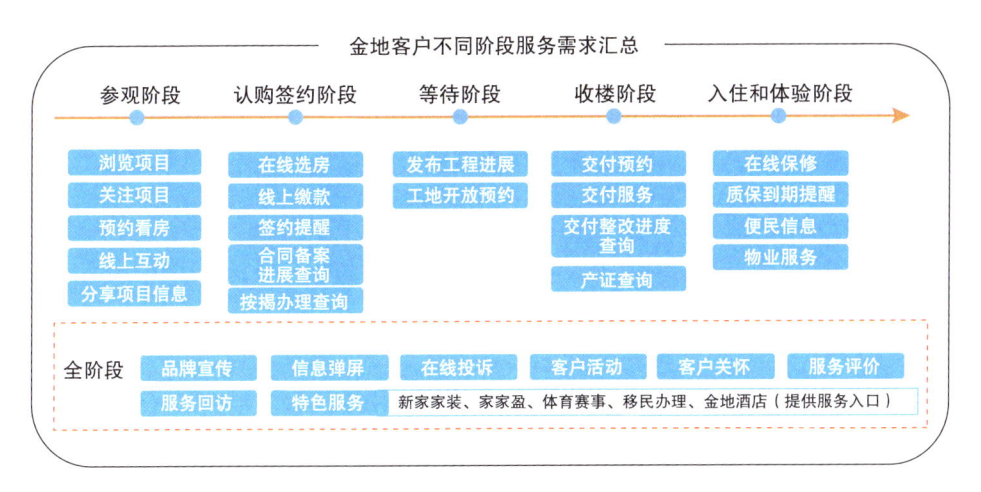

图 2-50　金地集团全触点服务线上化

保利则借助线上平台将服务标准内置，提前编排好服务计划，系统到期自动触发后台相关节点和办理动作至业主端，并直接自动化执行、自动化追踪进展以及进行预警，客户自己就能办好业务，无须人为跟进与催促，真正解放客服人员的双手。

第六节

品牌塑造：产品和服务转化为 IP，持续赋能

随着产品和服务品质的重要性逐渐深入人心，如何将产品和服务打造成企业竞争力也成为一些房企思索的问题。从 2020 年年报数据与 2021 年中期数据来看，产品和服务能力强的房企，营销费用占比低，但销售业绩和口碑成果却十分优秀，比如绿城、滨江等。这表明，传统向渠道要销售额的方式已经走到极限，通过将产品和服务打造成房企独一无二的品牌，可以将品质感和差异性转化为营销语言传达给客户，植入客户心智，实现对销售的持续赋能，助力房企从竞争中脱颖而出。

一、品牌 IP 的类型：产品 IP、工程 IP、服务 IP

为塑造品质感，房企可打造的品牌 IP 分为产品 IP、工程 IP、服务 IP 三种。

1. 产品 IP

伴随市场逐渐回归居住属性，购房者在买房时会优先考虑产品力扎实的房企。购房者在识别能力和精力有限的情况下，直接选择拥有产品 IP 的房企的项目最为保险。这背后蕴藏的逻辑是，产品 IP 往往代表着房企多年产品能力的沉淀与声誉，促使房企对项目品质要求更加严格，以免自毁长城。

目前行业中已经通过时间和客户检验的产品 IP 包括融创的壹号院系、金茂的金茂府系、绿城的桃花源系、龙湖的天字系和原著系等。

2. 工程 IP

工程品质直接塑造了产品品质，一个项目的工程管理得好不好，很大程度上能够帮助购房者提前预判产品质量。过去房企工程部门相对低调，埋头做事但很少传达项目信息给购房者，现在想要项目卖得好，工程部门不仅要埋头做事，还要抬头立品牌。一方面，在房企内部形成精细管理、品质管理的工程文化内核，通过文化推动品质落地，比如招商蛇口将现有的工程管理体系梳理成一个大工程 IP"墨斗"，不仅包括企业内部业务流程，还打通总包、监理、供应商等上下游，助力标准落地，打磨品质。另一方面，对购房者放大精细工程管理价值，提升客户感知，为产品品质背书，比如旭辉打造的"透明工厂"IP，让客户在房屋建造过程中亲眼见证"家"的成长，在行业掀起一股"透明之风"。金辉推出"颜选工坊"，让好房子以体系化、可视化的方式呈现在客户面前。

3. 服务 IP

产品 IP、工程 IP 属于将硬件实力进行转化，给购房者营造质量过硬、安全可靠的信心。服务 IP 的打造则是通过服务这一软性实力，提高与客户的情感联结，更有亲和力、辨识度地将产品理念和差异化特色传递给客户，从而将自身与行业中其他房企区别开。

由于服务内容的多样性，服务 IP 也更加多元化，包括将房企服务体系品牌化的服务体系 IP、社区服务 IP、社群活动 IP 等。

（1）服务体系 IP

房企将全触点服务等服务体系的核心价值进行抽象与提炼，从而向客户更加直接地传递服务差异点。保利发展提出的"5U 服务"便是基于保利发展全触点服务体系形成的，以"优选、优购、优待、优质、优居"为服务周期，从选房、签约、等待、收房到入住，提供全周期无忧服务。"5"是指在结合保利发展"五和"传播体系及第五代居住产品基础上，以五大核心阶段锁定对客服务关键动作。"U"代表"你"，表明以客户为核心，同时 U 也代表优质、优秀。

（2）社区服务 IP

优质的房企社区服务也可打造成服务 IP，通过宣传造势和服务落地，为业主与潜在客户描绘未来的生活场景，使客户更有体验感。比如旭辉的 37℃社区服务 IP（见图 2-51），寓意着旭辉致力于通过"全龄客户关怀、鼓励居民共享、激发社区活力"重新定义美好社区生活方式，其包含旭邻节、悦居焕新等服务模块。

旭邻节	旭辉业主的专属节日，在每年9月的第三个星期六，邻里欢聚，共庆佳节。2020年，第三届旭邻节以"悦生活·悦热爱"为主题，开展了"中秋博饼""旭邻市集"等主题活动，累计举办超170场，覆盖全国32个城市、164个旭辉社区。
悦居焕新	悦居焕新是旭辉推出的老社区品质提升行动，不定期针对社区老旧破损的设施设备进行改造换新。2019年，旭辉发起"悦居焕新·缤纷童年计划"，专门针对老社区儿童场地进行改造，行动共覆盖10个城市，改造30个老社区儿童场地。

图 2-51　旭辉 37℃社区服务

（3）社群活动 IP

社区服务中还可以细化出社群活动 IP，比如"不孤独星球"是金茂北京国际社区的社群活动 IP（见图 2-52），主要针对青年人。在运营社群时，金茂根据业主们的偏好和需求，搭建了三类主题社群：第一类是运动社群；第二类是社交社群，金茂将这个社群定义为"不孤独逛吃社"，主题就是见面一起吃喝玩乐；第三类是艺术社群，带领业主参与艺术活动，为业主提供更高水平的艺术享受。每个主题社群都有主理人，由主理人带领业主参与活动。

图 2-52　金茂不孤独星球社群活动 IP

二、塑造条件：拥有资源、业务、管理、产品优势

尽管都想打造 IP，但并非所有房企都能成功，因为这对房企有一定条件要求。根据品牌 IP 打造和推广内容，我们简要总结为房企资源优势、业务完整度、管理规范度、产品特色四个条件。

1. 房企资源优势

打造品牌 IP 要求房企具备一定资源优势、品牌优势，这是因为品牌 IP 并不能凭空捏造，而是需要基于房企自身的基因和土壤对房企所服务的人群进行演绎，由房企自身产品与供应链支撑演绎。这样的品牌 IP 不会脱离房企，不会让人觉得突兀和不自然，这要求房企在全国或一定地域客户心中拥有认可度，并且对资源投入有承受能力，从而可投入资源以推动品牌推广。

2. 业务完整度

当前房企在打造品牌 IP 时多采用将自身产品、服务、管理上的优势转化为 IP 的形式，在这种情况下，IP 依托产品、服务或管理方式产生，如果没有相关业务或者业务发展不完善、不成熟，那么即使打造了 IP 也无法让广大客户信服。

业务完整度指的是有相关的组织架构、业务管理协同体系、技术体系等。比如旭辉、东原打造透明工厂、超级工厂，背后依托的就是其高效的组织架构、精细的工程管理体系与先进的技术体系。

3. 管理规范度

有了业务基础还不够，房企的业务管理规范程度也是影响品牌 IP 塑造的重要因素。从产品 IP 建立来看，产品标准化是建立产品 IP 的基础；从服务 IP 建立和推广来看，只有建立标准的服务规范才能让客户对服务 IP 形成深刻印象；对于工程 IP 而言，标准化、规范化的工程管理更是精细化的体现。因此，打造品牌 IP 还要求房企规范管理。

4. 产品特色

房企构建 IP 的目的之一是树立差异化竞争优势，这个目的要求房企找到自身产品与其他房企的差异点，具备突出且具有推广价值的产品特色。

三、适合的房企类型：规模房企、区域深耕房企更具优势

根据上述条件，适宜进行品牌 IP 塑造的房企主要有两类：规模房企和区域深耕房企。

1. 规模房企

规模房企抓住了曾经的红利，扩大规模并成为行业龙头，在战略布局、品牌、业务成熟度、产品差异度、数字化上都具备优势，可以通过聚集规模效应来快速打造 IP、推广 IP。

2. 区域深耕房企

区域深耕房企聚集于某个城市或者某个城市群，拥有城市深耕带来的综合红利。

在营销上，区域深耕房企可通过同一区域多个项目的密集营销保证品牌 IP 集中发声，短期内在大众心中留下深刻的印象。

在产品上，区域深耕房企十分了解本土客户需求，可建立符合客户需求的产品线，为品牌 IP 的打造提供支撑，也可作为 IP 传播的媒介。

在客户上，区域深耕房企通过多年的深耕已经聚集了一批忠诚度极高的粉丝，他们在 IP 推广活动中参与度高。

四、塑造方法：标准化、品牌化、价值化

前文讨论了品牌 IP 塑造的影响因素、适宜房企类型，那么如何塑造品牌 IP？房企可遵循产品与服务标准化、品牌化及品牌 IP 价值化三个步骤，逐步推进，实现品牌 IP 塑造与推广。

1. 产品与服务标准化

品牌 IP 需要差异化，但这种差异化是相较于市场其他房企而言，而不是指房企各个项目的差异化。因为如果各个项目提供的产品与服务不一样，项目名称不一样，很难传递给客户持续的品牌 IP 认知。

在推行产品、服务标准化的基础上，同一产品线各个项目的名称和产品要基本相似，而创新研究可在标准产品线的框架下，围绕其产品价值观进行研发和应用，这样更有利于客户形成品牌认知并对品牌进行二次宣传。

> **案例 2-7**
> **主打"科技住宅"的金茂府系产品 IP**
>
> 金茂府系是金茂当前府系、悦系、墅系三大产品系之一。府系定位是建基城市中心、融合精湛工艺，树立中国高端生活新典范；悦系定位是为中坚阶层提供完善的生活配套，缔造全家庭健康宜居生活样本；墅系则定位为超低密度大空间高端社区。其中，金茂府系突出体现了金茂的产品理念和营造

水平，是支撑金茂业绩的第一产品系，也是具备鲜明特色和核心技术的产品IP。

相较于龙湖精细的园林打造，金茂府系的杀手锏则是科技住宅。金茂在用户习惯分析的基础上构建了12大绿金科技系统（见图2-53），包含抗霾除尘、隔热、降噪等功能，这在居住场景中颇为实用。

图2-53　金茂12大绿金科技系统

金茂府系科技牌的背后离不开标准化，金茂在确定三大住宅产品系后，就形成了相对完善的户型库、立面、精装等设计配置标准、级配标准。在科技应用上，尽管金茂在不同城市会进行一定程度的创新，但是这些创新大多聚焦细节功能，整体的产品风格依旧保持一致。

2. 产品与服务品牌化

在形成标准化的产品和服务后，房企需要做的是提升客户对产品和服务的感知。如果单纯地由客户体会，那么客户对产品与服务的感知是有限的，无法分辨不同房企、不同项目的产品差异。房企需要将产品和服务品牌化，向客户主动说明产品和服务的价值主张和意义，创造与其他房企的差异。

那么如何对产品与服务进行品牌化？如图 2-54 所示，房企可大体遵循三个步骤：

图 2-54　品牌化三步骤

（1）品牌 IP 定位

品牌 IP 定位的规划要以房企既有品牌资产的检视和目标客户的洞察为基础。

①检视品牌资产，挖掘 IP 资源

要进行品牌 IP 定位的规划，首先要检视房企自身的品牌资产，包括对房企品牌价值观的详细描述，对品牌价值观的提取和联想识别，并在此基础上进行 IP 资源的挖掘。

②洞察目标客户，创造 IP 链接点

品牌 IP 打造必须紧密链接用户，这就要求房企首先找准对品牌最有价值的势能人群，即品牌的早期拥护者和扩散者，包括种子用户、意见领袖等。在找准势能人群基础上，房企还需对其进行分析研究，捕捉用户的痛点，通过打造情感链接点，让用户与品牌 IP 共情。

在厘清房企品牌资产和客户痛点的基础上，确定品牌 IP 的价值主张、定位、内容。

（2）品牌 IP 要素创造：建立有辨识度的 IP

品牌 IP 的要素主要是对外输出的标识和符号，既包括人格化的可视符号，比如品牌 Logo、虚拟形象等，也包括具有强传播力的标志性话语。如图 2-55 所示，明确了品牌 IP 的元素，往往就确定了后续品牌 IP 推广和表达的基本调性和范式。

新城幸福360°服务体系服务品牌标识

品牌标识与sesazen主色相融合，以"骆驼"精神图腾构思，用七巧板元素多变性将新城服务触点动作包容，寓意在新感知幸福无尽可能。

图 2-55 新城幸福 360°服务体系标识设计

（3）传播输出，实现品牌 IP 声量扩散

品牌 IP 的成功依赖于传播表达，是一个内容持续输出的过程，房企需要建立常态化、体系化的内容生成机制，依托自身数字化平台、传统媒体资源以及自媒体账号、社交平台，例如微博、微信、抖音等建立起多元、有效的发声阵地。在平台的基础上，通过创意性事件策划，达到以小博大、瞬时引爆的高密度传播效果，实现杠杆化的声量扩散。

案例 2-8
阿那亚 IP 营销输出

休闲度假地产品牌阿那亚最初起家的项目便是它的海居项目——阿那亚北戴河，在进行项目推广时，开发商采取了 IP 打造与社群营销的模式，不仅获取了良好的收益，而且使得阿那亚一炮而红。

在 IP 的选取、打造上，阿那亚将目标用户定位为北京年轻新贵，他们竞争压力极大，长期生活在一种极其紧张、极其焦虑的内心环境当中，需要寻找一个地方缓解内心焦虑。基于客户痛点，阿那亚选取了孤独图书馆作为阿那亚著名的精神建筑符号。以孤独图书馆为基础进行事件传播，在被一条视频推荐播放后，其迅速成为网红打卡圣地，并在社交媒体上得到广泛的口碑传播，扩大了话题的讨论度，从而在一定程度上对阿那亚这一社区品牌进行了良好的推广与传播。

3. 品牌 IP 价值化

房企要想做到品牌 IP 价值化，需要达到客户口碑、行业认同、社会认可三个目标。只有在这样的前提下，品牌 IP 才能真正具备价值。这要求品牌 IP 在用户参与下持续地自我生长和迭代焕新，拥有深度共鸣的优秀内容，成为与用户共建、共创、共有的符号。

比如绿城服务，自 2001 年绿城开始拓展第一个非绿城房产开发项目以来，绿城服务就走上了市场化的道路。绿城服务不依赖房产企业的关联地位，而是用服务品质去直面竞争，为业主提供充满人文关怀的服务。在绿城服务和用户的共同建立下，绿城服务在业主、行业、社会层面形成了"品质保障"口碑，实现了品牌 IP 价值化。

本章小结

客户是房企的行动指南，本章分析了房企实现客户驱动的难点，包括房企意识、组织、能力、协同四个层面，发现客户驱动落地难是一个综合性问题。针对上述难点，我们认为房企要从文化、组织、业务执行上综合发力。

在文化层面，房企要通过转变上下意识，营造客户文化氛围，推动客户中心文化价值观在企业生根发芽。在组织层面，房企需要强化客户组织在集团中的话语权，实现高效协同。

在业务执行上，房企首先需要运用传统调研、场景调研、大数据分析等方法，构建客户细分体系，理解客户需求，通过需求转化与量化，为产品、服务与品牌的打造赋能。在产品打造上，通过"定策略、建体系、属地化、勤创新"来打造差异化的产品自生长体系。在服务打造上，做"实"基础服务，做"细"关系服务，做"优"体验服务。在品牌打造上，将产品与服务转化为 IP，推动客户对产品和服务的价值认同。通过上述方法，房企可建立需求与产品、服务、品牌之间的正向反馈，不断优化提升，实现客户驱动。

第三章
管理驱动：以标准化管理为核心打造卓越品质力

第一节

从管理看品质：地产品质管理的问题与困境

2020年6月30日，万科董事长郁亮提出，房地产业正在从"金融红利"时代全面迈向"管理红利"时代，吹响了房地产业迈入新周期的号角。一时间，"管理"成为行业热词，向管理要效益、向管理要品质、向管理要利润得到广泛认可，日益成为行业共识。

但是，当前房企的品质管理仍存在诸多问题和困难。认清现实才能更好地进步，发现问题才能解决问题。房企要想提升品质力，就要具备去除沉疴痼疾的决心和毅力，直面问题和困难。

一、缺少全局视角，缺乏系统性的品质管理思维

系统思维和全局视角在品质管理中非常重要，但是在房企的实际管理中，这一点常常被忽视。

2020年，广州某房企开发的保障性高层住宅，业主尚未入住，建筑外墙即出现大面积脱落，社会影响非常恶劣。部分业主反应强烈，甚至要求开发商退款赔偿。因双方分歧过大，事态一度升级为围攻售楼处，业主集体去政府单位请愿、上访，这给该品牌带来恶劣影响，项目经理也因此黯然离场。

在上面这个案例中，为了息事宁人，项目经理承担了所有责任，事情好像就这么过去了。但是，类似的事情还是在同一家企业甚至同一个项目中不断发生。

上述案例绝非个例，只要是质量出了问题，领导第一时间问责的就是工程管理部门，至于为什么会出现质量问题，问题的来龙去脉是什么，怎样在制度上、体系上进行防范和规避，却鲜有人关心。

我们都知道，质量出了问题，肯定不单单是某一个人导致的，而可能是某一个链条出了问题，这涉及工程、设计、招采、成本等多个部门。但遇到问题时，领导却常常是点状思维，只抓现象，不问根本，"头痛医头，脚痛医脚"。比如，

集团或者区域公司的工程总长期化身"救火队长",为一线排忧解难,但问题却越救越多,以致管理层束手无策。

如果不能站在全局的高度,系统性地思考品质管理的方方面面,房企势必陷入管理的困境和泥潭而不能自拔。

二、品质意识淡薄,品质文化理念缺失

如果说缺少全局视角和缺乏系统性品质管理思维是房企提升品质力的硬伤,那么品质意识淡薄就是房企提升品质力的致命伤。在地产行业,从高层到普通员工,品质意识淡薄是一个公认的行业现象。

品质意识淡薄,首先体现在高层身上。"管控两张皮",说一套做一套的情况非常普遍。对于很多房企高层来说,品质的最大意义是挂在墙上,用来装点门面,到了真刀实枪地制定业绩导向指标、资源投入比例时,品质要自觉靠边站。品质意识淡薄同样反映在地产行业一线员工和基层管理者身上,因品质意识淡薄导致的严重质量事故层出不穷。

时至今日,如果房企还不能认识到品质的重要意义,仍处在空喊口号的阶段,那么其经营类指标的达成可能也是镜花水月。

三、团队间配合差、协同差,相互间无补位,责权利不清晰

如果说缺少全局视角、品质意识淡薄是思维层面的问题,那么这些问题在具体的执行和落地层面,突出体现为团队间配合差、协同差。

2019年某项目的招采和设计部门引进一种集装饰性、功能性、经济性于一体的新型外墙涂料,既美观还防水,据说还能节省造价。不过,这种涂料是双组分涂料,对施工过程和工艺有严格要求。但是,设计部门认为这是一种普通涂料,没有在图纸上标注特别要求,招采部门也认为刷涂料没有什么挑战,就没有让厂家派人进行现场指导。结果,因配比不当和硬化过度,材料不具备施工性,造成大量浪费,已经施工的墙面也因平整度不达标而返工。

从这一案例可以看出,如果不站在别人的角度多想一想,那么一件小事最终可能造成重大损失。时至今日,房企"交圈难""协同难"已经成为行业痼疾,

很多人已经见怪不怪、习以为常了。从业人员在实际工作中根本就没有交圈、协同作战的想法。这不单单是意识和认知问题，更多的是企业内部责权利不清晰、制度和流程混乱的问题。

四、标准落地难、执行差、缺整改、缺闭环

如果说某些企业因缺乏合理的制度和流程以及责权利不清导致管理混乱、品质力提升困难，是一种典型的管理困局，那么某些企业明明制度和流程完备、标准清晰，却仅仅将这些留存在纸面上，无法有效地落地执行，就是另外一种非常普遍的管理困局。

客观地说，地产行业经过二十多年的发展，不少房企已经建立了一套不错的制度和流程体系，标准也相当清晰。但是，真实的工程品质却时常不尽如人意，甚至一些头部房企也不能幸免。2019年的"3·15"晚会曝光了万科"精装变惊装"事件，2020年的"3·15"晚会曝光了"翻新钢筋"事件，这都暴露出房企一线标准落地执行难的困局。

2020年8月，笔者访谈了一家千亿级房企的大区副总裁，对方谈到集团总裁亲自带队到项目一线，发现有诸多因"有规不依，标准不落地"等导致的质量问题。令人难以置信的是，整整一个多月过去了，某些项目居然还没有提交整改回复，具体什么时候能完成整改也不清楚。这位大区副总裁对项目一线执行能力的失望之情溢于言表。

质量问题频出，标准落地执行困难，集团总裁亲自抓问题尚不能有效整改闭环，可见不少房企标准落地难、整改闭环难已经到了积重难返的地步。而这也是不少百亿、千亿级房企品质失控的根源之一。因此，标准落地难、整改闭环难并不是一两家房企的问题，而是大多数房企普遍存在的共性问题。

五、学习意愿差，少总结复盘，技术工艺落后，无提升动力

在房企品质力提升的过程中，还有一种现象值得重视，那就是一些低级的、底层的质量问题重复出现。房企每开发一个新项目，都要把之前犯过的错误、踩过的坑一个不落地重新走一遍，这造成人力、物力资源的巨大浪费。更有甚者，

在同一个项目周期内，相同的质量问题重复发生。

由于技术飞速发展，一大批可以改善质量通病、提升产品品质的新工艺、新技术、新方法涌现，比如大幅改善空鼓的薄抹灰技术，降低外墙渗漏风险的全砼外墙等。但很多人以这样或那样的理由排斥新技术，究其原因，其实与明知道有问题却不愿整改提升有些许相通之处。这种情况的存在，无疑在客观上大大阻碍了房企品质力的提升。房企必须运用综合的管理手段进行改善。

外部环境在变化，行业竞争格局在变化，购房者的需求也在变化，房企的管理手段也需要与时俱进。看清现实，方能进步，房企在提升品质力时再也不能像救火队长那样单点突破，而应以系统的思维、全局的高度、科学的方法，进行布局和提升，从而实现产品力、服务力的跃迁升维，形成企业核心竞争力，适应环境变化，跨越新周期，赢得未来。

第二节
管理驱动品质提升的策略与蓝图

一、全周期系统化品质提升蓝图

1. 房企品质问题原因归纳与行业优秀经验总结

尽管导致房企品质问题的原因纷繁复杂，但我们可以总结出三个核心症结：一是品质理念缺失，高层无品质视野，中层无品质要求，基层无品质追求；二是品质管理制度、流程、体系不完备，缺少进行品质管理的具体方法；三是品质管理执行不到位、跟踪无反馈，从而导致品质管理流于形式。

在绿城的案例中，我们看到绿城始终坚守"产品主义，品质为先"的品质理念，将其作为公司的顶级战略，并在战略规划和行动中贯彻执行。绿城以品质战略为引导，塑造了"六品绿城"的品质价值观，解决了品质理念缺失、企业品质共识匮乏等房企管理中经常出现的问题，对齐了企业高层、中层和基层的品质视野、要求和追求，达成了品质共识，为企业品质战略的落实奠定了坚实的基础。

在确立品质战略和奠定品质文化的基础上，绿城20余年来不断努力完善绿城"七弦"管理体系，在各专业和各职能部门，注重对管理工具、管理体系的锤炼，提炼关键管控节点，把控关键管控要素，并使之不断标准化、制度化，以达到新员工易上手、不跑偏，老员工有经验、有传承，依靠体系完成管理动作，而不是靠"能人效应"，这解决了品质管理过程中缺方法、缺制度、缺体系、缺流程等一系列问题。

制度执行的关键在人，如果不能解决人的能力和能动性，那么再好的制度也是空中楼阁。如何激发人的能动性，提升人的能力呢？关键在于组织建设。绿城通过各种培训、企业大学和"传帮带"措施来提升员工各方面的综合能力，使其能够更好地完成制度所赋予的工作任务，提升员工工作效率。另外，绿城通过考核机制和激励政策的双重引导来提升员工士气，配合品质文化的补位赋能和导向作用，解决因执行不到位和标准不落地等动力因素、能力因素导致的品质提升难题。

2. 全周期系统化品质提升蓝图

困扰品质提升的五大困局是品质力提升难的表象，透过表象，我们发现了品质提升难的三大核心症结。但是要想解决这些问题，我们不能简单地通过对号入座来解决。

房企应站在全局的高度，建立一个逻辑严密、简单易懂，能具体指导业务构建的理论框架，从而进行系统性思考和全面布局。房企要想清楚品质提升的关键症结，找到品质提升的内在驱动力，把握品质提升的关键环节，建立品质提升的关键保障，让品质提升成为一个自发的"关注客户、内驱激励、正向赋能、持续改进、不断进化"的有机生命体，从而建立起其他房企无法轻易超越的"企业护城河"，形成真实存在的核心竞争力。

基于以上思考，我们提出了"11244"全周期系统化品质提升蓝图（见图3-1），用以系统地论述房企品质如何提升，如何破解品质提升之路上的种种难题。

"11244"指一个顶层战略——品质战略，一个核心理念——品质文化理念，两大支撑体系——制度流程标准化体系和组织赋能体系，四大阶段——产品设计、供应链管理、工程建造、交付服务，以及贯彻始终的四大核心思维——客户导向、"541"理念、一次做对和分级管控。

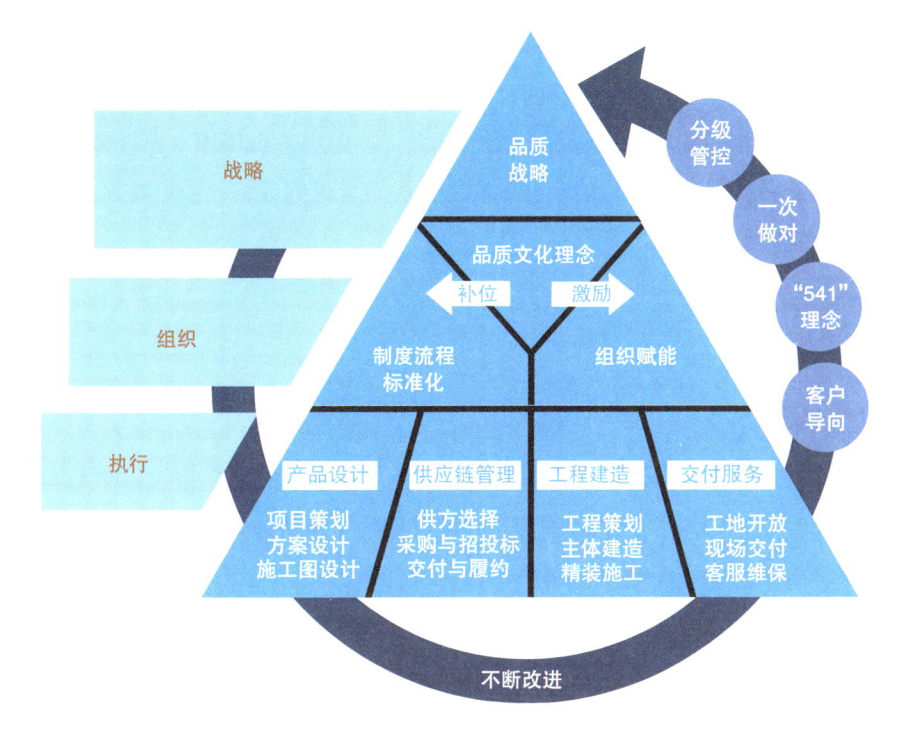

图3-1 "11244"全周期系统化品质提升蓝图

品质战略是方向，是企业战略的有机组成。它确定了房企品质提升的要求和目标，同时决定了房企品质建设的定位和高度，是房企品质建设的根本方针，也在某种程度上影响着品质建设的资源投入程度。

品质文化理念是房企品质文化建设的重要载体之一，是房企实现品质内驱的重要影响因素，是对不可能尽善尽美的制度流程标准化体系的有效补位，也是对房企组织赋能能力的有效激励。但是，品质文化理念不能单独存在，它必须依托两大体系，即制度流程标准化体系和组织赋能体系。

制度流程标准化体系作为品质战略、品质文化理念的具体承载者，它的核心价值体现在两个方面：一是通过不断完善的标准化制度、流程体系以及相配套的操作指引、工具和模板来降低管理难度，明确各专业人员的责权利范围，不断提升管理质量，从而持续提升整体品质水平；二是落实品质文化理念，奖优罚劣。因此，制度流程标准化体系的持续更新完善，不仅能提升房企品质管控水平和管控精度，也能够深刻体现房企品质文化的精神内涵。

组织赋能体系是品质建设的另一大有效载体。品质提升依赖于组织能力的不断提升，这包括三个方面：一是通过各种方式提升团队人员的能力，提升品质管控效率；二是积极树立各类标杆、先进榜样，让后进者有榜样，先进者有目标；三是创立能够体现品质文化的晋升机制，让优秀者得到成长，使想要成为优秀者成为团队的共识。

二、品质战略的规划与实施

1. 品质战略必须一以贯之，在整体战略中占有一席之地

战略首先应具有长期性、原则性、方向性。比如，绿城在诞生之初就提出了"产品主义，品质为先"的指导思想，并使其成为企业精神烙印的一部分。

只是简单地颁布一套规章制度，做一次普通的宣讲宣贯，这不叫品质战略。品质战略必须要想清楚企业为什么要这样做？这样做能够为企业带来什么价值？创造价值的逻辑链条是什么？企业必须想清楚这三个问题并付诸实施。

回答第一个问题很容易，漠视品质、忽视品质的房企正在被市场慢慢淘汰，被消费者无情抛弃，唯有重视品质、坚守品质，房企才能生存下去，更好地发展。而第二个问题和第三个问题则是当前房企经营的核心矛盾点，提升品质需要投入成本，在当前市场普遍限价销售的情况下，坚守品质和提升利润更像是一道选择题。其实，提升品质并不意味着增加成本，也并不意味着降低利润，房企需要认真思考如何在不增加成本的情况下提升品质，或以适度成本提升品质、提升溢价，从而获得更高的收益。

2. 品质战略必须由企业最高领导亲自出面、亲自背书

品质战略如何才能起到最佳效果？答案是企业最高领导亲自出面、亲自背书。作为企业的顶级战略、长远战略之一，其全局性、长远性、基础性决定了企业最高领导必须亲自宣导、亲自背书，这样才能指导公司全体员工为提升品质而努力。因此，品质战略绝不仅仅是工程部、设计部等少数部门的事情，也并不是单纯依靠施工单位、监理单位就可以取得成果的事情。

这一点可以从优秀房企身上得到验证：滨江地产董事长戚金兴亲自对一线项目品质把关，以自身行动践行"做行业品质引领者，区域品牌领跑者"的品质理

念；绿城董事长张亚东多次在公开场合强调品质战略的重要性，亲自为企业品质战略代言。

3. 品质战略需要形成全员共识，需要全员参与

很多企业认为品质仅仅是与生产直接相关的工程部门的事情，只要品质出了问题，就唯工程部是问。在这种导向的指引下，其他部门并不关心品质，甚至认为品质与自己没有关系。而实际上，工程部只能负责建造生产环节，前期设计、策划、材料采购以及后期客服、物业等都与品质息息相关。房企将品质管理片面化、局部化，将导致品质管理取向失衡，很难解决制约品质提升的深层次、症结性问题，品质管理只能流于形式。因此，品质战略不仅是一把手工程，更需要形成全员共识，动员全员参与，形成上下一心、齐抓共管的局面。

4. 品质战略规划的主要内容与方法

品质战略包含多方面的内容，具有广泛的内涵与意义。房企在建立品质战略时，可以从六个方面进行统筹规划：成本统筹、品牌统筹、对标统筹、全链条统筹、管理统筹和激励统筹，将其作为品质战略建设的起点和立足点（见图3-2）。

成本统筹主要考虑品质与成本之间的关系，比如如何才能达到同成本下品质最优或同品质下成本最优，以此作为成本统筹的出发点。

品质战略规划					
成本统筹	品牌统筹	对标统筹	全链条统筹	管理统筹	激励统筹
品质与成本的关系：同成本下品质最优、同品质下成本最优。	有清晰价值主张的工程IP、品质IP（透明工厂、超级工厂）。	寻找内部、外部学习对象，建立清晰的学习目标，明确提升路径。	提升设计、采购、工程、成本、运营等全链条的品质意识。	设立首席品质官，制定企业级品质宣言、品质规范、员工手册。	建立一整套荣誉、精神、物质、职级激励机制，让崇尚品质成为企业原生精神。

品质战略统筹规划是建立品质提升的起点，也是至关重要的一步。

图3-2 品质战略规划分解图

品牌统筹要求建立有清晰价值主张的工程 IP、品质 IP 等，抽象提炼品质的价值点和创新点，形成品质语言，提升消费者感知体验。

对标统筹主要是通过寻找内部、外部可以学习的优质高品质企业，获得品质提升的参考样板和学习对象，从而建立清晰的学习目标，明确提升路径。

全链条统筹主要提升设计、采购、工程、成本、运营等全链条的品质意识，深化提升品质场景建设能力，完善品质治理体系，建立回溯机制，从全链条提升品质治理能力。

管理统筹主要是在管理方面寻找品质战略的切入点，比如考虑设立首席品质官，制定企业级品质宣言、品质规范、员工手册等。

激励统筹主要是思考建立一套包括荣誉、精神、物质、职级等的一体化、全方位的激励机制，让崇尚品质、追求品质成为企业的原生精神，铸造生生不息的品质文化。

三、品质文化的树立与建设

关于企业文化，杰克·韦尔奇（Jack Welch）曾提到："企业的根本是战略，战略的本质是文化。"而阿里巴巴则认为："文化是战略的战略，是企业的最高竞争力。"作为企业文化的重要组成部分，品质文化同样是品质提升的核心，品质提升的每一个环节都要有品质文化的参与，品质文化是房企品质力得以不断进步的力量源泉。在住宅产品中，品质文化的核心是"匠心"，是对品质一丝不苟、孜孜不倦的追求，不少房企在这方面进行了一些有益的尝试。

1. 以工程师文化为抓手，发扬工匠精神，塑造追求精工品质的文化氛围

工程师是建筑产品的设计者、建造者，在房屋建造过程中通过弘扬工程师文化来塑造工程师群体对品质"精雕细琢"的工匠精神，是品质文化建设的重要组成部分，对于品质提升具有重大意义。

首先，将工程师文化与公司价值观对齐。比如，龙湖地产倡导"有担当、全局观、重客户、能自省"的工程师文化，这与"善待你一生"的企业价值理念高度契合。工程师文化是企业价值观在建造阶段的体现。

其次，通过工程师文化强化管理目标。工程师文化代表着"务实、拼搏、奋

斗",代表着"思考、总结和善于利用方法",这些特质都是推动企业战略目标达成不可或缺的部分。

再次,通过工程师文化内化管理体系的落地。精细化管理体系以要求严苛、难落地著称,通过文化激发工程师群体的责任心和自豪感,宣传责任、担当、严谨、务实的工程师精神,从而为精细化管理体系的落地铺平道路。

最后,工程师文化的打造可以为企业品牌宣传累积强大势能。品质正在成为越来越多客户的关注重点,同样会是品牌宣传的重点,利用工程师的品质创建行为来讲好品质故事,更易打动人心。

2. 工程师文化的内涵与理念

在工程师文化创建方面,虽然各房企都围绕着"匠心、执着"等核心内涵,但是其工程师文化在具体内容和表现形式上又各不相同。比如,万科提出"3456"工程师文化:3种职业精神——对质量的执着精神、对工作的敬业精神以及团队合作精神;4个标准——横平竖直、毫米误差、由表及里、瞻前顾后;5种工程师性格——坚持、讲真话、有担当、不给别人添麻烦、照顾比自己更弱的人;6种职业习惯——动手的习惯、想好了再做的习惯、看图纸的习惯、眼不见不净的习惯、熟悉规范的习惯、不给别人添麻烦的习惯。

地产企业金茂绿建把工程师文化分为理念层、行为层和传播层。理念层是工程师文化的内核,包含价值理念、文化内涵、总体目标三个部分:以科学至上、知行合一为价值理念;以客户需求为导向,以解决问题为宗旨,发扬匠心精神,专注于技术和产品创新的文化内涵;总体目标为以卓越技术奉献一流产品和服务,以一流产品和服务获得客户信赖,以引领客户需求助力公司实现可持续发展,最终成为科技驱动的创新型公司。

行为层是指导员工的行为准则,包括领导力模型和员工行为准则:领导力模型的内涵包括开放包容、赋能团队、技术前瞻、引领变革等;员工行为准则的内涵包括开拓进取、勇于创新、求真、务实、解决问题等。

传播层是指导工程师文化传播的操作手册,包括品牌宣传、行为评价、内部培训、评奖评优四个方面。品牌宣传通过传播品质故事来向外传递信息、传播文化,打造文化传播的核心阵地;行为评价通过调整员工评价指标,引导员工践行企业文化;内部培训通过把文化内涵融入各类培训,在全公司形成文化共识;评奖评优通过评估员工践行企业文化的表现，对优秀员工加以精神和物质奖励。

3. 工程师文化落地的关键举措

工程师文化作为企业文化的关键组成部分，建设之路道阻且长。通过总结标杆房企及其他优秀企业的文化建设经验，我们梳理了工程师文化落地的三大关键举措。

（1）提炼工程师文化理念

工程师文化理念是企业品质精神的集中体现，它不仅要表达"品质为先"的企业理念和"匠心""精工品质"的企业追求，还要提炼其中的品质关键点，使其具象化、形象化、可操作化，直至朗朗上口、易记、易操作。比如万科的"坚持、讲真话、有担当、不给别人添麻烦、照顾比自己弱的人"，这看似与品质无关，但句句都是提升品质的关键要素，且形象生动、好操作。

（2）建立适配工程师文化理念的绩效策略和人才发展理念

工程师文化必须与员工的需求紧密联系起来，房企应在绩效策略和人才发展理念方面进行相应的布局和考虑。表3-1列举了成本控制型和质量控制型企业对人力资源系统中的招聘、培训、绩效评估、薪酬、晋升、工作保障、工作组织等各个维度的不同要求。

表3-1 成本控制型和质量控制型企业的人力资源要求对比

人力资源系统	成本控制型	质量控制型
招聘	强调技术能力和既有工作经验	技术和管理潜能并重，强调管理和沟通能力
培训	着重成本类控制技能	与质量、成本、进度相关的知识和技能
绩效评估	结果导向，强调对员工的控制	行为与结果导向，以团队为基础
薪酬	对外公平、固定，强调以工作或年资为基础	对内公平、权变，强调以团队绩效为基础
晋升	外部人力资源市场；狭窄、不易转换	内外部人力资源市场相结合
工作保障	低工作保障	高工作保障
工作组织	狭窄的工作描述、个人工作为主、低度参与	灵活的工作描述、团队协作为主、高效参与

另外，人才发展和晋升通道也应与工程师文化相联系，企业要建立一种与文化理念相匹配的用人机制，从对文化理念的理解、体会和运用等方面加强对人才的选、用、育、留。以品质战略为起点，以自愿报名、组织推荐等形式进入人才培育梯队，通过集训、实战、传帮带、考核等形式进入下一批次的人才梯队，层层选拔、层层落实，选用真正领悟、认同企业文化理念的人才。

（3）提升工程师文化的场能强度

与物质能量电场、磁场一样，文化同样存在场能强度。场能强度越高，文化的辐射能力越强，效果越好。房企要想提高场能强度，就需要提高共振频率和能量密度，这方面有不少标杆房企的经验值得借鉴。

通过典型事件，持续打造工程师的典型标杆形象，借助互联网的传播载体，比如公众号、头条号等自媒体平台，获得较好的传播效应和示范效应。

领导讲话，特别是重要领导讲话，对提升文化场能强度具有重要作用。在重要节日、重要会议上，公司重要领导发表与品质相关的指示和规划，对优秀工程师事迹进行表扬或表彰，都会对工程师文化的形成产生重要影响。

内部建立学习机制，形成比学赶超的品质氛围，是增加文化场能密度的重要方式。比学赶超氛围不仅可以增强参与者的管控能力，还可以产生共振效果，大大增强文化场能强度。

在战斗中倡导文化，在奋斗中夯实文化，把工程师文化建设与企业的生产经营密切结合。以文化孕育品质精神，以制度落实品质精神，工程师文化定能结出丰硕成果，从而支持企业品质力健康成长、快速提升。

四、品质制度体系建设

1. 品质制度体系建设的主要内容

如图 3-3 所示，标杆房企普遍比较重视制度体系，进行了一系列开拓性、创新性活动，并不断对其优化完善。"小智治事，大智治制"，制度体系建设一直是各大房企规范管理、提升治理能力的有效抓手。

品质管理涉及从设计到施工等各个阶段，涵盖多个部门、多个专业职能，其制度体系相当庞大。为了便于理解和掌握，我们采用分层分类的方法，根据功能的不同，将品质制度体系分为理念层、制度层、流程层、指引层。理念层聚焦品质管理的逻辑和管理阶段，包括意识保障制度、设计保障制度、材料保障制度、施工保障制度和组织保障制度。制度层主要包括进行品质管理的具体管理制度，比如支撑意识保障制度的质量技术交底制度和质量管理培训制度。流程层包括贯穿管理制度的具体管理流程，比如进行施工图纸管理需要图纸会审流程和设计变更流程。指引层是为帮助一线人员更好地掌握制度和流程而制定的相关操作说明，比如材料验收指引、样板引路指引。四个层次的管理体系相互配合、相互贯通，有力地支持品质管理正常进行。

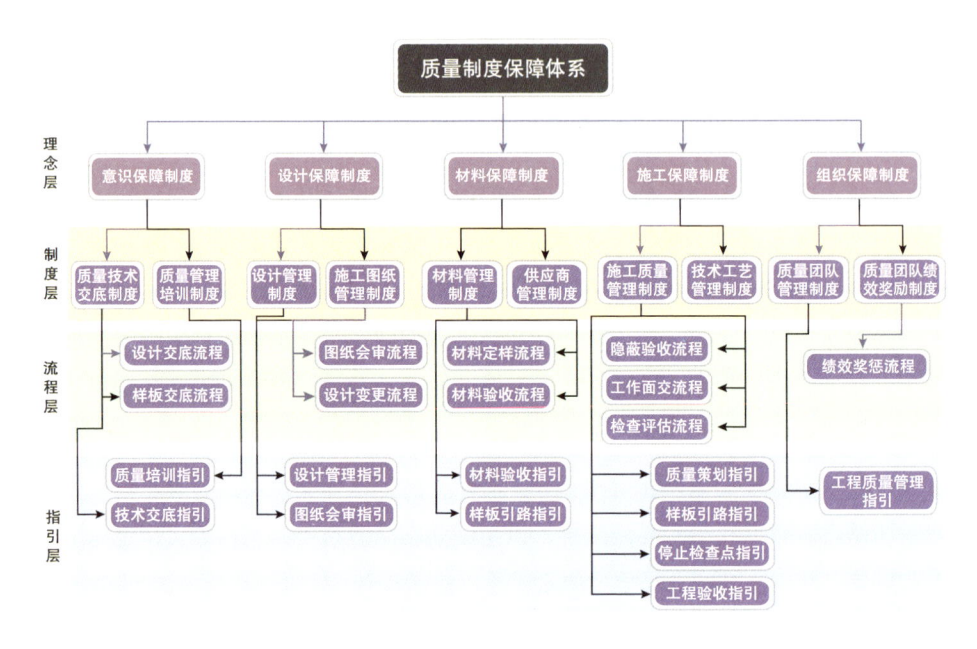

图 3-3　品质制度体系构成示意图

根据自身的管控重点和管理特点，各大房企建立了不同却又有所相似的制度体系，基本都包含制度、流程和指引等相关内容。比如招商蛇口制定了《招商蛇口质量管理提升体系》，建立了"1033"技术体系，包括桩基、地下室、精装修等十大分项技术标准，防渗漏、防空鼓、安全文明施工专项技术标准以及三阶段新工艺推广路径，为打造高品质产品奠定技术基础。

2. 品质管理体系的建立过程与步骤

房企的品质管理体系相当庞杂，涉及设计、成本、招采、工程、客服等各个职能部门，具有专业多、链条长、控制过程复杂等特点。因此，房企要想建立规范而专业的品质管理体系，必须采取分步骤、分重点的策略。

首先，根据标杆房企的成熟体系做减法。标杆房企具有较好的人员配置、长时间的项目经验和丰富的技术沉淀，它们总结出了庞大而又复杂的品质管理体系，比如某房企的相关规章制度达 2 000 多项。对于成长型房企来说，全面照抄是有一定难度的，需要总结提炼关键管控重点，学会做减法。

其次，固化体系。在确定了品质管理体系之后，房企需要对品质管理体系进行流程固化，在具体的执行过程中，可以借助数字化工具进行落地与执行，从而起到事半功倍的效果。

最后，优化流程。体系的固化强调固定，而优化是对体系的变动。固化和优化本身是一对矛盾，这个矛盾怎么解决呢？房企应该阶段性地对流程进行评估和监控，通过不断发展、完善、优化业务流程来保持高效的品质管控。那么流程的优化是管理的终点吗？当然不是，固化和优化的过程如果没有形成闭环，流程管理就不能持续。流程管理是一个端到端的不断改变和优化的过程，从战略、设计到实施、监控，然后反过来根据流程执行的效果来修正、调整战略，由此形成可持续优化的闭环管理。

五、建设赋能型组织

组织建设是品质战略顺利实施的组织保障，因为人是一切工作开展的保障和核心因素。打造一流组织能力，建设赋能型组织，是品质战略顺利实施的重要步骤。

1. 以品质战略为起点，多角度、全方位打造强健组织

组织建设是企业品质提升的基础与组织保障，也是众多企业在品质提升过程中的难点和心结。房企普遍存在优秀人才招募难、合格人才培养难、高潜人才留存难等多方面难题，破解这些难题同样需要从全局视角进行系统思考，采取多角度、多方面的应对措施（见图 3-4）。

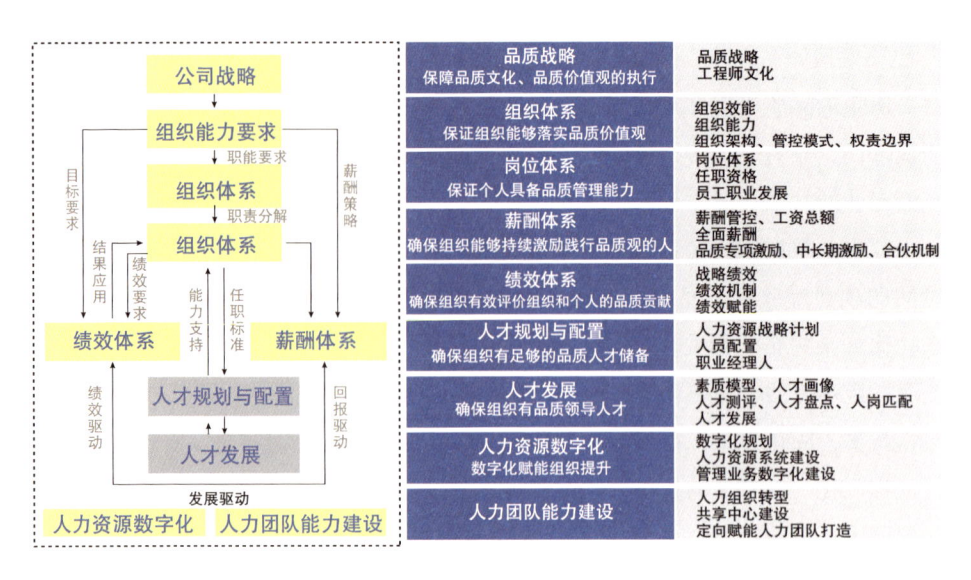

图3-4 品质战略引领下企业组织建设流程与主要组成示意图

首先，从品质战略出发，根据品质管理所需的组织能力，构建品质管理组织体系，对组织架构、管控模式和权责边界等方面提出明确要求，赋予对应岗位充分的管理权限，从而保证组织能够有效落实品质价值观。

其次，根据组织管控的需求进行职责分解，确定各阶段进行品质管控所需的任职标准、能力模型、员工职业发展规划等，完善岗位体系，为员工个人提高品质管理能力提供充分保障。

再次，在确保能够持续激励践行品质价值观的优秀员工的基础上，建立合适的薪酬体系，薪酬体系要包括品质专项激励、中长期激励和合伙机制，从而引导员工以制造高品质产品为荣。

最后是绩效体系建设。绩效体系要能够有效评价组织和个人的品质贡献，通过合理的绩效机制来传导企业对品质的要求，引导员工不断追求更高品质，通过绩效形成对品质文化的正向激励循环。

在人才规划与配置和人才发展方面，通过人力资源规划、合理的资源配置，发掘更多优秀管理人才，确保组织有足够的人才储备。通过素质模型、人才画像、人才测评、人才盘点等组织工具，有效驱动组织发现更多有品质意识的高潜管理人才，培养更多优秀的合格经理人。

人力资源的数字化和人力团队能力建设也很重要。组织建设离不开人力资源团队的贡献与努力，以数字化管理为基础赋能人力资源团队，是企业品质提升不可或缺的一部分。

2. 分级管控的品质管控模式，有效推动品质提升

不同类型的企业对品质管控模式的要求也有所不同。在地产行业，不少房企建立了分级管控的品质管理模式，清晰界定了总部与一线的品质管理权限和责任，这是一种不错的品质管理模式实践。在集团总部、区域公司、城市公司或项目部建立三级管控体系，以不同的角度对项目进行综合管控，可以提升房企品质控制能力（见图 3-5）。

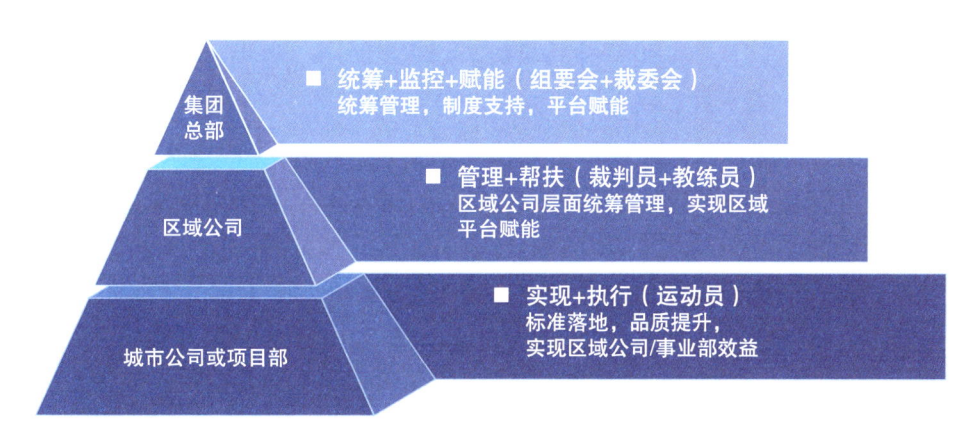

图 3-5　某房企三级管控体系示意图

集团总部主抓统筹、监控和赋能。比如，集团总部的产品和工程部门要负责工程一体化统筹管理，制定和发布集团管理制度体系，制定设计模板与施工管控模板，监督与扶持区域公司进行项目管理，负责设计（主项类）及施工供方审核入库，公示项目管理综合评估结果，对区域公司管理人员进行业绩考评，向一线提供方案评审与各类技术支持，负责建立专家库、课程库，以赋能一线人员提升能力，负责组织各类品质评奖、品质比武活动，营造品质氛围，运营集团总部自媒体，对品质标兵进行表彰，对优秀经验做法进行推广，从而促进集团整体品质能力提升。

区域公司主要负责管理和帮扶，将集团总部的各项管理制度标准落实到位，

提供针对性的帮扶。比如，区域公司的产品与工程部门负责落实集团总部的工程技术体系，统筹工程管理监督工作，协助集团总部开展项目第三方评估工作，对城市公司及项目部管理人员进行业绩考评。

城市公司和项目部主要负责执行集团总部和区域公司的标准与管理要求。项目一线不仅是管理要求的掌握者，也是管理标准的实践者。一线管理人员不仅要对品质管控重点、管控要求了然于胸，还要实际指导监理与施工单位开展工作，要具备充足的热情，监督监理履职，指导施工单位按要求施工。一线管理人员还需要按照"541"的管理要求，充分做好工程策划、管理策划，在过程管理中将策划要求执行到位，在遇到困难时学会分析问题，积极向优秀标杆项目学习，找到关键点，充分总结经验，不断进取，以实现品质提升、效益提升。

3. 通过多种形式提升员工能力，为组织提供人才保障

员工能力是组织能力的来源，在品质提升过程中，企业必须通过多种形式全面提升员工能力。员工能力培养历来是各大房企进行组织建设的重中之重。某千亿房企构建了"3321"人才培养机制，即通过搭建三大学习平台、抓好三大后备人才、强化两个重点领域、抓好一条主线来进行员工能力培养。

第一，集团高管学习会，帮助区域公司和集团总部高管进行价值观内化、内功锻炼、管理价值沉淀和经验分享。在价值观方面着重强调：高层要有事业心，对品质要有执着追求，拥有坚定不移的品质信念；中层要有进取心，要不满足于现状，有坚持不懈的品质追求；基层要有责任心，要有对事情敢于负责、勇于主动负责的态度。

第二，集团大讲堂。由集团总部或区域公司的高管亲自授课，面向成长中的中层干部和骨干技术人员，聚焦管理中存在的突出问题，分享成功经验，从而提升员工综合能力。

第三，在线学堂。沉淀优秀课程，建设线上课堂，授课方式更简单、更直接，学习不受空间和时间限制，服务更广大的一线工程师团队。

除了上述常态化的三大学习平台建设，还要抓好三大后备人才的建设和管理。这主要包括季度集中培训、后备人才培养以及高管带教和轮岗实践三大部分：对新入职的管培生以季度为周期进行集中培训；对经理及总监级预备队伍开展专项培训计划，考核合格后方可加入备选名单；对于高潜力管理精英、关键岗

位预备人才，通过高管亲自带教、轮岗实践等多种方式综合培养，以快速提升管理能力。

两个重点领域是新员工培训和新经理人融入培训。新员工加入企业后，需要及时接受组织的再学习、再教育，自觉融入组织文化，主动对齐组织频率。新经理人，特别是初次担任领导岗位的技术人员，对管理业务生疏，对事务处置稍显稚嫩，组织需要适时给予其培训和引导，帮助他们迅速融入角色，完成工作任务。

一条主线是指各专业线条的业务提升和专业培训，这是品质战略得以实施的常态化保障。在各职能部门定时开展总结培训和交流活动，不仅可以发现工作中存在的疑难问题，还可以塑造良好的品质氛围，形成强大的品质战斗力。

4. 建立合理的奖惩机制和公开平等的晋升机制

以优良品质为目标，设置合理的奖惩机制。将绩效考核导向与品质呈现、品质评估结果相挂钩，与过程管控、质量管控动作相挂钩，从而打造组织共识，形成强大的组织拉力和良好的品质文化氛围。

团队奖励可以与品质指标相挂钩，包括综合评估成绩、户均问题数、半年内维修率、一年内维修率、客户满意度、客户投诉率等，这是衡量品质提升的重要指标。房企要将团队的注意力集中于相关指标，指引团队寻找指标落后的原因和解决思路，不断循环往复，最终形成强大的品质战斗力。

房企要将品质成绩作为人员晋升的重要考量依据，在选拔人才时优先内部、公开公正、平等自愿。在竞聘考察时，重点考察其对品质价值的理解、对品质管理的管控思路、对管理措施的使用是否具体和恰当，将品质意识强、管理能力突出、管理手段优异的人才选拔到领导岗位。

正如前文所说，品质问题大多源于思想和意识，是认识问题、态度问题。从效率和效能来看，自上而下要远远优于自下而上。因此，从战略高度审视品质力建设，由企业最高层亲自制定品质战略，是一项理所当然的行动。

制度体系和组织赋能是品质建设的两大核心抓手，很多房企凭借这两大法宝使品质力稳步提升。但是，它们也遇到了一些问题。例如，大家只愿意做绩效考核范围内、制度体系范围内的事情，对一些意义重大却不在体系内的事情没有动力，比如培养新人、采用降本增效的新技术、形成提升某环节工艺质量的方法论等。另外，不少企业崇尚"重奖之下必有勇夫"，但激励效应的边际递减使企业成本越来越高，激励效果却越来越差，品质提升也越来越困难，甚至出现随着投入的减少走下坡路的现象。

这些问题的出现都说明：房企仅仅依靠两大抓手，很难从根本上解决品质问题，还需要一个强大的动力源、黏合剂——品质文化建设。好的品质文化可以使员工建立起一种强烈的责任感和使命感，可以弥补制度缺陷，把品质提升变成员工的自觉行动，可以发挥物质激励所达不到的效能，从而使品质提升实现可持续发展。因此，品质文化建设是品质建设的核心，是品质提升的动力源泉。

根据房屋建造的一般规律，按照品质提升阶段的任务，我们把整个生产过程分为四大部分：产品设计、供应链管理、工程建造和交付服务。这四大部分分别对应相应的阶段目标和管控重点，是品质提升过程中的具体执行点。

另外，有四种思维方式从始至终贯穿品质提升的全过程，即客户导向、"541"理念、一次做对和分级管控。客户导向是指一切工作的出发点都是客户，房企在考量关键点时必须时刻牢记客户，心中时时装着客户，以客户需求为导向指导工作的开展。"541"理念是指将50%的资源用于前期预控，40%用于过程管理，10%用于后期复盘总结。谋划周全才能管得更好，"541"理念强调前期策划、风险预控对管理的重大价值。一次做对要求所有的管控动作、管控要求和管理行为都必须瞄准，争取一次成活，不产生返工、重复、浪费等管理内耗，保证质量品质和成本效益双丰收。分级管控要求集团总部、区域公司、城市公司和项目部，分别根据自身定位厘清管理重点，厘清各自职责，聚焦资源投入，抓关键点和重要节点，有序推进项目管控。

第三节

设计阶段品质力的提升与保障

一、困扰设计阶段品质力提升的问题与原因

管理学大师约瑟夫·朱兰（Joseph Juran）认为质量源于设计，并且几乎所有产品在开发流程中都会孕育新的质量问题。房地产的开发建设流程同样不能例

外。我国工程质量事故统计资料显示，因设计原因导致的工程质量事故占 40.1%，因工程施工原因引起的事故占 29.3%，因其他原因（比如设备材料质量问题等）引起的事故占 30.6%。可见，设计的品质不仅影响产品品质的上限，也在某种程度上决定了品质的下限。

1. 困扰设计阶段品质力提升的问题

（1）紧盯经营目标，漠视客户价值

当前大多数房企的考核体系以经营目标为主导，但是品质建设不是一个短期目标，在一定时期内甚至和经营目标是背道而驰的，它需要房企持续投入资源。最大化货值和客户价值有时候可能是一道选择题，当大家都关心钱时，谁关心品质？当大家都关心货地比、货值最大化时，谁关心客户住得好不好、开不开心、满不满意？这是一个客观存在又非常现实的问题。

2016 年 12 月，东莞某小区的别墅业主和高层业主爆发拆墙建墙大战，矛盾的焦点在于，对于小区内的公共资源，一方要独占，一方要共享。2018 年，重庆某小区的别墅业主和高层业主之间因同样的事情爆发堵路大战，大战历时数月并经多方调解，但收效甚微。

为何"远亲不如近邻"的邻里之间会爆发旷日持久的"邻里战争"？矛盾的根源就在于开发商在做强排布局设计时，未充分考虑客户的利益和诉求。如果房企在设计阶段充分考虑各方利益，合理规划设计，矛盾就完全可以避免。更进一步说，矛盾的根源不仅仅在于设计本身，还在于缺少以客户为中心的调整、反省机制。

（2）图纸不交圈、各方诉求不一，难以达成品质共识

2019 年，某住宅项目因空调室外机对流空间不足，外机无法有效散热，导致交楼时产生大面积群诉，但因工程难以整改，业主也不满意开发商提出的补偿方案，导致事态一度升级。事后检讨原因发现，设计单位为保证外立面效果，将原本位于正面的空调机位移到侧面，但并未对其结构空间做进一步优化，从而导致对流空间狭小，外机无法有效散热。

当前，建造项目管理体制是五方机制，建设、勘察、设计、施工、监理五方单位对施工图纸都负有一定责任，均可在设计的某个阶段对最终图纸产生影响。但在现实中，各方的关注点和诉求并不一致。设计单位常常更想把自己的创意推销出去，更关注个性；建设单位往往更关心成本；而施工单位则会对增加工作

量、增加难度的改动额外上心，还会悄悄隐瞒日后容易引起纠纷的错误。

（3）图纸中存在大量错漏碰缺，严重影响施工效率和产品品质

在实际项目中，因设计问题导致的质量隐患大量存在。例如，2020年杭州市住房和城乡建设局委托专家对62个项目的图纸进行审查，发现七大类，共345种典型共性问题。不仅存在地基承载力不足、装修材料不合格等硬性质量问题，还存在消防登高面不足、电梯前室设置错误等违反规范条例、影响交付验收的重大设计缺陷，更有入户门设置不当，从而导致邻里之间相互打架等与质量、规范条例相关的基础性设计缺陷，这给产品品质的提升造成了巨大困扰。

（4）设计深度不足，后期施工随意性大，品质难以把控

图纸的设计深度不足一直困扰着各级项目管理人员。虽然甲方制定了种种标准或制度，但常常因施工方疏于执行，看起来完整的图纸常常无法有效指导施工。比如橱柜图纸不够深化，中央空调的预理和管线缺少细节，这些都导致现场施工的随意性大增或者拆改严重，从而浪费时间和成本。这些都是设计品质提升的障碍，房企需要针对性地解决。

2. 影响设计品质的原因

导致设计品质低下的种种原因，除了开发节奏快、时间紧、任务重等客观因素，还有其他方面的因素。总结下来主要包括三方面：一是项目团队的品质意识、客户意识不够强，设计阶段的品质文化建设不够深入，从而导致参建各方被自身利益束缚，未能算好"小账"和"大账"；二是设计管理流程缺失，标准化建设不足，从而导致大量低级错误发生，浪费大量的时间和精力；三是设计管理工具落后、技能落后、方法落后，从而导致设计审核效率低下，错误发现率低，大量错误重复发生且无法从根本上避免。因此，房企要想提升设计品质，除了加强品质文化建设，还应加强相关流程、工具的标准化建设，掌握与设计、审图相关的方法、工具、软件等。

二、以管理驱动设计阶段品质力提升

1. 设计阶段品质力提升的整体思路

解决设计阶段困扰品质力提升的各项问题，同样需要用到前文所说的各项管

理原则与方法，以客户需求为导向，进行系统性思考，找到整体解决方案。

基于以上思考，房企应从两个方面对设计阶段的品质力提升进行整体把握。首先，根据项目定位，确定标准化的应用比例，比如"8020"——80%标准化、20%创新；"9010"——90%标准化、10%创新。通过沉淀产品标准化规范，解决图纸中存在的错漏碰缺问题。

其次，对于项目的创新，应以客户为导向，以提升品质为目标，加强团队品质意识，抓住评选关键点，严格设计管理评审流程，严格按照管理要求在关键节点进行相关管理动作，严把供应商质量关，完善图纸评审清单，多方协调，互相补位，从而提升设计品质。

因此，设计阶段的品质力提升，可以从产品标准化、项目策划、方案设计、施工图设计等几个阶段加以把控。产品标准化定义了产品的内容与方向，对设计图纸有重要意义；项目策划根据项目的土地属性和市场特点，定义适合的产品以及适配的品质标准，为方案设计提供可靠依据；方案设计重点考虑品质的呈现及各项功能配置与品质属性，考虑以最小的成本呈现最优的品质；施工图设计的重点在于减少图纸中的错漏碰缺，提高施工精确性，减少施工中的不确定性，保证图纸品质，保证项目顺利实施。

2. 产品标准化驱动产品品质提升

（1）好产品源于不断完善的标准化体系

地产界一直有一种观点，即标准化遏制了创新，因此业界认为标准化不好，甚至排斥标准化。在制造业，好产品都是经过千锤百炼的，从图纸到量产，要经过初试、中试、多次小批量试产，才能最终量产。而房屋建造，从图纸到生产，中间没有任何试产、测试环节，中间环节存在太多不确定性，出错的概率非常大。因此，房企要想提升住宅产品的品质，保证品质的稳定性，唯一可行的办法就是不断完善、细化、深化产品标准化体系。标准化的产品不一定是最具创新性的产品，但一定是品质最稳定的产品。

（2）产品标准化的价值与应用

产品标准化可以规范项目开发各阶段的管理行为，能够大大降低项目开发的风险，减少项目的开发成本，最大限度地保证产品品质的一致性。比如，B企要求在项目各阶段强制使用标准化户型库：在拿地阶段用于强排设计；在策划阶段用于研判项目所在地竞品项目的优劣，指导产品定位；在方案设计阶段可以直接使用，快速输出产品方案，并可作为设计单位方案优劣的评价标准；在施工图阶段可作为机电、排水、管井、地下室、空调、门窗等的设计标准。

（3）产品标准化体系的建立路径与方式

在厘清产品线与战略定位之间的关系，梳理完产品脉络之后，房企便可以着手建立具体的产品标准化体系。业内常见的做法是以比较成功、成熟的产品为基础，通过持续深入地进行客户研究、产品模式研究，构建相关标准库。产品标准化是一个持续且深入的过程，其中有很多陷阱和误区，下面以某标杆房企为例，介绍其产品标准化的详细历程。

①产品标准化建立的阶段

产品标准化从功能组成上划分，大致可分为规划、园林、建筑、户型、部品等。

大多数房企都将户型库标准化作为产品标准化的核心，A企同样如此。1.0以楼层平面图为基准进行施工图标准化；2.0划分功能模块；3.0定义核心模块和户型模块的接口方式；4.0健全使用指引，增强弹性和可操作性；5.0落实设计施工一体化思路，强调人性化设计，深入部品标准化研究，健全建筑、园林、精装标准化（见图3-6）。整个标准化体系完善和实施的过程历时3~4年，时间相对较长。

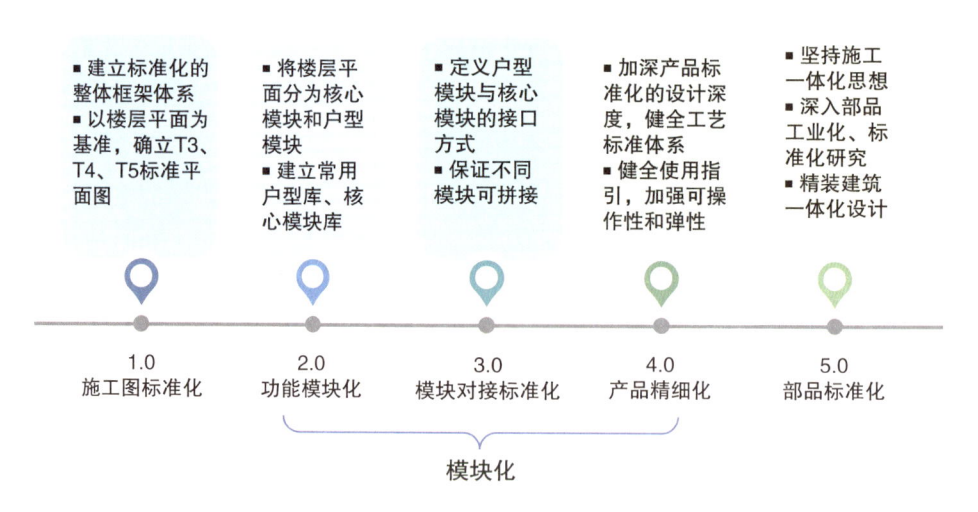

1.0 施工图标准化	2.0 功能模块化	3.0 模块对接标准化	4.0 产品精细化	5.0 部品标准化
■建立标准化的整体框架体系 ■以楼层平面为基准，确立T3、T4、T5标准平面图	■将楼层平面分为核心模块和户型模块 ■建立常用户型库、核心模块库	■定义户型模块与核心模块的接口方式 ■保证不同模块可拼接	■加深产品标准化的设计深度，健全工艺标准体系 ■健全使用指引，加强可操作性和弹性	■坚持施工一体化思想 ■深入部品工业化、标准化研究 ■精装建筑一体化设计

模块化（2.0—4.0）

图3-6 某房企产品标准化发展历程

②分级、分类的标准化体系的建立方式

大多数房企的产品标准化以户型库为中心展开，需要从户型库到标准户型库再到标准化产品、标准化体系，不断筛选、打磨、完善。

首先，基于大量的市场调研，收集同行产品、广受欢迎产品、创新性产品的信息并将其纳入户型数据库。通过客户访谈、市场检验、大数据筛选等方法，将不合适、不成熟的产品淘汰，将成熟的、值得推广的产品选入标准户型册。

其次，针对入册产品进行内部意见征求、线上户型评价、项目巡检等多种形式的筛选调查，将广受认可、设计周全、品质感优异、易于标准化的产品选入标准化户型目录。之后进行深入的标准化产品设计，包括建筑、结构、景观、精装、机电等的施工图深化以及标准化使用指引、操作手册、详细指标信息等的完善。此时形成的标准化成果已经可以指导项目各阶段开展产品定位、方案设计、施工图设计等具体工作。但是，为了达到更高品质、更低成本的目标，房企可以将其生产方式、组成构件等，按照工业化、建筑施工一体化的要求升级为标准构件、标准部件（见图3-7）。

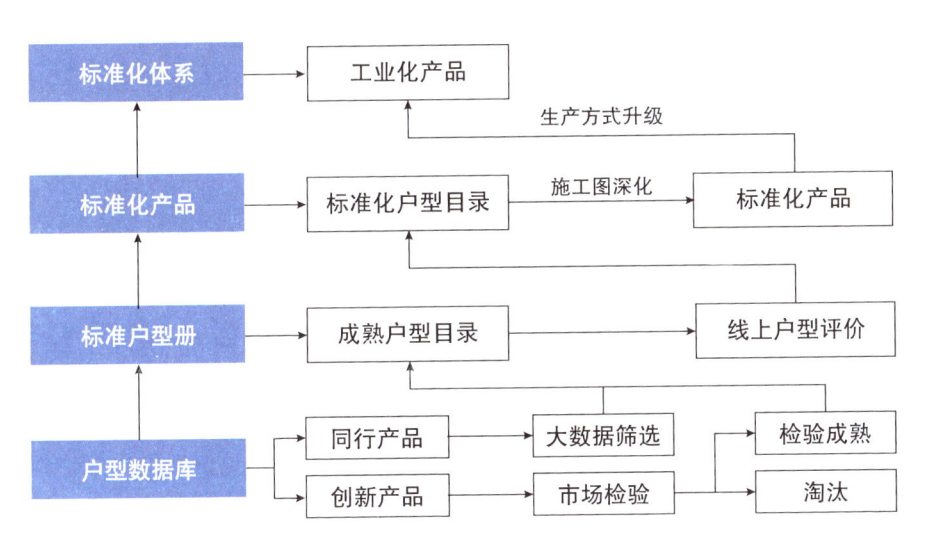

图3-7 某房企产品标准化体系组成及相互关系

比如，A企在厨房布局的标准化设计中，摆脱了从硬装设计到家具设计的传统思维，先从用户使用的角度设计合理的、方便操作的厨房家具，之后再设计户型、完善建筑构造，将设计的颗粒度从户型规格向下延伸三级到模块规格、柜体规格和材料规格。这既充分利用了空间、控制了成本，又充分考虑了使用功能和产品品质，是通过产品标准化提升品质的有效尝试。

③产品标准化体系的主要组成部分

产品模块化是产品标准化的核心思想。其中，模块按照功能不同可以划分为规划、户型、建筑、地下室、配套建筑、机电设备、示范区等几个主模块，主模块又可按照需要分为若干子模块。按模块划分的标准化成果一般包括标准化使用说明、图纸、BIM 文件等几个部分。

模块分级管理是产品标准化的另外一个主要思想。在户型设计中，房企可以把户型组合的楼层平面作为一级模块，把各种面积段的户型作为二级模块，把各种功能模块（比如玄关、厨房、阳台、收纳）称为三级模块。按功能不同，也可分为基础模块和功能模块。如图 3-8 所示，硬景模块可由基础景观模块和功能空间模块两大部分组成。

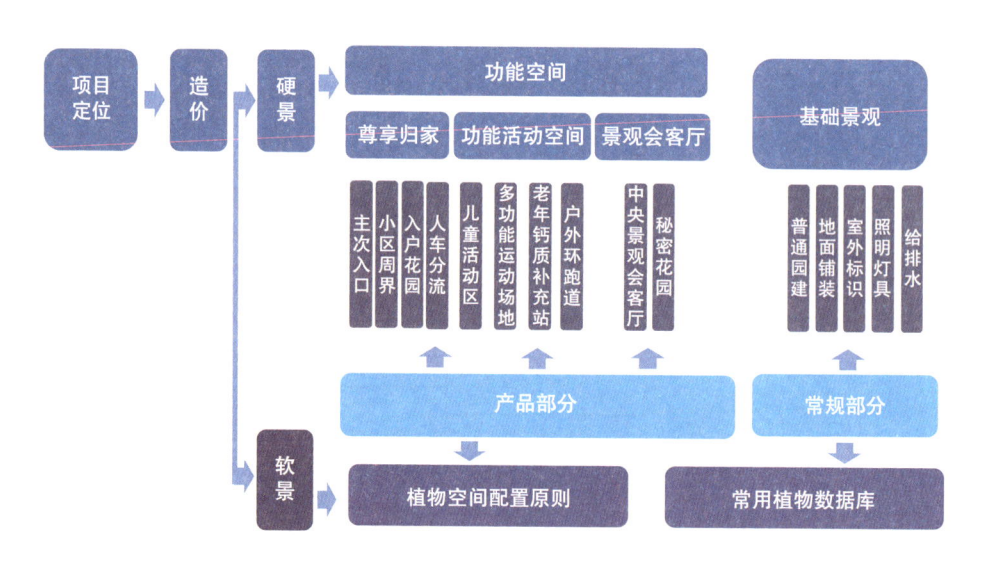

图 3-8　某房企产品标准化的模块配置

各种模块的插接组合形成了方案设计的主要判断逻辑。在标准化设计阶段，对各个模块的人性化设计以及对其功能与形式的充分考量，是进行产品品质控制的关键措施。比如，A 企在设计精装模块时，充分考虑了空间、观感、品质、增值、功能五个方面，不断完善使用功能、提升观感体验、减少施工中的不确定性质量问题（见图3-9）。

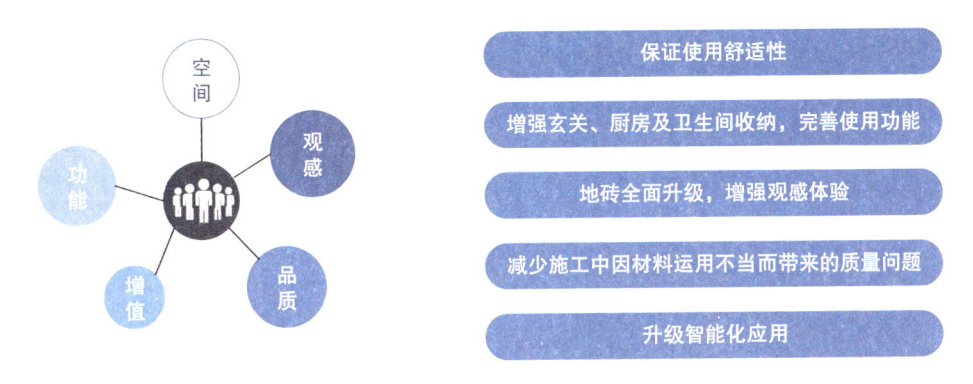

图3-9 某房企产品标准化精装模块的设计考虑因素

3. 项目策划阶段的品质管理

（1）项目策划的原则

大家对项目策划并不陌生，但是在项目策划阶段，以谁为重点，以谁为中心，不同的房企有不同的认识和理解。

基于对品质的认识和品质战略价值观，绿城旗帜鲜明地提出"坚守品质、高效落地、适时创新、精准可靠"的基本原则，让品质管控动作从拿地策划阶段开始，通过前置拿地方案的品质策划，全面对称品质要求，最大限度地发挥土地优势，抛弃不能生产优质产品的项目。

（2）项目策划的重点

项目策划阶段是项目品质的起点，对项目整体品质的影响巨大。房企在项目策划阶段应重点关注总图形态、前期条件、功能配套、景观设置、地下空间、交通组织和单体这七个对品质具有重要影响的部分。

总图形态即规划总图布置，是体现项目品质的第一道关卡。在进行总图排布时，房企应充分考虑地块特点，按照不同的产品属性和定位，或错落有致、个性灵动，或工整对称、大气磅礴：在中式院落中，通过灵动排布来表达空间的错综有致，体现浓重的中式生活气息；在法式官邸院落中，通过工整对称来体现空间的仪式感、庄重感；在高层住宅中，注重总图的轴线序列和点板结合，达到主次分明的轴线关系，形成明晰的空间序列，避免均质分布；注重点板结合的建筑形态设计，避免板楼过长，点楼位置不合理等情况；在多层住宅中，注重轴线关系、点板结合，重视组团布局和次级空间的打造，适当体现围合感；在多种形态的产品组合中，追求流畅的天际线，避免极致的高低配，从而保证高品质产品的相对独立性。

前期条件包括与土地和政策相关的、可能会对产品品质产生重要影响的各种关键因素。房企需要重点收集与政策要求相关的指标类信息，比如容积率、车位配比、配套规模、地下室开挖强度、限高、实土绿化率、日照要求等，风貌要求类信息，比如天际线、透空率、立面风格要求等，技术要求类信息，比如PC率（预制装配率）、装配率、绿建评级要求等，此外还要对"口袋文件"进行深度挖掘。

房企还需要了解地块条件等与品质相关的因素，比如地块内是否有影响设计的因素（高差、高压线、变电站、地裂带等），全面了解项目周边条件，周边地块用地性质及道路交通情况，了解周边不利条件（高压走廊、高架路、军事管理区等），了解周边优势资源（景观资源、成熟配套、交通节点等）。只有对周边有利条件和不利条件有了通盘了解，房企才能更好地、有针对性地制订策划方案，避免劣势问题，突出优势品质。

功能配套是品质呈现的重要载体，在前期策划阶段，房企必须从整体方案角度和客户视角出发，综合考虑项目定位，匹配优势功能。比如，某房企将功能模块分为功能空间模块和基础景观模块，根据产品定位和产品系列划分进行选择和匹配，充分考虑生活功能区、商业、幼儿园、幼儿活动区等的设置、布局与功能。其中，商业位置应考虑人流的导入；商业形态应与产品定位相匹配，从而在商业布局、商业业态组合等方面提升商业价值；商业分割应采用合理的开间和进深尺度；幼儿园应考虑日照、服务环境和使用要求。

在进行前期策划时，除了重点考虑以上三个方面，房企还应设计合理的交通流线，明确地面停车场的数量和位置、地下空间的分布、地下空间的开发强度、建筑单体的标准化成果应用、成熟产品的应用、创新的比例和方向、外立面的设计意象和设计风格，尽量对这些问题给出明确清晰的表达。

（3）平衡成本与品质的矛盾，应用KANO模型

在品质管理中，我们也经常按照KANO模型（用户需求分析工具）把品质分

为基础型品质、期望型品质、兴奋型品质。

基础型品质主要包括结构品质和外观品质两部分，为产品品质提供基础支撑（见表3-2）。

表3-2 基础型品质构成（部分）

基础型品质（部分）						
结构品质			外观品质			
结构质量安全	地下室无渗漏	外墙无渗漏、无开裂、无脱落	墙面横平竖直	线条方正有度	空间尺寸统一
配套设备质量可靠	面砖无空鼓、无脱落	材料质量无假冒伪劣	三边两线两角平顺	外观六面平整饱满	管线平直、园林路面平整

当基础型品质需求不能被满足时，客户一定会非常不满意；但当被满足时，客户并不会非常满意。

随着时代的发展，户型、公区装修、景观、外立面、得房率、赠送率、梯户比、南北通透、光照、绿化面积等都有可能成为基础型品质的一部分，房企需要根据市场调研情况仔细甄别。

期望型品质与客户满意度呈正相关，这一需求被满足得越多，客户满意度越高，不被满足，客户满意度也会随之下降。在产品设计中，期望型品质常常表现为大的功能创新，比如全屋智能家居、精装家居一体化、多功能架空层、分龄儿童活动空间、恒温泳池、康养空间等。期望型品质是锦上添花，房企可按照产品定位有针对地投入资源。

兴奋型品质与客户满意度是函数相关的，当满足水平很低时，聊胜于无，客户满意度不会有太大提升，当满足水平较高时，客户满意度会大幅提升。在地产业务中，兴奋型品质常常表达的是产品细节，比如入户玄关一体柜、阻尼柜门、升降吊柜、抽拉水龙头、淋浴挡水石等，体现的是用心。

值得注意的是，基础型品质、期望型品质、兴奋型品质并不是一成不变的，而是随着时代的发展和人们观念的变化而不断演变。集中力量优先满足基础型品质，根据产品定位针对性满足期望型品质，加强产品研发、不断完善兴奋型品质，是我们根据KANO模型总结的品质需求满足策略，也是房企平衡品质与成本矛盾的总方针。

（4）文化、美学、功能三大价值引领高品质概念设计方案

概念设计方案的品质是项目整体品质的基石，房企必须注重文化引领、美学引领、功能引领三大引领，为达到高品质的概念设计提供有力保证。

首先，文化引领。"建筑是民族文化的结晶，是凝动的音乐，是永恒的艺术。"从古希腊的帕特农神庙到北京的紫禁城，从徽州民宅到厦门骑楼，建筑和空间无不拥有浓重的文化烙印。

其次，美学引领。对美的追求是人类的本能。各大标杆房企无不宣扬"美学"，比如绿城中国的"最美丽、最贤惠"口号，大家地产的"五比五好"座右铭，融创传扬"中国大美"的桃花源系，传递"山水美学"的山水系。美学引领在品质价值的塑造中占据核心位置。

美学在概念设计阶段主要集中于园林景观设计、建筑形式和外立面设计、户型和公区设计三个方面。

房企在设计园林景观时首先应注重整体性，最好在概念设计阶段就同步完成景观设计公司的选择，使景观设计尽早介入项目，为园区竖向设计、道路（尺度、标高、截面）设计、出入口设置、空间形式设计、建筑退让尺度推敲、自然河流利用、植栽资源利用等预留和创造优化条件。

建筑形式设计应注重建筑与景观的关系，在建筑设计中充分考虑诸如架空层、单元出入口、下沉采光庭院等建筑和景观交接面。

户型设计应将大面积的户型布置在景观朝向良好的位置，尽量使主要功能房间朝向景观面。

此外，房企还应注重灯光设计、标识系统设计、弱电系统设计等对建筑、景观、室内设计的补充，注重文化 IP 和人文精神的融入，注重与自然环境的和谐共生，注重外立面的美学控制逻辑，注重户型与室内公区的美学控制逻辑。

最后，功能引领。由于科技创新与生活品质的不断提升以及新的功能点不断出现，产品设计应瞄准科技前沿，与时俱进，通过功能模块的优化组合推进产品功能的持续创新，在产品中置入更多科技体验，使之不断满足和丰富客户的需求。永不停息的品质追求驱动产品不断创新，在功能引领的道路上，各房企做出了越来越多的尝试，引领产品品质不断向前发展。

4. 方案设计阶段的品质管理

（1）方案设计阶段的品质管理任务与流程

如果说项目策划阶段的概念设计方案是对品质方向和雏形的定位，那么方案设计阶段就是对品质的深化和细化，以产品标准化为纲，以客户满意为尺，针对品质的各个方面尽可能地深入和细化，尽可能减少后期施工图阶段的不确定性。这对房企的标准化能力和精细化管理水平提出了较高要求。

方案设计是对项目策划的深入和细化，需要关注品质控制的诸多要点（见图3-10），在各个具体方案中体现品质要求、落实品质呈现，才能更好承接施工图设计阶段。

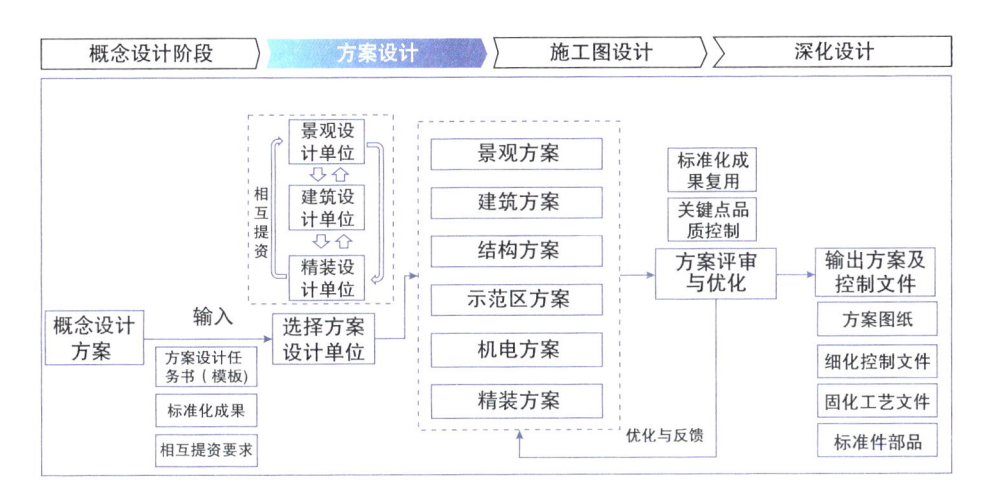

图3-10 方案设计阶段的品质控制要点

（2）方案设计单位的选择

方案设计需要具有较高的创意水平，方案设计的完善与否，对后期的施工图设计具有重要影响。在选择方案设计单位时，房企除了按相关流程进行筛选，还应注意以下四点：一是既往方案的完整性、可行性，在进行单一方案设计时，是否与相关专业进行界面划分，是否给相关专业预留可靠的技术接口；二是是否具有精明强干的专业人才队伍，行业口碑评价是否优秀；三是考察其业务承载力，是否有足够资源支撑新项目的开发与设计，是否有足够的配合度和意愿；四是考察其设计风格是否与公司产品理念相匹配，其个性倾向是否与公司价值观、产品理念相冲突。

（3）各方案的具体品质要求

①景观方案设计

景观方案是产品品质的重要体现，景观优秀与否是客户高度关注的敏感点这一。房企在设计景观方案时，应注意以下四点。

首先，方案应包括项目基本情况，比如项目区位、规划指标、产品品类、人群分析、对标竞品分析、设计主题等关键要素。

其次，对项目总平面图进行有创新性的设计与规划，包括项目分区流线、尺寸标高、主要空间景观效果展示等。

再次，在项目专项设计上，考虑项目主材意向、绿化种植意向、景观雕塑意向、景观设施意向以及景观成本估算等。

最后，景观方案设计要注重创意质量、设计质量及设计深度。

②精装方案设计

精装方案是指导精装修施工图设计的重要依据，在方案设计阶段，房企需要对室内平面功能布局、尺寸、门窗位置、不合理的建筑结构等提出建议与要求，及时与设计单位进行沟通讨论。房企还需要对门窗、幕墙等内外立面交界处提出建议与要求，对建筑边线、空间模块、建筑结构、烟道、管井类的调整，必须与建筑设计师进行讨论。如果需要改变或隐蔽原工程设计中的各种消防设施设备的点位，那么这必须经原建筑设计单位认可。

在进行具体的方案设计时，房企需核对销售附图，重点关注建筑结构、幕墙门窗、机电安装等专业方面和室内的关系，明确各个空间的平面图，明确效果图修改意见，明确成本预算，明确主材颜色及价格。

（4）设计方案的评审与流程

设计方案评审是控制设计方案的关键环节，针对每一个细化方案，房企均应组织专门的评审会，并形成相应的会议记录和评审流程、评审决议。

方案评审会应由项目公司设计管理部或工程管理部组织，参加评审会的人员应包括集团产品管理中心设计线、成本线及营销服务中心的相关人员，区域公司产品管理部设计线、成本线及营销服务部的相关人员，项目公司相关人员，设计单位主设计师等。

评审会结束后，房企应根据会议纪录跟踪方案设计的修改情况，并针对相关要点逐项审核修改成果，视情况提请相关人员讨论。

5. 施工图设计阶段的品质管理

（1）设计前期的品质提升措施

首先，建立规范的设计图纸标准并不断完善。图纸是一种传输介质，是一种无声的语言，它可以将设计师的设计理念传输至相关部门，用于指导采购、施工、交付等工作。一张图纸包含图框、标题栏、图形、比例、尺寸、符号、技术要求等诸多要素，每一种要素都有可遵循的标准要求。依据这些标准，不同设计师设计的图纸就可以做到设计语言通俗易懂、沟通无碍。

其次，建立集团设计单位信息库，加强对设计单位的选用育留。房企可以把一些合作意愿强、有合作经验、彼此了解的设计单位列入设计单位参考名录，从而为项目选择提供参考。设计单位信息库应涵盖集团内部产品及竞品的设计资源。

再次，在设计前期向设计单位明确相关技术要求，强调服务要求，并将其写进标准设计合同，制定标准版设计任务书。

最后，设计部整合由战略总包单位共同研究的关键节点做法，在修订过程中结合公司工程管理中心成本管理部及施工总包单位的建议，提高效率和质量。

（2）设计中期的品质提升措施

第一，建立产品设计案例缺陷库，形成《设计成果检查表》，将检查工作规范化、流程化。《设计成果检查表》可以从符合规范、满足使用功能、避免常见错误、巩固标准做法、成本控制等维度提升图纸质量、规避风险。比如，某房企在方案扩初阶段从总图指标、规划细则、公建配套、住宅单体、地下停车库五个方面检查项目，共132个检查项，在施工图设计阶段从总图指标、规划细则、公建配套、住宅单体、地下停车库、结构设计、设备设施七个方面检查项目，共234个检查项。

图纸会审是发现错漏碰缺的重要环节。不少房企在施工图设计阶段组织设计单位、咨询单位、施工单位、监理单位以及甲方设计、成本、工程、客服部门的骨干技术人员进行封闭审图，对图纸质量进行精细化管理，这取得了不错的效果。

设计环节是品质控制最重要的环节，通过审图发现质量隐患、消灭质量隐患，不仅效率高，而且最彻底。在此阶段，设计师不仅需要有强烈的责任心，还需要有大量专业知识和经验。设计师在审图时既要考虑图纸间的相互配合、规范标准要求，也要考虑实际工艺及材料性能的变化，反复掂量揣摩，解决隐藏问题。

第二，加强图纸界面划分，尤其是精装项目建筑与室内图纸的界面划分。精装项目的室内设计图纸和建筑图纸经常产生冲突是业内顽疾，根源在于建筑团队和室内团队各行其是、互不沟通，从而导致施工中图纸前后矛盾、漏洞百出。通过规范建筑和室内图纸的相互提资要求，厘清界面划分，房企可以取得不错成效（见表3-3）。

表3-3 建筑与室内图纸界面划分

位置	功能空间	建筑图纸	室内图纸
墙面	厨卫	基层做法至面砖铺贴做法	选择面砖型号
	厅房	基层做法至粉刷完成	确定装饰面材质、型号，基层做法
地面	厨卫	基层做法至面砖铺贴做法	选择面砖型号
	厅房	基层做法至水泥砂浆找平层或至面砖铺贴做法	确定地板及找平层以上地板的铺设方式
顶面	厨卫	图纸做法至混凝土顶板	吊顶做法
	厅房	图纸做法至混凝土顶板或水泥砂浆粉刷	饰面做法及吊顶构造
水电管线	全屋	点位图、管线布置图、系统图	点位图
户内门	全屋	预留洞口尺寸	门套构造及饰面
设备	地暖、空调、热水器、新风系统	预留点位、洞口尺寸、设备位置	设备位置、装饰面配合节点

房企应以一套图纸为原则，在建筑方案、建筑扩初、建筑施工图三个阶段，分别预留充足时间，由室内专业团队说明针对室内方案、室内扩初、室内施工图的具体提资要求。双方应充分配合，进行多次互相提资及互相复核，以达到水电、设备等一次性设计到位的目的，减少重复出图，减少设计变更。原则上，图纸中出现交叉部分的，除饰面做法外，其余全部以建筑图纸为准。

（3）设计后期的品质管控

在设计完图纸后，设计管理的品质管控工作主要集中在样品部品选样与确认、现场控制和工艺交底、销售和客户配合、完善产品缺陷案例库四个方面。

在确认部品阶段，房企需要对涉及建筑观感的部品进行统一梳理。比如，某房企按照外墙、门窗、栏杆、屋面、其他五个维度，分设计阶段决策每件部品的不同特性，精确编制《部品决策一览表》，在方案及施工图设计阶段将其与设计成果一同提交给甲方，并将应用情况作为考评设计单位和设计师工作的重要依据之一。《部品决策一览表》由总部负责，不定期进行更新。

目前精装项目越来越多，设计选型对外观和成品效果的呈现至关重要。其中有三点尤其值得重视：一是所有正式选用的材料，必须经过选样、定样流程，现场不允许使用未经定样的材料；二是除关注外观部品的特点外，还应注意其整体协调性，有必要时可以做整体样板打样测试；三是在设计时要关注和品质密切相关的材料的物理性能，比如不锈钢、铝制品的耐酸、耐盐雾测试，木饰面、石材的抗刮花、耐摩擦测试，油漆的附着力测试，木制品的甲醛含量、释放量测试，这些参数和材料品质息息相关，房企有必要进行深入研究，并做出严格要求。

设计交底、图纸深化同样是设计品质管控的重要内容，该部分与工程策划有所重叠，我们将在后文详细论述。

缺陷反馈是对整个项目品质的集中反馈，是对下一个项目的集中赋能。比如，某房企制定了标准缺陷反馈流程，用以规范设计缺陷的收集与反馈工作。《标准缺陷反馈》按照缺陷类型，采取不同的改进措施和固化措施，这由设计院负责编写，由设计管理经理负责审核，是设计资源的最后评估依据，同时是《设计成果检查表》的更新依据，是一本生动的内部培训教材。

设计研发部门应根据缺陷反馈分析，持续优化《设计成果检查表》，并根据《建筑统一构造做法》，使施工图在设计说明、图纸目录、图例、详图、节点图方面达到标准化统一，最大程度地降低施工图中的错误比例。根据《部品决策一览表》和《标准化部品图集》，房企可以解决材料确定、选型难题，快速打通设计与供应链链条，保证品质落地。根据《建筑与室内图纸界面划分表》，房企可以明确建筑与室内、景观、规划等的相互提资要求，解决报建图与景观图不一致、室内与建筑图纸相互矛盾等突出问题。根据标准化的设计资源评估管理流程，房企可以解决设计资源选用、沟通、评估等一系列难题。

三、时代与客群变迁驱动产品设计不断升级

在房地产市场竞争日益激烈的当下,对进阶品质的要求日益成为房企竞争的焦点,站在时代的高度打造"三高三有"产品(高性价比、高体验感、高满意度、有特色功能、有优势卖点、有精神情怀),用产品占领市场、用品质赢得客户,正在成为行业共识。

但在实际管理中,因为现实情况的干扰,房企总是会进入各种误区。比如,过分注重创新或者排斥标准化,每个项目都大量采用未经试用的新设计、新材料、新工艺,从而导致过程变化多、导入过程长、模块和部品未深入磨合、建造中差错频发、施工人员培训和交底不彻底、施工质量不完美等问题。凡此种种,导致项目进度难保证,最终品质也差强人意。如此反复几次,这很容易导致团队对创新失去信心和耐心,对试错代价畏首畏尾。

这样,房企就很容易掉进另一个误区:产品亦步亦趋,不求有功,但求无过,只强调基础功能和质量,对产品创新采取排斥、抗拒的态度,从而导致产品更新缓慢、功能陈旧、脱离时代。尽管这样做管理成本低、风险小,但是房企产品会缺少鲜明特色、优势卖点。在竞争日益激烈的今天,这种做法很难赢得市场。

不能否认的是,新品导入和验证需要富有经验的团队,需要时间收集需求并进行验证,需要一定的资源配合。但是,在现有的市场环境和公司管理要求下,在项目上达到这些确实有困难。因此,有些地产企业会设置专门的研究机构,比如绿城中国的设计共享中心、新希望地产的设计应用研究院等。

产品创新需要意识,更需要规范的流程和相应资源。在竞争日益激烈的今天,房企如果没有创新意识,就无法进步,但是没有经过验证的创新包含巨大风险,没有管控的创新是风险的来源。在产品设计中,房企不仅要强调对产品标准化的不断完善,强调产品设计评审流程的合规性,也要强调创新管理的科学化、流程化、规范化,积极使用科学的管理工具,让创新产生更大的价值,让创新驱动品质不断提升。

第四节
构建全方位的供应链品质保证体系

一、房企供应链的品质与管理现状

现阶段，大多数房企的采购人员聚焦于如何完成采购任务，在具体项目上，采购人员的工作重点是通过谈判向供应商压价，从而获取最优价格，但这忽略了品质提升。这种做法在土地红利、融资红利时代，问题并不明显，但在增长逻辑已发生变化的今天，极易造成房企与供应商利益双输的局面。

当前地产供应链存在的问题主要有：谈判时过度压价，供应商因利润得不到保证，只能降低产品品质；房企、供应商和总分包单位之间存在信息差，这会影响进度，而赶工影响品质；供应商投标后，产能和原材料供应存在问题，履约不及时；上下游业务脱节，抽测、飞检代价高，易出现漏网之鱼，产品品质无法保证；供方人员素质良莠不齐，工艺和技术执行不达标，质量存在缺陷。

如果房企只盯着点状问题，那么受限于公司管理机制和自身能力，招采人员很难有所作为。但是，如果房企升级思维方式，从用户视角、全局视角、战略视角重新审视招采行为，站在为客户贡献价值、提供高品质产品的战略高度，那么招采人员在技术创新、流程管控、成本控制、品质提升等诸多方面都可大有作为，可以与供应商共成长、共进步，从而实现品质与效益的双丰收。

二、升级供应链管理，全面赋能品质提升

1. 构建以供应链为核心的品质控制体系

（1）以供应链管理模式提升采购管理层级

长久以来，房企成本招采部门执行的都是以合同、订单为对象的采购管理行为，没有升级到以客户需求为导向、以提升品质和效率为目标，没有实现需求分析、产品设计、采购、生产、运输、建造、维保等全过程高效协同的供应链管理模式（见图3-11）。

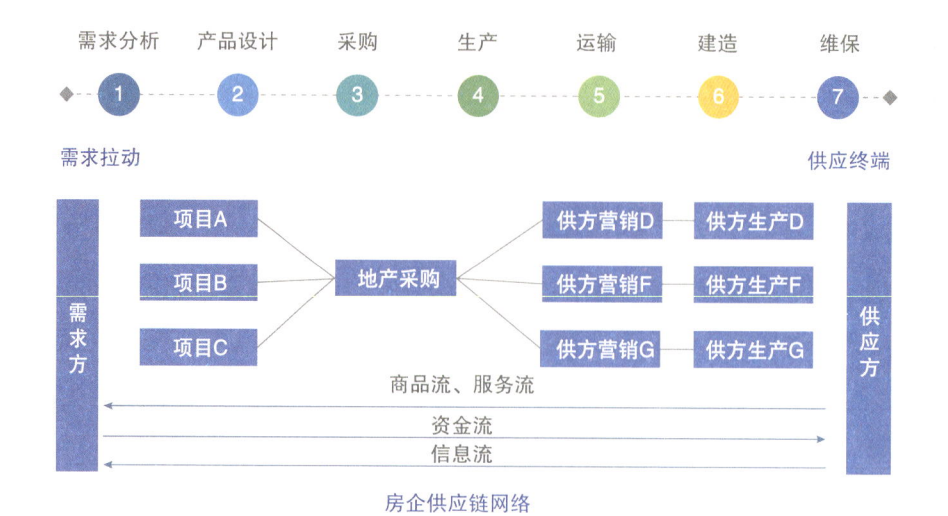

图 3-11 房企供应链网络示意图

采购是房企内部供应链中枢，是房企与外部供应链的连接点。因此，就二者的关系而言，采购管理是供应链管理的核心环节，供应链管理是采购管理的进阶。区别于传统采购，供应链管理是全局视角、协同共赢的管理模式（见图3-12）。

图 3-12 传统采购与供应链管理的主要区别

（2）供应链管理体系的关键链条

房企的供应链闭环管理应该以市场与客户需求为导向，以效率为圆心，以品质为基准，围绕供方筛选、采购与招投标、交付与履约、供方评价等几个核心环节展开。

供方筛选是供应链管理的第一个链条，这个链条以客户研究为起点，包括客户研究、采购战略、供应商入库、战略供方等模块。该环节可以保证供方及其产品在一开始就满足客户需要、满足品质需求、达到管理标准。

采购与招投标环节是供应链管理中品质控制的关键链条。为保证供应商将管理要求和品质动作执行到位，一些具体的管控动作必不可少，包括招投标品质管理、样品及定样管理、生产中品质控制、供应商品质管理等，核心是通过制度化、标准化管理来保证供应商的品质保持在一个合理的水平，不出现大的偏差。

交付与履约是供应商的现场生产环节。由于建筑生产的特殊性，在工厂完成的部品、部件仅仅是"半成品"，需要二次生产，最终被安装、组装并使用到建筑中。由于管理不到位等各种因素，此环节易产生大量不良品，需要从运输保障、进场检验、现场安装、成品保护等环节加以严格管控。

供方评价是供应链管理的评价环节，需要对供应商的绩效评估、评价定级、风险管理、战略协同等方面进行深入管理，从而让品质提升在供应链管理中成为一个完整的闭环。

2.构建高品质的供方与材料、部品筛选体系

（1）从客户需求入手，考察优质供应商

客户研究是产品研发、品质提升的起点，也是供应链管理的起点。但是客户研究一直是房企供应链管理的薄弱环节。长期以来，房企普遍认为客户研究是产品部门、销售部门的事，很少认为招采部门也应该进行客户研究。

在管理中，客研团队应该及时把市场洞察、客户研究等成果同步发送给产品、设计、招采、成本、工程等部门，各部门随之相应调整对策，使部门战略与公司战略高度一致。

（2）重视供应链战略在品质管理中的重要作用

毋庸置疑，供应链战略应是公司整体战略的一部分，应与公司整体战略相匹配、相协调。但事实却常常不是这样的，比如，公司的发展战略提出了以品质致胜，致力于品质力提升的目标，而在实际操作中，员工仍然坚持最低价中标原则，"只问贵贱，不管品质"。

为了使供应链战略与公司的品质战略相适应，房企应建立与品质战略高度契合的供应链战略，包括以下五个方面。

第一，制度供应链数字化战略。这可以为采招寻源提供海量数据支撑，为采购部门的品质管理提供实时高效的在线流程支撑，为采招决策提供数据支撑。

第二，制定供应链资源开发与采购战略。资源开发是优中选优，通过对内外部环节的准确洞察和对自身能力的精准分析，制定切实可行的供应商开发与采购策略，包括采购政策、采购原则、商业模式、供应商选择、供应商管理、品质管控制度、成本价值策略等。

第三，制定切实可行的合作伙伴建设战略。规划和制定合作伙伴建设战略，识别、发现一些有品质追求、研发投入大、有责任担当意识的高潜力供应商，并将其纳入帮扶体系。

第四，制度供应链风险管控战略。在实际管理中，供应链可能面临各种内外险，比如市场变动、涨价、交期等风险，其中尤为重要的是品质风险。为了应对上述风险，房企应制度供应链风险管控战略，对风险进行分级、分类管控，制定从源头开始防控、监督过程、预测风险、权衡风险、建立处置和应急机制的风险管控五步法。

第五，制度绿色和健康供应链战略。当前，消费者越来越重视健康，绿色和健康在房企经营中占有越来越重要的地位，房企应从绿色建材开发与应用、健康科技产品开发与应用、绿色施工工艺、绿色厂商认证等方面统筹考虑，积极推进绿色健康类新技术的应用。

（3）建立科学可执行的入库标准体系，建成广泛的供方资源库

要想达到这两个目标，离不开供方寻源和入库工作的有效开展。这里有两个关键点：一是建立科学、合理、高效的入库流程，保证入库供应商具备相应的品质管控能力；二是建立能够覆盖更广范围的供方资源库。

第一，建立科学、合理、高效的入库流程。房企供应商在入库时通常会经过品类规划、资料收集、实地考察、供应商评审等环节。在品类规划上，房企应综合考虑供应商的地理位置、规模大小、厂商数量、品质能力，规划合格供应商数量。为保证良性竞争氛围，一般每种材料应保证有三家可以供货的供应商，最好不要形成独家供应商，要特别注重品质竞争氛围的搭建（见图3-13）。

调查意向企业基本情况
单位名称、工商注册信息、业务范围及专业工程资质、以往工程业绩及以往合同情况等。

调查意向企业的行业口碑和管理、技术、资金实力
途径一：通过网络、同行、自身人脉等渠道，进行交叉背调。
途径二：考察意向企业正在施工的项目。

调查问卷或当面沟通
与意向企业当面沟通，了解其公司基本情况、类似业绩、企业技术或其他优势等。

图 3-13　某房企从多角度对供应商进行筛选

房企对供应商进行考察需要花费较多人力和时间成本，不过也可以考虑变通处理。比如，A 企简化了考察流程，规定：凡通过第三方质量管理体系认证的供应商，可免去质量体系考察环节；凡经过国家级认证的合格产品，可不考察；凡被公信度高的第三方平台列入优质供应商名单的，可不考察。这样做能够大大减轻考察工作量，降低考察成本。

当必须对供应商进行实地考察时，房企应会同成本、工程、采购、运营等部门，形成考察小组，对供应商的品质管控能力、管理水平进行综合评估。比如，可以按照基本供应保障能力、管理体系、技术研发能力、品质保障能力等维度，分别给予不同的权重，加权后给出最后评分。

第二，建立能够覆盖更广范围的供方资源库。建立供方资源库除了有质的要求，还有量的指标。如何快速扩充优质供应商资源，除了常规的做法，恐怕离不开优质的互联网平台。房企既可以通过自建平台慢慢蓄集流量，也可以与优秀的第三方平台合作，以迅速获得大量优质供应商。

（4）统筹规划战略采购，加大战略采购的力度

在保证品质和成本的双赢战略中，战略采购是不可或缺的一环。对成长型房企来说，其规模小、议价能力弱，如果不能将资源集中管理，势必会在合作中处于相对被动的位置。因此，统筹规划战略采购，不仅是提升品质的需要，也是提升公司盈利能力、增强竞争力的需要。

战略采购高度依赖房企内部价值链，主要包括两个动作：产品标准化的部品级细化和战略采购的执行落地。通过数字化实现房企与供方价值链的拉通，是房

企供应链管理的必然方向，其价值在交易履约环节尤为显著。

首先，采购、设计、工程等部门协同推动产品标准化的部品级细化，从而实现采购标准化。

其次，厘清采购业务边界，促进集中采购、战略采购落地。集采或战采是指通过将采购权回收集团来控制核心部品、部件的采购，将多数采购工作交给优质供应商，以获得对供应链的掌控力，保障产品品质。

最后，通过数字化助力项目一线与供方完成业务、数据协同，达成采购目标。过去地产采购人员常常面临一线不理解、供应商催不动等问题，实际上这些表面问题的深层次原因是房企与供应商之间存在业务、信息断点，而房企经过多年的管理流程优化，依然无法有效解决断点问题。

研究发现，数字化升级是解决以上问题的有效途径。从效果来看，房企纷纷建立数字化系统，通过线上、线下融合来解决材料下单、履约全流程问题，以期实现供应链的商品流、业务流、数据流三流合一。

3. 加强采购与招投标环节的品质管理

（1）提前预防更有效——建立招投标品质管控制度

招投标品质管理包括标前及标后的管理动作，比如撰写招标文件、组成评标机构、评判技术标等。房企应传递管理标准，明确技术要求，并将这些落实到投标文件和相关合同文本中，以最大限度地避免合作之后可能发生的品质纠纷和风险（见图3-14）。

投标单位入围考察 → 招标图纸、招标文件、技术要求确认 → 地区公司或项目组织招投标 → 技术标投标审阅 → 第一轮技术标询标 → 投标单位提交补充技术标 → 第二轮技术标询标 → 完成技术标评审，形成议标文件，填报技术标评审评分表，按月汇总归档

图3-14 某房企招投标流程示意图

在对施工类企业进行招投标管理时，标前品控尤为重要，通过标前品控管理，房企可以直接排除一批管理能力差、品控能力差的供应商。而且，标前品控

的管理要求和技术标准的公信力远远大于合同签订后再提出的管理要求和技术标准的公信力。

为落实招标品控管理，房企可以聚焦招标计划管理、招标文件的编制与审核、招标专家团队的选择、现场勘察、收标管理、定标管理与标后辅导等环节。

（2）避免批量品质失控——强化对材料或部品的样品品质管理

材料和部品的送样和定样环节是品质管理的关键，但在项目管理过程中，经常发生设计材料和现场实际施工材料不一致的情况，经常发生材料品质失控、缺少管控依据等情况。

首先，一个合格的材料样品至少应满足：材料样品应全面反映材料的品质、外观及属性，部品样品应保证功能部件完整、使用功能正常；材料样品信息应与图纸和表单一致，部品样品的详细参数与功能应满足设计要求。另外，采购成本和品质控制应满足项目要求，供货周期、供货地点和供货数量应满足批量采购的需求。

由于甲方采购的比重越来越大，样品送样及审核是采购品控的一个重要环节，特别是一些品质要求高的精装类材料样品，房企需要会同设计、工程、招采等三方，从技术参数、功能指标、使用功能和外观效果等方面保证样品的品质，并填写样品审核单。当涉及多个厂家同一规格型号的样品时，房企应保证样品的一致性、通用性和可替换性。

另外，由于市场对绿色建筑的要求越来越高，在送样时，房企应重点关注建材的绿色认证，比如纤维强化石膏板、陶瓷、玻璃、管材、复合地板、地毯、涂料、壁纸等这些国内目前已开发的绿色建材品类。

（3）消除进场质量隐患——加强对生产过程的品质管理

在招标与采购环节，对供应商的生产过程进行品质管理是消除进场质量隐患的一大有力抓手。

装配式建筑中常用的构件部品等材料，由于体积庞大、运输困难，返工和退货都将产生巨大成本，因此各大房企制订了驻厂检验计划。比如，B企实行预制构件驻场验收制度，从模具验收、首批构件验收、驻厂工程师检查等几个维度加强对生产过程的品质管理。

在模具制作完成后进行模具验收，由项目部组织总包单位、PC构件（混凝土预制件）厂、设计单位、监理单位等进行共同验收；在首批PC构件浇筑前，由建设单位组织设计单位、监理单位、施工方、生产单位等到厂内进行联合验收，验收合格后方可进行后续浇筑生产。

在构件生产期间，建设单位应安排一名工程师驻场，负责材料验收、隐蔽验收、构件质量检查。同样，在构件生产过程中，针对构件生产过程中的各工序质量控制要点，采购方也可以给出相应的控制要求，从而更好地控制品质。另外，在一些关键部件或工具的生产过程中，建设单位同样需要派一些工程师进行驻厂品质管理。驻厂工程师需要对关键部件的生产进度、质量、整改情况进行每日汇报，在部件出厂前，必须完成整改，并对验收报告中的问题进行书面回复。

比如，铝模需要先在铝模厂完成试验拼装，然后由建设单位组织设计、监理、施工单位前往铝模厂进行联合验收。验收内容包括铝模排版是否按图纸执行、铝模拼缝是否过大、铝模支撑体系是否合理、样品是否满足相关品质要求等。验收完成后，这些单位出具书面验收报告。

在生产过程中，供需双方还应加强信息沟通，及时对市场变化及品质要求、生产计划等方面进行必要的沟通和调整，防止产生不必要的损失或误解。在重要部件发货前，供应商应完成发货检查，将发货清单及运输路径、运输方式及时告诉采购单位。

4. 材料品质大考——交付与履约中的品质管理

由于建筑生产的特殊性，材料及部品在工厂完成生产后，还需要运至施工现场进行二次加工组装，一般包括配送与运输、进场检验、现场安装、成品保护等环节，这也是品质管理的重要环节。

（1）常被忽视的品质管理环节——配送与运输

建筑类材料或部品在工厂完成生产后，需要运至施工现场进行二次加工组装。材料或部品在运输环节，因保护措施不当，常常发生损毁、破坏等问题。相比其他环节的品质管理，配送和运输环节常常被忽视。

很多建筑材料的运输都需要有专门的运输方案，比如 PC 构件、系统门窗、大面积玻璃、大型管道、大型石材等。运输、堆放、吊装不当，常常会导致材料破损，甚至产生变形和裂缝等，从而埋下质量隐患。构件的运输准备工作可以分为制订运输方案、设计并制作运输架、验算构件强度、清查构件、查看运输路线等步骤。

（2）管好材料品质阀门——进场检验

材料进场检验如同现场生产的品质阀门，可以有力地对现场材料和部品进行品质监督和管理。

在进场验收前，甲方或监理单位应根据相关规范制度验收标准，明确检测项目的检查内容和检查方法。除此之外，在项目施工期间，建设单位还应将某些材料送至第三方检测机构进行检测，并将对产品功能起主要作用、对品质有重大影响的性能参数作为比检项。表3-4是某房企材料检测清单项目要求。

表3-4　某房企材料检测清单及项目要求（部分）

序号	类别	分序号	检测项目	初步建议
1	建筑外门窗	1	隔声性能	必检
2	建筑幕墙	1	隔声性能	必检
		2	平面变形检测	必检
3	实木地板	1	甲醛释放量检测	必检
4	实木集成地板、实木复合地板	1	甲醛释放量检测	必检
		2	地板中的游离甲醛（释放量或含量）	必检
		3	溶剂型胶粘剂中的挥发性有机化合物、苯、甲苯	必检
		4	水性胶粘剂中的挥发性有机化合物和游离甲醛	必检
		5	耐磨性	必检
5	星盆	1	规格尺寸、外观检测	选检
		2	耐盐雾试验	必检

（3）采取有力措施确保材料部品的现场安装质量

材料部品在现场入库以后，下一个流程就是在施工中使用或安装，这是一个质量问题频繁出现的环节，需要用有力的管理措施与流程来保证现场安装质量。

针对一些复杂度较高、有安装技术要求的材料部品，比如PC构件、玻璃幕墙、机电设备等，施工单位在进行安装前应编制施工方案，施工方案应通过建设单位、监理单位和总包单位的审批。

方案审批完成后，施工单位应完成样板制作。样板需要经过建设单位和监理单位的点评，确认无误后方可进入批量施工阶段。施工完成后施工单位应先进行内部自检，之后进行正式的工序验收和下一批次的工序施工。

为进一步提升安装质量，房企可总结常见的施工质量通病，提出相应的解决措施，制定具体的施工注意事项和质量控制要求。

5. 做好供应商绩效与定级管理，完成品质管理闭环

（1）科学合理地进行供应商绩效评估，发现并留住优秀供应商

首先，在评价前，根据自身管理特点对供应商进行分类。比如，某房企将供应商分为三类：一是服务类供应商，包括工程监理、造价咨询、招标代理等；二是施工类供应商，包括施工总包、专业分包、基础设施、配套设施；三是物资类供应商，包括材料供应、设备供应（见图3-15）。

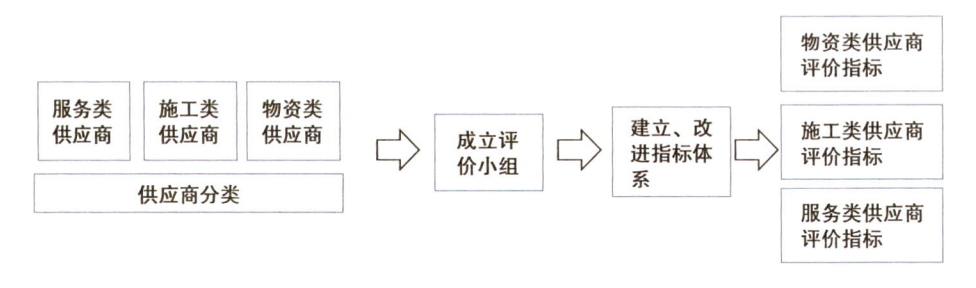

图3-15　某房企供应商分类流程示意图

房企可根据自身管理特点及供应商价值的大小，将供应商分为战略供应商、合作型供应商和备选型供应商，之后再将其细分成2~3个等级，比如战略供应商可分为战略联盟型供应商和一般型战略供应商，合作型供应商可分为长期合作型供应商和一般合作型供应商，备选型供应商可分为试用供应商、备选供应商、待考察供应商。

其次，设立评价考察小组。该小组应由不少于两个部门的员工组成，一般包括工程、成本、采购等相关部门的人员。根据自身管理情况及市场状况，房企应分别确定每个类别供应商的指标评价体系。评价指标应综合考虑各方面因素，根据管理侧重点进行设计，各指标的权重应有所不同，并根据需要进行调整优化（见图3-16）。

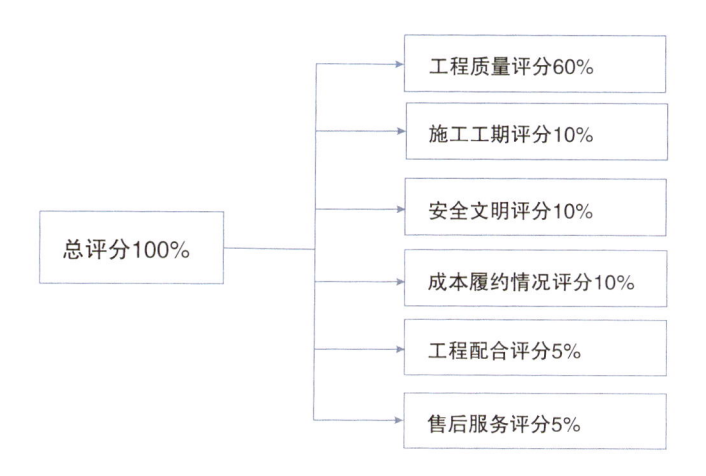

```
                              ┌─── 工程质量评分60%
                              │
                              ├─── 施工工期评分10%
                              │
                              ├─── 安全文明评分10%
         总评分100% ──────────┤
                              ├─── 成本履约情况评分10%
                              │
                              ├─── 工程配合评分5%
                              │
                              └─── 售后服务评分5%
```

图 3-16　某房企施工类供应商评价权重示意图

供应商评价方式可以有多种类型，比如，B 企制定了三种类型的供应商评价方式（见图 3-17）。一是过程评审，在合同签署之后，每半年评选一次，评审的目的是发现问题，提高和改善品质管理和综合管理能力。二是后期评审，在完工或提交竣工结算报告后一个月之内进行，目的是对供应商在合同领域的管理行为和绩效进行全面评估，并将其作为年度评审的主要依据。三是年度评审，每年年底评审一次，目的是为供应商分级、激励和淘汰提供依据，发现并留住优秀供应商，淘汰不合格供应商。

过程评审	后期评审	年度评审
• 时间：合同签署之后，每半年评审一次 • 目的：问题预警、改善和提高管理能力，实现绩效改进	• 时间：承包商及供应商提交竣工报告（如有）或结算报告后一个月内 • 目的：对供应商在合同履约期间的行为进行全面评估，并将其作为年度评审依据	• 时间：每年年终评审一次 • 目的：为激励和淘汰区域或项目公司承包商及供应商提供依据

图 3-17　某房企供应商评价方式

最后，计算分值。由于同一供应商可能在全国服务多个项目，因此房企要对各个项目的评分进行加权汇总，计算出该供应商的最终评分。比如，B 企为普通供应商、战略供应商设计了不同的加权计算方式，最终得出评分，从而满足细分管理需要（见图 3-18）。

分值计算

单个合同的履约评分计算公式：单个合同的履约评价分数=（履约评价1+履约评价2+……+履约评价N+后评价1+后评价2+……+后评价M）÷（N+M）

普通供应商分数计算公式：普通供方评价分数=合同1的履约评价分数×合同金额权重比+合同2的履约评价×合同金额权重比+……+合同N的履约评价×合同金额权重比=合同金额/同一供方所有签约金额总和×100%

全国战略供应商分数计算公式：全国战略供方评价分数=（合同1的履约评价分数×合同金额权重比+合同2的履约评价×合同金额权重比+……+合同N的履约评价×合同金额权重比）×60%+总部评分×40%

区域战略供应商分数计算：区域战略供方评价分数=（合同1的履约评价分数×合同金额权重比+合同2的履约评价×合同金额权重比+……+合同N的履约评价×合同金额权重比）×60%+区域评分×40%

总包单位的履约评价分数=（合同1的履约评价分数×合同金额权重比+合同2的履约评价×合同金额权重比+……+合同N的履约评价×合同金额权重比）×50%+[（质量联检分数1+质量联检分数2+……+质量联检分数N）÷N]×25%+[（HSE联检分数1+HSE联检分数2+……+HSE联检分数N）÷N]×25%

注：HSE 是指健康、安全、环境三位一体的管理体系。

图 3-18　某房企供应商评分计算说明

（2）基于绩效评估，对供应商进行分级管控

在完成评分之后，房企要根据得分情况进行供应商归类，从而确定下一年度与该供应商的合作策略。比如，B 企将评分在 85 分以上的供应商定为优秀供应商，要求其在总承包类、分包类、供货类、设计类、营销类、咨询类中排在前两名，每个类别不超过两名，占比不大于 25%；60~85 分为履约合格供应商；60 分以下为履约不合格供应商；零分以下为黑名单企业，禁止合作（见图 3-19）。

不合格供应商分为区域不合格供应商和全国不合格供应商。区域不合格供应商由区域公司或项目采购管理部负责归类，全国不合格供应商由总部成本合约部负责归类。比如，若全国战略集采供应商在区域评定中不合格，则评定需经总部审批后方能在该区域生效。

(一) 供方归类

图 3-19　某房企供应商归类示意图

B 企的供应商归类按照权责体系进行审批，分为需要总部审批的全国级、区域级和需要区域审批的城市级。

根据不同类别的考察结果，房企可以将供应商分为不同的类型，比如可以将供应商分成 A、B、C、D 四类，分别代表战略供应商、长期合作型供应商、一般合作型供应商、普通供应商。

三、打造全方位品质供应链管理体系

通过整改资源和优化流程，从客户需求出发整合整个产业链的优势，加强各个中间环节的有效对接，房企能够有效降低成本、提升效率、提升品质，这是新时期地产转型过程中品质提升的必然之举。

供应链的产品品质提升与房企是否标准透明、信息共享有很大关系，而这并非房企采购部门可以单方面解决的，需要供需双方协作、产业上下游通力合作。因此，将管理半径外延，打造强健的、有品质的供应链是不少标杆房企的选择。

打造以提升品质和效率为中心的供应链管理模式，需要高度融合互联网技术，建设以管理数字化、产品标准化为基础，以大数据、智能化、AI、物联网等先进技术为支撑的综合管理平台，以新理念、新模式、新技术整合行业优势，以开放、共享的心态建设行业级产业互联网平台，从而大大提升整个行业的数字化水平和协同效率。

同时，房企要积极推进绿色新技术、新工艺的应用，在供应商选用、材料选用等方面注重对环保工艺、技术的应用，比如在选择供应商时，对通过 ISO 认证的供应商设立加分项。再比如，在选用材料时，逐步增加环保产品的数量，引导生产企业生产合格环保产品，从而推动供应链朝着绿色环保的方向发展。

第五节

在生产中锻造品质——建造过程中的品质管理

建筑产品的品质和质量问题除了和设计、供应链高度相关，工程建造环节也对其有重要影响。

一、房企建造过程中的品质管理现状与困难

房屋建造是一种特殊的生产方式，施工现场既是生产车间，又是建筑产品的最终载体。从精益管理的要求来看，建造过程要达到高度标准化，但是由于实际场地和人员的限制，生产过程必然是"一品一策"的个性化生产。这种管理要求和生产实际不一致的矛盾贯穿建筑生产的全过程，也困扰着从总部到一线的各级工程管理人员。

二、锻造品质的根基——系统化进行建造过程品质管理

1. 建造过程品质管理的整体策略

要想破解建造过程中的品质管理障碍，房企需要从多方面进行考虑：建立一套系统，快速抓住品质破局的关键点，有的放矢，阶段性地解决重点问题；对项目信息及时抓取，对海量大数据进行数据分析，让企业各级领导能够及时获得支撑决策的关键信息；建立共享平台以快速吸取工程经验，建立标准化模板和工具，让一线工程师可以快速上手，实现规范化、标准化管理。

基于以上需求，我们总结出以管控体系标准化和作业体系标准化为支撑，以五大节点场景为核心的建造过程品质管理蓝图，以指导整个建造过程品质管理的落地与执行。

2. 做好工程策划——建造过程品质管理的必要前提

（1）明确工程策划的主要内容

凡事预则立，不预则废，这充分说明了策划的重要性。工程策划本质上是一个通过提前分析研判来化解管理风险的过程。在新建项目开工前、总包定标30

天内，项目负责人应主导完成工程策划并通过城市公司或区域公司审批。详细的工程策划应包括五个方面。

首先，确定营销目标并对其进行分解。从工程角度对售楼处、示范区、精装样板房的位置、建筑形式以及开放时间进行合理安排，把握分期划分、分批入市的销售节奏，明确看楼通道及工地开放日的参观动线等。

其次，合理确定施工过程。针对总平面布置、桩基方案、建造施工体系、"集流插"施工安排、绿色建造方案、"两提两减"措施等，从管理角度提出具体要求或合理方案。

再次，明确施工进度并对其进行分解。从管理效率和质量控制两个维度对工程标段进行合理划分，划分总分包管理界面，明确总分包进场时间，安排好施工节奏，确定分包及关键物料的进场时间，对施工图纸设计、报批报建的时间提出要求等。

然后，确定合理的品质目标并对其进行分解。提出贯穿始终的质量标准、管理要求，确定关键管理节点、关键管理动作，确定土建、精装、景观等方面的管理要求，确定关键物料的管理要求，确定施工重难点（比如防渗漏、防开裂）的管理要求等。

最后，确定总包、监理、项目管理层面的人员配置、岗位职责、详细分工，明确各级人员的管理目标、考核指标、考核依据和激励办法。

（2）施工关键过程策划

①总平面布置策划

施工过程井井有条、章法有序是品质得以实现的前提。因此，在项目实施过程中，房企项目管理团队常常在施工过程的安排上花费大量的精力。

总平面布置策划是指在设计方案、营销目标和分期安排基本确定后，以施工便利、效率最优、方便品控为原则，对现场各类生产资源进行总体布置。

总平面布置原则包括先垂直、后平面、避免干扰、永临兼顾、深化细节、动态优化。首先要考虑垂直运输，布置塔吊和施工电梯，合理布置材料堆放场，减少运输费用，在确定塔吊等垂直运输设备的位置后，再考虑钢筋堆放、集中加工区的位置，综合考虑土建、机电、装修等各专业施工要求进行合理布置，尽量避免各专业工作面的交叉干扰。其次综合考虑场内施工道路的硬化及运输要求，争取永临兼顾，考虑场地临设设施、环保设施、临水、临电、通信等的配置要求，减少对周边环境的干扰。最后根据不同工程阶段动态调整总平面布置。

②桩基方案策划

桩基策划方案包括基坑的开挖、支护、降水及桩基的选型等。在各项方案之中，桩基的选型尤为重要，这不仅关系大额施工成本，更是建筑品质的基本保障。

在选择桩型和工艺时，房企不仅要考虑桩基的成本，更应对建筑物的特征（建筑结构类型、荷载性质、桩的使用功能、建筑物的安全等级等）、地形、工程地质条件、水文地质条件（地下水类别、地下水位标高）、施工机械设备、施工环境、施工经验、制桩材料供应条件以及工期等进行综合性研究和技术经济分析，最后选择经济合理、安装适宜的桩型和成桩工艺。

③新建造施工体系策划

以铝模、爬架、全砼外墙、装配式等新技术、新材料为特点的新建造施工体系被各大房企广泛推崇，比如碧桂园的SSGF体系、万科的"5+2+X"等。新建造施工体系不仅能大大降低传统工艺很难解决的渗漏、空鼓等质量风险，还能够显著提升施工效率、减少人工投入，这符合建筑工业化的潮流。但是，它对管理提出了新的要求，包括产品的分级标准化设计、部品构件的集成深化、模具空中化装配、全穿插施工管理、现场一体化装修、移动信息化管理等。

④"集流插"施工安排策划

"集流插"施工安排即集中加工、流水施工和穿插作业。其中，现场设立工厂化加工车间，集中加工各类标准化建筑半成品，实现现场拼装式施工，是提升施工质量、工效的重要措施，同时这可以对原材料进行统筹利用，从而减少浪费、降低施工成本。流水施工是指工序流水安排，是对各个工序控制点进行分解，是细化的过程管理。穿插作业是现场提效的重要措施，合理穿插及安排工作面交接，不仅是效率提升的保障，还是品质管理的重要过程。房企在工程策划中应提出相应施工要求，并将其作为总包考察、制定合同文本的依据之一。

在集中加工区对成品进行组装，可以降低对技术工人的要求，减少维修成本，减少材料浪费，避免施工垃圾产生。在质量控制上，集中加工比现场加工更精准，质量可控，检验难度降低，可保证各楼层品质一致，管理效能更高，可大大缩短工作面操作时间，明显提升人均效能。

比如，A企在现场设置了六大集中加工区：钢筋集中加工区、木模集中加工区、砌体集中加工区、预制构件集中加工区、水电集中加工区、定型化设施集中加工区。

流水施工和穿插作业也是提效增质的有效手段。比如，A企在项目中探索使用"全穿插"模型，在建造技术方面以附着式升降脚手架、全现浇外墙、铝合金模板为基础，将主体结构、二次结构、外墙保温、窗户、栏杆、水电安装、装饰装修等工序进行穿插施工，以五天为一个流水步距，实现N-8层（穿插作业名词）等节奏流水作业。相比传统做法，"全穿插"施工可使单栋施工工期节省约100天，且资源投入均衡，从而避免了抢工、窝工，减少了材料浪费，有效降低了施工成本。

此外，该模型以标准化工艺为基础，大量采用优化后的标准技术，从而使交底更加详细明确，减少了质量通病的发生，提高了物资利用率和成品一次成优率，显著提升了产品品质，达到了效率和品质双提升的良好效果。

⑤ "两提两减"策划

"两提两减"即"提高质量、提高效率、减少消耗、减少成本"，主要以"提质、增效、实用、节能、环保"等为切入点，汇总各项目积累的有效措施、工艺等，在策划中以甲方要求的形式体现。

⑥ 绿色建造策划

绿色建造是近年来国家一直倡导的施工方式，是品质建造的重要组成部分，房企可在总包合同中明确相关指标。

首先，设计方案绿色化。在进行方案设计时秉承绿色设计理念，参照国家、地方的绿色建筑标准进行绿色产品设计，使产品达到或部分达到绿色建筑要求，比如产品的隔热、保温、采光、净水、抗霾除尘等。

其次，加强供应链的绿色化。房企可加强供应链管理，打通绿色供应链的入库、认证、送样、封样等环节。

再次，强化绿色施工组织。在管理中将绿色理念贯穿施工全流程，加强绿色施工管控，优先采用通过绿色产品认证和绿色建材认证的产品和材料。

最后，强化绿色过程验收管理。房企要严格执行绿色施工工艺，对绿色工序进行严管、严查。2020年，广东省颁布实施了《广东省建筑节能与绿色建筑工程施工质量验收规范》，对多个相关分部、分项工程提出了具体的验收要求，其中某些关键项为强制性要求（见图3-20）。为降低后期管理风险，某些内容同样需要在工程策划中有所考虑与体现。

施工过程中有关绿色和节能的验收内容

序号	分部工程	分项工程	主要验收内容
1	地基与基础工程	地基处理与基础工程	地基处理；土质的检测与治理等
2	建筑主体结构工程	主体结构工程	保温隔热砌块；隔震座；阻尼器；减振装置；隔震缝等
		墙面构造工程	基层；保温隔热构造；抹面层；饰面层；隔声构造；轻质隔墙等
3	建筑装饰装修工程	幕墙工程	保温隔热构造；幕墙玻璃；单元式幕墙板块；通风换气系统；遮阳设施；凝结水收集排放系统；幕墙与周边墙体和屋面的接缝等
		门窗工程	门；窗；天窗；玻璃；遮阳设施；通风器；门窗与洞口间隙等
		楼地面工程	基层；隔声构造；防滑；防水层；面层等
		室内环境工程	室内噪声；空气污染物浓度；采光等
		细部工程	护栏和扶手、整体式厨房、整体式卫生间等
4	建筑屋面工程	屋面工程	基层；保温隔热构造；保护层；防水层；面层等
5	给水排水工程	给水排水系统工程	系统形式；用水计量系统；排水降噪；卫生器具；雨污分流系统；再生水和雨水系统；雨水收集利用处理系统等
6	通风与空调工程	通风与空调系统工程	系统形式；通风与空气设备；自控阀门与仪表；绝热构造；调试等
		空调系统冷热源及管网工程	系统形式；冷热源设备；辅助设备；管网；自控阀门与仪表；绝热构造；调试等
7	建筑电气工程	配电与照明工程	低压配电电源；照明光源、灯具；附属装置；控制功能；调试等
8	智能建筑工程	监测与控制工程	冷热源的监测控制系统；空调水系统的监测控制系统；通风与空调系统；监测与计量装置；供配电的监测控制系统；照明控制系统；调试等
9	可再生能源工程	地源热泵换热系统工程	岩土热回应试验；钻孔数量、位置及深度；管材、管件；热源井数量、井位分布；出水量及回灌量；换热设备；自控阀门与仪表；绝热材料；调试等
		太阳能光热系统工程	太阳能集热器；储热设备；控制系统；管路系统；调试等
		太阳能光伏系统工程	光伏组件；逆变器；配电系统；储能蓄电池；充放电控制器；调试等
10	无障碍工程	无障碍设施工程	无障碍通道；坡道坡度；隔声减振；电梯；厕所和位台等
11	室外工程	室外工程	场地污染；景观植物；防水排潲系统；绿色雨水基础设施；凝水收集；停车场；垃圾收集转运设施；台阶踏步；护栏与扶手；夜景照明；路面防滑等

图 3-20　房企施工过程中有关绿色和节能的验收内容（部分）

（3）合理设定进度目标，保证品质与进度双达标

在项目管理中，当事情都挤到一起的时候，管理人员会面临进度和质量的两难选择，进度和质量似乎天然存在竞争关系。

但从全局来看，在进行科学合理的统筹和周密策划之后，进度和质量是可以"一体两面，相辅相生"的。各大房企均提出了"一次做对"的工程理念，比如在工序施工中，一次性按要求做到位，不返工，这样时间最少，成本最低，质量最佳。只要存在返工，势必浪费成本，延长工期，质量也很难达到"一次成活"的水准。对于分项工程、分部工程，甚至是整个项目策划来说，这个道理也是通用的。

在进度策划中，我们提出进度与品质双达标，也反对不顾客观条件压缩合理工期。工期的安排必须考虑材料的特性、天气情况、管理情况等多方面因素，为赶进度而缩短自然工期，常常得不偿失，房企必须慎之又慎。

同时，进度管理是房企管理达标的重要指标，对进度的管控也是对项目团队整体管控能力的考验。进度策划是工程策划的重要内容，必须集合整个项目团队的力量通盘考虑、全局谋划、周密部署、早做准备、早做预防，确保有合理的应对机制，从而保障项目的正常进行。

在明确项目的进度目标、具体建造方案、施工步骤和展开节奏之后，房企需要对品质管理进行专项策划，为整个项目的建造过程建章立制，明确管控重点、建立反馈机制。

3. 做好品质策划——建造过程品质管理的全面铺排

品质策划的内容和步骤一般分为确定品质目标、建章立制、策划分解、过程管理和提升激励五个部分（见图 3-21）。

图 3-21 品质策划的内容和步骤

（1）确定品质目标

首先是确定品质目标，比如某团队的品质目标为：

- 房屋质量满意度调查 ≥ 72 分。
- 交付检查得分 ≥ 85 分。
- 综合检查得分 ≥ 88 分。
- 实测实量合格得分 ≥ 90 分。

- 集中交付缺陷投诉（精装房）≤ 1 条 / 户。
- 交付六个月缺陷投诉（精装房）≤ 3 条 / 户。
- 渗漏数量 ≤ 3 户 / 百户。
- 维修服务满意得分 ≥ 75 分。
- 维修及时关闭率 ≥ 88%。
- 创优目标：省市级质量奖杯。

品质目标是项目团队努力的方向。"取乎其上，得乎其中"，目标适当设置得高一点，会对整个团队有所激励和引领，但也不宜设得太高，若完全脱离实际，可能会适得其反。

（2）建章立制

项目的品质问题主要由人的意识、设计、材料和施工四个方面因素导致。以此为起点，品质管理制度应能够为品质管理提供意识提升保障、设计制度保障、材料制度保障、施工制度保障和组织制度保障，并且从理念层、制度层、流程层等层面提供清晰全面的规范和指引。

（3）策划分解

在厘清项目适用的标准制度之后，房企需要根据项目情况，按照专业和工序进行品质分解，根据需要制订专项管控计划，比如防渗漏专项、桩基专项、精装专项等，划定工程管理中的管控要点，包括明确样板范围、管控动作和责任人员等。表3-5列出了某房企品质策划关键工序样板列表及验收要求。

在专项管控方案中，房企可以将管控过程按照工程详细分项，并整理需要关注的重点内容，按照项目团队分工，责任到人。

在策划分解环节，房企还需要对可能影响品质的重难点项目做出特殊安排，总结常见的质量通病，分析原因并给出具体对策和措施。比如，桩基工程是大家普遍关心的控制难点，A企首先总结了容易出现的质量问题，然后给出了对策（见表3-6）。

表 3-5　某房企品质策划关键工序样板列表及验收要求

关键工序样板验收	1. 地下室底板防水工程	1. 现场第一个作业面施工时，需有样板验收，验收（含点评）通过后方可大面积施工 2. 验收部门：施工方、监理、甲方。关键工序需要城市公司工程管理部人员会签（时间可不同） 3. 验收文件内容齐全，包括各方点评意见、结论、会签、现场照片等 4. 对后续作业面实施情况进行抽查，对比样板实施的一致性，如果与样板不符，那么单项不得分
	2. 地下室外堵防水工程	
	3. 地下室顶板防水工程	
	4. 屋面防水层、保护层	
	5. 户内厨卫间防水工程	
	6. 砌筑工程	
	7. 抹灰工程	
	8. 外窗钢副框安装、塞缝、防水	
	9. 外窗主框、窗扇安装及打胶	
	10. 户内阳台门安装	
	11. 入户门框安装、塞缝	
	12. 户内地暖施工（不含混凝土）	
	13. 外墙石材施工（主楼、景观分开）	
	14. 外墙涂料或真石漆施工	
	15. 外墙砖施工（主楼、景观分开）	
	16. 玻璃幕墙施工	
	17. 户内中央空调系统设备安装	
	18. 别墅类项目户内设备安装	
	19. 厨房、卫生间墙面铺贴	
	20. 户内地面的石材、地砖铺贴	
	21. 户内木饰面、木线条安装	
	22. 室内木地板铺装（含踢脚线）	

表 3-6　A 企桩基工程质量风险预防措施（部分）

风险	预防措施
桩身断裂	（1）施工前应将桩位下的障碍清理干净，必要时进行钎探探测；（2）控制桩的细长比，一般不宜超过 40；（3）在稳桩过程中若发现桩不垂直，应及时纠正；（4）接桩时，要保证上下两节桩在同一轴线上
桩顶碎裂	（1）桩制作中，控制混凝土的密实度；（2）沉桩前应对桩构件进行检查，对不符合规范要求的桩及时修补；（3）检查桩帽与桩的接触面是否平整

（续表）

风险	预防措施
沉桩达不到要求	（1）合理选择施工机械、施工方法及打桩顺序；（2）防止桩顶碎裂或桩身断裂
桩顶位移	（1）清理障碍，及时纠正；（2）待沉桩完毕后间隔适当时间开挖基坑
接桩处松脱开裂	（1）清理干净连接部位的杂质、油污等；（2）保证连接部件牢固平整；（3）严格控制接桩时的焊接质量
设备使用效率	（1）机械进场前对设备做好检测工作；（2）提前联系备用设备，若设备损坏立即联系备用设备进场
雨季对工期影响	（1）制定切实有效的雨季施工专项方案，做好场地内排水找坡，准备水泵等排水设备

（4）过程管理

在明确了具体的管控要点和管控要求之后，房企就需要在实际作业中对品质可能产生重大影响的关键点做出特别策划。在过程管控中，房企需特别强调"一次做对"的核心管控思想，在工序层级保障"一次成活"，不返工、不维修，在项目层面保证一次规划到位，不折腾、不窝工、不大拆大改。因此，工序管理层面的标准动作是做好材料验收、样板管理和工序管理，项目层面的标准动作是日常检查、专项检查、三方巡检以及相应的复盘总结。

（5）提升激励

在工程策划中，目标与激励必须相对应，房企可通过激励手段来促进目标的有效达成。进度类目标包括供货目标、竣备目标、交付目标；安全类目标包括安全生产目标、文明施工目标、内部创优目标、外部创优目标；品质类目标包括桩基阶段品质、土建过程品质、门窗阶段品质、外檐阶段品质、精装阶段品质、景观阶段品质、交付阶段品质等。

项目考核对象包括项目内部考核、监理单位考核、总分包考核等，考核依据以项目启动会报告、项目经营目标、项目全景计划、工程体系标准等为主，以可落地、可执行、可操作、可激励为考核原则。

全面推动合约规划、详细制定总分包承包范围，是目标考核的基础。房企应制定关于研发、招采、成本、工程等部门的协作机制，明确工作要求，比如制订出图计划、设计全套施工图纸、进行成本分解等，明确施工范围与界面划分，比如土方与桩基间的范围、土方与总包间的范围、总包与精装间的范围、总包与材料商的范围，并规定详细的技术标准。

总包、分包单位的考核应根据正常施工节奏进行，考核的依据与机制应是公司管理制度、工程管理制度、合同签订要求、项目管理要求等。奖罚机制应重奖励、轻处罚，做到有总结、有反思。供应商应具有有担当、勇纠错、敢承诺、追品质等意识。

监理单位应按月度和季度进行考核，对项目部的每一位监理工程师（不含总监）进行工作质量打分。房企根据监理单位的季度评价结果，可以给予其一定程度的奖金和处罚。甲方项目公司也需要进行考核，重点评估职责分工是否明确、专业间协调、跨部门链条是否通畅、工作内容是否能够被量化考核。考核对象包括土建、精装、景观等阶段的全体人员，对工程负责人、标段负责人、专业工程师等不同级别人员进行分级考核。

4. 主体建造阶段的工程质量管控

（1）主体建造阶段的工程质量管控思路

主体结构施工质量对建筑的品质、结构安全具有重要影响，是产品品质的重要组成部分。其中，基础与桩基工程差、混凝土强度不够、渗漏、空鼓开裂等问题，是主体建造阶段常见的质量通病，也是影响其品质的关键所在。

在主体建造阶段，房企同样应按照品质策划阶段所拟定的相关策略和原则，有抓手、有步骤、有原则地对相关关键事项进行重点管控。在建设过程中，按照"一次做对"的指导思想，以工业化的管控程序，对工序品质进行严格管控，严格落实关键工序的流水式操作流程，即品控 SOP（标准作业程序）管理思想。

品控 SOP 在过程控制中体现为联合审图、设计交底、材料验收、样板管理、工序验收、停止点检查、专项试验、集团巡检或第三方评估。房企可通过联合审图来评估图纸的规范性、标准性，对影响主体结构安全的关键因素、关键工序、工艺以及必须要进行的设计进行联合评审，形成联合审图记录，保证设计准确无误、过程留痕。房企可在施工前或样板制作前进行设计交底，明确工艺要求和做法，对可能发生的问题提出预警，明确施工控制的重点。

材料验收可以确保材料合规、合格，保障材料的品质。工序验收可以保障在批量工序施工中，施工方能够按照图纸、交底和样板要求，完成相应的施工动作。停止点检查可以保证关键环节、关键工序的施工满足设计要求。停止点检查由集团总部或区域公司派人参加，这是总部职能部门控制施工现场质量的有力抓手。

通过针对性的专项实验，比如淋水实验、闭水实验等，房企可加强对关键工序质量可靠性的验证。最后通过阶段性的集团巡检或第三方评估，房企可对质量控制的阶段性成果进行评估和总结、查漏补缺。房企应树立质量控制意识，通过定期交叉巡检、自我评估等手段来提升质量控制和管理水平。

在工程管理中，房企应贯彻"541"核心管理理念，即以50%的资源和投入进行前期控制，以40%的资源和投入进行过程控制，以10%的资源和投入进行后期控制，落实分级管控的管理思想，根据事项的轻重缓急，将主要管理行为分成一级管控动作、二级管控动作和三级管控动作（见图3-22）。

一级管控动作10个
总部检查
- 工程管理启动会
- 质量评估
- 方案论证与审核
- 关键工序管控
- 读图讲图
- 停止点检查
- 样板点评
- 工地开放日
- 工程推演
- 工程复盘

重在建章

二级管控动作20个
区域监督
- 启动会2.0版
- 可视化管理
- 方案论证与审核
- 施工图审查
- 施工深化图管理
- 样板点评
- 各专业工程推演
- 风险管理
- 材料管理
- 现场集中加工
- 过程巡检
- ……

管控与落地结合

三级管控动作108个
项目执行
- 工程管理启动会
- 精装类施工深化图
- 启动会2.0版
- 工程推演
- 总包监理单位团队面试
- 土建材料封样
- 总包监理单位进场交底
- 风险梳理
- 项目可视化策划
- 专家方案论证
- 交付开放日实施

重在落地执行

图3-22　某房企管控动作分级示意图

一级管控动作重在明确管理要点，是整个管控行为的纲领，体现了"一次做对"和"541"核心管理理念。一级管控动作一般由集团进行监督。

二级管控动作的重点在于细化管控，将其中的关键事项进一步拆分，便于执行和进行区域监督。

三级管控动作的重点在于项目日常执行，进一步将一级、二级管控动作标准化、流程化、规范化，使项目能够参照执行。比如，金茂地产就设置了一级管控动作10个、二级管控动作20个、三级管控动作108个，有针对性地对项目进行整体管控。

（2）主体建造阶段的前期预控管理

在主体建造过程中，房企应严格按照以上管控思路，在前期预控、过程控制、后期纠偏等阶段，针对常见质量通病、关键客户关注点等关键事项，加大管控力度。

①主体建造阶段的施工图与深化设计评审

甲方项目部应组织各参建单位对专业图纸进行审核，判断图纸是否符合国家及地方法律法规要求，重点关注地基选型及处理是否合理、建筑与结构构造是否合理，对各专业设计进行叠图审核，检查是否有矛盾、图纸是否存在错漏等。

对于影响主体结构安全和使用功能的关键工序、节点、构造设置，房企应根据规范和标准化要求做拉网式筛查，比如针对防渗漏节点，注意各防水节点的施工图深化、各部位导墙的设置、出屋面结构的一次成型、防水排水坡度设置等。

图纸会审完成后，由甲方项目部汇总问题清单，并整理图纸会审记录，督促与会各方签字盖章，将其作为施工和监理的重要依据。

②设计交底

各单位收到施工图后，项目部应组织设计单位与各参建方进行设计交底，宣贯设计意图、构造做法、图纸会审关注重点等，并形成交底记录，由各方签字盖章。

设计交底的意义不仅在于形成交底记录，更是要解决工程师只凭经验不看图纸以及施工人员不了解设计意图、不清楚施工做法，从而导致工序质量良莠不齐、错误频出的问题。设计交底不仅要传达至施工单位，施工单位还应将设计要求和做法传达至班组甚至个人。设计标准也可以通过样板交底或三维视频交底。通过交底将易发生质量问题的地点、部位和原因清晰地展示，将管控重点和要点明确传达，是现场品质控制的重要措施。

为了更好地帮助施工班组理解图纸、掌握设计要求，某些房企规定了具体的管理动作，要求施工单位每月定期进行读图讲图活动，以帮助员工加深对施工图纸的理解，及时发现图纸中存在的相应问题，分析施工中的重难点，思考相应的解决对策，这对工程品质提升起到了不错的效果。

③**各种施工方案的论证与审核**

施工方案是现场施工的重要依据，是将设计图纸产品化的指导书。在现场施工管理中，施工方案的论证与审核是前期预控的重要组成部分。房企应对关键工序、重大工程节点制订专门的施工方案，该方案应通过审核，方可进入施工作业。

房企在主体建造阶段应制订主体阶段质量控制、基坑开挖、支护及降水、塔吊安装及拆除、脚手架安装及拆除、施工电梯安装及拆除、外立面施工、地下室防水等方面的方案。为了加强对施工方案的审核与控制，房企可按照施工方案的重要程度进行分级管理。比如，金茂地产将施工组织设计、工程质量策划等四个方案作为一级方案，由区域副总审核、总部备案；将基坑开挖、成品保护等20个方案作为二级方案，由项目审核、区域备案；将支护施工、降水施工等37个方案作为三级方案，由项目部负责审核与落实。

在策划施工方案的过程中，房企应根据设计要求与国家强制规范，考虑项目的具体情况与施工设备的具体技能参数，针对性地撰写方案，切忌盲目照抄照搬。比如，在基坑开挖施工方案中，房企必须考虑围护结构的具体情况，考虑地下水位的情况和详勘报告的具体结果，确定标高和分层分区开挖的具体范围与厚度，还需要考虑设置实时监测，考虑限重车的通行路线与上下坡道的支护与处理，并且在基坑开挖后及时对围护排桩间土体进行保护，防止碰撞桩身。

根据"541"核心管理理念以及"一次做对"的质量控制思想，房企通过前期预控阶段的联合审图、设计交底、方案评审等，为施工创造了有利的环境和条件，为质量控制提供了强有力的依据和保障。在接下来的过程控制中，房企将通过关键工序验收、停止点检查、质量评估等多种手段来保障施工质量。

（3）主体建造阶段的施工过程管理

施工过程管理是建筑的生产环节，也是质量控制的关键环节。在进行了详细周全的前期策划后，主体建造阶段施工过程管理的重点是落实前期的预控方案，认真执行施工过程中的材料进场验收、样板引路、工序验收等标准化动作，通过关键工序验收、停止点检查、质量评估等多种手段，发现施工过程中的难点和症结，对照集团总部和区域公司的管控要求，思考解决问题的针对性策略与方法。

房企应对可能对质量安全产生较大影响的基坑工程、桩基工程、地下室防水、钢筋绑扎、混凝土工程等工序或分部工程进行重点管控和验收。

①材料验收环节

材料正在成为越来越多质量隐患的"始作俑者",各大房企也不断加强对材料的管控。除按照规范要求进行进场验收和"见证取样"验收外,部分房企还要求区域公司或项目部进行"第三方抽检",集团总部进行专门的"材料飞检"。

在主体建造阶段,材料验收的重点是检查水泥混凝土、钢筋、防水材料、砌块、预制构件、门窗、保温隔热等材料的性能指标、规格参数、厂商品牌、合格证书、认证检测等信息是否符合国家相关强制规范,是否按照规定进行了见证取样,是否满足设计要求。

②样板管理环节

在进入批量施工前,房企必须制作工序样板,以此作为批量施工的参考标准、交底和验收依据。

在主体建造阶段,房企应重点关注地基基础、钢筋、模板、砌筑、抹灰、防水、管线等的工法样板,解决项目与工法样板差别较大、水平参差不齐的问题。

第一,样板先行方案。施工单位在开工前须制订样板先行方案,其中包括负责样板施工的成员组成及样板施工的工序、时间、地点、大样图等,经监理单位审核、项目部确认,方可进行样板施工。

第二,样板举牌验收。房企在土建、装修等关键工序大面积开工前必须做施工样板,经监理单位、项目部按照图纸及规范要求进行举牌验收(标识牌应包含验收事项、部位、验收人员、验收日期等信息)后,方可进行大面积施工。

第三,每个样板均需设置资料板,详细讲解工序技术要求和相关施工、验收规范。所有新进班组必须学习样板资料并签名确认,保证按规范、按图纸施工,达到样板要求,且上传相关照片及验收要求至智慧工程管理系统。

第四,各单位工程管理人员必须学习样板,并且签名确认,保证熟悉每一条工序要求。

样板制作一般要求在总包进场后两个月内完成,可在各标段选取一栋别墅或者一层洋房集中设置工法样板。若施工场地具备条件,也可以搭设临时工棚并在内部设置工法样板,尽量避免将样板分散设置。另外,房企还需预留足够的位置来放置后续新增加的工法样板。

③关键工序的管理和验收

关键工序的识别与确定。在项目开始阶段,从客户敏感点、功能实现、防范重大风险等角度出发，筛选出关键工序清单。在项目进行中，根据施工单位素质、过程验收数据、重点管控要求等因素，动态调整关键工序清单。针对关键工序，增加验收点和管控点，提高管控等级，改善验收方法，确保关键环节不出问题。

关键工序的设置与前期工序交底、样板管理应具有相应的继承关系，房企要瞄准可能出现的系统性质量风险和对结构安全有较大影响的工序，包括但不限于：桩基施工、土方回填、混凝土灌桩浇筑、防水混凝土浇筑、卷材防水层细部构造处理、钢结构安装、装配式结构安装等。

关键工序的验收管理。由于关键工序多为隐蔽工程，因此房企必须要求项目部和监理认真履职，做好旁站监理。施工单位必须按有关规范要求对隐蔽工程做好自查自改工作，做好隐蔽工程验收记录单，并报监理和甲方项目部验收。

④举牌隐蔽验收

甲方项目部应组织施工单位、监理单位以及其他相关单位到现场进行举牌隐蔽验收（标识牌应包含验收事项、部位、验收人员与日期等信息）。监理单位需要向施工单位提供隐蔽工程验收记录表并现场进行质量验收。验收合格后，各方在隐蔽验收记录表上签字，验收不合格不允许进入下一道工序。

⑤旁站监理

对于关键工序的施工过程，监理单位应按照旁站规划进行旁站监理。实施旁站监理之前，应进行旁站交底，明确旁站的内容、要点及相关注意事项，形成交底记录。旁站人员应当对需要实施旁站的关键部位、关键工序等，在施工现场跟进监督，若发现施工方违反工程建设强制性标准，则有权责令施工方立即整改；若发现其施工活动已经或者可能危及工程质量，应及时向监理工程师或总监报告，由总监下达局部暂停施工指令或采取其他应急措施。

⑥停止点检查与验收

为保证重要部位、重要工序的工程质量，房企常常通过强制性的停止点检查来确保前后工序顺利开展，降低工程质量风险，提升工程品质。与关键工序验收不同的是，关键工序常常由甲方指导监理单位实施，而停止点检查要求甲方项目部人员必须参与。部分房企规定，关键停止点必须由区域公司或集团总部派人参加，验收通过后方可进入下一道工序。关键工序验收与停止点检查存在一定程度的重合，但是二者不能互相替代，当发生重合时可一并进行，但检查成果资料不能互相替代。

设置停止点可以强化甲方工程师对现场的管控能力，提高其对施工图纸、工艺工法和施工要求的熟悉程度，强化工程各阶段的预控和过程管控，适时对质量、安全、进度等进行全面评估，全面梳理下阶段工作，以"踩刹车"的形式避免项目出现系统性、大面积的质量或安全风险。

停止点同样可以通过分级管控的形式来管理。比如，某房企设置了深基坑停止点、总包开工停止点、±0结构停止点、开盘停止点、结构封顶停止点、精装开工停止点、景观开工停止点、外立面开工停止点、集中交付停止点九个停止点。

停止点检查应有相应的管控流程、检查要求和检查标准，在现场检查中使用标准版停止点检查评分表，形成相应的检查报告，并根据检查报告进行相应整改，提交整改报告。

⑦巡检评估

巡检评估是集团提升项目工程质量的重要手段，通常采用季度巡检、不定期飞检、交付前风险评估等多维度、全覆盖的质量评估手段，有针对性地对项目质量进行监督与管控，从而避免出现系统性质量风险，促进项目质量的持续提升。巡检评估工作可以由房企总部或第三方评估公司开展。

不同房企不同阶段的巡检评估重点、内容和评分结构有所不同，通过对评分结构的调整，房企可以灵活调整评估导向，指引一线的关注重点和关注方向。

主体建造阶段巡检评估的重点集中在风险较大的渗漏、空鼓、开裂、混凝土强度、结构尺寸、材料质量等风险点上（见图3-23）。

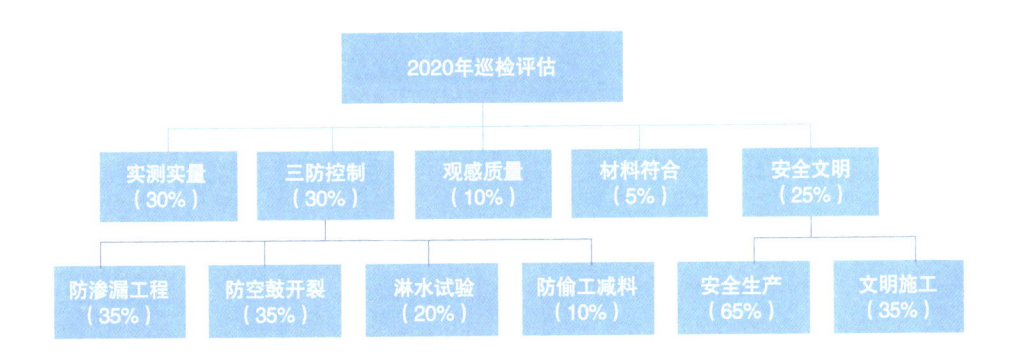

图3-23 某房企巡检评估组成

巡检评估的流程和检查方法与停止点检查相似，不同的是，停止点检查按照节点自动触发，必须完成当前环节才能进行下一步动作，是刚性的管理动作要求，只对当前工序负责，不涉及整体情况，而巡检评估是周期性管理动作。巡检评估从整体角度，阶段性、全方位地评估项目的质量安全情况，是集团总部和区域公司对项目进行管理的有效抓手，也是评估项目管理能力的标准之一。

⑧质量风险管理

通过停止点检查和巡检评估，房企可能会发现大量质量隐患，而如何对这些隐患进行归类，后续如何跟踪处理，需要靠质量风险管理。比如，碧桂园在主体建造阶段设置了十大质量红线，将结构安全、两防底线、过程监管等关键管控点划分为十大质量红线，并根据程度和影响的不同，划分风险等级，采用风险分级管理，设置了黄色预警、红色预警和黑色预警三重预警机制（见表3-7）。

表3-7 某房企质量风险分级及判定标准

维度	主体	范畴	级别	评判标准
质量维度	项目质量风险评估	实体工程质量	黄色预警	塔楼±0浇筑完成后30天内未完成地下室封闭
				触碰集团质量管控底线的项目
				出现任一系统性质量问题：空鼓、开裂、渗漏、部品问题、观感问题
				因质量原因被政府通报的项目
		项目管理行为	红色预警	触碰集团质量管控底线的项目
				出现任一系统性结构问题：桩基工程、混凝土强度不足（含同条件试块）、钢筋工程问题、地下室开裂或渗漏、楼板开裂或渗漏
			黑色预警	出现桩基工程问题，混凝土强度不足
				因严重质量问题引发群诉

产生黄色预警、红色预警和黑色预警，可能触发处罚机制，房企需要根据质量风险解除流程采取相应的管理对策（如图3-24所示）。

通过红线管理、风险分级管理和风险解除流程，对主体建造阶段可能对品质产生重大影响的关键因素进行重点管控，可以确保产品品质达到设计和规范要求，消除产品质量隐患，提升产品品质力。

质量问题全部完成整改 → 项目举一反三，核查建设方主体责任及安全、质量管理行为 → 区域项目举一反三，规范区域管理行为 → 向集团运营中心申请解除风险

图 3-24　某房企质量风险解除流程

5. 精装修阶段的工程管理

精装修工程是品质实现的重要载体，是对工程品质的直接呈现，对客户感知的影响较大。精装修工程的品质最容易打动客户，也极易引起客户的不满。精装修工程不仅要满足国家强制规范的相关要求，还要满足客户越来越"挑剔"的眼光和审美追求。因此，精装修工程历来是工程管理的重点与难点，受到各大房企的普遍关注。

在精装修管理过程中，房企同样需要贯彻"541"核心管理理念，需要落实"一次做对"的管理思想，需要从客户视角出发，把过程数据作为指导工作的重要依据和参考。因此，在精装修管理过程中，前期预控占有非常重要的地位。为了落实前期预控的各项管理要求、标准和措施，房企需要加强过程管理，在管理过程中加强总结与复盘，及时改进和调整在前期预控中遇到的问题和不足，这是精装修管理不可或缺的一环。

与主体建造阶段相似，在精装修阶段，房企也需要落实分级管控思想：集团总部主抓标准制定，为项目提供产品标准、工艺标准、管理标准，建立优质供应商库，为项目提供优质资源，通过巡检评估来预防系统性风险；区域公司主抓标准落实，跟踪项目关键点的管控动作与管控行为，对相关方案进行评审，验收关键工序，协助项目进行招标和采购工作；项目部严格按照集团总部和区域公司的要求落实各项管控动作，加强过程管理，对一线生产品质负责。

在精装修管理过程中，房企同样需要集中优势资源，抓住关键过程、客户敏感点、高发质量通病。因此，精装修管理同样要抓好联合审图、设计交底、场地移交、样板管理、工序验收、成品保护等关键环节（见图3-25）。

管理目标策划	前期预控	过程管控	后期纠偏
质量目标 质量目标分解 进度与工序安排 关键节点控制表 合约规划 安全目标 安全目标分解	施工单位进场 标准与制度 设计与图纸会审 设计交底	场地移交 样板管理 工序验收 巡检评估 成品保护	工地开放 模拟验收 复盘总结
定义工程目标，对目标进行任务分解	对精装进场前工作进行前期统筹策划	对精装修过程进行管控	对过程管理进行总结和纠偏、整理

图 3-25　精装修管理示意图

（1）管理目标策划

作为重要的专项工程策划，精装策划历来被房企所重视，不少房企在精装单位进场施工前，要求项目部完成精装策划并通过区域公司或集团总部的评审，制定精装管控标准，明确精装管控重点，规范过程管理。

精装策划的内容与工程策划有所相似，不同点在于精装过程的管理动作和要求（见图 3-26）。

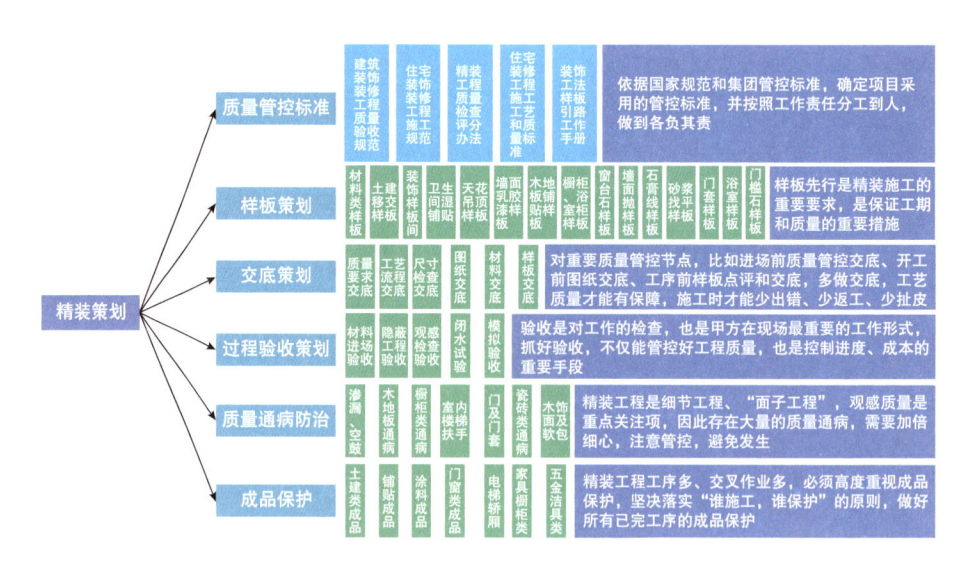

精装策划

- **质量管控标准**：建筑装饰装修工程质量验收规范、住宅装饰装修工程施工规范、精装工程质量检查评分办法、住宅装修工程施工工艺和质量标准、装饰做法样板引路工作手册 —— 依据国家规范和集团管控标准，确定项目采用的管控标准，并按照工作责任分工到人，做到各负其责

- **样板策划**：材料类样板、土建交接样板、装饰样板间、卫生间铺贴、生活阳台、天花吊顶、墙面乳胶漆、木地板铺贴、橱柜/浴室柜样板、窗台石样板、墙面抛线样板、石膏线样板、砂浆找平样板、门套样板、浴室样板、门槛石样板 —— 样板先行是精装施工的重要要求，是保证工期和质量的重要措施

- **交底策划**：质量要求交底、工艺流程交底、尺寸检查交底、图纸交底、材料交底、样板交底 —— 对重要质量管控节点，比如进场前质量管控交底、开工前图纸交底、工序前样板点评和交底，多做交底，工艺质量才能有保障，施工时才能少出错、少返工、少扯皮

- **过程验收策划**：材料进场验收、隐蔽工程验收、观感验收、闭水试验、模拟验收 —— 验收是对工作的检查，也是甲方在现场最重要的工作形式，抓好验收，不仅能管控好工程质量，也是控制进度、成本的重要手段

- **质量通病防治**：渗漏、空鼓、木地板通病、橱柜类通病、室内梯扶手、门及门套、瓷砖类通病、木饰面及墙面软包 —— 精装工程是细节工程、"面子工程"，观感质量是重点关注项，因此存在大量的质量通病，需要加倍细心，注意管控，避免发生

- **成品保护**：土建类成品、铺贴类成品、涂料类成品、门窗类成品、电梯轿厢、家具橱柜类、五金洁具类 —— 精装工程工序多、交叉作业多，必须高度重视成品保护，坚决落实"谁施工，谁保护"的原则，做好所有已完工序的成品保护

图 3-26　精装策划的主要内容

（2）前期预控

前期预控在精装管理中同样占有重要位置。精装管理的前期预控主要包括设计会审、深化设计、样板管理等关键步骤。

①设计会审

项目部应在收到合格的装修图之后，及时组织施工单位、设计院及相关部门进行图纸会审和答疑，注重与设计院、各专业条线的沟通协作，应特别重视厨房、卫生间的布置设计、收纳系统空间预留、家具空间预留、电器设备空间预留、外立面设计（见图3-27）。

事项	审查项	审查要点（部分）	设计图、施工图问题分级		
设计说明	6项：完整性、防火要求、防水做法、排砖、涂料及壁纸、打胶	项目说明完整、做法不冲突，防水防火涂料满足要求等	【A】类	安全性问题	【B】类 影响使用功能并造成业主投诉的问题
平面图	10项：原建筑平面图、平面布置图、墙体定位图、地面铺装图、开关插座定点定位图、给排水定点定位图、天花布置图、灯具布置图、开关连线图、厨卫五金定位图	有拆除墙体应填充，图例及尺寸应标注明确；装修加固位置应标明位置；排砖信息应标注清楚，起铺点及方向应标注清楚等	【C】类 【E】类	不符合公司标准的问题 安全性问题	【D】类 设计失误、专业交圈等一般性问题
立面图	4项：图面绘制、收口做法详细图、排砖图、楼梯间	所有立面均应有绘制图；立面名称与索引图中名称一一对应等	评审分析		
节点详图	8项：门countries、天花板节点、墙身节点、地面节点、卫生间厨房详图、淋浴间、衣柜玄关柜书柜、楼梯详图	门图与平面索引一一对应，无遗漏；看图方向，左右开、内外开方向应标注清楚等	城市公司得分 根据项目出现问题的等级进行评分	专业维度统计 从建筑专业、结构专业、精装专业分析图审问题数量、出现频次、改进方法	问题等级统计 统计城市公司、项目、设计院出现问题的等级
图纸间冲突	6项：与建筑冲突、与结构冲突、与给排水冲突、与空调冲突、新风通风、与电气冲突	房间内同一面墙出现两种厚度，必须有相应装饰处理；梁与梁下墙不在同一平面，必须有吊顶或顶角线掩饰等			
物料	7项：物料表、A类材料、C类材料、石材、木饰面、壁纸壁布、软硬包	图纸资料应包含物料表，物料表应结合实际设计选型，品类包含完善			
已交付项目反馈的审图重点	根据交付项目情况更新	主楼电梯厅、入户大堂、地下室墙、地、顶，统一标准做法等			

图3-27 某房企精装施工图审查要点

在施工图阶段，房企应重视与专业设计的对接，比如给水出口位置、排水地漏位置、空调留洞位置、新风口位置、热水器位置、开关插座位置、弱电接口位置等，同时注重装修设计与公共空间及户外空间、入户门内外的对接，注重室内与阳台、露台的对接等。

房企对图纸的评审应深入细节，考虑重点部位的构造与应对措施，在审图中明确要求相应动作，比如在关注"墙体定位、水电点位和构造做法"三大内容时，应注意六个方面。

第一，及时反馈图纸信息。墙体定位可能会对原建筑墙体进行修改，房企需要将修改情况及时反馈专业团队，并按照装修意见调整图纸。如果连续两次修改不到位且不说明原因，那么应请分管领导介入协调。

第二，保持图纸的一致性。当建筑方案有调整时，专业团队应将调整部位在图纸中逐个用云线圈出，以提醒室内设计单位修改相应位置。

第三，严格执行标准化。平面优化设计应达到一定深度，对家具、电器等集团标准化配置，应明确其在图纸中的相应落位，在施工图深化阶段保证楼地面、墙面等的做法是严格按照公司标准进行的。

第四，平面系统布局。注意结构的影响，比如梁高及其位置，有梁的房间应注意净高、设备安装等。如果有条件，应保证所有空间内不露梁。

第五，超高层变截面。在制订初步方案时应把相应楼层的变截面户型一起提资，以便综合考虑。为了避免水电点位出现设计错误及遗漏，需要根据不同标准户型将水电点位固化，形成公司级水电点位设计标准，设计院可直接按照标准进行设计，现场施工单位也可以按标准进行图纸核验。

第六，构造做法。这是精装图纸会审的一项重要内容，工程管理人员需要向技术部、设计院提出工程构造做法要求和具体验收标准。

②图纸二次深化设计

批量装修涉及多个专业图纸，这要求各装修总分包单位根据设计图纸和现场实际情况进行深化设计（见表3-8）。设计单位提供的图纸应包括设计说明、材料表、平面布置图、天花板布置图、地面布置图、插座布置图、开关布置图、给排水定位图、立面索引图、各功能区立面图、灯具布置图、空调风口定位图及各类细部大样图。

总分包单位提供的图纸应包括暖气施工图、中央空调施工图、新风系统图、淋浴房图纸、橱柜图纸、玄关浴室柜图纸、衣柜图纸、户内门图纸、木地板排版图等。

装修单位应完成的深化图纸包括水电管线定位走向图、开关插座定位图、各功能区地砖排版图、吊顶排版图（龙骨及石膏板）、背景墙排版图等。

表 3-8　某房企精装图纸深化要求

分类	深化图纸目录	深化依据	深化要点
排版图 12 张	客厅、卧室顶面龙骨排版图	顶面布置图、灯具定位图、空调风口定位图、现场实测结果	吊筋、龙骨间距，洞口加强，转角抗裂，收边节点，灯具及空调布置
	客厅、卧室顶面石膏板排版图	龙骨排版图	
	厨房地面排砖图	装修厨房平面图、橱柜平面图（分包提供）、现场实测结果	缝宽、开槽角度，拼花样式，煤气立管和支管，烟机排烟管，门窗部位及检修口，厨卫设备、开关插座、橱柜、面砖及配套管线口的相关位置
	厨房各面立面及墙砖排版图	厂家提供部品立面图、现场实测结果	
	厨房顶龙骨排版图	顶面布置图、灯具定位图、排烟口定位图、现场实测结果	
	厨房顶石膏板（铝扣板）排版图	厨房平顶龙骨排版图	
	厨房地面和顶部大样图	地面排砖图、龙骨排版图	
	卫生间地面排砖图	厂家提供部品平面图、现场实测记录	
	卫生间吊顶龙骨排版图	顶面布置图、灯具定位图、空调风口定位图、现场实测结果	
	卫生间吊顶石膏板（铝扣板）排版图	卫生间平顶龙骨排版图	
	卫生间地面和顶部大样图	地面排砖图、龙骨排版图	
	卫生间各面立面及墙砖排版图	厂家提供部品立面图、现场实测结果	
定位图 3 张	给水点及管线定位图	给水点定位图	管道走向、打洞位置、出水口及阀门高度、水管管径规范
	开关插座及管线定位图	开关插座定位图、灯具定位图	
	空调风口定位图及冷水管开洞标高图	顶面平面图、灯具定位图	
立面综合图 4 张	卫生间四面墙综合图	厂家提供橱柜和部品立面图、现场实测结果	开关插座立面布置及使用功能；部品部件布置合理性，是否与框架梁柱冲突，整体布局效果、局部净高
	厨房四面墙综合图	平面布置图	
	卧室四面墙综合图		
	客厅四面墙综合图		

（续表）

分类	深化图纸目录	深化依据	深化要点
节点详图 4 张	客厅节点详图	大样节点图（包括地板与阳台门接缝处理，地板与门槛石接缝处理、卫生间门套靴安装、石膏线拼接处理等）	观感质量，节点防裂、防水、防空鼓措施，节点做法可实施性
	厨房节点图		
	卫生间节点图		
	卧室节点图		
加工图 5 张	瓷砖加工图	排砖图	明确规格、尺寸、数量
	石膏板加工图	排版图	
	淋浴房加工图	卫生间四面综合图、平面布置图	
	厨浴、衣柜加工图	相关功能立面图、现场实测结果	
	室内门加工图	门洞尺寸现场实测结果	

所有深化设计必须经过现场精确测量、复测，并结合精装修施工样板形成标准尺寸，之后进行图纸深化，制定二次深化的排版图，最终经技术部和项目部确认后作为施工依据。

③**场地界面划分与移交管理**

明确界面划分是避免扯皮的有效手段，各项目应根据集团工作界面划分原则，进一步划分土建、机电和精装之间的施工界面关系，编制住宅施工界面划分标准（见表3-9），并将其作为合同及招标文件的一部分。

为有序进行场地移交，项目部应提前制订招标计划，成本部应在精装修正式开工前两个月完成精装修招标工作。土建总包、精装总包及监理单位应共同组建移交小组，监理总监任组长，小组成员在移交期间应固定。土建总包应编制总体工作面移交计划，每月月底提交下个月计划并报项目部审批，同时抄送精装修总包及各分包单位。在规定的移交期间，土建总包及相关分包和装修总包单位根据移交计划办理移交，并形成书面交接记录。

由监理组织总包单位、专业分包单位、精装修单位、相关精装修分包单位以及甲方主管工程师，逐层逐户、分批次按照设计规范和公司标准对相关工作进行验收、移交，并及时完成《土建移交记录表》（见表3-10）。

表 3-9　某房企土建、机电与精装界面划分表

分部工程	工程部位	实施界面		
^	^	土建、机电安装实施界面	精装实施界面	专业分包
住宅	结构 主体结构	土建总包完成		
^	楼面 客厅、餐厅	结构层完成	精装总包完成基层、面层铺装	
^	楼面 主次卧、书房、衣帽间	结构层完成，完成木地板水泥砂浆找平	找平完成后的成品保护，移交前的保护拆除及卫生清理，平整度要达到0~3毫米，移交木地板铺贴单位	木地板及踢脚线专业分包
^	楼面 卫生间	总包负责结构层施工，一次防水保护层及找平层（含R角处理）施工，管井反坎完成，结构闭水无渗漏移交	精装总包完成沉箱回填（含R角处理）、二次防水及防水保护层施工，完成基层、面层铺装	一次防水由专业分包施工，闭水无渗漏后移交精装
^	楼面 厨房、阳台、入户花园	总包负责结构层施工，结构闭水后移交防水单位	推拉门窗下滑闭水、防水施工，精装负责基层、面层施工	防水由专业分包施工，管根、烟道根、门下坎、四周反坎防水附加层加强施工，闭水无渗漏后移交精装
^	楼面 设备房、商业库房	土建总包完成		
^	楼面 车库	土建总包完成		
^	楼面 电井	土建总包完成		
^	楼面 水井	土建总包完成		
^	楼面 电梯机房	土建总包完成		

为提升总包管理意识和管理水平，根据公司相关管理规定，精装单位在进场后，应与分包单位签订《总包管理协议书》，履行精装总包相关职责。

表 3-10 某房企土建移交记录（部分）

序号	检查内容	移交标准
1	入户门	可拆卸式入户门：入户门拆除，由厂家自行保管，门框无刮花、无变形，入户门框成品保护完整，门扇下边沿与结构地面的间距不可低于4厘米，门扇、门框按照要求保护
		入户门坎标高、室内标高、电梯厅标高协调统一，满足设计要求
		不可拆卸式入户门：门与门套垂直平整，密合性好，缝隙适度均匀，门框及门扇无刮花、无变形，门扇下边沿与结构地面的间距不得低于4厘米，成品保护完整，锁具、门吸及猫眼由厂家自行拆卸保管，门扇、门框按照要求保护
2	室内铝合金门窗	门与门套垂直平整，密合性好，缝隙适度均匀，淋水无渗漏
		开关锁灵活自如，平稳无噪音
		小五金配件齐全，无松脱、晃动、磨损、划伤、锈迹
		窗边打胶均匀美观、无破损，整体打胶均匀美观
		玻璃膜保护，铝合金门下坎有保护，铝合金下坎单边固定无渗漏
		玻璃完好无损，无气泡、波纹、磕伤、划痕、污染等
		窗框干净整洁，无砂浆污染，无预埋件漏点，成品保护完整

（3）过程管控

①样板管理

样板是质量施工的依据，在精装施工中同样具有重要的意义。某房企为落实样板先行制度，要求各项目在精装单位进场后 60 天内，由精装总包、土建总包及分包单位在标准层按样板施工，并办理相关移交手续（见表 3-11）。

清水房移交样板：由土建总包及分包单位完成，应明确移交精装单位工作面的各项标准——装修单位界面移交的直观依据，样板标准参照移交验收单。

材料样板：主要包括原材料及成品、半成品加工样板。材料批量使用前由技术部对其样式、材质、颜色、功能等签字确认（封样），这是后续材料进场验收的主要依据。项目部负责样板的现场保存及管理，工程管理部应定期对各项目的重要精装材料进行第三方抽检，并通报检测结果。

展示工法样板：一般设置在展示样板间或售楼部，针对客户关心的实体工艺及关键部位构造做法进行展示，将影响质量的施工细节以工序分解和实物展示的方式，让客户对施工过程有直观的了解，从而踏实购房。

表 3-11　某房企精装移交界面划分表（部分）

移交项目	移交界面	实施单位
地面	钢筋混凝土结构面	土建总包
墙面	水泥或石膏砂浆面	
天花	钢筋混凝土结构面	
门洞口	钢筋混凝土结构面或水泥、石膏砂浆面	
强弱电安装	强弱电井到户内配电箱管线敷设与穿线	
给排水安装	户内给水总阀	
户内门窗	门窗安装及塞缝	门窗分包
栏杆	栏杆安装及保护	栏杆分包
其他	……	……

工艺样板：能够反映除饰面材料外所有隐蔽工程施工工艺标准的基层构造样板，比如轻钢龙骨安装工艺、卫生间及阳台防渗漏工艺、水电定位安装、地砖排版及施工工艺等。精装工艺样板先由监理单位、项目部验收，之后技术部、工程管理部联合验收。工艺样板间是所有施工参建人员接受技术交底的场所，应保留至硬装施工完成。

成品保护样板：在所有精装总包单位、分包单位进场后，按照精装合同技术要求及精装成品保护标准，在大面积施工前完成。

施工交付样板：装修总包单位依据公司提交给业主的交房标准，按设计方案和规范的施工工序、工艺质量、管理流程在大面积施工前完成实物样板房。施工交付样板应包含所有户型，由精装总包单位、分包单位在进场后两个月内完成，完成后项目部报请工程、技术、营销、客服、物业等部门联合验收，并及时完成验收记录。

②工序验收

通过对关键工序验收，房企可以保证精装呈现品质，避免大批量返工与浪费。按规定的施工程序，在下道工序开工前，对所有前道工序进行验收，确保每道工序都能按规定工艺和技术要求施工，之后判断下一道工序能否开工，并对工序质量等级进行评定。

现场工序验收参照工序验收表执行，在要求装修单位做好自检的前提下，报监理单位及甲方进行项目验收，项目验收人在确认验收合格后，在现场张贴的表格上签字，并对验收结果负责（见表3-12）。

表3-12 精装修阶段关键工序验收要点一览表（部分）

关键工序	验收要点
水电管线隐蔽验收	复核管线走向、定位；给水、采暖、空调管打压检测，并保持带压作业；冷热水水龙头和燃气预留孔必须在同一高度；冷热水水龙头孔距正确，水龙头预埋进出位必须按照墙面完成线确定，否则装饰盖无法贴合墙面
厅房内吊顶	吊杆直径及防锈处理，木龙骨三防处理；吊杆及龙骨安装；防开裂措施检查；螺钉间距及防锈处理
卫生间回填及防水施工	检查泄水口留置情况、防水层厚度（不小于设计值）和找坡坡度
室内地坪	地坪实测实量检查；地坪养护检查；地面平整度＜[0，4]（毫米）
门槛石、窗台板安装	材料验收（无裂痕、破损）；基层处理；粘贴施工；卫生间门槛石防水涂刷
地砖铺贴	基层验收；镶贴过程检查；勾缝验收；阳台、卫生间重点检查地漏找坡坡度；瓷砖地面平整度＜[0，2]（毫米）
厨卫墙砖铺贴	基层验收；墙面弹线，检查预留线盒定位，检查阴阳角部位是否方正；瓷片泡水检查；袖面砖需在使用前在清水中浸泡30分钟左右，以面砖吸足水不冒泡为准，阴干备用；铺贴过程检查；为保证砖缝一致，可采用塑料十字架，铺贴后达到半干再取出，一面墙不能一次贴到顶，防止塌落，墙砖固定前须确保粘贴材料密实饱满，并将砖周边补满，铺贴后应随手用干布或棉纱将缝隙中挤出的浆液擦干净，为防止砖下坠，可采用木枋临时支撑，不允许用钉子固定，瓷砖墙面平整和垂直度＜[0，3]（毫米），瓷砖墙面高低差＜[0，0.5]（毫米）
室内墙面、顶棚刮腻子	重点验收阴阳角是否方正，墙面、顶棚平整度是否达标，房间尺寸是否方正，腻子打磨修补是否到位；腻子平整度＜[0，4]（毫米）
室内墙面、顶棚与底漆	底漆涂刷均匀、无漏涂部位；底漆平整度＜[0，3]（毫米）
厨卫吊顶安装	施工放样；吊杆及龙骨固定；预留管线安装；顶棚（吊顶）水平度＜[0，10]（毫米）
橱柜柜体及台面、玄关浴室柜安装	工作面交接，门洞边垂平≤1毫米；安装牢固，外观表面光滑、无翘曲变形，配件牢固齐全；检查柜体与墙面缝隙、台面质量、柜门平整度、柜门高低差、柜门开启异响等
入户门及防火门安装	安装定位、灌浆、收口及成品保护；门框正侧面垂直度＜[0，3]（毫米）
洁具、淋浴	洁具盛水，通水试验
木门及门套	工作面交接，门洞边垂平≤1毫米；材料报验、滑轨安装、门套安装、门扇及五金件安装

(续表)

关键工序	验收要点
室内墙面、顶棚上面漆	表面无起皮、起壳、起泡，无明显透底、色差、泛碱、返色、无砂眼、流坠等；涂装均匀、粘结牢固、无漏涂、掉粉、刷痕；重点检查流坠、波浪纹、打磨不平等缺陷；面漆墙面平整度＜[0，3]（毫米）；顶棚（吊顶）水平度＜[0，10]（毫米）
橱柜、玄关柜柜门安装	检查门板水平高低差、门板缝宽、门板平整度、柜门开关灵活性以及下口与底边下口位置是否平行；成品保护
电器、厨卫五金安装	外观洁净无损；安装牢固，无松动
木地板及踢脚线安装	基层是否清理干净；基层不平处理完毕；防潮垫铺设：检查搭接处、墙体周边是否到位；踢脚线部位墙面平整度小于1毫米；木地板安装：实测实量、观感质量；成品保护
灯具安装	安装牢固，无松动；底盒及电线无外漏
开关面板安装	安装牢固，无松动，与墙面贴合紧密；同一室内高度偏差≤5毫米
通电测试、管道试压	检查线路是否故障、管道是否有渗漏、下水是否有渗漏

③专项隐蔽验收

在精装工程中，为保证项目品质，房企应对与防渗漏相关的隐蔽工程做专项验收，并留存一户一档资料，以备查验。区域公司应明确隐蔽验收项目、验收流程、一户一档资料的拍摄要求以及存档管理规范等，定期抽查现场的执行情况，要求项目部做好隐蔽验收工作。比如，某房企要求对以下三处必须进行专项隐蔽验收：卫生间、阳台闭水的隐蔽验收，水电线管铺设（含墙暖、地暖）的隐蔽验收（吊顶封闭前、地面贴砖前，分房间记录）；给水管打压隐蔽验收（带压作业、贴砖完成后，五金及柜体安装前）。

④巡检评估

为保证在建项目不发生大面积品质滑坡状况，房企应为在建项目制定"三级质量检查"体系，即集团第三方飞检、公司工程管理部品质巡检、项目部过程质量检查。某房企将精装巡检评估分成两个阶段，阶段一是湿作业完成1/2，阶段二是湿作业完成、木作业开始1/3。阶段二的各项评估分值如图3-28所示。

将巡检评估成绩与项目考核相挂钩，可以有效指引项目的品质方向，避免出现系统性质量风险，这是集团总部或区域公司对精装工程管控的有效抓手。

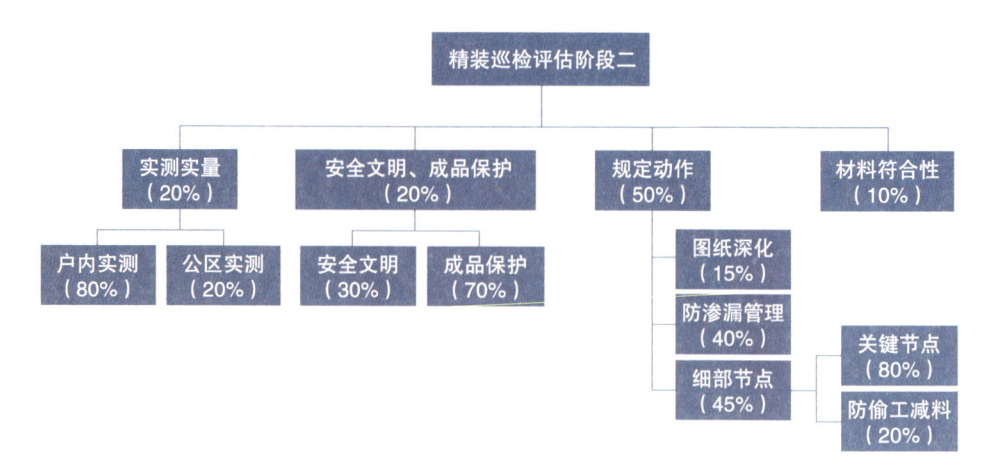

图 3-28　某房企精装巡检评估阶段二构成

⑤成品保护

成品保护是精装管理的重要阶段，有效的成品保护是保证呈现效果、避免返工和浪费的有力措施。但成品保护阶段也是问题高发区，存在大量管理盲区。

房企应合理安排各专业施工顺序，明确装修饰面、设备安装完成后的标准保护措施（包括对部分半成品的保护），以最大限度地减少因施工工艺、工序不合理和成品保护措施不当而引起的二次维修，提高装修工程质量和交付品质，提升客户满意度。

成品保护有三项原则。

责任明确原则：装修总包单位和各分包单位按合同条款和公司成品保护标准，对各自施工范围内的半成品、成品采取保护措施。装修总包单位有责任督促各分包单位做好成品保护工作，分包单位完成成品保护工作且验收合格后，将工作移交装修总包单位，即移交后的成品保护责任单位为精装修单位。

装修总包单位应成立专门的现场成品保护小组，每单元配置 1～2 人，负责对楼栋内已完成的成品保护措施进行检查。入户门上锁后，后续进出室内需要办理移交手续。项目部应每周召开协调会，明确后续工种以流水方式进入具体房间的时间表，由各单位指定专人与装修总包单位办理场地移交，负责开门、检查、关门、再检查的工作，室内成品保护责任单位为钥匙持有单位（一般为精装修单位）。

工序合理化原则：合理的工序安排对成品保护有着至关重要的影响，这要求装修总包单位提交施工进度计划（包含专业分包配合计划和甲供材料进场计划），经项目部批准后实施。房企可将具备锁门条件作为计划关键节点，灯具、开关、插座、热水器、燃气灶、龙头五金件应在具备锁门条件后安装，安装时间应得到项目部批准。合理规划工序，尽量避免多工种在同一户内交叉施工。将产品保护难度较大的材料，比如入户门、地板等安排在大部分装饰工作完成后入户。

持续保护原则：工作面移交装修总包单位后，装修总包单位负有对所接收工作面内产品进行巡视检查、维护的责任。工作面未移交装修总包单位时，由各分包单位开展成品保护工作，对于成品保护措施被损坏、拆除的，必须及时恢复。

某房企规定必须对以下材料部品进行成品保护：

- 精装单位：墙地砖、门槛石、窗台板、天花吊顶、踢脚线。
- 安装单位：电位线盒、浴缸、马桶、龙头、灯具。
- 栏杆单位：阳台栏杆、入户花园扶手、楼梯间栏杆。
- 木门单位：木门框、木门扇、五金件。
- 铝合金门窗单位：铝合金门框、门扇、五金件。
- 木地板单位：木地板。
- 橱柜单位：吊柜、地柜、台面石。
- 淋浴隔断单位：玻璃、五金。
- 入户门单位：门框、门扇。

6. 竣工验收

（1）竣工验收的内容和痛点

①竣工验收的主要内容

竣工验收是建设工程项目竣工后，开发单位会同勘察设计、施工、监理单位及工程质量监督部门，对该项目是否按照法律法规、工程建设规范以及工程设计要求和合同约定的各项内容施工进行评估，对建筑施工和设备安装质量进行全面检验，并取得竣工合格资料、数据和凭证。

竣工验收可以全面考察工程的施工质量，检查合同履约执行情况，这是建设工程由施工转入合法使用阶段的必备程序。

竣工验收与交付查验有所类似，时间上可能有重叠，但又有不同。竣工验收是完成法定程序，重点在于完成合同施工任务，取得"竣工备案证书"。交付查验是施工单位向甲方或物业公司进行全面的工作成果转移和移交，关键在于消除所有质量风险，实现完美交付。

②竣工验收的主要痛点

首先，前置审批多，中间任一环节的延误都有可能影响竣工验收质量。验收前，建设单位应取得政府有关主管部门（或其委托机构）出具的工程施工质量、消防、规划、环保、城建、人防等验收文件或准许使用文件。

其次，竣工验收阶段需要准备大量资料，因整个工程历时较长，一些隐蔽验收和材料类文件容易遗漏、遗失、出错。

最后，竣工验收阶段经常会进行整改，因此需要限期闭环，特别是当涉及多单位和复杂事项时，闭环难可能会导致验收困难。

（2）针对性解决方案

房企可通过内部培训与经验交流，明确验收流程（先预验收，再正式验收），明确验收要求，争取一次到位，通过数字化工具记录工程管理资料，确保资料完整、整改闭环。房企可检查以下各项工作的完成情况：

- 完成工程设计和合同约定的各项内容。
- 建设管理手续齐全。
- 通过工程实体质量验收并完成工程移交，且工程实体质量验收和工程移交中提出的整改问题全部整改完毕。
- 主管部门及其委托的工程质量监督机构等有关部门责令整改的问题全部整改完毕。
- 通过公安消防、环保、防雷接地、卫生防疫、人防工程、安全设施、特种设备等项目的政府专项验收，并取得相应主管部门出具的认可文件或准许使用文件。
- 按合同要求完成各类设备设施的操作培训，完成设备设施、备品备件等的移交工作，完成所有合同约定，通过单体调试和系统联调并提供相关调试报告，相关缺陷已整改完毕并得到接管单位确认。
- 所有变更、签证手续齐全，流程完整。
- 承包商已按照要求提交竣工清单、竣工结算报告及完整的结算资料。

- 工程竣工资料通过市城建档案馆、质量监督机构、地铁公司信息中心、接管单位等单位的审查。
- 完成竣工图审查。竣工验收前，由建设管理单位组织开展工程竣工图纸审查，地铁公司质量安全部、信息中心、接管单位、监理单位、施工单位共同参加，共同对竣工图纸的完整性、真实性、准确性进行确认。

（3）竣工验收应包括三个重点

第一，核查工程实体质量，包括：

- 执行强制性标准检查：重点核查与安全和使用功能相关的强制性条文，比如公共和居住建筑的无障碍实施情况、儿童活动场所的栏杆构造、宿舍建筑的楼梯及走道总宽度、上方有阳台的公共出入口防护、住宅窗台防护措施、门窗工程安全玻璃的使用、铝合金窗的限位及防脱落装置等。
- 检查相关法律（法规、规范性文件）及设计文件的执行情况：重点抽查与社会投诉热点、安全和使用功能、建筑节能相关的法律（法规、规范性文件）及设计文件的执行情况，比如《住宅工程质量通病防治技术措施二十条》《商品住宅建筑质量逐套检验管理规定》《关于加强建筑门窗质量管理的通知》《民用建筑室内环境污染检测暂行规定》《关于加强无障碍设施建设和管理工作的通知》《建筑安全玻璃管理规定》等。
- 抽查主要功能：重点抽查涉及安全和使用功能的项目，比如防水工程的淋（蓄）水试验、给水管道的压力试验、建筑电气的漏电测试或接地电阻测试、通风空调的漏风量测试或温湿度测试等；
- 抽查观感质量。

第二，检查工程建设参与各方提供的竣工资料。

第三，对建筑的使用功能进行抽查。比如厕所、阳台的闭水试验，浴缸、水盘、水池的盛水试验，通水、通电试验，排污主管通球试验以及绝缘电阻、接地电阻、漏电跳闸测试等。

（4）竣工验收通过

房企应对竣工验收情况进行汇总，并听取质量监督机构的质量监督意见，形成竣工验收意见，填写《建设工程竣工验收备案表》和《建设工程竣工验收报告》，验收小组人员分别签字，建设单位盖章。

当在验收过程中发现严重问题，以致达不到竣工验收标准时，验收小组应责令责任单位立即整改，并宣布本次验收无效，重新确定时间组织竣工验收。

当在验收过程中发现一般性整改质量问题时，验收小组可形成初步验收意见，填写有关表格，让有关人员签字，但建设单位不加盖公章。验收小组责令有关责任单位整改，可委托建设单位项目负责人组织复查，整改完毕后，加盖建设单位公章。

当竣工验收小组不能形成一致的竣工验收意见时，应当协商提出解决办法，等意见一致后，重新组织竣工验收。当协商不成时，应报主管部门或质量监督机构进行协调。

在验收中发现的问题经整改后，建设单位应当组织施工、设计、监理等单位检查确认，提交《工程竣工验收整改意见处理报告》。

当符合下列要求时，竣工验收通过：

- 竣工验收资料齐全。
- 竣工验收组织机构有效。
- 竣工验收程序合法。
- 执行《建筑工程施工质量验收统一标准》（GB50300-2013）及其配套的各专业工程施工质量验收规范、工程建设强制性标准、相关法律（法规、规范性文件）及设计文件相关要求，符合单位（子单位）工程质量验收合格规定，工程实体质量经抽查合格或发现的问题经整改合格。

（5）竣工验收备案

收集齐全以上步骤中的相关资料（备案要求规划、消防、环保、城建档案四个部门提供的认可文件或准许使用文件）及工程施工承包合同、施工单位签署的工程质量保修书、施工许可证复印件、竣工验收备案表，将其递交给建设局窗口进行备案。

建设工程竣工验收备案需由建设单位在竣工验收和消防、电梯、燃气等工程验收合格后15日内，向质监站提供相关资料，办理竣工验收备案手续。

7. 复盘与后评估

如果细心分析优秀房企与普通房企的区别，那么你会发现优秀房企都非常重视复盘和后评估，它们把复盘作为一个输出阶段性成果、学习复用、寻找不足的重要过程。

（1）复盘总结质量缺陷数据库，优化相关管理动作

在工程管理中，很多质量问题反复发生、重复发生，常被称作质量通病。质量通病之所以常有发生，一是因为管理人员不够重视，二是因为房企没有研究出针对性措施。如果大面积、多样化的质量通病常有发生，项目的质量控制就会非常困难。不断完善和丰富质量缺陷数据库，增加对各类常见质量通病、各类质量控制难点和重点部位的预判，有助于大大提升项目的品质管理能力（见图3-29）。

图3-29 质量缺陷数据库完善示意图

（2）复盘项目管理过程中的利弊得失，为后来者提供借鉴

复盘项目管理过程中与品质相关的组织保障、制度保障、技术保障措施，及时进行总结、分享和培训，让一个人的个人心得变成组织的通用能力，这可以快速提升组织的品质管控能力。

（3）建立常态化的复盘和总结机制，引导员工主动分享

很多房企会在项目的里程碑节点或一级节点建立复盘制度，将项目复盘工作变成管理工作的一部分。有些房企根据项目管理实际，阶段性地开展相关工程复盘，比如在铝模工程完工后进行铝模管理复盘，在外立面工程完工后进行外立面管理复盘。房企可将类似的方法常态化、普遍化，最终形成"人人是老师，人人是学生"的学习氛围，推动工程品质不断向前。

第六节

交付管理的品质管控

近年来，精装政策持续推广，一些房企在精装方面投入重金，建造时严谨扎实，但现实与客户预期存在差异，"交付即维权"成为房企在交付阶段的常态。产生这种现象的原因是房企的交付管理存在问题。如何提升交付品质，实现零客诉？本节将对房企的交付管理问题进行剖析，基于问题提出交付管理品质管控方案，以供房企参考。

一、交付管理问题：客户意识缺失，交付管理滞后

总结房企交付案例，我们认为房企的交付管理主要存在客户意识缺失、交付管理滞后两大问题。

1. 客户意识缺失：不主动、不重视、不真诚

众所周知，交付阶段是房企与客户交互十分密切的阶段，是决定客户满意度的重要一环。如果一线员工缺乏客户意识，那么这极有可能导致后期投诉。一般而言，员工的客户意识缺失包括不主动、不重视、不真诚三个层面。

（1）不主动：被动、滞后、信息传递不对称

从大部分维权案例中可以看出，信息不对称是造成客诉的原因之一。一些一线员工抱着拖延和甩锅的心态，不主动向客户解释项目设计、建造、销售中可能出现的问题。客户对可能出现的问题一概不知，到交付时才发现，从而导致群诉的爆发。

（2）不重视：态度不端正，客户体验差

房企管理层以及一线员工的服务态度要端正、亲切，当面临客诉时，服务态度端正可以为房企降低一部分处理难度。如果客户与房企建立了正面的情感联系，那么相对于不重视客户的房企，客户愿意给予更高的容忍度。如果房企的态度不端正，客户体验差，客诉处理也就自然没有谈判余地。

（3）不真诚：过度美化，现实与客户预期存在差异

在客户维权原因中，因销售承诺未兑现而导致的维权占较大比例。在客户购

房时，部分一线销售员工为了促进成交，很多时候选择隐瞒项目缺陷、美化项目条件。而房企在交付时，往往面临规划难以改变、承诺难以落地等一系列窘境，客户的美好设想与实际交付存在巨大落差，从而导致群诉。

2.交付管理滞后：局限于交付阶段，缺乏全周期管控

纵观房企交付管理现状，大部分房企的交付管理局限于交付阶段，当问题集中爆发时，房企才调集人力、物力进行"救火"。这种管理模式具有极大的滞后性，因为群诉问题往往在前期规划、中期销售时就已经产生，比如项目存在的设计缺陷、项目建设过程中出现的设计变更、项目红线外政府规划的变动等。房企如果不提前对这些问题进行预警和处理，那么后期基本上不可逆转，房企将付出极大的维权成本。

二、交付管理思路：建立基于客户视角的全周期交付管理体系

基于上述问题，房企要想通过交付管理来提升品质，则必然不能只从企业视角入手，或只从交付阶段入手，需要建立基于客户视角的全周期交付管理体系，通过前端、中端、后端管理，实现项目完美交付（见图3-30）。

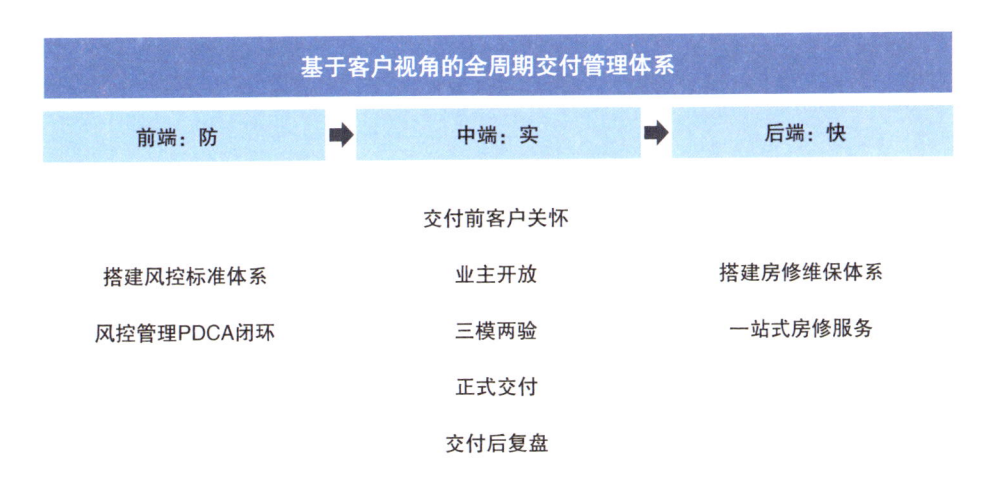

基于客户视角的全周期交付管理体系		
前端：防	中端：实	后端：快
搭建风控标准体系	交付前客户关怀 业主开放 三模两验 正式交付 交付后复盘	搭建房修维保体系
风控管理PDCA闭环		一站式房修服务

注：PDCA是一个质量管理概念，指规划、执行、检查、优化的过程。

图3-30 全周期交付管理体系

1. 前端"防"字诀

房企应建立风控标准体系，通过前置核心交付风险项管理，落实风控管理PDCA闭环，将问题扼杀在萌芽阶段，从而为交付提供安全保障。

2. 中端"实"字诀

房企应强化交付过程管控，以实现完美交付为目标，围绕交付前客户关怀、业主开放、三模两验、正式交付、交付后复盘五个方面，实现客户预期管理和质量管控。

3. 后端"快"字诀

房企应完善房修维保体系，建立一站式报修流程，提升报事报修处理效率，避免维保投诉。

三、"防"字诀：建立全周期风控体系，从救火到防火

随着交付要求提升，全周期风控成为行业耳熟能详的管理理念，许多房企都意识到了风控管理的重要性。但放眼行业，风控管理的落地效果并不明显。如何建立风控体系，真正做到防患于未然？我们认为房企需要厘清导致风控失败的原因，避开误区，实现全周期风控体系落地。

1. 风控失败的原因：意识、组织、管理三大误区

风控是系统的管理体系，牵一发而动全身，因此风控失败的原因并不局限于具体执行，而是体现在意识、组织、管理上。

（1）意识上：没有从长期角度、战略角度看待风控

受行业杠杆红利的影响，部分房企在谈及经营目标时，更关心销售额和利润等短期目标，而忽视企业长远的形象口碑。因此，在风控过程中，对于本来应该严控的风险项，房企会因为利益而做出让步，而这有可能在后期形成更大的损失。比如，某房企出于成本管控目的，将外立面墙体的建造标准由干挂石材改为真石漆或弹性涂料，短期看这确实控制了成本，但交付前业主群诉不断，该房企不得不重新改为干挂石材，同时得赔偿延期交付违约金，并承担无形的企业品牌

损失。

（2）组织上：客关部门弱势、统筹能力有限

大多数房企由客关部门负责风控管理，虽然职责分配到位，但客关部门在房企各部门中却十分弱势。客关部门没有标准的风控流程，经常需要为经营让路，因此也就缺乏提高风控的动力。

（3）管理上：标准不足、动力不强

第一，标准不足。风控体系的建立是以标准化管理为基础的，房企只有将标准化管理做到位，才能将风控做得更为细致。但当前大多数房企的标准化建设水平有限，再加上横跨专业多，风控落地的难度极大。

第二，动力不强。如何衡量风控工作的价值是房企面临的一大难题。一方面，风控工作的核心目的是防范风险、减少损失，但由于风险发生的概率性问题，交付未出现风险很难与风控管理划上等号。另一方面，并不是做了风控工作，所有风险都能得到有效规避，一旦出现问题，房企内部很容易产生"风控无用论"。因此，如果不制定行之有效的衡量标准，一线员工的风控执行动力就会不足。

2. 全周期风控体系的搭建：强化组织、完善标准、形成闭环

（1）强化组织：风控网状组织模式

搭建风控网状组织模式（见图3-31），从解决客户问题的角度出发，将风控职责提至运营中心，以运营为轴，实现专业部门与多层级交圈，横向拉通设计、成本、工程、营销、客服、物业、品牌，纵向打通总部、区域、城市三级管控，从而降低风险。

（2）完善标准：建立风险检查标准库、落实风险管理责任

风控标准包括风险检查标准库和风险管理责任两个层面。

①风险检查标准库的搭建

纵观当前搭建风控体系的房企，有些苦于难以形成风控标准，有些则困于标准太多、重点不清晰，这最终都导致风控体系无法落地。比如，某房企的过程风险检查指引表有670多项指标，关注点过多，执行起来十分烦琐，一线员工也不想执行。房企对风险检查标准库的梳理需要基于以下四项原则，有重点地进行梳理。

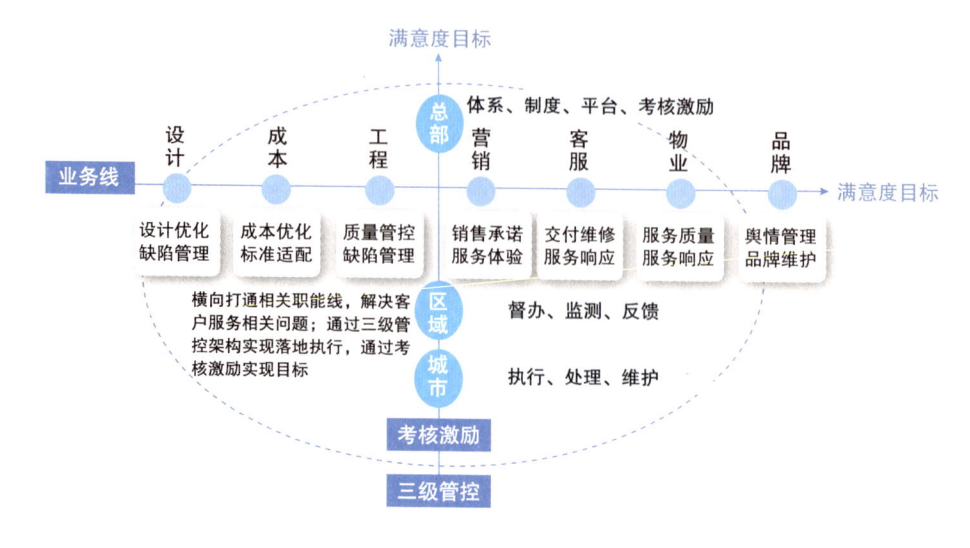

图 3-31 风控网状组织模式

第一，客户敏感度高。房企需要选取客户敏感度高的问题项作为检查标准，覆盖设计、销售、工程等不同专业以及不同阶段。

第二，标准可落地。房企的检查标准在数量上宜精不宜多，设置合理即可，在质量上，检查标准应清晰，因地制宜。

第三，检查项分级。不同检查项导致的后果不同，房企不能将其视为同一维度进行管理，必须根据检查项所导致后果的严重性进行管理分级。

第四，迭代提升。房企要注意更新问题库，项目的检查标准可迭代至风险缺陷库，从而实现循环提升。

基于上述原则，当前房企基本上按照发生阶段、专业职能对风险检查项进行梳理与分类。但是不同企业有不同的关注点，按照关注点不同，当前主要有三类模式：关注问题严重性、关注风险项产生原因、关注检查项所属专业。

第一，关注问题严重性。房企在梳理出风险检查标准后，划分检查项等级，对不同等级的检查项进行分级管理。比如，Z企的"161"风控体系就是按照阶段和专业梳理出标准项，之后基于国家规范和企业标准、品牌危机、成本损失、产品便利性和实用性四个角度，确立S、A、B、C四类风险等级：S类风险表示企业或行业已发生过的高危风险，会造成重大经济损失、群诉、全国性的媒体事件或伤亡，这类风险由总部重点管控；A类风险由区域负责管控，A类风险建立在对B类风险后果预判的基础上，比如B类风险发生后无整改条件，或者客户对该风险整改诉求强烈，又或者该问题的修复时间或成本突破预期；B类风险是指违反企业内部要求的问题，包括违背企业规范、存在产品功能阻碍或缺漏、变更不合规、货不对板等；C类风险主要由城市公司负责，其工作包括在现有产品设计基础上提出更加人性化的设计建议、推荐优秀做法、升级客户触点体验等。

第二，关注风险项产生原因。房企一般通过归因来确定解决风险项的不同管理闭环。风险项产生原因包括产品缺陷和服务缺陷。产品缺陷包括规划设计缺陷、产品功能缺陷、质量瑕疵、产品配套问题等。针对这类缺陷，房企应根据产品打造价值链，比如对设计审图、开盘交付、工程建造、产品交付等各个环节进行质量管控和问题梳理，形成与产品相关的风险检查标准库。服务缺陷包括销售接待服务不到位、合同文本有隐患、产品交付体验差、产证办理延期等。服务缺陷相对产品缺陷更隐蔽、被动，房企在梳理时通常利用400呼叫中心、第三方调查等留存数据来分析客户敏感点，梳理出与服务相关的风险项。

第三，关注检查项所属专业。房企应制定不同专业的企业风险审查白皮书，包括设计白皮书、销售白皮书、施工白皮书、交付白皮书、客户风险法则，明确审查要点、控制阶段、审查主责部门和协助部门、审查类别等。在标准制定过程中，房企要重点关注各部门的专业边界、标准的可执行性和区域适配性等，避免制定过于抽象的检查项。

②落实风险管理责任

风险管理责任要落实到具体部门，在运营及客关部门的统筹下，房企应分业务阶段联合责任部门对风险项进行多轮检查，主要检查缺陷清单和整改清单。在检查过程中，房企应动态更新缺陷清单，通过环环相扣的检查，最终化解或降低缺陷带来的影响。比如，房企应在项目定位阶段明确红线内外的不利因素，研究出对应的解决方案，在开盘前根据解决方案评估设计规划、销售话术、现场布置情况与新风险点产生的可能性。

如图3-32所示，检查节点包括拿地后、开盘前、竣备前、交付前、交付后等。

从行业应用情况来看，并不是检查节点越全面越好，房企需要根据自身管理能力进行资源分配。如图3-33所示，H企由于管理资源有限，选择聚焦开盘与交付两个阶段，这种方式反而更有利于风控标准的落地。

启动前	开盘前	中期	竣备前	交付前	交付后
营销管理类 ■ 红线内外不利因素 ■ 销售话术 ■ 现场公示材料 ■ 沙盘模型 ■ 展示区域品质 ■ 服务人员要求 **规划设计类** ■ 建筑施工图 ■ 规划图 ■ 建设规划指标 ■ 规划要点 ■ 项目精装方案	**营销管理类** ■ 销售合同 ■ 红线内外公示 **规划设计类** ■ 分期规划实施 ■ 规划调整 ■ 设计变更 ■ 设计缺陷 **项目管理类** ■ 地下室施工 ■ 结构封顶防水层检查	**营销管理类** ■ 售中风险巡查 ■ 广告投放 **规划设计类** ■ 景观类施工图 **项目管理类** ■ 建设进度 ■ 二次结构标准层检查 ■ 装饰阶段标准层检查 ■ 精装修工法样板检查	**营销管理类** ■ 客户大使回访 ■ 问题客户梳理 **规划设计类** ■ 合同交付标准 **项目管理类** ■ 园林硬质铺装 ■ 蓄水、淋水试验 ■ 模拟验收问题整改检查	**营销管理类** ■ 交付前风险 ■ 问题客户梳理 **规划设计类** ■ 合同交付标准 **项目管理类** ■ 问题点梳理 ■ 证件检查 ■ 工地开放问题整改检查	**项目管理类** ■ 项目配套设置整改检查 ■ 验收证明 ■ 集中交付问题整改检查
拿地后30天	开盘前1个月	竣备前6个月	竣备前1个月	交付前2个月	交付后2个月

图 3-32 风控检查节点与检查项

聚焦开盘和交付，标准易落地

开盘前风险检查
3管理+13类别
（90项）

销售手续管理
➢ 销售证照
销售过程管理
➢ 宣传物料
➢ 销售合同
➢ 现场公示文件
➢ 现场提示或不利因素公示
➢ 沙盘模型
➢ 单体户型模型
➢ 样板间
➢ 现场展示
➢ 销售过程的现场安全
➢ 销售话术
工程管理
➢ 工程质量展示检查
➢ 安全围护检查

交付前风险检查
7管理+10类别
（90项）

交付手续管理
➢ 交付证照
合同约定管理
➢ 合同文本
运营计划管理
➢ 交付计划倒排
设计使用管理
➢ 设计变更
➢ 按图施工
➢ 使用功能缺陷
➢ 交付标准
工程质量管理
➢ 共性严重质量问题
➢ 工程缺陷
➢ 成品保护
销售承诺管理
风险隐患管理

图 3-33 H企风控检查节点与检查项

（3）形成闭环：建立闭环机制、完善考核机制

为了保证将风控检查出的缺陷整改到位，房企必须建立起相应的闭环机制和考核机制。

①建立闭环机制

如果不能很好地执行缺陷整改决策，那么风控工作就形同虚设，因此房企需要建立缺陷闭环机制，以保障一线人员处理妥当每个风险项。例如，Z企就建立了针对风控成果的亮灯预警机制，经过各专业联合风险评估梳理出风控成果，按照风险项的不同级别亮黄色灯、橙色灯、红色灯，并将风险项分别发送项目总、区域总、集团总监督。风险项的级别可以升级，比如当黄色灯风险项出现整改拖延或结果未达到预期的情况时，风险项升级为橙色灯并交由区域总主持整改事项，直到风险项关闭。

②完善考核机制

除了以闭环机制保障缺陷项的整改，完善考核机制也是必不可缺的。如图3-34所示，出于风险控制的目的，房企对风控考核指标的设计应从提高风控检查能力、完成风险项整改等层面展开。在考核风控检查能力方面，房企可对风控问题录入、风险关闭率等指标进行评估；在考核风险项整改方面，房企则可以对完成批次、整改及时率等指标进行评估。

提高风控检查能力考核指标

风控能力得分=风险问题录入得分×客户量系数+风险关闭率得分
风险问题录入得分=每批次平均问题录入数量/标杆客服录入问题量×100%

完成风险项整改考核指标

及时率=检查中及已完成未超时的检查批次数/所有检查中及已完成检查批次数×100%
风险检查任务及时率=按时完成检查的批次数/实际发起检查的批次数×100%
按时完成检查批次数=检查中批次+已完成批次–已完成但超时批次–检查中但超时批次
实际发起检查的批次数=检查中批次+已完成批次

图3-34 某房企风控考核指标设计

四、"实"字诀：建立完善的交付体系

一个项目的交付工作并不局限于正式交付，而是包含了交付准备、正式交

付、交付复盘。当前大多数房企的交付体系仍然不够完善。我们认为，房企要想实现完美交付目标，就应该围绕提升内功、管好预期、顺利交付三个层面，建立起完善的交付体系（见图 3-35）。

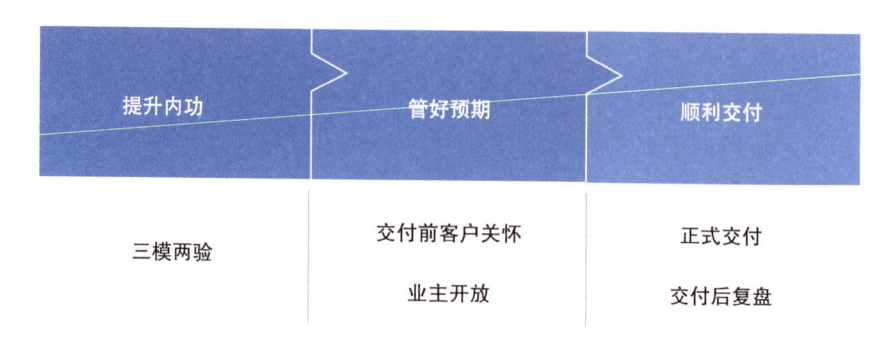

图 3-35　房企交付体系

1. 提升内功：做好三模两验，避免"带病交付"

三模两验是项目交付前的大考，通过三模两验的反复检查和整改，房企可将项目问题减至最少，从而避免"带病交付"。

（1）三模两验类型：模拟验收、预验收、联合验收

如表 3-13 所示，标杆房企通常进行三轮模拟验收，由客服部门组织工程管理部、物业部、项目部等部门成立模拟验收工作小组，对即将交付项目的产品设计、施工质量缺陷、质量管理流程等内容进行品质检查。三轮模拟验收有质量、功能、感官等不同侧重点。

表 3-13　模拟验收要点

验收轮次	验收类型	验收要点	检查内容
第一轮模拟验收	质量验收	对总体质量进行把关，在源头上把控交付风险	使用功能、交楼标准、现场与合同附图符合情况、设计缺陷、强制性规定、重大质量问题（大面积空鼓、严重裂缝、起砂等）

（续表）

验收轮次	验收类型	验收要点	检查内容
第二轮模拟验收	功能验收	对质量问题、瑕疵、通病进行统一排查，同时检查上一轮验收问题，为竣工验收做准备	完整性（部品、部件、电气设施等是否安装到位）、成品保护、裂缝、空鼓、起砂、大小头等土建问题、水电打压试验（通水、通电试验）、全面普查（除了外观、色差）、淋水与闭水后的渗漏维修效果、使用功能
第三轮模拟验收	感官验收	检查上两轮验收问题，从业主角度验收房屋，配合物业收房后移交钥匙、锁门	观感、色差、卫生、交楼标准、水电、前两轮验收问题

交付前的验收工作不仅包括内部检验，还包括外部监督。预验收便是以开放日的形式，在一定期限内组织业主按照既定程序、方式和内容开展质量检测，在对业主查验出的质量问题逐项整改到位后，方可组织竣工验收（见图3-36）。

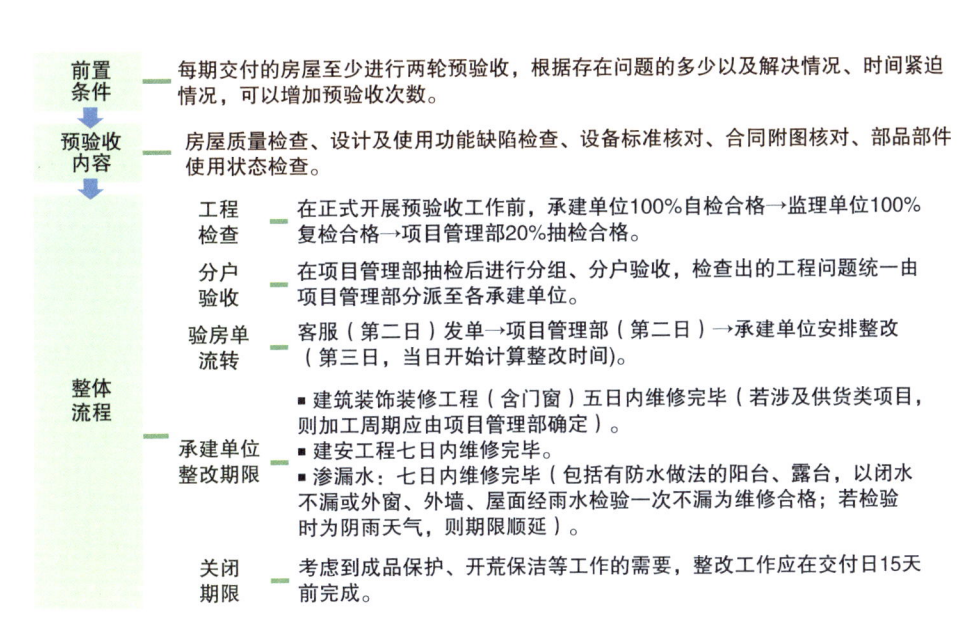

前置条件：每期交付的房屋至少进行两轮预验收，根据存在问题的多少以及解决情况、时间紧迫情况，可以增加预验收次数。

预验收内容：房屋质量检查、设计及使用功能缺陷检查、设备标准核对、合同附图核对、部品部件使用状态检查。

整体流程：

- **工程检查**：在正式开展预验收工作前，承建单位100%自检合格→监理单位100%复检合格→项目管理部20%抽检合格。
- **分户验收**：在项目管理部抽检后进行分组、分户验收，检查出的工程问题统一由项目管理部分派至各承建单位。
- **验房单流转**：客服（第二日）发单→项目管理部（第二日）→承建单位安排整改（第三日，当日开始计算整改时间）。
- **承建单位整改期限**：
  - ■ 建筑装饰装修工程（含门窗）五日内维修完毕（若涉及供货类项目，则加工周期应由项目管理部确定）。
  - ■ 建安工程七日内维修完毕。
  - ■ 渗漏水：七日内维修完毕（包括有防水做法的阳台、露台，以闭水不漏或外墙、外墙、屋面经雨水检验一次不漏为维修合格；若检验时为阴雨天气，则期限顺延）。
- **关闭期限**：考虑到成品保护、开荒保洁等工作的需要，整改工作应在交付日15天前完成。

图3-36　某房企预验收体系

如图3-37所示，联合验收是由项目总、客服部、工程部、物业部组成联合验收小组，根据房企制定的验收合格标准，对交付项目进行逐栋、逐单元、逐户验收，以保证在交付前实现一户一验，最大程度规避项目交付中发生的质量风险。

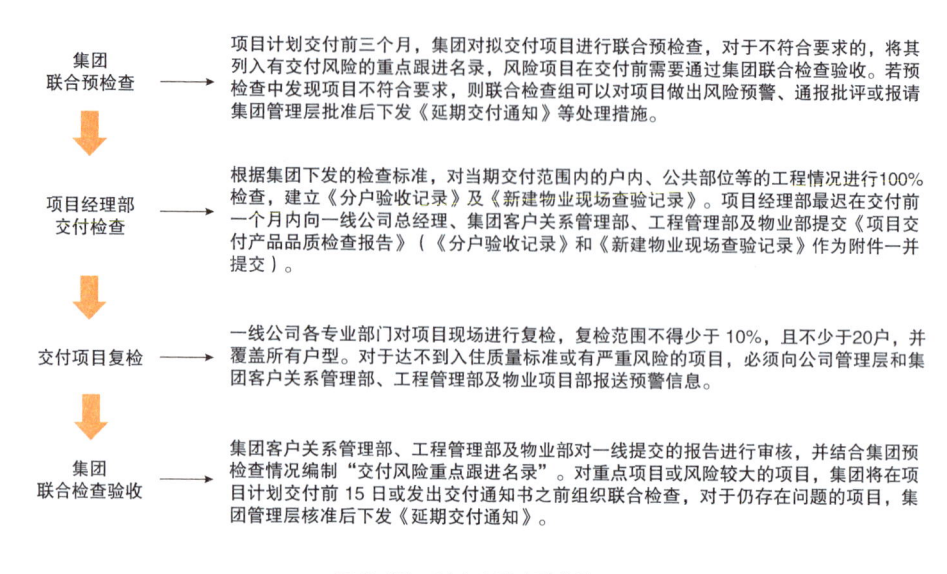

集团联合预检查	项目计划交付前三个月，集团对拟交付项目进行联合预检查，对于不符合要求的，将其列入有交付风险的重点跟进名录，风险项目在交付前需要通过集团联合检查验收。若预检查中发现项目不符合要求，则联合检查组可以对项目做出风险预警、通报批评或报请集团管理层批准后下发《延期交付通知》等处理措施。
项目经理部交付检查	根据集团下发的检查标准，对当期交付范围内的户内、公共部位等的工程情况进行100%检查，建立《分户验收记录》及《新建物业现场查验记录》。项目经理部最迟在交付前一个月内向一线公司总经理、集团客户关系管理部、工程管理部及物业部提交《项目交付产品品质检查报告》（《分户验收记录》和《新建物业现场查验记录》作为附件一并提交）。
交付项目复检	一线公司各专业部门对项目现场进行复检，复检范围不得少于10%，且不少于20户，并覆盖所有户型。对于达不到入住质量标准或有严重风险的项目，必须向公司管理层和集团客户关系管理部、工程管理部及物业项目部报送预警信息。
集团联合检查验收	集团客户关系管理部、工程管理部及物业部对一线提交的报告进行审核，并结合集团预检查情况编制"交付风险重点跟进名录"。对重点项目或风险较大的项目，集团将在项目计划交付前15日或发出交付通知书之前组织联合检查，对于仍存在问题的项目，集团管理层核准后下发《延期交付通知》。

图 3-37　某房企联合验收流程

（2）三模两验问题：时间不足、资源不足、协同不畅

从上文来看，三模两验的流程极为考验房企的运营管理能力。当前房企普遍存在时间不足、资源不足、协同不畅三大问题。

①时间不足

因项目计划预判不足和施工延误，工期被压缩，从而导致验收时间不足。据统计，大部分房企留给内验的时间仅有两个月，有些特别紧张的项目甚至不足两个月。

②资源不足

随着交付项目越来越多，一些房企的资源投入不增反减，只能临时抽调其他人员或者聘请第三方公司，但这些查验人员缺乏经验，检查成果的质量不可控。

③协同不畅

在时间、资源不足的情况下，内验小组的项目管理半径扩大，其与一线验收人员的协同难度加大，无法及时了解整改进展，从而导致问题项未闭环。

（3）解决路径：建标准、抓重点、强落实

房企要想解决上述问题，不仅需要在整体经营上发力，还需要优化三模两验

机制。

　　从房企整体经营来说，第一，房企应提升项目运营能力，开发节奏先紧后松，确保工程节点按计划达成，给内部查验预留更多时间；第二，对于客关、维保人员，房企需要按照项目规模进行足额配置。

　　对于三模两验机制，房企要做到建标准、抓重点、强落实，这样才能在房企运营能力短时间无法提升的情况下，保证三模两验的有效执行（见图3-38）。

建标准 ➤ **抓重点** ➤ **强落实**

标准先行，依靠标准规范而不是经验来指导验收。

基于客户导向、结果导向，梳理程序，划分优先级，有重点地进行验收。

进行事前培训、事中跟进、事后考核，确保验收标准和程序的执行。

图3-38　三模两验策略

① 建标准：统一执行标准，提升验收质量

　　在人力缺乏的情况下，进行内部验收的查验人员并不都是经验丰富的工程师。事实上，有很大一部分查验人员是调配而来的新手，由于没有经验，这些查验人员很难发现问题，从而无法保证内部验收的质量。将验收内容标准化是解决上述问题的针对性手段，通过梳理、固化房企验收项及标准要求，查验人员可依据标准清单、数据要求进行逐步检测，从而解决检测效果问题。如表3-14所示，L企梳理了精装模拟验收的验收内容，并明确了合格数据范围。

表3-14　L企精装模拟验收标准（部分）

验收项目	基本要求	验收内容
墙面墙砖、石材工程	墙面无空鼓，缝隙均匀；砖面无裂纹、掉角、缺楞；每面墙不宜有两列非整砖；卫生间、厨房与其它房间的交接面应做好防水处理	外观、裂缝、空鼓、平整度、墙面垂直度、阴阳角方正、接缝高低差、接缝宽度偏差、踢脚线出墙厚度

第三章　管理驱动：以标准化管理为核心打造卓越品质力

（续表）

验收项目	基本要求	验收内容
墙面乳胶漆工程	施涂时不得流坠、刷纹，涂刷或喷涂要均匀，各层必须结合牢固，表面不能有鼓泡、脱皮、裂纹等缺陷	表面无起皮、起壳，涂刷均匀、粘贴牢固，装饰线条、分色线直线实测实量度≤1毫米
墙面裱糊工程	壁纸（布）的裱糊应粘贴牢固、平整，色泽应一致；拼接处花纹图案吻合，不离缝、不搭接、不显拼缝	色泽一致，无明显色差，表面无褶皱、污斑；与顶角线、踢脚板拼接紧密无缝隙
吊顶乳胶漆工程	吊顶施涂时不能流坠，不能有刷纹，各层必须结合牢固，表面不能有鼓泡、脱皮、裂纹等缺陷	表面无起皮、起壳，涂刷均匀、粘贴牢固；住宅吊顶起拱高度不小于房间短向跨度的0.5%，非住宅吊顶起拱高度为房间短向跨度的1%~3%
地面地砖、石材工程	镶贴应牢固，表面平整干净，缝隙均匀，砖面无裂纹、掉角等，用小锤在地面敲击，应无空鼓；厨房、卫生间必须做好防水层，应满足排水要求	外观、空鼓、接缝高低差、接缝宽度、踢脚线直线度、排水坡度
木饰面工程	木饰面表面应光洁，木纹朝向一致，接缝紧密，墙饰板应安装牢固，阴阳角应垂直	木地板外观、垂直度、平整度，阴阳角方正，面层接缝高低差
软硬包	表面面料平整，经纬线顺直，色泽一致，无污染，尺寸正确，松紧适度	外观、面层垂直度、对角线长度偏差、裁口、线条接缝高低差
木门及门套工程	成品门安装必须牢固，漆面应光洁，小五金安装位置适宜	外观、配件、门窗套正侧面垂直度
卫浴设备	卫生洁具外观洁净无损，冲淋房底座应填实	各个卫浴设备外观、给水连接管

②抓重点：以客户和结果为导向，有重点地进行验收

在时间有限、人员紧张的情况下，房企如果还是眉毛胡子一把抓，最后极有可能花了力气，但没有效果。房企需要以客户和结果为导向，在检查项、检查流程上有重点地进行验收。

做好检查项优先级分级。房企可以基于调研机构的客户敏感项数据以及历史项目中业主反馈的重点问题，对验收标准中的检查项做梳理，重点检测高频、客户关心、影响重大的检查项。

优化检查流程。首先，内部查验的重点是检查效果，而不是按部就班完成三模两验的所有流程。因此，基于自身承受能力和保障效果的原则，房企可以调整内验轮次和方式。其次，房企可将"串联"检查流程改为"并联"检查流程，实现滚动式检查，从而提升检查效率。

③强落实：事前培训、事中跟进、事后考核

房企应认识到，验收执行效果归根结底依靠查验者的主观能动性，如果查验人员没有强烈的责任感和强有力的执行能力，花费大量精力梳理的标准、制订的计划就只能是空中楼阁。房企可通过事前培训、事中跟进、事后考核机制，辅以信息化手段，强化查验协同度，强化查验落实效果。

事前培训。房企可根据查验标准、查验流程、企业文化和个人素质，建立综合性培训机制，持续且有目的、有步骤地开展培训，从意识层面统一查验人员的观念，提升其主观能动性。培训类型包括质量标准培训、管理体系培训、专业素养培训、职业操守培训、企业文化培训等。

事中跟进。持续跟进是保证查验人员验收工作不偏航的有效手段。房企可通过计划管理、考勤管理、过程监督、汇报管理、早晚会管理等管理动作实现查验跟进与监督。其中，早晚会是最重要的管理动作，因为早晚会不仅可以进一步使查验人员统一思想，还可以实现当天事当天毕。

事后考核。考核和奖惩是提升验收结果的原动力。房企可根据自身管理水平设置考核指标和奖惩措施。比如，某房企就对问题销项率进行重点管控，在考核制度中规定：单天整改销项率不得低于85%，每低一个百分点处罚200元；三天累计销项率不得低于90%，每低一个百分点处罚500元；A类问题整改销项率必须达到100%，每低一个百分点或延迟一天处罚1 000元。除考核之外，建立内部验收复盘机制也十分重要。许多中小房企十分困惑：同样是做内部验收，为什么标杆房企的效果就十分显著？为什么明明做了多轮内部验收，正式交付时依然会出现问题？出现上述问题，很大一部分原因是中小房企没有重视复盘，没有将出现的新缺陷更新到检查标准上。因此，房企需要及时对内部查验进行复盘总结，沉淀典型案例，优化检查清单。

2. 管好预期：做好客户关怀与沟通

从房屋销售到正式交付，在长达1～2年的时间中，房企与客户之间的联系几乎处于断点状态，只有置业顾问零星处理客户关于合同进展、按揭贷款等相关购房问题。客户对项目进展、建设情况一无所知,交付时发现房子与自己所设想的差距过大,容易提出投诉。因此,交付前做好客户关怀与沟通十分重要。

(1) 打通沟通渠道,增强联系

过去,房企的客户关怀方式有节假日问候、客户活动、项目进度告知等。这些客户关怀工作主要由置业顾问与客服在线下进行,不同人员的执行效果不一,而且存在长时间断点、客户感知不强的缺点。

近年来,许多房企认识到了无断点客户关怀的重要性,纷纷建立线上平台,增强客户联系。通过线上平台,房企可借助图文、视频等方式向客户提供更为生动的项目家书,针对重要装修装饰材料、建筑工艺工法进行宣传,加深客户对材料特性与建筑工法的了解。通过这种线上线下结合、主动为客户提供服务的方式,房企一方面实现了客户关怀的连续性,提升了客户服务感知,减少了客诉数量,另一方面则极大地减少了咨询量,释放了人员效能。

(2) 线上线下工地开放,管理客户预期

住宅开发建设的周期长,在竣工交付前,因施工现场实行封闭管理,客户不能进入现场实地查看情况,从而造成业主对开发商不信任,甚至会引起不必要的纠纷。工地开放能够有效解决这一问题,并带来多层效益(见图3-39)。

管理客户预期	明确施工单位责任	提升品牌价值
业主在工程师的陪同下,充分了解建造工艺、隐蔽工程等信息,有助于房企调整客户预期,增强客户体验,同时从客户反馈中识别交付风险,提早进行准备。	通过工地开放,借助业主对施工质量的监督和查验,提高建设开发单位、施工单位对施工质量的重视程度,明确建设单位质量责任和施工单位主体责任。	根据业主反馈不断提高管理水平,提升产品、服务质量,实现不间断的正向反馈和正向循环,坚定客户选择房企的信心,提升企业品牌价值。

图 3-39 工地开放的效益

①工地开放形式:**客户见面会、工地开放日、客户预验收**

如图3-40所示,工地开放形式包括客户见面会、工地开放日、客户预验收,房企可以根据自身能力、建设阶段、客户类型、预设目标进行选择。

形式	客户见面会	工地开放日	客户预验收
时间	全阶段	买房后，交付前	交付前45天左右
目标人群	意向客户/准业主/业主	准业主	准业主
展示范围	—	样板房，或对1~2栋楼宇进行参观	业主所购房屋
目的	增强客户对项目的信心，促进销售或解决问题	满足业主在购买等待期的心理诉求，推广品牌	识别客户关注点，及时发现问题，降低交付风险
标杆案例	融创总经理见面会	保利常态化工地开放，绿城全国工地开放日	俊发预验收会，融创预验收会

图 3-40 工地开放形式

客户见面会：面向全阶段所有业主的见面会。准业主阶段见面会的目的在于通过对项目工艺亮点、社区规划等的宣传，达到展示项目价值点和促进销售的作用。业主阶段的见面会则是为了解决业主入住后的实际问题，真实、全面地掌握业主的所需所求，提升服务水平。

工地开放日：预售后、交付前的工地开放，提前向客户亮相产品。工地开放日有两个目的：第一，品牌宣传，通过更加完善的现场环境展示、更加成熟的产品展示，向客户展示房企的管理能力，侧面达成品牌宣传的目的；第二，问题收集与整改，通过产品的提前亮相来收集客户意见，及时整改问题，从而提升后期的交付率。

客户预验收：在交付前一个月左右，邀请客户进行预验收。此时，交付条件已完善，房屋可参观，在此基础上，及时发现各户问题并进行整改，提高交付率。预验收与其他工地开放活动的开放范围不同，其他工地开放活动的范围为公共示范区或样板房，业主无法看到自己的房子，而预验收的开放范围为整个交付区域。

②**工地开放要求：具备开放条件、流程顺畅、内容清晰**

工地开放可谓是房企交付能力的模拟大考。如果盲目启动工地开放活动，那么这可能会给项目带来风险。要想做好工地开放，房企需要达成具备开放条件、流程顺畅、内容清晰三个要求。

首先，具备开放条件。房企在正式进行工地开放之前，一定要做好工地开放前期条件评估，达到了要求才能进行开放。例如，某标杆房企就为工地开放设置了五个门槛条件：

- 开放区验收条件：开放区的建筑工程按照施工合同、施工图说明、设计更改等要求，依据现行国家施工规范、验收规范全部完成，达到预验收条件。
- 开放区市政接口条件：开放区的给水、排水、电、气、热、通信、有线电视等市政接口完成，达到市政接通条件。
- 开放区机电系统功能：开放区的建筑单位工程强电、弱电（有线电视、网络、电话、安防）、消防、给排水、燃气管线、供暖、空调等按交付标准安装到位（温控面板、对讲主机等易丢器件可酌情处理），功能性调试完成，具备开通使用条件。
- 开放区道路接口条件：开放区完成各市政道路接口，具备车辆、行人通行使用条件。
- 开放区清洁：开放区无垃圾，环境整洁，墙面、地面无污染。

其次，开放流程顺畅。如图3-41所示，良好的落地执行少不了前期的详细策划，举办工地开放活动的要求比较高，并且涉及较多细节，房企在前期一定要规划清楚开放流程并充分演练，确保落地不跑偏，达到预期目标。

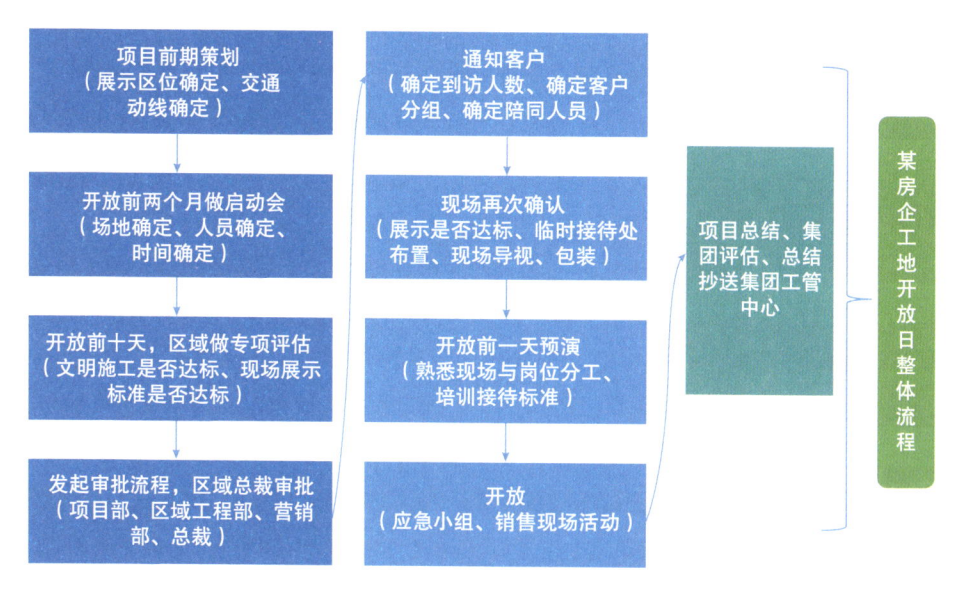

图3-41 某房企工地开放日整体流程

最后，内容清晰。对于工地开放日来说，展示的内容绝对是重中之重，好的内容能够给客户留下好的印象，增强客户对企业的信心，提升企业的品牌形象。房企要有方向、有重点地展示项目中的先进技术和工艺，全方位向客户展示项目实力与全貌。一般而言，工地开放日的展示内容分为工艺工法展示、质量安全宣传、样板房展示三部分（见图3-42）。

工艺工法	质量安全	样板房
■ 钢筋混凝土工程工法样板展示 ■ 砌筑工程工法样板展示 ■ 门窗及二次结构工法样板展示 ■ 抹灰工程工法样板展示 ■ 机电工程工法样板展示	■ 现场警示牌示意图 ■ 安全宣传栏示意图 ■ 重大危险源公示牌示意图 ■ 工法公告栏示意图	■ 毛坯样板房： （1）标准要求：结构实测结果修整后的合格率达95%，将实测结果上墙，弹出控制线，处理地面缺陷。 （2）工艺展示：对砌筑、抹灰、防水工程、沉箱（同层排水）、管线安装等各个工序步骤进行展示，明确工艺标准要求。 （3）材料展示。 ■ 精装板房： （1）标准要求：管理行为上墙。 （2）工艺展示：腻子施工、油漆施工、木门安装、墙地砖铺贴、木地板安装、插座安装、窗台石安装；要求对施工工序各个步骤有序展示，有文字描述。 （3）材料展示。 ■ 交付样板房：完整交楼状态

图3-42 某房企工地开放日的展示内容

③线上工地开放

线下工地开放因其时间、地点的限制性，存在三个问题：一是间歇性客户关怀与价值传递存在断点；二是前期要进行长足的准备，周期长，人力物力损耗高；三是只能覆盖重点客户，无法进行流量传播，对企业品牌的塑造极其有限。随着互联网技术和营销方式的发展，不少房企开始尝试线上工地开放，通过可回放视频、VR（虚拟现实）、直播等形式展示项目品质，观众范围也从业主、意向客户和媒体等群体拓展到网友群体。

3.顺利交付：优化交付体验，复盘提升

（1）优化交付体验

当前，房企集中交付流程中的环节多、参与业主多，这极易造成流程纰漏、业主感受不佳等问题，从而影响交付效率和效果。房企要想高分通过"交付大考"，就要做好交付策划，通过交付动线全程化、现场布置温馨化、人员接待专

业化、缺陷处理快速化来优化客户交付体验。

①**交付动线全程化**

交付动线是正式交付的主心骨，所有交付环节的策划与落实都围绕交付动线开展。很多房企在设计交付动线时，往往会局限于现场的、线下的动线。但从其他行业发展情况、客户体验要求以及标杆房企的应用情况来看，我们认为交付动线需要实现全程化。

第一，动线服务提前。交付动线需要从交付预约开始进行规划，房企需要厘清本次交付客群的特性，做好对客户信息的梳理，通过标准邀约话术，一对一电话邀约每个业主，确保业主来到现场。

第二，线上线下结合。过去，交付过程中的许多手续都需要在现场办理，客户等待时间长，各手续之间衔接弱。因此，许多房企上线了信息化工具，将线上动线与线下动线结合，这不仅节省了手续办理时间，而且能对客户形成全过程指引。例如，R企在2020年开创性地实践了"云交付"模式，将房屋验收之外的交付预约、业主资料审核、物业资料签署等事务性手续，通过在线平台提前办理，业主到现场后，只需要签署个别文件即可现场验房，原先平均需要1~2小时的交付时间，大大缩短到30分钟以内，这极大地提高了交房效率。

②**现场布置温馨化**

交付现场的布置决定了客户喜悦度与口碑传播，交付现场的仪式感能引发业主自发传播。项目主入口及主干道路沿线要实现完美包装，指引清晰，气氛温馨喜庆；入户大堂、电梯厅、电梯轿厢要实现完美包装，营造回家氛围；交付大厅要实现完美包装，办理程序提前公示，功能区分布合理，突出舒适感和尊贵感。

③**人员接待专业化**

交付时，员工的服务态度在很大程度上决定了客户的满意度。因此，现场员工的表现十分重要，房企需要对员工进行筛选、培训和演练，避免对交付造成负面影响（见表3-15）。

表3-15 分岗位交付培训示例

培训对象	培训内容
接待、签约、收费岗位培训	接待流程详解、签约流程详解、收费流程详解、交付常见问题解答

（续表）

培训对象	培训内容
验房岗位培训 （产品交底）	■ 恭迎乔迁介绍，强调相关要求 ■ 验房原则：全程接待、主动引导、强调优势、突出特点、灵活机动 ■ 综述篇（包含项目整体概况介绍、开发步骤、交付日期） ■ 建筑、园林篇（包含土建施工做法、园林设计等） ■ 精装修篇（包含室内精装部品部件品牌及功能） ■ 设备篇（包含电梯、门窗等品牌及功能） ■ 管理篇（包含物业管理费、车位管理费） ■ 设计、使用方面业主易提问题的统一说辞（包含设计、销售等客户关注问题）

④缺陷处理快速化

在项目交付前，房企需要成立快修小队，设计好相关岗位、人员配置、工作流程，为快修工作的高效运转打下基础。快修岗位包含统筹组、派单组、施工组、调度组等，岗位配置人数依据项目户数与规模确定。

在正式交付时，快修工程师要随时待命，随时掌握现场情况：对于小缺陷要及时安排快修人员进行整改，让客户的问题在第一时间得到解决，安抚客户情绪；对于无法立刻修复的缺陷，要及时跟进和反馈。

（2）复盘提升

交付并不是结束，通过复盘，房企对优秀做法和经验教训进行总结，使交付能力不断提升。比如，绿城就把"交付后评估"作为公司三大运营提升的抓手之一，深挖过程管理中存在的系统性问题和风险，不为同样的错误买单。

五、"快"字诀：实现一站式报修，提升处理效率

一般来说，在集中交付后，维保工作就会成为客服部门的头号大事。房屋的保修服务绝不能被轻视，因为一旦业主提出维保问题，这就意味着投诉事件已经在酝酿，如果处理不好，小问题极有可能演变为大事情，从而影响房企的品牌形象。

1. 维保阶段问题

当前，房企在维保阶段存在投诉响应慢、处理慢等问题，具体表现在四个方面。

第一，缺少相应的房修维保组织。不少房企未设置专门的房修组织，维保期投诉处理工作由其他组织负责，服务能力有限，客户感受差。

第二，渠道多，客户诉求易漏项。在过往的报修过程中，客户通过多种多样的报修方式进行报事，从而导致漏项，使问题升级。

第三，维修问题多，人力有限造成积压。房修职能岗位和人数不合理，处理问题和维修的人力有限，从而造成问题积压。

第四，响应慢，问题整改速度慢。房企缺乏有效连接客户、维修工程师的手段，投诉处理慢，维修工程师整改接单慢，维修情况难跟踪。

2.解决路径：搭组织、设目标、建制度、畅渠道

针对以上问题，房企可从搭组织、设目标、建制度、畅渠道四个层面入手，建立房修维保体系。

（1）搭组织：合理设计维保组织架构与人员配置

维保组织架构的设计应遵循因事设岗原则。房企要根据所要完成的管理动作配置相应岗位，包含接待、任务管理、信息管理等岗位，再根据岗位特征及区域情况搭建合适的组织架构（见表3-16）。

表3-16 维保组织岗位设置

岗位	职责
客服	■ 任务登记：对业主报修的内容进行登记 ■ 指派：指派任务给维修工程师进行报修项的维修，并提醒维修人员及时返单 ■ 回访：对业主进行回访
维修工程师	维修工程师在接到任务之后，在规定时间内与业主进行沟通，及时跟进问题，并向客服汇报完成情况
客服专员	在规定时间内与业主进行沟通，并及时处理业主投诉问题
客服主管	跟进维修情况，预控风险

维保组织的人员数量需要根据区域公司和项目的情况进行配置。比如，金地的投诉处理职能归属客服部门，维修职能归属物业公司，根据城市公司的项目数量进行人数配置（见表3-17）。

表 3-17　金地各城市公司维保组织人数设置

城市	职能总计（人）	备注
东莞	1+2（物业）	1 名物业人员负责房修
珠海	2+1（物业）	1 名物业人员负责房修
南京	4+1（物业）	1 名物业人员负责房修
苏南	2+1（物业）	1 名物业人员负责房修
长沙	1+1（物业）	1 名物业人员负责房修
大连	2+2（物业）	1 名物业人员负责房修

部分成立房修公司的房企，可以根据项目类型、户数情况来配置房修人数，从而为客户提供更专业的服务。比如，融创成立了独立的房修公司，按照精装公寓 150~200 户 / 人、毛坯公寓 400~500 户 / 人、精装别墅 50~100 户 / 人、毛坯别墅 200 户 / 人的标准进行人员配置。

（2）设目标：设计目标，保障服务质量

集团层面提出管控指标，以考核维保工作的响应速度和整改速度，包括维修响应及时率、维修按时完成率、维修总体满意度等（见表 3-18）。

表 3-18　维保工作考核目标

考核指标	考核方法
维修响应及时率	考核方法：已回复且未超时问题数 / 任务回复数 合格基准：95% 考核职能：主要考核客服
维修按时完成率	考核方法：已完成且未超时问题数 / 任务完成数 合格基准：85% 考核职能：主要考核客服、工程、物业
维修总体满意度	考核方法：维修处理结果满意客户数 / 维修客户数 合格基准：95% 考核职能：主要考核客服、工程、物业

（3）建制度：厘清维保问题边界，保障维保问题按时按质闭环

①维保期职责划分

为保证维保期的房修维保、物业交接清晰，不出现服务问题，房企应对维保

边界、移交标志、移交内容进行明确规定。

②**维保问题分级**

对于客户提出的维保问题，房企可将其分为 A、B、C 三级，根据等级不同，处理方式和响应时间也不同（见表 3-19）。

表 3-19 维保问题等级划分

类别	维修分类	维修内容
A 类	维修时间在 5 天以上，需要施工方、供货商、地产商联合会诊的重大或疑难维修项目	户内渗漏水，大面积地板、地砖（大理石、地板）变形更换等
B 类	维修时间在 3~5 天，并可由专业维修队直接解决的报修项目	墙面和顶面的裂纹、空鼓、门窗修整，隐蔽管道堵塞或开裂、墙面面层修整及涂料涂饰、面砖的部分更换、补灰及勾缝、门框、踢脚线、玻璃更换等
C 类	维修时间在 3 天以内，可由专业维修队或物业工程部快速解决的报修项目	门锁松动、强弱电功能故障、墙面轻度划痕污染等

③**标准工期制度设计**

如表 3-20 所示，为了规范各项维修的标准整改时间，房企可对投诉升级的可能性进行预警，提早进行控制。

表 3-20 标杆房企标准维修工期　　　　　　　　　　　　　　　　　　　　单位：天

三级检查项	四级检查项	问题描述	千亿 A 企	千亿 B 企	千亿 C 企	千亿 D 企	千亿 E 企
入户门	门框	—	15	5	10	10	15
入户门	门框	安装不正	15	5	10	10	15
入户门	门框	变形	15	5	10	10	15
入户门	门框	表面磕碰、划伤、掉漆	15	5	10	10	15
入户门	门框	不垂直	15	5	10	10	15
入户门	门脸线	变形	15	5	10	10	15
入户门	门脸线	表面磕碰、划伤、掉漆	15	5	10	10	15
入户门	门脸线	尺寸偏差	15	5	10	10	15
入户门	门把手	—	15	5	10	10	15
入户门	门把手	安装不正	15	5	10	10	15

（续表）

三级检查项	四级检查项	问题描述	千亿A企	千亿B企	千亿C企	千亿D企	千亿E企
入户门	门把手	变形	15	5	10	10	15
入户门	门把手	表面磕碰、划伤、掉漆	15	5	10	10	15
入户门	门把手	故障（请在补充说明中具体描述）	15	5	10	10	20
户内门	门把手	—	45	5	10	10	15
户内门	门把手	安装不正	45	5	10	10	15
户内门	门把手	变形	45	5	20	10	15
户内门	门把手	表面磕碰、划伤、掉漆	45	5	10	10	15
户内门	门把手	故障（请在补充说明中具体描述）	45	5	10	10	15
铝合金门	门把手	安装不正	15	7		10	10
铝合金门	门把手	变形	15	7		10	10
铝合金门	门把手	表面磕碰、划伤、掉漆	15	7		10	10
铝合金门	门把手	故障（请在补充说明中具体描述）	15	7		10	10
铝合金门	门把手	缺件	15	7		10	10
铝合金门	门把手	松动	15	7		10	10
铝合金门	门把手	脱落		7		10	10
铝合金门	门把手	未安装或丢失	15	7		10	10
铝合金门	门把手	型号款式错误	15	7		10	10

（4）畅渠道：统一建立在线渠道、直连客户

随着交付项目增多，标杆房企借助在线工具来整合报事渠道和处理平台，从而保证问题得到及时、全面的整改。比如，某房企就整合了四种报事渠道，其App渠道的功能不仅仅是报修，更重要的是建立了与客户的联系，房企可主动进行客户关怀，从而提升客户服务体验。

为避免出现客户报修无门的情况，房企需要以现场公示、微信推送、短信送达等方式知会客户具体的报修渠道及服务监督热线。比如，保利某项目在交房当天就开通了保利微信报修通道，通过项目现场的微信关注指引让业主当场关注绑

定，从而实现微信报修及整修进度微信查询，这大大方便了业主。

本章小结

  建造过程中的品质管理是房企品质管理的重要组成部分。长期以来，因各种原因造成的管理随意是很多房企现场管理中的普遍现象，其背后的原因是深刻的、复杂的，如何破解值得我们深思。

  本章从建造全过程的品质控制视角出发，从工程策划中的品质管理到主体建造中的品质管理，针对关键环节、关键要素，梳理了建造过程品质管理的关键抓手和管理举措，从而使管理者能够快速厘清品质管理脉络，抓住品质管理关键，从管理动作和管理机制上破解现场管理随意的管理顽疾。

第四章
技术驱动：创新重塑行业品质，技术引领建筑未来

第一节
外部环境日趋严峻，技术创新迫在眉睫

随着经济的快速发展，我国城市化进程飞速，房地产行业也一路高歌猛进，快速发展了近 20 年并日趋成熟。但在其野蛮发展过程中，人们对住房的品质、舒适性、智能化等提出了更高要求，国家针对房地产行业的规范标准越来越严格，越来越精细。与此同时，房地产企业还面临着行业创新、环境保护、资金周转、安全生产等多方面的压力和挑战。这一切都表明，房地产行业急需转变传统粗放式的生产与管理方式。

一、政策：双重政策驱动，技术创新箭在弦上

2020 年 9 月，我国明确提出 2030 年"碳达峰"与 2060 年"碳中和"目标。

2022 年 3 月，住房和城乡建设部发布《"十四五"建筑节能与绿色建筑发展规划》，提出到 2025 年，城镇新建建筑全面建成绿色建筑，建筑能源利用效率稳步提升，建筑用能结构逐步优化，建筑能耗和碳排放增长趋势得到有效控制，基本形成绿色、低碳、循环的建设发展方式，为城乡建设领域 2030 年前碳达峰奠定坚实基础。

但是在当前施工建造中，资源消耗大、污染排放高、建造方式粗放等问题仍然比较突出（见图 4-1），房地产行业在实现"双碳"目标中承担着重要任务与巨大压力。

2022 年 3 月，住房和城乡建设部还发布了《"十四五"住房和城乡建设科技发展规划》，文件提出发展绿色低碳技术、数字化和智能化技术以及建筑工业化和产业化技术等重点发展方向。

面对这样的压力与机遇，房地产行业如何实现低碳转型呢？推广绿色化、工业化、信息化、集约化、产业化的建造方式，加强技术创新和集成，利用新技术实现精细化设计和施工，是房地产行业低碳转型的不二选择。

□ **2019年全国建筑全过程能耗与碳排放总量**

研究发现：2019年全国建筑全过程碳排放总量为49.97，占全国碳排放总量的比重约为50.6%。其中：

- 建材生产阶段的碳排放量为27.97，占全国碳排放总量的比重约为28%。
- 建筑施工阶段的碳排放量为1，占全国碳排放总量的比重约为1%。
- 建筑运行阶段的碳排放量为21，占全国碳排放总量的比重约为21%。

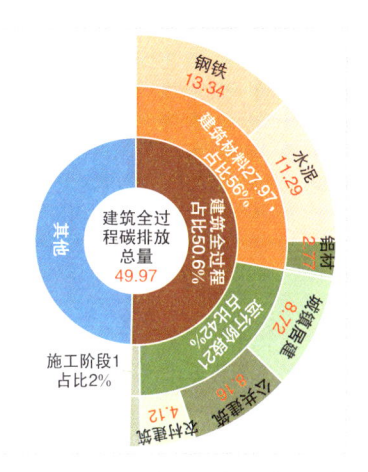

注：图中碳排放量的单位为亿吨二氧化碳；本报告中全国碳排放总量为98.77亿吨二氧化碳，引自IEA（国际能源组织）数据库；本报告选取的建材生产能耗与碳排放测算边界为当年建筑业消耗的建材生产能耗与碳排放；本报告测算的建材生产能耗与碳排放包括建材部门及上游部门的能耗与碳排放。

图 4-1　2019 年全国建筑全过程能耗与碳排放总量

二、市场：生存环境急剧恶化，技术创新成为房企突围的不二选择

2021年可谓是房地产行业的至暗时刻。行业监管收紧、市场需求收缩、项目去化不佳、利润持续下降，四道紧箍叠加，将房企的咽喉扼住，让其几乎无法喘息。据统计，截至2021年11月，房企平均业绩目标完成率仅为80%，明显低于近三年90%以上的平均水平。由此可见，即使年内规模房企已经对业绩增长做出了谨慎预期，但在下半年市场降温、业绩增速放缓的影响下，多数房企完成业绩目标的压力仍然较大（见图4-2）。

同时，三道红线的推行与美元债爆雷使房企的融资性现金流断裂，贷款双限与预售强监管使房企的经营性现金流承压，商票、理财产品的爆雷以及供方不再垫资使房企的补充性现金流干涸。融资性、经营性、补充性现金流都出现危机，使得房企陷入资金枯竭困境，高杠杆、高负债的运营模式无以为继。因此，在目前的行业盘整期内，房企更应该坚持主业，做好精细化管理，通过"降本增效"向管理要效益，从而缓解流动性压力，抵御行业寒冬。

注：统计范围为部分提出年度业绩目标的房企。

图 4-2　房企业绩目标完成率情况

资料来源：克而瑞、明源地产研究院。

三、客户：传统建造模式已经无法满足购房者对住宅品质的要求

前些年，在房地产行业的上行阶段，房价持续处于上涨状态，购房者买到房子就等于赚到钱。在购房需求中，投资需求占了很大比例，购房者对房产增值的关注度远远高于产品与服务本身。但自 2016 年中央经济工作会议首次提出"房住不炒"后，全国各地持续加码各类政策，购房投资需求开始受到一定压制。

2021 年 10 月 23 日，第十三届全国人民代表大会常务委员会第三十一次会议通过了《全国人民代表大会常务委员会关于授权国务院在部分地区开展房地产税改革试点工作的决定》。房地产税改革的到来，让大批房产投资者望而却步。这时，剩余购房者的需求会聚焦在产品和服务层面，一旦房企的产品与服务做不好，购房者就很容易发起维权投诉。

随着经济的快速发展与居民生活水平的快速提高，购房者对品质的需求呈直线上升趋势。购房者想要的不再仅限于基本的居住需求，而是包括产品需求、服务需求和价值需求（见图 4-3）。

产品需求　　服务需求　　价值需求　　客户不断增长的需求

- 更好的产品质量
- 更好的设计规划
- 更高的居住舒适度

- 更好的人性化服务
- 更好的居住环境
- 更好的便利性服务

- 更高的产品价值
- 更高的物业价值
- 被尊重

图 4-3　客户不断增长的需求

同时，不断反复的新冠肺炎疫情加速了购房者品质人居需求的升级迭代，他们对健康、通透、舒适的住宅有了更深刻的认识。那些空间更宽敞、室内功能分区和规划更合理、面积更大的大平层，在 2021 年上半年一度成为热销产品，进而成为部分房企在疫情影响下成功夺取市场话语权的法宝。而在建造端，传统建造模式存在材料浪费严重、工地脏乱差、质量控制难、劳动力成本高等问题，这与市场端日益增长的品质需求背道而驰。因此，为了满足市场对行业品质的要求，技术创新势在必行。

第二节

业内并不缺乏新技术，但技术应用呈两极分化状态

一、近年来，行业新技术如雨后春笋般涌现

在房地产逐渐回归消费属性的当下，"产品力"逐渐成为房企的核心竞争力，越来越多的房企正在通过技术创新提升产品品质。在这个过程中，各类新技术如雨后春笋般先后涌现（见图 4-4），比如物联网、大数据、云计算、VR、BIM、计算机视觉、预制化生产、3D（三维）打印等。

第四章　技术驱动：创新重塑行业品质，技术引领建筑未来　　237

图4-4 房地产行业新技术

此外，受传统建造方式各种弊端的影响，在时代的大背景下，各大房企推动了以"两提两减"为导向的建造技术升级，例如碧桂园的 SSGF 体系、万科的新时代质量梦"5+2+X"体系、旭辉的建造 2.0 体系、东原的透明工厂、龙湖的 33321 新建造 1.0 体系、蓝光的"优筑"新建造体系、美的的"匠芯"新建造体系等。

虽然降本提效只能达到量变，并不能从本质上动摇行业的经营模式，但对房企而言，随着增量见顶，行业洗牌过程会更加激烈，大鱼吃小鱼，甚至大鱼吃大鱼的场面都会频繁上演。房企如果在这一轮技术革新中不能取得实质性进展，就将失去竞争优势，被行业淘汰。

二、头部房企积极布局新技术且已初见成效

对于近年来流行的各类新技术，包括装配式建筑、绿色建筑、建筑机器人、BIM、3D 打印等，头部房企已经开始积极布局，并已取得一定成效。

例如，万科自 2003 年开始进行标准化、工业化和产业化研究，在学习国外优秀经验的基础上，结合国情与技术规范现状，逐渐摸索出了一条满足市场需求、符合行业发展、具备行业领先性的建筑产业化之路；龙湖联合清华大学建筑学院、中国建筑科学研究院等单位成立了"近零能耗四方联合研究中心"，对超低能耗建筑进行本土化创新。

案例 4-1
龙湖的"被动房"实验

"被动房"也称被动式超低能耗建筑，是一种全新的节能建筑。它仅依靠

建筑本身的构造设计,就能达到舒适的室内温度和湿度,不需要我们主动提供能源或安装空气调节设备。

2017年,在"被动房之父"沃尔夫冈·菲斯特(Wolfgang Feist)教授的指导下,龙湖通过深入钻研德国及整个欧洲已有的研究成果,结合中国特有的地理、气候环境,与清华大学建筑学院、中国建筑科学研究院等单位联手打造出了当时全球最大的被动房建筑集群——龙湖·列车新城项目(见图4-5)。

图 4-5 龙湖·列车新城项目实景图

如图4-6所示,龙湖·列车新城项目的墙体采用了优良的石墨聚苯板,这相当于为建筑穿上厚厚的"棉衣",从而保证室温恒定;建筑无冷热桥构造,用隔热垫片阻隔构件进行热传导,从而把冷热桥效应降至最低,防止室内能量流失;针对外门窗与结构墙体之间的缝隙,采用耐久性良好的密闭材料进行密封,室内一侧采用防水隔气膜,室外一侧采用防水透气膜,防止因空气渗透而降低能耗;高效舒适的热回收新风系统可同时满足室内新风和采暖制冷需求;被动式门窗系统采用130毫米厚的窗框,配备三玻LOW-E双中空玻璃被动窗,具有良好的隔音性和舒适性。龙湖通过这一整套科学严谨的建筑工艺以及对高科技材料的使用,最终打造了一个恒温、恒湿、恒静、恒净、防霾、高效能、高质量和高舒适度的宜居社区。

图 4-6　龙湖·列车新城项目应用的新技术

被动房在很大程度上降低了能耗，为保护环境、保护地球做出了巨大贡献。未来，被动房将成为建筑发展的必然趋势，这是房地产行业健康、持续发展的必经之路。目前，虽然被动房在国内仍处于起步阶段，但这一主流趋势已不可逆转。

虽然头部房企开启了对新技术的应用与推广且初见成效，但新技术在应用过程中存在一定的问题。首先，很多新技术的应用与推广只是针对小部分项目，没有全面铺开。其次，新技术大多为孤岛型技术，各类新技术之间的协同性和链接性还有待提升。比如，BIM 技术目前只能较好地运用在设计阶段，无法和后续的审图、成本、建造等多个环节紧密协同。最后，也是最为关键的一点，那就是成本很难算清，房企对技术的投入产出比没有一个非常清晰的认知，很多投入了大量人力、物力的新技术，并没有发挥出特别明显的作用。

三、中小型房企对新技术大多处于不敢用、不愿用、不会用的尴尬境地

中小型房企在技术创新与应用的过程中，会因外部环境的不确定性、技术创新的难度与复杂性、创新者能力与实力有限等，导致技术创新活动达不到预期目标。因此，我们归纳总结了技术创新的风险，并将其划分为六类：技术风险、市场风险、成本风险、建造风险、管理风险、政策风险。

1. 技术风险

技术风险是指在技术创新过程中由于技术的不确定性而导致创新失败的可能性。这些不确定性主要包括技术成功不确定、技术效果不确定和技术寿命不确定

（见图4-7）。

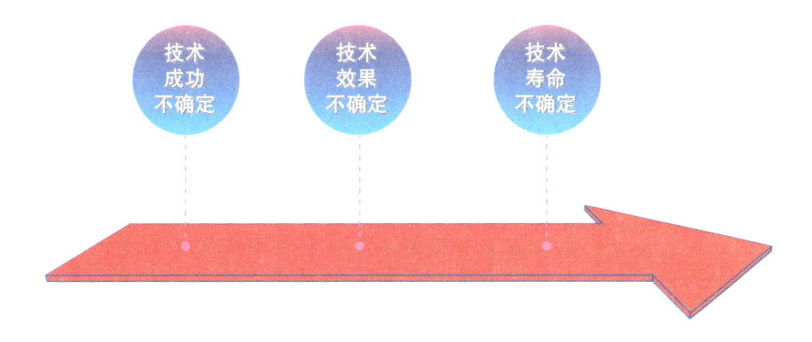

图4-7 房企技术创新路上的技术风险

例如，就目前而言，面向建筑领域的工业机器人已逐渐成为一种具备自我感知、具有一定执行能力的机器，能有效解决建筑行业安全事故频发、劳动生产率低下、劳动力短缺等问题。但我国对工业机器人的研究比国外晚很多，目前国内工业机器人的智能程度不高且研发技术相对不成熟。一些初创科技公司为了抢占市场，在没有完整技术规划和成熟研发体系以及对核心技术研发不足的情况下，将工业机器人用于现场施工，但送去工地的样机常常出现撞墙或者趴窝等各种问题。在硬件方面，工业机器人的抗干扰性能差，常因外部磨损而影响施工精度；在软件方面，工业机器人的控制系统也不理想，对动作的调整有限，响应速度也不高。

因此，对技术风险的把控是极其重要的，否则房企在不成熟的技术上投入大量研发成本，不仅达不到提质增效的目的，还会给项目带来一系列问题。

2. 市场风险

市场风险是指由于技术创新不适应市场需求或市场发生变化而导致产品未被市场接受的风险，比如消费者难以认同、市场需求发生变化、市场竞争激烈、市场容量过小、市场处于衰退期等（见图4-8），这些都会导致创新活动的市场风险增加。

例如，西安某高端科技住宅项目在建设时同步应用国际绿色建筑标准，通过创新技术将"恒温、恒湿、恒氧、恒静、恒净"植入建筑本身，用地源热泵和毛细辐射管网技术打造恒温效果，以便给购房者带来更好的居住感受和生活体验。

但是从市场反应来看，该项目却是"叫好不叫座"。该项目在开盘时推出199套科技住宅房源，购房意向登记数达115组，但未到场核验及未撤销登记的家庭达101组，弃验比例高达87.8%。究其原因，主要是科技住宅的购买成本远高于普通住宅的，而且前者的后期维护成本也非常高。项目每年向业主收取能源维保费52元每平方米，且因为项目采用集中式系统，无法做到单户关闭，所以业主不论住与不住，每年都要缴纳费用。按照该项目最小户型146平方米计算，一年的能源维保费就高达7 592元。

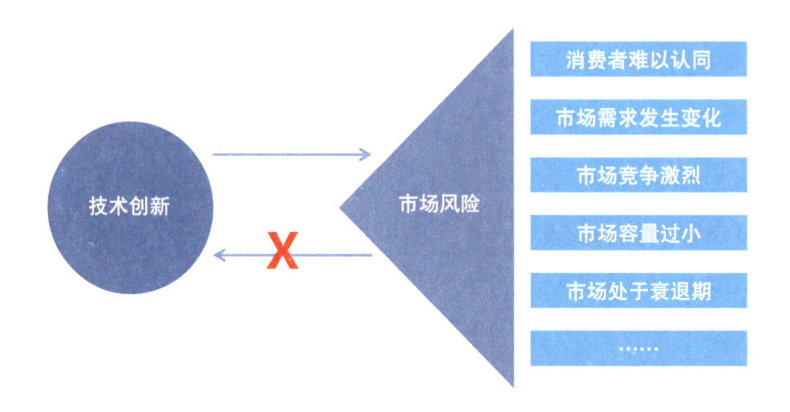

图4-8 房企技术创新可能遭遇的市场风险

因此，房企在应用新技术时，不仅要考虑新技术带来的益处，还要考虑它的市场接受度。

3. 成本风险

成本风险是指因资金筹措、使用、偿还的不确定性而导致创新失败的可能性。如图4-9所示，成本风险的大小主要取决于风险投资机制是否健全、资金到位的及时性、新产品的开发成本、汇率与利率变动等因素。

成本似乎是目前国内被动房推广的最大障碍。从发达国家的经验来看，被动房的成本可以做到和普通住宅的差不多，国外被动房的平均成本仅高于普通住宅3%~8%，而我国目前的被动房示范项目，其成本要高于普通住宅20%~30%左右。仅就技术投入而言，被动房的初次投资成本较高，加之示范项目都是单个建筑，面积比较小，因此应用新风系统、土壤源热泵系统、新型门窗系统等的费用较高，从而使这项技术无法被广泛应用。

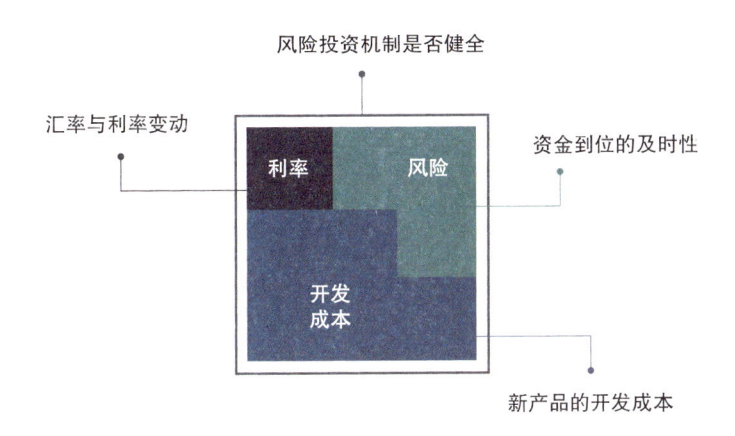

图 4-9 房企技术创新可能遇到的成本风险

4. 建造风险

建造风险是指在技术创新过程中，由于生产系统中有关因素的不确定性而导致创新失败的可能性，比如难以实现大批量生产、生产周期过长、工艺不合理、设备和仪器损坏、检测手段落后、产品质量难以保障、可靠性差、供应链能力差、施工要求高、施工人员素质差等（见图 4-10）。

图 4-10 房企技术创新可能存在的建造风险

例如，近年来装配式建筑发展迅速，而预制构件作为其核心构成要素，决定着装配式建筑的质量水平，因此房企要想做好装配式建筑，就要选择好的预制构件供应商。如果供应商预制构件的产能、质量等达不到项目的要求，技术创新就会失败。

5. 管理风险

管理风险是指在技术创新过程中，由于管理失误而导致创新失败的可能性，比如市场信息失真、技术人才流失、管理层错误决策、资源配置不合理、风险机制不健全、创新过程不协调等（见图4-11）。

图4-11　房企技术创新可能遇到的管理风险

以BIM技术为例，行业近年来虽然增加了部分专业技术人才，但是普遍缺乏专业管理人员，大量房企无法将BIM技术高效应用并落地，常常出现管理混乱、技术落地无用、成本高等一系列问题。

6. 政策风险

政策风险是指国家或地方政府的法律、法规、方针、政策的变化对项目产生不利影响，从而导致创新失败的可能性，比如不符合国家或地方政府的环保政策、国家法律对知识产权和专利的保护程度、能源政策和科技政策的导向等。

例如，在"双碳"目标下，环保和绿色化必然是建筑行业的终极方向，如果创新技术不符合环保要求，那么即使它能够快速提升品质和效率，也必然会被市场淘汰，从而导致创新失败。

第三节
技术驱动落地方法论

在新技术越来越重要的大环境下，中小型房企对新技术"不敢用、不愿用和不会用"的尴尬境地该如何化解？我们总结了一套"技术驱动落地方法论"（见图4-12），以"技术高效、高质、全面落地"为目标，将技术落地过程拆分为前期筹备、技术试点、全面推广、迭代升级四个阶段，对每个阶段的要点进行重点把控，并对组织和制度等支撑要素进行优化，以确保新技术高效、高质、全面落地。

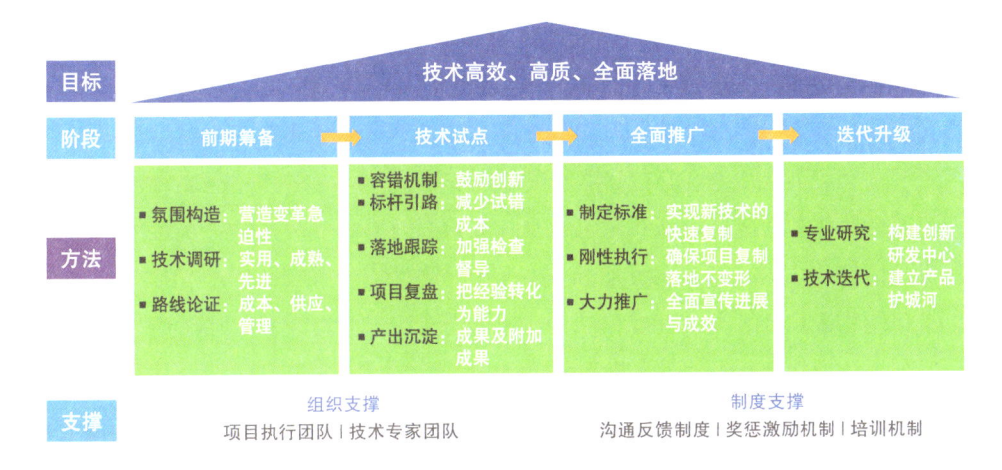

目标	技术高效、高质、全面落地			
阶段	前期筹备	技术试点	全面推广	迭代升级
方法	■氛围构造：营造变革急迫性 ■技术调研：实用、成熟、先进 ■路线论证：成本、供应、管理	■容错机制：鼓励创新减少试错成本 ■标杆引路：加强检查督导 ■落地跟踪 ■项目复盘：把经验转化为能力 ■产出沉淀：成果及附加成果	■制定标准：实现新技术的快速复制 ■刚性执行：确保项目复制落地不变形 ■大力推广：全面宣传进展与成效	■专业研究：构建创新研发中心 ■技术迭代：建立产品护城河
支撑	组织支撑 项目执行团队｜技术专家团队		制度支撑 沟通反馈制度｜奖惩激励机制｜培训机制	

图4-12 技术驱动落地方法论蓝图

一、前期筹备：充分清除新技术落地的前期阻碍

前期筹备是技术落地的重中之重。俗话说"将军不打无准备之仗"，在做每一件事的时候，如果准备充分，往往会有事半功倍的效果。

1. 氛围构造：营造变革急迫性

在当前地产行业日趋下行的大环境下，很多人思考的是如何降成本，认为减少支出是企业存活下去的第一要义。虽然行业大环境难以改变，但是企业内部就不一样了，企业的文化、氛围以及价值观都可以自上而下地营造。房企在进行技术创新时，如果一开始就在企业内部营造变革的急迫性，那么企业员工的技术创新压力自然就会变大，员工会更有动力去做这件事情。

如何在企业内部营造变革的急迫性呢？首先需要领导层在企业内部自上而下地推动。例如，金地的董事长在推行建筑工业化之前，经常在多个公开场合说："未来，我们会像造汽车一样建房子"。

案例 4-2
金地董事长凌克：像造汽车一样建房子

从 1992 年加入金地开始，凌克就带领公司踏实研究建筑开发技术，探索房地产金融、产业地产等新兴领域。他始终保持着对市场机会的理性分析，以及对数字化、信息化等科技领域的不懈探索。

近几年，在"科学梦"的指引下，金地开始聚焦建筑数字化、工业化和定制化，尤其是包含 BIM 技术和 SPCS（三一筑工自主研发的装配式体系）预制结构技术的建筑工业化。金地用互联网思维和工具为用户提供标准、透明、高性价比的家装产品，推出智能机器人、"智享+Home"家居平台，利用信息化手段开展高效管理，从而实现服务者、客户与合作伙伴之间的有机联合，让物业更好地为业主服务。

任何变革的成功，都需要一个强有力的领导团队对变革策略进行坚决推广和执行。这要求企业的高层管理者统一思想和认知，这意味着领导团队需要亲力亲为，在每天的会议、与员工的互动中生动地向其他人展现自己的紧迫感。

2. 技术调研：实用、成熟、先进

房企在进行工程技术创新或应用建造技术创新时，前期的技术调研同样必不可少。

（1）技术选择误区

在引进新技术之前，房企应对新技术的使用情况进行全面的分析和调查，多走访几家使用该技术的同行，以了解该技术在使用中的优缺点以及其他信息，从而在引进中既有充分的思想准备，又可参照他人的经验进行完善。但是部分房企

在引进新技术时经常犯一些错误：在选择新技术时，要么不做调研，要么过于极端，只选最新、最先进的技术。

（2）技术选择三要素

房企在对新技术进行分析和调查时，要着重注意以下三点：先进性、成熟性、实用性（见图4-13）。先进性解决的是技术在落地之后，未来能不能长期为企业所用的问题；成熟性解决的是在应用新技术时能否避免一些未知风险的问题；实用性解决的是技术在落地之后，能不能真正有效地被企业所用的问题。

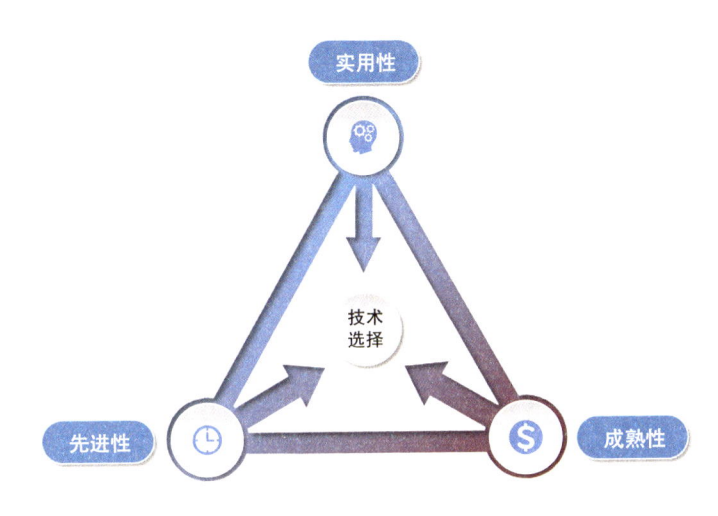

图4-13　技术选择三要素

①选择更符合行业未来发展趋势与方向的技术

很多时候，房企会错误地把技术的先进性与技术出现的时间顺序联系在一起，但实际上，技术的先进性更应该符合行业未来发展趋势与方向。这样，技术才能在未来被长期使用。政策方向在很大程度上代表了行业未来的发展方向，因此，在选择新技术时，房企可以提前调研和参考政府发布的相关行业政策。住房和城乡建设部一直在更新《建筑业10项新技术》，里面有很多新技术供房企选择和学习。

②选择相对成熟的技术，而不是最先进的技术

在选择新技术时，房企需要考虑新技术的成熟性，选择相对成熟的技术，而不是还未开始研发或大家都采用过的技术。什么是相对成熟的技术？这是指别人

已经做过，但是还没有大面积推广的技术。

> **案例 4-3**
> **建筑机器人的初期探索阶段**
>
> 目前，科技发展是主流，按照行业发展大趋势，建筑机器人应该是房企在未来必备的。但是为什么整个行业除了碧桂园，其他企业几乎都没有对这一领域进行研发呢？因为技术成熟性不够。
>
> 建筑施工场地的环境复杂，具有很强的动态性，建筑机器人常常被障碍物包围。避障和移动需求对建筑机器人在识别系统、机器人视觉系统、三维空间运动规划、事件处理控制算法、人机交互等智能技术方面提出了很高的要求。尽管建筑机器人进入建筑业是必然趋势，但要想在短时间内将其推广应用，还面临诸多难题。房企如果没有一定的财力与技术实力，贸然进军只会竹篮打水一场空。

为什么要选择相对成熟的技术？第一，相对成熟的技术在一定程度上已经验证了被大规模扩展的可能性，所以基本上不会错；第二，相对成熟的技术证明前人已经在这个领域进行过研究和探索，房企可以借鉴部分成果和失败经验，从而减少一定的试错成本；第三，相对成熟的技术没有被大面积应用，那么应用该技术的房企不会落后于行业发展。

③选择真正能被企业所用的实用技术

房企在开发或引入新技术时，要坚持需求导向、问题导向的技术应用原则，回归企业自身的业务和实际需求。在选择新技术之前，房企要分析自身业务的真实痛点，明确三个问题：为什么要应用新技术？新技术主要解决什么问题？当下房企需要解决什么核心问题（见图 4-14）？

例如，很多房企在做 BIM 项目时，只是建了很漂亮、很好的模型，但其实这与业务的关联不大，建完之后房企也不知道怎么用。建模成本很高，而 BIM 项目的实际价值却发挥不出来。

房地产产品的特殊性决定了创新要适度。当新技术被市场接受后，如果通过论证证明新技术具有一定的普适性和推广价值，房企就应将这类新技术予以固化，转化为成熟技术。经过几个项目的试行后，房企就可以把成熟技术升级为标准化技术，在多个城市复制开发。如此，房企既能保证技术领先，又能在短时间内将企业做大做强。

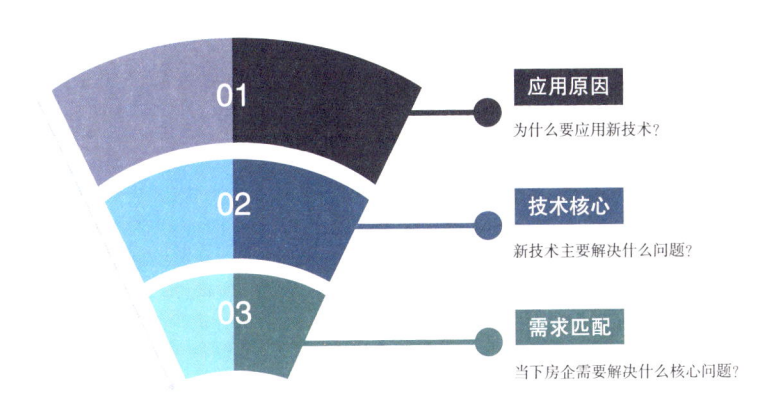

图 4-14　选择新技术时房企需要思考的三个问题

3. 路线论证：成本、供应、管理

（1）不仅关注显性成本，也关注隐性成本

很多房企在经营发展中，只关注显性成本，一旦要使用新技术、新工艺，就会变得犹犹豫豫，害怕增加项目成本，降低利润率。其实在行业动荡期，房企更应该树立可持续发展的观念，不仅要追求当期收益最大化，还要追求长期收益最大化，不仅要节约当期成本，更要注重当前行为对今后成本的影响。在应用新技术时，房企应该将显性成本和隐性成本放在同等位置，以预防和减少隐性成本为重点，将过去成本和将来成本放在同等位置，以控制和降低未来成本为重点。房企不仅要重视和控制生产成本、销售成本、资本成本等显性成本，还要重视和控制人力资源隐性成本、质量隐性成本、客户满意隐性成本、时间隐性成本。

（2）新技术的供应链是否成熟

对于一些大型技术而言，现有供应链的能力是房企在进行技术路线论证时必须考虑的问题，若供应链能力不足，则项目在后期运作中就会出现很多问题。

例如，在开启装配式项目时，房企必须考虑这一技术的供应链能力（见图4-15）。对装配式建筑而言，PC构件是核心产品，一般在工厂制作，然而并不是每一个施工单位或开发单位都有自己的工厂，所以它们基本上都会选择与PC构件工厂合作。但近年来，随着行业迅速发展，PC 构件工厂野蛮发展，其产品质量高低不一，没有装配式项目经验的房企很容易踩坑。

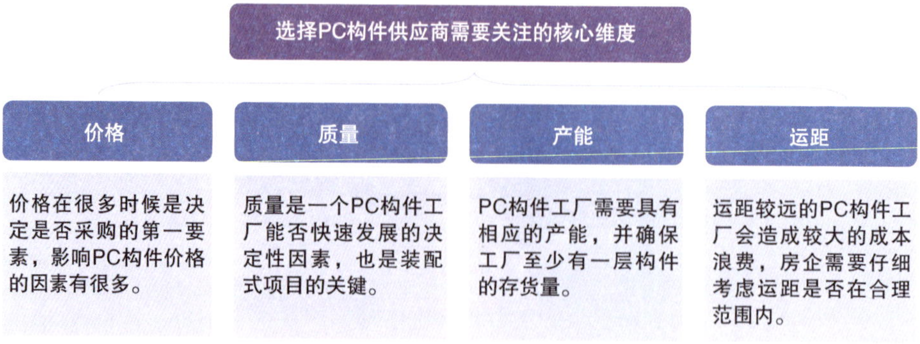

选择PC构件供应商需要关注的核心维度

价格
价格在很多时候是决定是否采购的第一要素，影响PC构件价格的因素有很多。

质量
质量是一个PC构件工厂能否快速发展的决定性因素，也是装配式项目的关键。

产能
PC构件工厂需要具有相应的产能，并确保工厂至少有一层构件的存货量。

运距
运距较远的PC构件工厂会造成较大的成本浪费，房企需要仔细考虑运距是否在合理范围内。

图 4-15　房企在选择 PC 构件供应商时需要关注的核心维度

价格、质量、产能与运距都是房企需要关注的维度，它们会对项目及技术的落地造成一定影响。

（3）**自身管理能力是否达到要求**

对于很多新技术，房企不仅需要掌握使用技术的能力，还需要有应用技术的管理能力。但是目前很多房企在进行技术创新时，呈现的状态是想应用新技术，然而组织和管理模式依然陈旧，缺乏对应的管理人才和制度标准。

二、技术试点：探索经验以防出现失误，降低整体决策成本

在做完前期筹备工作后，新技术在正式落地前需要做的技术试点必不可少。通过技术试点，房企可以探索经验、分析规律，探讨解决问题的有效途径和办法。此外，技术试点还可以降低风险，避免项目出现大的失误，降低决策成本。例如，万科在进行建筑工业化的研发时，先参观了国内开发商的标杆项目，接着考察了日本的先进技术项目，之后成立了万科工业化中心，然后才开始在内部进行试点。

在技术试点的过程中，房企需要注意的事项也不少，主要包括五个方面。

1. 容错机制：鼓励创新

试点工作是在没有现成模式可套、没有经验可循的情况下展开的，需要在实践中探索，不断研究新情况、解决新问题、创造新经验，因而具有很强的开创性和探索性。开创性和探索性意味着高失败率，如果没有一定的容错机制，那么技术创新的持续性与落地可能性就很难被保证。

被誉为"硅谷精神之父"的凯文·凯利（Kevin Kelly）曾说过，当前中国最重要的工作是培养一种文化基因，即对失败的容忍和包容。只有补上这一课，中国企业才能真正进入自我创新阶段。

> **案例 4-4**
> **绿城：设立年度"容错试错基金"**
>
> 在"互联网+"时代，一切都充满了不确定性，很多事情根本无法事先进行详细规划。对绿城而言，传统物业服务企业的互联网化道路该怎么走，没有教科书，也没有可以借鉴的经验。因此，绿城认为最好的方法便是试错，用快速失败来快速学习，尝试那些尚不完美的想法。
>
> 2015年，绿城拿出500万元设立"容错试错基金"（见图4-16），鼓励员工自主创新，从"想清楚再干"的计划型思维模式向"边干边想、边试错边升级"的迭代创新思维模式转变，这被员工形容为"勇敢去犯错"。

一个中心	允许犯错，鼓励创新，从失误中学习进步
三个重点 - 管理类	主要是管理金点子，提升管理效能，节约管理成本
三个重点 - 业务类	主要是服务新举措，提升服务品质，增加经营收益
三个重点 - 技术类	主要是新技术应用或工具优化等，提升专业技术手段，提高工作效率或节约成本开支

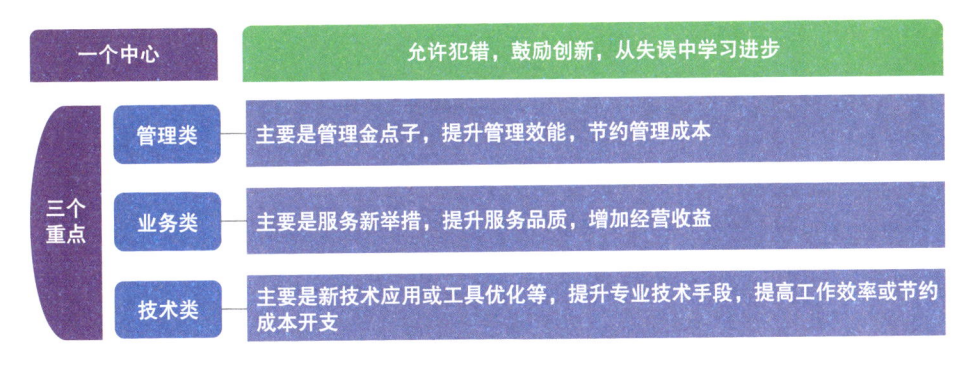

图4-16 绿城《"容错试错基金"管理办法》核心要点

> 绿城"容错试错基金"重点支持管理类、业务类、技术类创新项目。管理类创新主要是管理金点子，提升管理效能，节约管理成本；业务类创新主

要是服务新举措，提升服务品质，增加经营收益；技术类创新主要是新技术应用或工具优化等，提升专业技术手段，提高工作效率或节约成本开支。

因此，要想让创新成为企业活动的一部分，就要把创新的风险成本当成企业管理成本的一部分。换言之，企业应通过机制创新，承担创新活动的风险成本。

技术创新与应用是一件高投入、高风险且高回报的事情，企业在创新过程中失败基本上是在所难免的。因此，形成一种容忍创新失败的良好氛围是企业技术创新成功落地的重要前提之一。

2. 标杆引路：减少试错成本

只有学会站在巨人的肩膀上，才有机会超越巨人。

现代著名作家茅盾曾说，模仿是创造的第一步，也是学习的最初形式。模仿是快速入门的方法之一，学习的初始阶段就是模仿，学习本身就包含着模仿的含义。标杆房企的技术创新案例是其他企业最好的模仿样本，企业既能从中学到经验，又能减少试错成本。

（1）误区：闭门造车或者完全照抄标杆房企

闭门造车不行，完全照抄更不行。

每个企业面临的状况和实际业务阶段都不同，如果完全照搬模仿，那么很容易出现水土不服的情况，从而导致技术无法落地或者落地效果很差。万科在最开始研究建筑工业化的时候，与日本前田建设合作，引进日本PC工艺和技术，甚至从日本进口部分材料和设备，准备在国内复制日本的住宅产业化技术和生产方式，但经过几栋试验楼的实践探索，万科发现难度很大（见图4-17）。例如，预制柱和预制梁缺乏规范支撑，套筒灌浆、梁中间钢筋连接等方面的问题层出不穷，且内墙板资源匮乏，缺少相关材料与合作资源。

正确的模仿是在学习和分析别人的长处与不足后，找到适合自己的部分，而不是完全复制别人的成果。在模仿的基础上，房企还要进行创新与改良，渐渐形成自己的风格，打上具有企业属性的烙印。

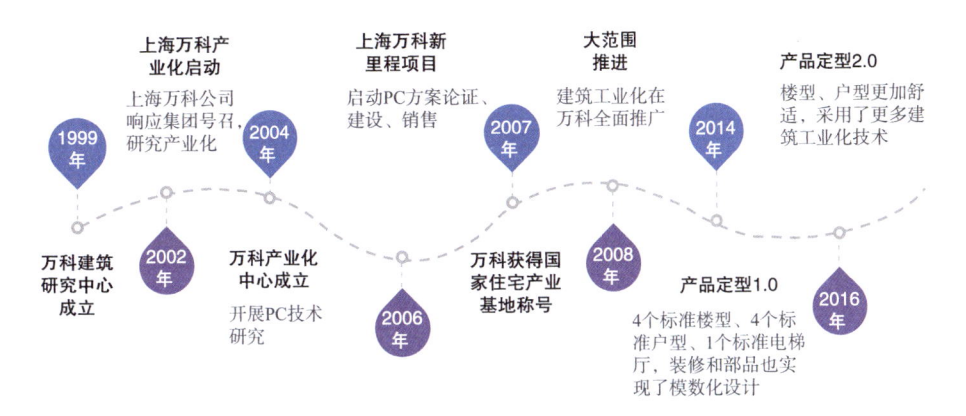

时间	事件	说明
1999年	万科建筑研究中心成立	
1999年	上海万科产业化启动	上海万科公司响应集团号召，研究产业化
2002年	万科产业化中心成立	开展PC技术研究
2004年	上海万科新里程项目	启动PC方案论证、建设、销售
2006年	万科获得国家住宅产业基地称号	
2007年	大范围推进	建筑工业化在万科全面推广
2008年	产品定型1.0	4个标准楼型、4个标准户型、1个标准电梯厅，装修和部品也实现了模数化设计
2014年	产品定型2.0	楼型、户型更加舒适，采用了更多建筑工业化技术
2016年		

万科建筑工业化发展分为研究、推广、成熟发展三个阶段：

研究阶段（1999~2008年）：学习日本工业化经验，建造了1~5号实验楼，打下了PC应用基础。

推广阶段（2008~2014年）：因地制宜，在城市项目中应用新技术，包括北京、深圳。

成熟发展阶段（2014年至今）：PC应用逐渐成熟，而且丰富了建筑工业化理念，包括产品、部品标准化等。

图4-17　万科建筑工业化发展历程

（2）对优秀房企的做法取长补短，减少前期试错成本

学习标杆经验是在自有资源、技术的基础上，在引进技术的同时对其加以优化，而不是单纯地剪切、复制，更不是拿来主义。还是以万科为例，万科在最开始进行建筑工业化研究的时候，一切都是从零开始，没有规范，没有资源，没有配套产品，更没有项目可借鉴，无法形成科学有效的工业化创新体系。但自从明确了向日本学习的目标，万科和日本著名建筑公司开展合作，引进日本的先进技术和资源，各阶段的成果也逐步形成。近年来，万科的建筑工业化进程不断向前推进，体系不断完善，技术不断成熟，万科对建筑工业化的理解与认识也在不断加深。

财经作家吴晓波曾提出"模仿创新—创造性模仿—改进性创新—二次创新"的二次创新动态模式，模仿对象可以不局限于一家企业，可以模仿多家企业，从而在创新上取得突破式进展，并使企业竞争力得到跳跃式发展。

3.落地跟踪：加强检查督导

对试点项目而言，项目的完成质量至关重要，因此落地跟踪必不可少。落地跟踪是指及时跟进试点项目的实施情况等信息，且对全过程详细记录（见

图4-18）。

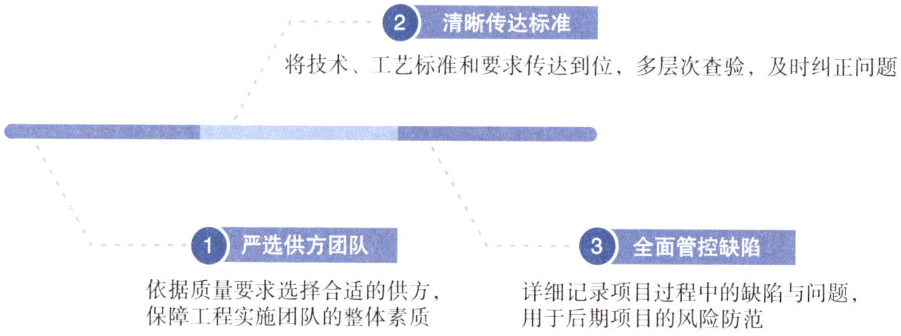

2 清晰传达标准
将技术、工艺标准和要求传达到位，多层次查验，及时纠正问题

1 严选供方团队
依据质量要求选择合适的供方，保障工程实施团队的整体素质

3 全面管控缺陷
详细记录项目过程中的缺陷与问题，用于后期项目的风险防范

图4-18 落地跟踪的管理要点

（1）依据质量要求选择合适的供方，保障工程实施团队的整体素质

施工单位是项目的实际建造者，施工人员的技术水平对项目质量有直接影响，因此，房企需要对项目实施团队的整体素质和施工水平严加把关。例如，目前很多施工队缺乏装配式构件安装经验，在进行装配式技术试点时，选择没有经验的施工队进行现场拼装非常容易出现问题，从而导致装配式不仅没有使项目提速，还可能导致施工质量下降。因此，在选择供方时，房企有必要将对方的装配式施工能力考虑进去。

现在大部分地产商都建立了自己的供应商库，在项目招标阶段，它们会优先考虑长期合作伙伴。每家供应商各有强弱项，在选择供应商时，房企除了要考虑常规考核要素，也要考虑项目质量要求和工艺要求。一些房企会让工程部参与施工方筛选环节，例如，西南绿地的工程部就会参与施工方招标，在前期先与各个队伍负责人进行充分沟通，了解清楚施工方的情况，以协助选择。

（2）将技术、工艺标准和要求传达到位，多层次查验、及时纠正问题

在试点新技术时，将技术的标准与要求传达到位非常重要。

虽然很多房企在积极推广一些新技术、新工艺，但是在落地时，大多数房企都直接将标准丢给执行的人，没有强制要求，也没有深入培训，执行过程也没有监督，从而导致新技术、新标准最后成为一纸空文。

因此，在进行技术创新时，房企应该在前期标准确立的基础上，将要求传达到位。房企制定的标准，不论是技术标准还是验收标准，或是其他管理标准，最终都要落实到供方头上。如果前期培训和交底不到位，现场施工就会出问题。例如，旭辉制定了5998管理体系（5998是指五大制度、九大指引、九大流程、八大标准），不仅在公司内部开展相关培训，也将其作为施工方、监理方开展工作的核心标准，要求它们熟悉巩固。

（3）详细记录项目过程中的缺陷与问题，用于后期项目的风险防范

房企可通过搭建质量数据库，对试点项目中出现的质量问题进行归纳总结，并寻找解决方案，用于后期项目的风险防范。试点项目在实施过程中，或多或少都会有一些缺陷和返工问题，如果这些情况没有被反馈上去，那么在项目全面推广时，房企可能会重蹈试点项目的覆辙。反过来，如果这些数据能被沉淀下来，纳入前端设计及工程管理标准，那么质量缺陷清单将不断完善，房企在全面推广项目时就可以进一步规避问题，减少错漏和返工次数。

案例 4-5
"工科中海"的产品缺陷库

中海地产素有"工科中海"的称呼，这是行业对其产品质量的认可。

产品质量来自前期的精心设计与施工建造，也来自不断汲取客户投诉与建议的经验积累。中海地产将所有渠道的客户投诉和建议集成到CRM（客户关系管理）系统，包括来电、来访、来自网络、微博、微信上的投诉，公司内部检查发现的质量问题，以及中海地产通过敲门计划（主动到客户家里，倾听客户的意见）和聘请第三方神秘客暗访发现的问题。

这种类似的数字化管理系统，中海地产有几十个，涉及房地产开发的各个链条。这种精准的数字化管理是中海地产打造的管理护城河。

4. 项目复盘：把经验转化为能力

在进行项目试点时，每一次的技术创新都不可能做到百分百完美。复盘的意义在于，房企能够知道在这一次试点中，哪些地方出了问题，出问题的原因是什么，主观原因如何解决，客观原因又如何解决。如果房企可以弄明白这些，把经验转化为能力，那么试点项目成功的可能性会更大。

（1）内外结合复盘，展开头脑风暴

复盘不仅仅是总结，总结只是对某一节点的某一件事情进行阐述和汇总，而

复盘是在总结的基础上有更深层次的理解，它对过往进行重放，积累经验，吸取教训。此外，如果仅仅是内部复盘，那么有很多东西房企是看不清的，这个时候就需要内外结合。

> **案例 4-6**
> **万达的内外头脑风暴**

　　万达在做复盘时，不但让集团内部的人进行头脑风暴，还会邀请一些外部人员，例如邀请一些政府人员、专家、媒体人士来参加万达的复盘大会。在《南京建邺万达广场项目集团复盘阶段性报告》中，专门有一个部分是"外部专业人士评价及建议"。有专家提出，万达广场内部的人文环境不够，主要表现在无书店的配套及内部绿植的数量不足。有人提出，可以增加儿童段业态，引进高年龄段业态。还有人提出，停车场进入不方便，且由于停车场半径不足，经常发生擦车现象。这些建设性意见很有价值，有的甚至推动了万达自身业态的发展。

（2）尽量将全部细节重新暴露出来

　　"更好的可能性"是复盘的终极目标。复盘是全盘皆复，而全盘存在着多个细微环节，这些环节环环相扣，最终导致了或好或坏的结果。所以，复盘的过程是将细节重新暴露出来的过程。而在这个过程中，"更好的可能性"已经存在。记录细节的方式，可以是人工手动记录，也可以选择项目管理软件，以提高效率。

（3）对问题刨根问底，找到本质和规律

　　房企在复盘时，对问题的总结要尽可能"退得远"，以寻求更广泛的指导，尽量不局限于就事论事。同时，房企在总结规律时，要避免刻舟求剑，不能把片面的认识当成规律。

　　如果过快得出结论，那么房企很可能只是看到了表象，并没有找到真正的问题，也很可能只是总结出了一次偶然性的因果关系，却误以为发现了规律。所以，为了避开"流于形式"或"快速下结论"的误区，无论是分析原因还是总结经验教训，房企都要刨根问底，找到本质和规律。

5.产出沉淀：成果及附加成果

所谓试点，就是在进行某项工作之前先做小型实验，以便取得经验。所以，新技术的试点项目一定要有产出和沉淀。如果试点项目行之有效，那么可复制、可推广的好经验、好做法需要被提炼升华为制度，在更大范围内推广和应用。一般来说，房企进行新技术试点项目主要需要沉淀四个方面的成果，包括项目实体、专业人才、标准体系和知识经验（见图4-19）。

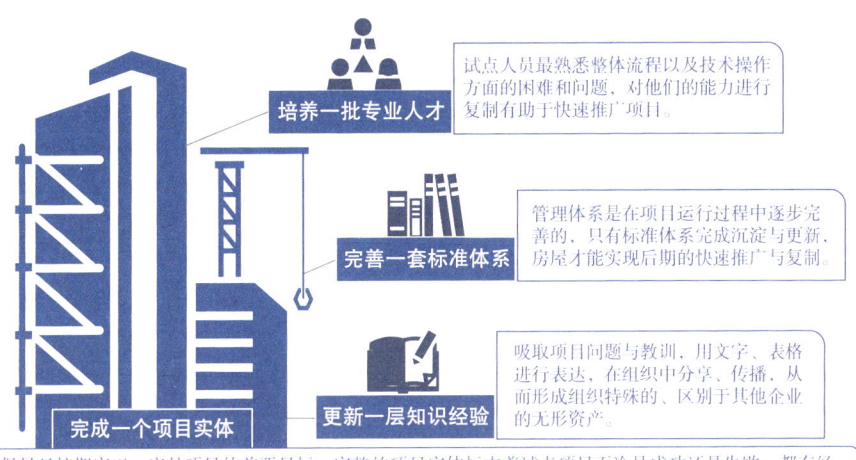

培养一批专业人才：试点人员最熟悉整体流程以及技术操作方面的困难和问题，对他们的能力进行复制有助于快速推广项目。

完善一套标准体系：管理体系是在项目运行过程中逐步完善的，只有标准体系完成沉淀与更新，房屋才能实现后期的快速推广与复制。

更新一层知识经验：吸取项目问题与教训，用文字、表格进行表达，在组织中分享、传播，从而形成组织特殊的、区别于其他企业的无形资产。

完成一个项目实体：保质保量且按期完工一定是项目的首要目标，完整的项目实体标志着试点项目不论是成功还是失败，都有经验可以总结和借鉴。

图4-19 房企新技术试点项目的沉淀成果

（1）完成一个项目实体

保质保量且按期完工一定是项目的首要目标。碧桂园在打造SSGF高质量建造体系之前，就完成了首个试点项目茶山碧桂园。从2017年年初开放后，这一试点项目就一直受到客户、行业、政府和社会各界的关注，吸引逾十万人次参观，在2017年年底交楼后，业主投诉次数相比传统项目减少了90%。龙湖在开展被动房项目的时候，也是先进行了几个单体项目的探索，之后才将规模化建设放在列车新城项目上。

（2）培养一批专业人才

试点项目人才对于项目经验的推广也至关重要，他们最熟悉整体流程以及技术操作方面的困难和问题，对试点人员的能力进行复制有助于快速推广项目。还是以碧桂园的SSGF高质量建造体系为例，在完成试点项目之后，碧桂园培育了一支建筑产业工人队伍，建立了一整套 SSGF 培训体系，包括设立产业工人培训学校、项目驻点培训班和项目总培训班等。截至 2018 年 8 月，碧桂园在全国 28 个省（市、区）共有 400 多个项目应用了 SSGF 高质量建造体系。

（3）完善一套标准体系

只有标准体系完成沉淀与更新，房企才能实现后期的快速推广与复制。管理体系是在项目运行过程中逐步完善的，不论是从企业角度来看要实现的"项目治理"，还是从项目角度来看要实现的"项目管理"，都必须在项目推进过程中针对出现的问题不断完善原有管理体系。这几年，包括万科的"5+2+X"体系、碧桂园的 SSGF 高质量建造体系、融创的穿插提效体系、龙湖的新建造体系、旭辉的建造 2.0 体系在内的各大建造体系都是新技术创新的沉淀。尽管每家房企对建造体系的叫法不同，但其核心却是一致的，即通过创新工艺、专业协同等实现穿插施工及装配化建设，提高施工效率，缩短施工工期，稳定施工质量。

（4）更新一层知识经验

新技术试点项目在推进中总会出现各种各样的问题，有共性问题，也有特殊问题。房企应吸取项目问题与教训，通过总结再用文字、表格进行表达，之后在组织中分享、传播，从而形成组织特殊的、区别于其他企业的无形资产。

三、全面推广：提升工程质量、降低建造成本

对于很多房企而言，新技术应用非常容易夭折的一步就是推广落地。

近年来，很多中小型房企其实也在积极拥抱新技术，学习标杆房企，研发新工艺，大力推行标准化管理。但是在项目实施中，总部制定的工程标准基本都停留在书面上，没有落地。究其原因：一是贯宣不到位，总部只发了邮件，没有进行相应的培训，一线员工对这套标准都还不太了解；二是缺乏相应的考核机制，员工自然是怎么方便怎么来；三是工程标准的落地性差，很多条款不符合实际情况，一线员工执行起来阻力大。

1. 制定标准：实现新技术的快速复制

标准化是对最终质量目标的拆解，将建造过程模拟成流水线，只不过这种流水线上流动的不是产品，而是工人。房企通过将一道道工序固定化、流程化，

让最终成果可控。一个完整的标准化体系包括标准、工具、指引、制度（见图4-20）。标准告诉员工做成什么样，工具告诉员工用什么做，指引告诉员工怎么做，而制度则用来规范员工的行为。

图 4-20　标准化体系

标准化体系对各部分工程的工艺流程、控制标准、节点处理、检查验收标准、观感质量要求、安装要求、标准做法、禁止做法等进行了统一，从而避免因各方理解偏差或标准不一致而使项目埋下质量隐患。

2. 刚性执行：确保项目复制落地不变形

许多新技术，像 BIM 技术、人工智能、装配式建筑等，近些年一直被推崇为行业新趋势、行业新未来，但是在新技术实际落地的时候，除了头部房企，其他中小型房企很少应用。究其原因，主要是技术落地容易发生变形，与房企预期效果相去甚远，而进一步深挖技术落地变形的元凶，主要是缺乏刚性执行。

（1）解决好总部与区域的利益冲突，避免因成本问题而阻碍新技术落地

总部和区域并不完全是利益共同体，因此在推广新技术之前，房企需要解决总部和区域之间的利益冲突。

例如，这几年很多房企都在推行新的建造工艺体系，铝模、全砼外墙、穿插

施工等工艺技术可以缩短项目的开发周期，有利于房企实现规模增长和降低资金成本。对总部来说，这自然是好事，但对区域公司和项目部来说，采用新工艺往往需要加大投入成本，摊薄项目利润，进而可能导致区域员工的奖金变少。

为了推动新技术落地，有些房企将新工艺所带来的增量成本剥离出来，由总部承担，这样就不会侵害区域公司的利益，一线员工也就乐意执行。还有一些房企为了鼓励区域公司使用新工艺，设置了专项补贴奖金，用来帮区域公司填平这部分成本。一位工程总曾表示："做管理，正向激励应大于反向激励。反向激励用得多，员工有压力，但动力不足，容易敷衍了事。正向激励则能激发员工的主观能动性，即便达到标准有难度，员工也会努力拼一把。"

（2）岗前培训及样板引路，将技术、工艺标准传达到位，让一线员工充分吸收与转化

房企制定的标准，不论是技术标准还是验收标准，或是其他管理标准，最终都要落实到一线。

标准落地的第一步是先教会一线员工使用标准。有些房企只是零散地下发新技术标准，以通知形式为主，贯宣不到位，一线员工根本不知道出了新标准。因此，房企如果想让标准落地，就一定要传达到位，而传达到位需要充分的培训和宣讲。比如，有些房企对工程经理、项目技术负责人、城市公司模块负责人、管培生、总包单位和监理单位中的特定人群进行针对性培训。

除了培训，样板引路也是目前运用广且效果明显的手段，虽然操作起来比口头交底烦琐一些，但其实施效果却比口头和文字交底好很多。

3. 大力推广：全面宣传进展与成效

（1）全面宣传新技术的益处

以前，营销仿佛只是销售端的事情，说起大力推广，房企的重心一般会偏向产品设计、户型、交通等，但是随着时代的发展，客户对项目品质的要求越来越高，因此技术营销需求也就慢慢产生了。一般来说，技术营销主要有四个方面的好处。

升华品牌形象。基于新技术体系的优势，通过大规模营销推广，项目会引发社会各界的广泛参访和讨论，来自政府、行业的好评背书可以提升企业的品牌形象和项目知名度。

节省营销费用，提升费效比。一般而言，新技术可以大幅缩短项目的开发周期，较大程度地节省总体营销费用。而良好的品牌形象、产品质量、客户口碑能提高客户成交转化率，降低单个客户成交成本，提升营销费效比。

促进销售，实现溢价。通过对新技术的宣传来提升知名度，必然会增加项目的来访量，从而加快产品去化周期，提高产品溢价，降低生产成本，提升项目利润水平。

强化客户口碑，提升产品美誉度。新技术可以明显提升工程质量，减少业主与物业的矛盾，放大口碑传播效应。项目的提前交楼，有利于业主先收楼放租或者减少贷款空置期。

（2）工程技术推广"三条线"

在工程技术推广方面，目前房企较为普遍的做法包括三条线：活动线、宣传线和渠道线。活动线主要以举办工地开放日、进行工地参观为主；宣传线通过多种形式来呈现包装成果；渠道线则是通过品牌展厅、项目官微、权威媒体、行业论坛、视频平台等多种渠道进行推广。

①活动线：工地开放日

活动线的措施包括举办全天候工地开放日和客户见面会，以及组织客户参观新技术展览馆等。工地开放日可以有方向、有重点地展示项目的先进技术、工艺，向客户全方位展示企业实力与全貌（见图4-21）。在工地开放日，展示内容绝对是重中之重，好的内容能够给客户带来好的印象，增强客户对企业的信心，提升企业的品牌形象。一般来说，展示内容分为实体和非实体部分，具体内容因企业和项目实际情况而有所不同。

②宣传线：注重说话的方式

宣传线需要注重说话的方式，主要包括三点：转化客户语言、改变说的人、改变说的角度。

第一步，转化客户语言，通过多形式、多渠道进行立体传播，包括一图读懂系列、视频解读系列、VR全景漫游；第二步，改变说的人，"媒体＋政府＋专家"权威证言，提升口碑，包括活动全周期宣传、大咖代言背书、媒体专题策划；第三步，改变说的角度，从"行业标准＋社会责任"出发树立标杆，包括以专业和责任引领行业，解读工匠精神。

图 4-21　某标杆房企工地开放日标准化展示内容

案例 4-7
旭辉的特色营销新模式：工程营销

"透明工厂"源自 2019 年旭辉高管层的一次头脑风暴，这是一个颠覆级的新营销概念。旭辉是房地产行业第一个敢"吃螃蟹"的房企。

旭辉曾派出工程师团队去华晨宝马的铁西工厂取经。他们总结发现，铁西工厂不仅对外展现了德国工业 4.0 与中国制造 2025 的超强技术，还传递出一种新理念："以客户为本"不仅只在销售环节体现，还要把客户的感受、体验、意见渗透进生产环节。他山之石，可以攻玉，来自其他行业优秀企业的理念很快被旭辉吸收。之后旭辉打破传统思维，颠覆了过去的生产经营模式，诞生了"透明工厂"（见图 4-22）。

图 4-22 旭辉的"透明工厂"

旭辉打造"透明工厂"的初衷是从客户关心的 13 个居住敏感点出发，突破传统工地"朴实无华"的原生面貌，打造一种展览体验，让客户在"看展"过程中了解自己未来的住所，并通过直观的施工工艺切面和通俗易懂的解说来向客户介绍房屋建造全过程。

从旭辉已经开放的 60 多个项目来看，"透明工厂"对营销转化的作用十分明显。旭辉的"透明工厂"在落地天津之后，引发业内广泛关注。短时间内，20 余家天津主流媒体对此进行报道，累计曝光量超 45 万。同时，有 30 多家业内标杆房企到访参观、学习，天津宾西路项目"旭辉透明工厂"已被纳入天津市河西区住建委系统 2020 年"质量月"观摩活动项目。

③渠道线：全渠道推广

联动集团进行全渠道推广，包括品牌展厅、项目官微、权威媒体、行业论坛、视频平台等多种渠道。

四、迭代升级：保持持续创新的能力，坚持对品质的极致追求

时代在不断进步和变化，创新只是相对而言的，某项技术一直停留在原地就会被其他正在前进的技术超越，而后变成落后技术。技术创新不是一件一蹴而就的事情，而是需要持续跟进，不断迭代升级。

1. 专业研究：构建创新研发中心

持续研究离不开专业、深入的研究，因此构建一个属于房企自己的创新研发机构就显得尤为重要。例如，东原在上海设立了建研基地，深入研究产品，帮助公司在研究阶段落实样板搭建和展示等。这既有利于保证项目的运营节奏，也有利于确保产品，尤其是新品不出问题。

然而，构建专业机构需要投入大量的财力、物力，在当下节衣缩食的环境中，很多房企不一定有条件实施，所以和专业机构合作也不失为一个好办法，比如保利地产牵手远大住工。通过与专业装配企业开展合作，房企可以降低研发成本，同时实现建筑工艺的创新和战略扩张。

2. 技术迭代：建立产品护城河

在当前飞速发展的时代，房企站在原地不动就是退步了，因为其他房企都在飞速前进。技术创新同样如此，房企不仅要完成当时的创新，还要进行持续迭代。

> **案例 4-8**
> **旭辉的渐进式创新**

2012 年上市之初的旭辉，销售额仅有 95.4 亿元，但 2021 年其销售额就已经超过 2 400 亿元。这种强大的指数级增长和持续的快速增长能力，离不开旭辉的不断创新和对自己的不断革命。

旭辉的渐进式创新从未停止，目前其产品已经进化到了第七代。2018 年，旭辉发布第五代产品 CIFI-5，从室外的归家动线到室内的 180 度全景阳台，每一处空间都得到了完美的利用。2019 年，旭辉发布第六代产品 CIFI-6，在第五代的基础上，打造"自由巨厅"，通过厅内、厅外空间的有机结合，形成更适合亲朋好友欢聚一堂的一体化空间。2020 年，旭辉发布第七代产品 CIFI-7（见图 4-23），通过健康入户、阳光玄关、三分离卫生间等全新设计再一次完成突破，这不仅契合疫情后人们对健康的需求，更满足了全龄生活的需求。

除了产品创新，旭辉的持续进化能力同样让人惊叹。在创新这条路上，旭辉已经进入无人区。2021 年，旭辉做了一件堪称颠覆行业普遍规则的事

情——打造"透明工厂"。旭辉从五大透明维度入手,构建了土建工艺、施工过程、精装交付、景观、地库等十二大场景,为业主带来沉浸式体验。

图4-23 旭辉第七代产品CIFI-7

别人学旭辉,学的都是旭辉早就在做的,而旭辉在突破的,是一代又一代不断进化的自己。

五、组织及制度支撑:挖掘员工的潜在创造力

1.组织支撑:优选项目执行团队,联动技术专家团队

在技术创新的路上,人才的重要性不言而喻,技术的创新与落地需要一群人去推动与执行。通常,由企业内部一群志同道合且技术能力较强的人和经验丰富的技术专家组成团队,可以有效推动技术创新与变革。

举个例子,由于被动式超低能耗建筑在我国还处于起步阶段,房企要想将国外的设计和施工经验完全照搬到国内,需要通过大量试点项目来不断对其进行检

验和完善。龙湖规模最大的被动式超低能耗智慧生态——列车新城项目就是龙湖在内部优选了专业人才后，联合清华大学建筑学院、中国建筑科学研究院等单位，在"被动房之父"沃尔夫冈·菲斯特教授的指导下建成的。

2. 制度支撑：激发员工的潜在创造力

激励机制是影响技术创新能否成功的重要因素，房企要给予技术创新部门专门的激励，以确保技术变革不会成为间断性的变革。结合实际工作情况，房企可以实施物质激励、精神激励、竞争激励等技术创新激励措施，使团队或者个人得到相应的回报，从而提高员工的工作积极性，这对推进技术创新具有一定的积极意义。

（1）进行物质激励，设立专项奖励资金

物质激励是最基本的激励手段，房企要在分配上向科技创新人员倾斜，可以根据员工在创新项目中的贡献或是否完成指定目标等发放奖励，具体做法有：实行经济目标责任制，把创新开发和经济效益直接挂钩，并通过内部经济目标责任制分解落实，以充分调动员工的积极性。

需要注意的是，物质激励必须依据输出价值来分配，不能搞平均主义。平均主义的做法很难在不同能力和素质的员工之间找到平衡，员工对所得报酬是否满意不是只看绝对值，而是判断自己的价值是否真正得到了体现。如果不能达到员工的心理预期，那么这会影响员工的情绪和工作态度，从而扼杀了员工的发展潜力。

（2）进行精神激励，满足员工的成就需求

根据马斯洛的需求层次理论，人的需求包括生理需求、安全需求、社交需求、尊重需求和自我实现的需求，这五个层次的演化过程就是从物质需求发展到精神需求的过程。因此，鼓励技术创新也要考虑对科技创新人员的精神激励，除了物质激励，各种职称、教育培训等都是富有吸引力的精神激励因素。

- 荣誉激励。荣誉体现了企业对员工工作能力的认同，这能满足员工受尊重的需求。例如，通过设立技术进步奖，对降低施工成本、提高施工效率等方面的创新成果每年进行一次评审，向表现突出的员工授予荣誉称号，进行公开表彰或适度晋升。
- 教育培训激励。在科学技术日新月异的今天，新知识呈指数级增长，建筑领

域的新技术、新材料、新产品不断产生，这要求房企把员工培训视作人力资源开发的重要工作，以不断提高员工的创新能力。
- 职业发展激励。房企要加强对员工的职业生涯管理，让技术创新人员可以自由地在技术轨道上得到发展，或选择向管理轨道发展，良好的职业规划可以给员工带来更大的工作成就感。

（3）创造有利于技术创新的企业文化，营造浓厚的技术创新氛围

企业文化直接作用于企业员工，有什么样的企业文化，就会有什么样的员工行为。因此，创造浓厚的技术创新氛围，让创新意识随着每个项目的开展而得到强化和落实十分必要。

案例 4-9
金茂绿建的创新创意大赛

为了营造良好的创新氛围，持续推动研发工作取得突破，不断巩固公司的核心竞争力，金茂绿建特意举办了创新创意大赛。

2017年9月15日，金茂绿建举办了第二届创新创意大赛（见图4-24），共有来自绿建节能部、健康人居部、项目管理部、能源管理部、投资发展部和科创中心六个部门的28个项目参赛，涵盖技术创新、产品创新、发展模式创新以及微创新四个维度。选手们深入浅出、生动形象地向评委们阐述了自己的创新思路，并针对金茂绿建的核心业务提出了很好的想法与建议。

图 4-24　金茂绿建第二届创新创意大赛

最终，评委们对项目的战略一致性、创新性、市场潜力、可行性和现场表现等方面进行评分，经过集体决策，评选出一等奖两名，重在表彰其对公司商业模式及核心业务产品的创新思考；二等奖两名，重在表彰其对现有产品和技术的创新升级；三等奖四名，重在表彰基于一线客户需求进行的产品微创新。此外，大赛还特别增设了"脑洞大开"奖三名，以鼓励一些暂时还不具备落地条件但具有创意的想法。

鼓励员工思考管理流程和施工工艺中有待改善的环节，加强对质量通病、技术难点的攻关，这些有利于技术创新的企业文化为员工技术创新提供了强大的精神支持，激发了员工的潜在创造力。

第四节

重塑行业品质的四大技术变革趋势

在这个信息爆炸时代，地产行业的技术革新虽然比其他行业慢一步，但其实也是在以前所未有的速度推进。通过对国内地产企业主流技术研发路线的研究，我们发现虽然目前各大房企研发的建造技术较多，但这些技术基本上呈现四大趋势：预制化、绿色化、一体化与减人化。从本质上来说，这四大发展趋势是在不同层面进行改进，最终都将趋向帮助企业实现降本提效。

一、预制化：现代工业化生产方式的典型代表

预制化其实就是发展装配式建筑，即把建筑部件，比如墙、柱、梁、板等提前在工厂预制，然后运到工地装配在一起组成建筑。

第二次世界大战后，欧洲以及日本等国家房荒严重，迫切需要解决住宅问题。装配式建筑能够快速成型，同时具有功能多样化、施工装配化、设计多样化、标准一体化等显著特点，有效解决了住房问题，也符合绿色建筑节能环保要求，因此迎来了飞速发展（见图4-25）。

新加坡：80%的住宅由政府建造 新加坡80%的住宅由政府建造，多采用工业化建造技术，政府建设的公共房屋大力推行装配化，装配化率达70%。	**英国：政府积极引导装配式建筑发展** 英国政府积极引导装配式建筑发展，出台了一系列鼓励政策和措施，大力推行绿色节能建筑，促进行业向新型建造模式转变。
美国：构件通用性极高 美国住宅所用构件和部品的标准化、系列化、专业化、商品化、社会化程度很高，装配化率几乎达到100%，构件通用性极高，易于机械化生产。	**法国：最早采用装配式的国家** 法国主要采用混凝土装配式框架结构体系，装配化率达80%。结构构件与设备、装修工程分开，减少预埋，生产和施工质量高。
德国：建筑能耗降低幅度最快 德国是世界上建筑能耗降低幅度最快的国家，近几年更是提出发展零能耗的被动式建筑。装配式住宅主要采取叠合板、混凝土、剪力墙结构体系，耐久性较好。	**日本：木结构占比超过40%** 日本在1990年推出部件化、工业化的生产方式，高生产率、住宅内部结构可变、适应多种不同需求的中高层住宅体系，木结构占比超过40%。

图 4-25　发达国家装配式建筑的主要特色

1. 建筑工业化一直是我国倡导的发展方向

进入新时代，随着建筑技术的进步与信息技术的快速发展，真正实现建筑工业化成为可能（见图4-26）。装配式建筑是用新型工业化建造方式建造的建筑，以设计标准化、生产工厂化、施工装配化、装修一体化和管理信息化为主要特征，有利于节约资源、减少施工污染、提升劳动生产效率和质量安全水平。

图 4-26　国外的装配式建筑

经过近几十年的快速发展，我国的现浇建筑技术已经达到了炉火纯青的地步，为什么现在要大力发展装配式建筑呢？一方面，改革开放后，大批农业劳动力涌向城市，城市化进程加速，同时人类平均寿命延长，人口总量迅速上升，居住问题日益突出；另一方面，随着我国综合国力的提升，政府对建筑工程建设的要求只会越来越高。从提高质量、合理加快工期、环保节能等角度出发，工业化模式下的装配式建筑有着得天独厚的优势（见图4-27）。

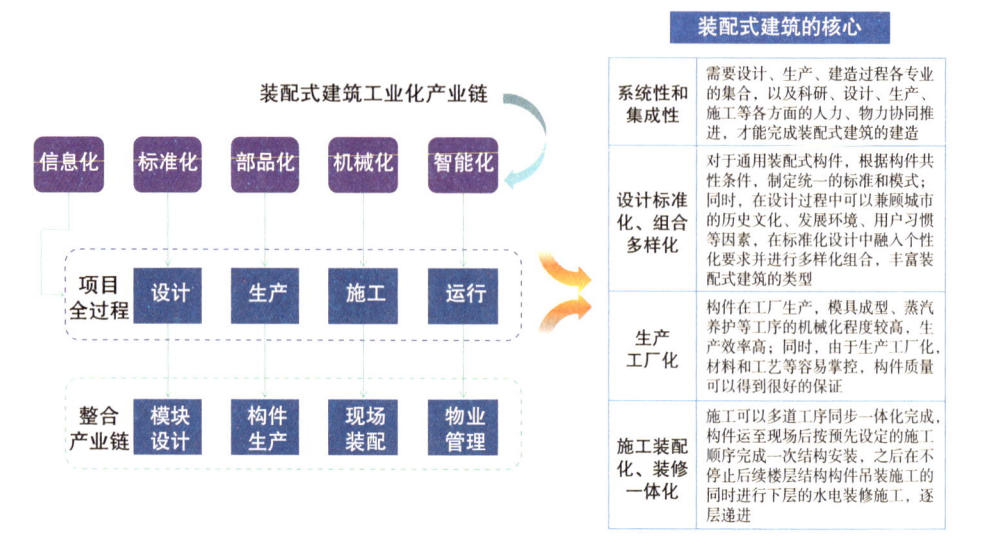

图4-27 装配式建筑工业化产业链及其核心

目前的经济形势和科技发展为装配式建筑提供了很好的成长土壤，装配式建筑的应用空间越来越广泛，建筑类别也越来越多，这意味着装配式建筑在我国存在广阔的发展空间。

2. 与传统现浇式建筑相比，装配式建筑有诸多优势

目前，我国的建筑施工方式还是以现浇为主，多年的经验告诉我们，传统方式有明显的弊端，比如施工受环境的影响，容易引起环境污染、资源浪费等。与此相比，装配式建筑更有优势（见表4-1）。

表4-1 现浇式建筑与装配式建筑对比

项目	现浇式建筑	装配式建筑
质量与安全	现场施工限制了工程质量；露天作业、高空作业等增大了安全隐患	工厂生产和机械化安装提高了产品质量，降低了安全隐患

（续表）

项目	现浇式建筑	装配式建筑
施工工期	工期长，受自然因素影响大；各专业施工常常不能交叉进行；主体封顶后仍有大量作业	构件提前生产，现场模板和现浇湿作业少；项目各楼层之间并行施工；构件的保温及装饰可在工厂一体集成，现场只需吊装
劳工生产率	现场湿作业，生产效率低	住宅构件和部品在工厂生产，现场施工机械化程度高，劳动生产效率高
施工人员	人数多，专业性低；人员流动性大，管理难度大	人员固定，数量少，技能强，管理难度小
环境污染	建筑垃圾多、扬尘、噪声和光污染严重	工厂生产，大大减少噪声和扬尘，建筑垃圾回收率高
建筑品质	很大程度上受限于现场施工人员的技术水平和管理人员的管理能力	构件由工厂生产，多道检验，严格按图生产，生产条件可控，产品质量有保障，工艺先进，建筑品质高
建筑形式多样性	受限于模板架设能力和施工技术水平	工厂预制，钢模可预先定制，构件造型灵活多样，现场机械吊装，多种结构形式组合成型

装配式建筑通过绿色施工技术改善了施工环境，彻底解决了传统建筑作业中材料浪费严重、工地脏乱差、质量控制难、劳动力成本高等问题，施工现场可实现"六无一少"（无现场支模、无现场砌筑、无外墙脚手架、无焊接、无水泥砂浆抹灰、无钢筋绑扎、少湿作业）。

3. 碍于现行工业化水准，装配式建筑并未充分发挥其相应的价值

这几年国家一直在推动和扶持装配式建筑，但我国的装配式建筑产业目前仍处于初步发展阶段。受技术、经济、规模等因素的限制，装配式建筑的预制率较低，普遍存在"慢而不省"的问题，主要表现为装配式建筑的建造成本较高、关键技术有待突破、产品和施工质量参差不齐、消费者对装配式建筑的接受度和认可度普遍不高等（见图4-28）。

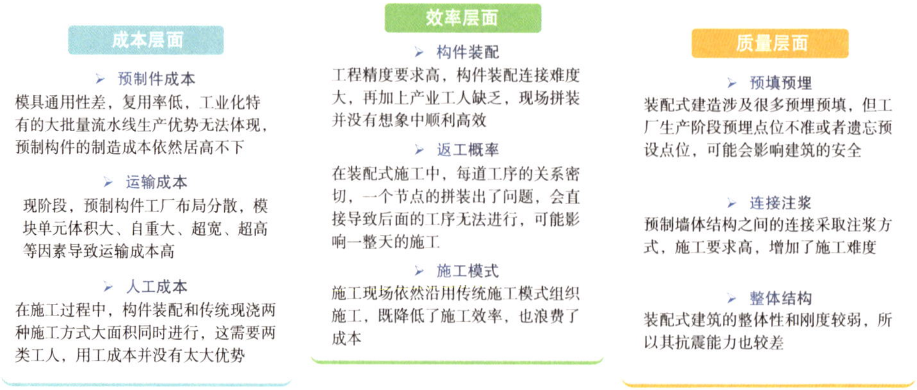

成本层面

➤ **预制件成本**
模具通用性差，复用率低，工业化特有的大批量流水线生产优势无法体现，预制构件的制造成本依然居高不下

➤ **运输成本**
现阶段，预制构件工厂布局分散，模块单元体积大、自重大、超宽、超高等因素导致运输成本高

➤ **人工成本**
在施工过程中，构件装配和传统现浇两种施工方式大面积同时进行，这需要两类工人，用工成本并没有太大优势

效率层面

➤ **构件装配**
工程精度要求高，构件装配连接难度大，再加上产业工人缺乏，现场拼装并没有想象中顺利高效

➤ **返工概率**
在装配式施工中，每道工序的关系密切，一个节点的拼装出了问题，会直接导致后面的工序无法进行，可能影响一整天的施工

➤ **施工模式**
施工现场依然沿用传统施工模式组织施工，既降低了施工效率，也浪费了成本

质量层面

➤ **预埋预留**
装配式建造涉及很多预埋预留，但工厂生产阶段预埋点位不准或者遗忘预设点位，可能会影响建筑的安全

➤ **连接注浆**
预制墙体结构之间的连接采取注浆方式，施工要求高，增加了施工难度

➤ **整体结构**
装配式建筑的整体性和刚度较弱，所以其抗震能力也较差

图 4-28　装配式建筑目前存在的问题

（1）成本方面：装配式建筑的建设成本普遍高于传统现浇建筑的

从现阶段的市场反应来看，装配式建筑的建设成本普遍高于传统现浇建筑的。传统现浇建筑的土建工程造价主要由直接工程费（人、材、机、措）、间接费（管理费、利润）、规费和税金组成。其中，直接工程费是施工企业的主要成本支出，是构成土建工程造价的主要部分。

而装配式建筑的土建工程造价除了与传统现浇建筑相同的直接工程费，还包括 PC 构件的生产费、运输费和现场安装费等环节费用。PC 构件的生产费包含建筑材料费、人工水电机械等成本费用、构件模具费、工厂摊销费、税金等。运输费主要是 PC 构件从工厂运输至工地的运费、短期仓储费和施工场地内的二次搬运费，现场安装费主要是构件在场地内进行垂直运输、安装等产生的费用，此外还有关于现场脚手架、模板等的措施费用。

（2）效率方面：缺乏熟练工人与成熟体系、整体施工效率并未有效提升

装配式构件的设计、生产、施工、交付等各环节都要求各参建方在统一指挥下协同办公，这对协同性的要求较高，而目前大多数装配式项目依然采用协同办公能力相对较弱的传统施工作业组织。

相比传统建筑模式，采用装配式模式的建设项目，参建方明显增多，除传统模式中的参建方之外，还包括装配式构件设计方、生产方、零配件供应商、专业化施工单位等。在现场施工过程中，装配式构件需要应用新的连接技术与保温措施，这个过程还涉及装配式构件的吊装、连接、灌缝浇筑等施工作业，这就要求施工现场的项目管理人员具有对现场作业进行部署和质量检验的专业技术。而在传统施工作业组织下，项目各参建方的联系不紧密，协同办公能力相对较弱，从而最终影响现场施工的质量和进度。

（3）质量方面：因产业基础较为薄弱，装配式建筑的产品和施工质量参差不齐

国外的装配式建筑起步较早，行业标准较为完善，有经验丰富的设计人才，已经形成较为完善的发展模式。相比之下，我国的装配式建筑起步晚，受许多外在因素的影响，目前装配式建筑尚未形成相应的规范体系。现阶段，虽然装配式建筑在我国得到政府的大力推广，但是建筑行业并没有进行深入的落实与使用，采用专业的装配式建筑材料进行施工的企业较少，且规模较小。局域专业知识、人才也较为稀缺，这导致施工企业需要提前预订的材料、配件的质量得不到根本保障，且建筑行业与政府并未形成统一的标准，市场上产品的质量良莠不齐，从而直接影响装配式建筑的施工质量，建筑存在一定的安全隐患。

4. 在"经济转型＋政策推动＋劳动力紧缺"的背景下，装配式建筑将会爆发式增长

在达到一定的规模效应后，装配式建筑将具有更强的经济适用性，而传统建造成本上升的趋势是不可逆的，装配式建筑将成为市场的选择。

首先，国家大力推广。近年来，中央及地方政府围绕绿色低碳、建筑产业化、装配式建筑推广三个方面持续出台相关政策，大力推动装配式建筑的发展，对装配式建筑的发展规划、标准体系、质量管理、产业链监管等方面做出了明确的制度要求。其次，人口红利消退，近年来建筑业"用工荒"问题日益严峻。一方面，农民工数量逐年下降，人口红利消退；另一方面，国家出台政策以限制建筑工人的从业年龄。建筑业用人成本不断攀升，倒逼行业通过发展装配式建筑来节约人力成本。最后，产业链发展逐渐成熟。受政策鼓励、市场需求提升的影响，装配式建筑产业链中的构件设计、生产、运输等专业公司得到发展，同时随着产业链成熟，装配式建筑的成本下降，这将会推动更多企业采用装配式建筑技术。

二、绿色化：创造品牌溢价的新吸引力

由于建筑物数量不断攀升，自然资源的消耗速度越来越快，人们在建造过程

中所浪费的自然资源也越来越多,这对自然环境乃至整个地球的生态环境都造成了不良影响。因此,日益增长的建筑物数量以及自然资源保护问题,成为建筑行业亟待解决的核心问题。为解决上述问题,绿色建筑这一理念应运而生。

1. 随着"双碳"目标的推进,绿色建筑显然是转型风口

说起绿色建筑,大家好像有些陌生。但实际上,我国早在1992年就说过要大力发展绿色建筑。只是一直以来,因为绿色建筑的建设成本较高,企业最少需要5~10年才能收回绿色建筑技术所带来的成本增量,所以绿色建筑的发展总是"雷声大、雨点小"。近年来,房地产行业已然进入下半场,房企从注重速度和规模转向注重效益,绿色建筑显然是转型风口。同时,来自政府层面的支持为房地产行业的绿色发展持续提供动力。

不少富有远见的企业已经开始践行绿色建筑,并从具体实践中感受到了绿色建筑的好处(见图4-29)。首先,绿色建筑所推行的节能、环保等理念,为企业带来了巨大的经济效益;其次,绿色建筑增添了建筑附加值,对房企楼盘的销售起到了带动作用;最后,绿色建筑对房企践行社会责任、提升产品品质有促进作用。

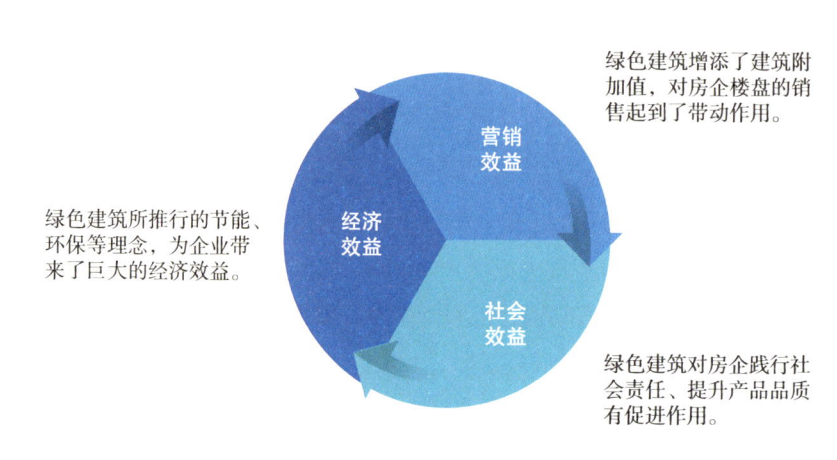

图4-29 绿色建筑的三大价值

随着相关绿色建筑政策的不断出台、绿色建筑标准体系的不断完善、绿色建筑实施的不断深入以及国家对绿色建筑支持力度的不断增大,绿色建筑在未来几年将继续迅猛发展。

2. "双碳"目标下建筑业绿色发展的实施路径

建筑业历来是能耗大户，是我国能否实现"双碳"目标的关键领域之一。在建筑业绿色发展的要求下，绿色建筑及相关产品的推广应用是推动我国建筑业实现绿色低碳循环发展的重要抓手，以下实施路径正成为大多数房企的选择。

第一，对全生命周期内的工程建设项目进行绿色建造。目前社会各界越来越认可"隐含碳"的分析方法，即在测算建筑耗能时必须把建筑的整个生命周期考虑在内，除了传统意义上的运营碳排放，还包括设计、制造、运输、施工、拆除等各阶段的碳排放。房企在进行绿色建筑建设时，需要加强规划、设计、施工管理和运行管理。例如，绿城积极探索绿色建筑，先后发布了《绿色建筑实施手册》《绿色地产绿色健康建筑设计技术导则》《绿城中国绿色健康住宅技术标准工作指引》，并大力推进太阳能光伏应用等研究，致力于降低房地产项目整个生命周期对环境及自然资源的影响。

第二，加大对绿色节能技术、工艺、材料的研发。绿色建筑节能技术对于生态环境的改善以及人居环境的提升具有重要作用，近十年我国建筑节能领域的专利数量急剧增长，低碳绿色技术逐步融入设计、施工、拆除全过程，这大大提高了建筑的实用性和集成度。此外，在当前万物互联的时代，智能家居已经成为很多房地产项目的必备选择，而智能家居与绿色建筑节能技术的结合，不仅能提升房地产项目的科技感，更能提升整个项目的吸引力与客户的购买意愿。恒温、恒湿、恒氧、恒静成为绿色建筑节能技术运用的主要目标，这也契合当下购房者对科技、智能、健康的建筑产品的追求。

第三，大力推动绿色建筑朝低能耗方向发展。从低能耗建筑向超低能耗建筑、近零能耗建筑发展，这是全球大趋势，我国也出台了一系列政策，且多地已开始试点。例如，朗诗控股方舟系列（见图4-30）根据"先建筑，后设备"的绿色设计理念，最大化利用自然气候条件，在设计初期借助各种计算工具进行类比分析，优先考虑运用外围保温隔热、防冷热桥、建筑遮阳等技术，尽可能从建筑本体上达到节能舒适的目的，同时在利用好建筑本体的基础上，最大化利用太阳能、风能、地热能等再生能源，减少建筑能耗与温室气体排放。此外，朗诗控股方舟系列应用了除霾新风系统、天棚辐射等高舒适度的科技手段，这大幅提升了绿色建筑的品质。

图4-30 朗诗控股方舟系列

3. "绿色化"的本质是资源的最优化利用，装配式钢结构建筑是最佳代表

绿色建筑是指在建筑的全生命周期内，最大限度地节约资源、保护环境和减少污染，为人们提供健康、舒适的空间。"绿色化"的本质是资源的最优化利用，而装配式钢结构建筑就是最佳代表（见图4-31）。

装配式钢结构建筑是指主体结构由钢构件构成的装配式建筑，由预制部品构件在工地装配而成，其建造过程是将预制构件和部品构件通过模数协调、模块组合、接口连接、节点构造等进行集成。装配式钢结构建筑主要采用钢结构来制作构件，这能够降低水泥、砂石、石灰等建筑材料的投入量。和传统的钢筋混凝土结构相比，装配式钢结构建筑能够减少3/10甚至1/2的工料投入，也能降低能源损耗，保护环境。

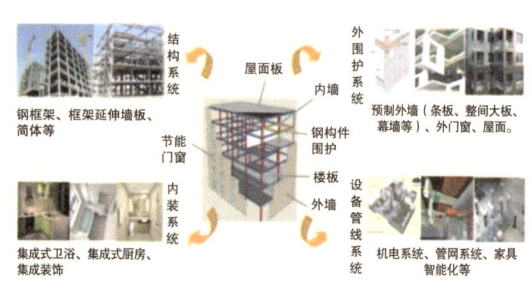

图4-31 装配式钢结构建筑及其构成

同时，装配式钢结构建筑在施工过程中具有可循环使用的特点。整个装配式构件在施工初期就有了全周期计划，工厂能够对原材料再次使用，生产过程不会对环境造成影响，而且能够节约能源，降低污染物排放量。

三、一体化：实现设计、采购、施工全过程协同的最佳路径

一体化是指以 BIM 技术为核心的一体化技术变革。自 2018 年以来，我国开始进入数字经济新时代，数字化、智能化已经成为各行各业的一个新方向。随着大数据、物联网、人工智能等信息交互技术的发展，房地产行业也必将借助这股蓬勃向上的力量奋力成长。而 BIM 技术作为目前国家大力推行的技术手段，其本身就是建筑行业数字化和信息化的载体，在房地产行业的数字化转型中有重要作用。

1. 一体化才能真正实现从建造到制造的转变

我国的房地产行业虽然已发展多年，但一直处于工业化程度低、标准化程度低、协同化程度低和共享程度低的状态，主要表现为缺乏流水线组织模式，产品与服务偏重个性化与定制化，重复使用率低，缺乏合理的利益分配机制，各种知识难以共享。BIM 技术是建筑行业进行产业升级的基础，是让建筑从建造走向制造的关键技术（见图 4-32）。通过 BIM 一体化设计技术、BIM 工厂生产技术和 BIM 现场装配技术，设计、生产、装配环节的数字化信息会在项目的实施过程中同步产生，提高协同效率。

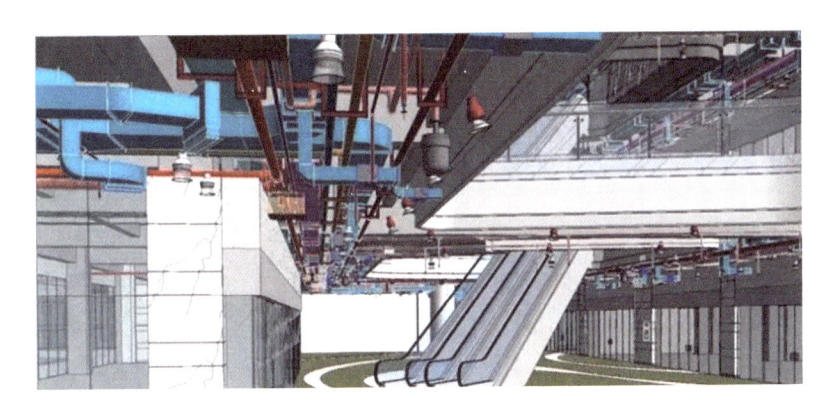

图 4-32　BIM 技术设计概念图

未来，城市建设将会朝着智能化的方向发展，而 BIM 技术的发展与普及是城市建设，甚至世界建设的必然选择。房企只有应用 BIM 技术，才有可能实现建筑设计标准化、土建装修一体化、部品生产工厂化、现场施工装配化、建筑运营维

护智慧化等多个一体化，才能真正实现从建造到制造的转变。

2. 房企对 BIM 技术存在认知误区

在推行 BIM 技术的过程中，经常有"BIM 万能"的论调，这是对 BIM 技术的认知误区，也体现了行业内典型的浮躁心态。

目前 BIM 技术主要有三大类应用：功能级应用、项目级应用、企业级应用。从实际情况来看，BIM 技术的应用在很大程度上还处在功能级应用层面，也就是大家通常所说的 BIM 应用点，比如管线碰撞、净高检查、主材统计、复杂工艺节点的动画模拟等。功能级应用大部分依靠单个软件就可以实现，而项目级应用、企业级应用涉及管理与数据库，比如角色、权限、流程、标准等。目前，真正符合国内实际业务需求的 BIM 管理平台尚未出现，国内比较有代表性的平台有鲁班 BIM 平台、广联达 5D-BIM 平台、广州数建科技 5D-BIM 系统，但它们都侧重于在某个阶段的应用。

BIM 技术不能将二流企业变成一流企业，BIM 技术有自身的发展轨迹，不同企业应用 BIM 技术的阶段和程度不同，应用效果自然也就不同，企业不可急功近利。例如，有些先锋企业已经提前进入了理性阶段，开始深度推广 BIM 技术，而有的企业还处于初次尝试阶段，这两种类型企业的应用效果自然不同。

3. 把企业需求与 BIM 技术的匹配度放在第一步

坚持需求导向、问题导向的应用原则，把企业需求与 BIM 技术的匹配度放在第一步，因为这是影响 BIM 技术落地的根本前提。

要想让 BIM 技术真正落地，企业首先要做的就是让业务部门的负责人认真梳理业务难点与需求，然后与软件、平台公司根据实际案例进行深入交流和互动，找到感觉后再修正自己的规划。对于哪些先做，哪些后做，哪些暂时还不能做，企业要分清轻重缓急，制订出既符合目前软件实际，又符合企业自身需求的 BIM 技术实施规划，选定计划使用的 BIM 软件，确定进行合作的平台厂商。

BIM 技术在项目上的应用落地不是一蹴而就的，对于不同发展阶段的企业，BIM 技术的推广轨迹自然不同。企业要结合自身特点，分阶段逐步应用，同时在人才培养、管理架构调整等方面循序渐进。企业只有将 BIM 技术发展所需的营养准备足够，才能让 BIM 技术在企业项目的沃土中成长壮大，最终凸显其真正的价值。

四、减人化：缓解建筑用工荒的必经之路

减人化，即从以人工作业模式为主转向以机械作业模式为主。随着社会的发展与进步，现在各行各业都有用工的需求，但年轻人不愿意进入劳动条件恶劣、劳动强度大的建筑施工行业，因此，建筑业频现用工荒。

1. 减人化将成为建筑业可持续发展的必然选择

建筑工作一直以来都是脏乱差的代名词，恶劣的工作环境使建筑工人每天一身泥一身汗，所以越来越多的年轻人宁可少挣点钱，也不愿意从事建筑工作。他们不愿意顶着"农民工"的标签进入工地，更青睐投入互联网等新兴行业的怀抱。《2020年农民工监测调查报告》显示，我国农民工的平均年龄不断提高，老龄化趋势愈发明显，农民工的平均年龄为41.4岁，40岁以上农民工所占比重超过50%（见图4-33）。

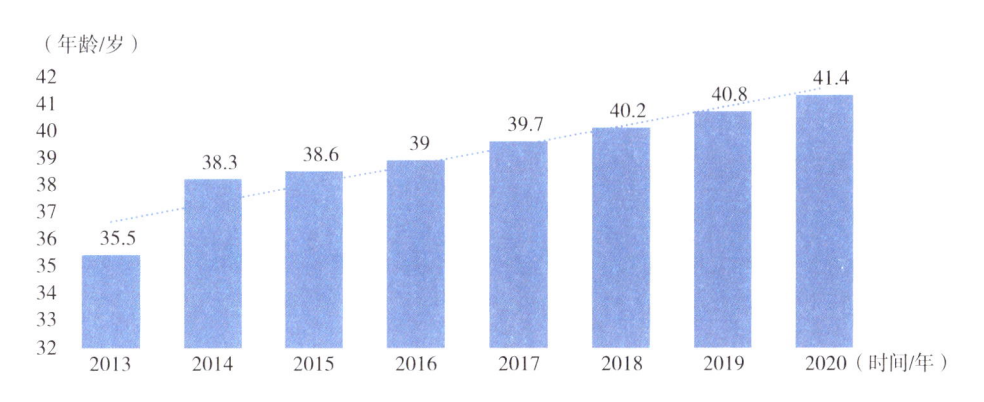

图4-33　2013—2020年我国农民工平均年龄

机器人、智能机器人取代人工，不仅是工业领域的长远趋势，更是建筑业应对劳动力短缺的有效措施。建筑业的人力资源越来越紧张，人工成本不断增长，提高劳动生产效率、解放劳动力是经济社会发展的客观要求。只有使建筑施工机械化，不断提高机械化施工水平，才能真正把建筑工人从恶劣的工作环境和繁重的体力劳动中解放出来，从而达到提高劳动效率和工程质量的目标。

2. 减人化主要针对设计、建造、运维、破拆等领域

建筑机器人是一种特种机器人，主要包括房屋建筑机器人、土木工程建筑机器人、建筑安装机器人、建筑装饰及其他机器人等（见图4-34），可应用于设计、建造、运维、破拆等建筑工程领域（见表4-2），能有效提高施工效率和施工质量，保障工作人员安全，降低工程建筑成本。

图4-34 建筑机器人、破拆机器人与无人机

表4-2 建筑机器人的应用领域及功能特点

细分应用领域	建筑机器人类型	功能特点
建造	无人机	规划测绘：在施工场地上空飞行，快速为建筑商提供精准的建筑工地鸟瞰图或3D地图；建筑工地勘察：监控库存和施工进度，有效降低人力成本、时间成本
	3D打印建筑机器人	3D打印建筑机器人结合了3D打印技术和移动机械臂，利用特殊的打印材料，可以构建出结构安全且功能实用的建筑，这有效减少了建筑能耗和资源浪费，实现了减人化生产
	砌砖机器人	砌砖机器人由控制、传输、动态稳定系统组成，可半自动或全自动完成砌墙工作，从而大幅提升建筑速度，降低人力成本
	装修机器人	具有综合性装修功能，包括贴瓷砖、喷漆、刷墙、墙纸铺设等，可以有效提升装修效率，节约室内装修成本
运维	巡检机器人	监督工程施工进度：利用高清摄像头和激光雷达对施工现场进行扫描，通过计算机视觉软件和AI算法分析建筑模块的完成度、成本投入情况及生产进度，从而提升建造效率和造价
	建筑质量检测机器人	建筑质量检测：利用自主导航与定位系统、传感器系统进行墙体检测，比如墙面、天花板和地面的平整度、裂痕、清洁度等，从而降低人工检测费用
破拆	拆除机器人	建筑拆除：具有移动灵活、支持远程操控、可多场景应用等特点，在危险的拆迁过程中，可以为建筑工人提供安全保障，提高工作效率

在设计方面，很多公司一直在筹划让机器人代替CAD（一种辅助制图软件），成为设计师的合作伙伴，而不只是单纯满足于成为设计师的辅助工具。目前建筑市场上的设计工具很少，这在一定程度上无法满足现代建筑设计的需求。建造领域对建筑机器人的需求量很大，也是目前开展机器人应用较多的领域。机器人建造分为工厂和现场两种，现场建造是机器人应用的难点。在破拆方面，除了爆破，大型建筑的破拆和资源再利用将是未来的一个难题，拆除机器人将派上用场。运维是建筑机器人可以被持久应用的一个领域，涉及管道检测、安防、清洁、管理等众多运行维护场景。

3. 建筑机器人面临作业场景复杂多样的挑战

建筑施工场地环境复杂，具有很强的动态性，建筑机器人常常被障碍物包围，或者在深沟或脚手架上移动作业。避障和移动对建筑机器人在识别和传感器系统、机器人视觉系统、三维空间运动规划、事件处理控制算法、人机交互等方面都提出了很高的要求。建筑机器人需要融合很强的人工智能技术才能适应工作环境的实时变化，实现在非车间化的施工场所中自由移动。

（1）空间轨迹规划

由于建筑空间大小不一，建筑内部也存在各种各样的障碍物，机器人的作业空间有限，这要求建筑机器人能够自动识别建筑空间，自动规划作业路径。

（2）多传感器应用

建筑机器人在工作之前需要识别周围环境，而各种各样的传感器能帮助机器人识别不同类型的建筑环境，例如识别物体大小、空间范围以及行走过程中的障碍物、温度、压力等，这可能需要将雷达、红外传感器、压力传感器以及温度传感器等结合在一起，这样机器人才能有效识别自身所处的环境。

（3）非稳定基础的精确作业

建筑工地的环境跟工厂的环境不一样，建筑工地的路面可能是坑坑洼洼的软泥土，存在砂石、钢筋、混凝土等，机器人在这样的路面上作业会受到很大的干扰，需要时刻调整规划。总而言之，拥有快速响应、精确定位的性能是建筑机器人顺利工作的必要条件。

（4）机器人施工工艺

传统的建筑工人具有很强的灵活性，有经验的建筑工人能够快速处理好建筑墙角粉抹不平、门窗框与墙体间隙大等问题。建筑机器人不具备建筑工人的灵活性，所以建筑机器人的施工设计不能简单复制工人的施工方法。在没有成熟经验借鉴的情况下，房企需要探索建筑机器人的施工工艺，这样才能更好地提高施工效率。

本章小结

在企业使命及政策的支持下，近年来，部分具备实力的房企开始大胆试水，充分利用BIM技术、物联网、大数据等，自主研发新型工程建造体系，从源头寻求提升安全生产管理水平和建筑工程质量的方法。在云计算、5G、人工智能、物联网、大数据等技术的多元化融合、交互、发展的背景下，可以确定的是，新一代技术革新港口已经开启，而由科技驱动的未来地产也正在扬帆起航！

第五章
数字驱动：数字化构建房企品质核心竞争力

第一节
行业管理升级，品质数字化转型成为必然

一、行业生存战要求房企实现品质发展

近年来，房地产行业进入不确定性新周期。现金流收紧、销售受限、市场遇冷、利润下滑等一系列经营环境的变化使得房企的盈利模式发生转变，不少房企提出了"向制造业学管理"的口号。自此，精细化管理成为房企的必然选择。房企纷纷从差异化与柔性化产品策略、精细化质量管控、体验化客户服务、新技术建造应用四个层面入手，推动品质发展。

二、传统品质管理存在局限，需要进行数字化转型

尽管房企过去为了取得更高的收益，也在不断优化线下管理模式与流程，但从当前房企的对外反应能力、对内战略执行能力与战略优化能力来看，传统的线下品质管理模式仍存在种种局限，无法解放房企的生产力，无法为房企的差异化与柔性化产品策略、精细化质量管控、体验化客户服务、新技术建造应用提供有效支持。

1. 传统品质管理存在局限

从管理、技术应用、生态链接层面来看，传统品质管理的局限包括以下四点。

（1）重复性事务多

由于传统品质管理存在部门墙，房企的事项统筹、工作协同、成果沉淀等工作都需要安排专人专岗进行管理，比如很多房企的工程部门会设置一个文员岗位来管理项目资料。这些因协同、归档等需求而产生的工作并不能创造价值，但是在传统品质管理中必不可少。在房企的业务管理中，重复性事务的占比极大，这

会占用大量人力资源，但并不能为房企的品质提升创造很多价值。因此，房企需要将资源投放到真正有益于品质提升的工作上。

（2）线下管理的精细度有限

管理精细化是房企提升品质必不可少的步骤，而在线下管理中，即使不断优化管理模式，房企也难以在短时间内大幅提升品质。

首先，线下管理的覆盖范围有限。随着精细化管理的深入，房企的业务管理事项将不可避免地被细化，而人力资源却是相对固定的。在这种情况下，各专业对管理事项的覆盖程度有限，标准规范、制度流程无法有效落地，从而导致无效成本产生。

其次，品质检测的精度不足。除了管理问题，因检测方法不到位或实际操作不当，房企通过传统检测手段所获得的质检结果的误差较大。如果在检测后，出现人工登记错误或遗漏等问题，那么房企甚至难以保障基础质量。因此，房企如果想保障基础质量，提升产品品质力，就需要通过智能化设备和数字化工具来提升品质检测的精度。

（3）技术升级缺乏有效抓手

先进的建造技术、建造工艺能够帮助房企在市场竞争中占据一定地位。从当前工程建造主流技术的发展趋势来看，比如装配式建筑、绿色建筑、BIM技术等，不论是在集团内部进行技术推广，还是在具体项目上进行应用，都比较依赖数字化管理。因此，房企如果不及时进行数字化转型，就会缺乏有效抓手来部署新技术研究与工艺升级工作，从而在行业竞争中落后。

（4）上下游生态循环链接存在断点

上下游供应商是房企铸造品质力必不可少的伙伴，各方需要实现紧密协同。但从当前的情况来看，由于客户、房企、供方之间存在时空不一致性，彼此之间信息传递滞后、信息量掌握不足、沟通体验感差。上下游生态循环存在以下断点：

- 客户链接断点。传统客服服务由于时间与空间的限制，服务场景有限，这与全周期、体验化、场景化的客户服务趋势不符。
- 上下游供应商链接断点。由于供应商与房企分属不同企业，在传统模式下，各方存在管理边界，难以实现即时、对等协同，也难以实现目标的统一。

2. 数字化转型的价值

在以数字经济撬动经营杠杆的发展趋势下，各行各业都在推动数字化转型。就房地产行业而言，数字化转型将为房企品质管理带来六大价值。

（1）守住质量底线

质量缺陷一直是困扰房企的核心问题之一，不仅影响交付进度，还有可能引发重要舆论事件，影响企业口碑。质量缺陷的背后是多专业协作不畅、项目建造技术复杂、现场管理难度高等，如果单纯依靠线下管理，那么质量缺陷问题难以根治。

数字化转型是房企减少质量缺陷问题最有效的手段。首先，数字化可以帮助房企建立质量场景线上闭环，以流程和数据驱动业务，减少管理弱项，强化管控能力。其次，智能设备、建筑机器人等技术推动了智能建造的发展，逐步降低了人员素质与操作能力对质量的影响。基于上述数字化与智能化措施，房企的项目质量将得到质的飞跃。

（2）降低成本

目前，降本已成为房企精细化管理的重点之一，但在传统管理模式中，交易成本、运维成本、无效成本等不可避免，成本降低幅度有限。房企在实现数字化转型后，可突破传统管理限制，进一步降低成本。例如，在采购时，数字化管理可以帮助房企重新整合市场资源，通过供需双方直连来降低双方对接和交易的时间、人力和物力成本；在建造过程中，借助数字技术手段，房企可进一步优化设计方案和施工方案，从而降低直接建造成本。除此之外，数字化管理还可以降低由于沟通、人为误差等问题造成的无效成本。

（3）管理提效

管理提效是精细化管理的另一个重点。房企进行数字化转型可以在组织体系、业务协同、生态链接三个方面提升效率。

首先，组织提效。房企原有的单一性、重复性工作将被数字化工具，比如大数据、算法、人工智能等取代，组织成员转向更具有创造力的工作，更积极高效地为企业创造价值。

其次，协同提效。通过数字化转型，房企可以实现业务在线、员工在线和数字决策，形成高响应性的协同网络。

最后，生态提效。随着行业数字化的逐步加深，房企可以与上下游供应商、客户协同实现线上管理。比如，企业内部业务管理中产生的可披露信息可以通过数字化工具即时共享给上下游供应商或客户,从而形成低误差成本、低延时的线上互联。再比如,通过数字化工具,房企可减少协同中不必要的中间环节,将资源重新整合,提升整个供应链与客户链的效率。

(4)产品升级

产品是房企品质力的基石,只有优质且不断进步的产品才能赢得市场,而要想实现这一点,数字化支持不可或缺。在产品质量上,房企依托物联网,结合建造数字化系统,可以使建造过程更为透明,建造管控更加精细、高效,从而实现产品质量的提升。在产品优化上,房企在将业务数字化后,可以沉淀、整合全周期业务场景中的相关产品数据,比如设计数据、建造数据、风控数据等,深度分析数据中的产品缺陷、具体成因等信息,将问题反馈给设计与工程部门,从而实现产品质量的优化提升,甚至新产品的孵化。

(5)品牌赋能

品牌打造是当前的热点之一,在传统模式中,当品牌的精神内涵确定后,房企需要用大型营销手段制造爆点并进行品牌宣扬,以夺取消费者心智。从实际反馈情况来看,品牌宣传活动往往投入高,但实际效果却不能达到预期目标。随着新技术的普及,房企可以借助 VR 展厅、直播、全时工地监控等手段来辅助品牌宣传,打造多个不同类型的品牌 IP,为房企的品牌赋能。

(6)风险控制

房企日常经营中面临的风险主要有三种:第一,质量问题导致的重大舆论风险;第二,客户投诉导致的重大客诉风险;第三,房企经营不当产生的财务风险。传统的风险控制主要依靠人工进行审查、评估和防控,这存在两大问题:一方面,风险审查和评估的工作量大,人工效率不高且容易遗漏隐藏风险项;另一方面,即使及时发现了风险,风险干预手段的执行情况也很难监督,从而导致风险问题难解决。这些问题一直困扰着房企,是其日常经营管理中的难题。

依托数字化技术,房企可以有效解决上述难题。房企在风险审查、识别、评估、防控的过程中,运用移动互联网、大数据、人工智能等技术手段,可以实现全风控过程在线,通过风控识别数字化和自动化,房企可以提高风险管控效率,降低企业管理风险,增强风险防控能力。

综上,当前行业已进入新周期,高速增长时期的盈利模式已被品质导向的盈利模式代替。不论是因为新盈利模式要求房企解决传统管理缺陷,还是因为数字化转型可以为房企带来巨大价值，房企实现数字化转型都是必然趋势。在数字化的应用与支持下，房企可以实现管理力、生产力、创造力的进一步释放，从而助力自身品质升级和市场竞争的突围。

第二节
品质数字化发展面临挑战

一、数字化失败案例导致疑虑丛生

房企投入资金进行数字化转型，一定希望看到成效，如果效果不显著或没有效果，那么房企高层自然认为数字化是一笔不划算的买卖。事实上，行业中的数字化失败案例比比皆是，这导致房企对数字化转型疑虑丛生。

案例 5-1
Y 企数字化失败案例

Y 企是一家区域深耕型企业，经过多年的沉淀与发展，Y 企已形成了以房地产为主业，以多元化业务为辅业的业务发展格局。随着业务的变化，Y 企提高了管理要求。在早期只有少量项目的情况下，Y 企先后上线了 OA（办公自动化）系统、销售管理系统、财务系统等信息化系统，目的在于将一些审批流程规范化。随着业务的急剧扩张，Y 企发现 OA 系统和销售管理系统内留存的基本都是文本数据，不仅报表分析不准确，系统也没有办法被进一步利用。因此，Y 企决定进行数字化升级，但是这次的数字化却没有达到预期，升级后的系统的使用率极低。经过调研，Y 企数字化失败的原因是数字化团队在建设、选型、应用等方面存在缺陷。

第一，数字化团队建设晚。Y 企数字化团队的建设晚于数字化系统选型，数字化团队相对于业务部门较弱势，对前期需求的了解也不够深入，这导致当数字化供方入场实施建设时，数字化团队难以对流程进行把控。

第二，盲目选型。Y 企在没有充分分析自身需求的情况下，就急于和供应商接洽，在经过少量交流后直接签订了数字化项目合作合同。

第三，建设阶段业务参与度少。由于数字化团队难以对流程进行把控，同时Y企正处于业务高速发展阶段，在进行需求调研时，业务部门没有投入足够的精力，这使得调研流于形式，很多细节业务场景的还原不到位，因此系统与实际业务的偏离较大，员工抵触情绪很大。

第四，应用培训与保障做得不到位。在培训方面，Y企仅对员工进行了2~3次培训，很多员工的意识和行为都没有转变过来；在管理方面，Y企没有根据数字化系统调整管理流程与要求，而是使数字化规范管理让步于原有的线下管理。

仔细研究这些数字化失败案例，我们可以发现：导致房企数字化失败的绝不只是某一环节，而是房企在大方向上存在误区。

二、品质数字化发展误区

综合分析房企数字化转型现状与品质数字化失败案例，我们梳理出品质数字化发展的四大误区：战略重视度不足、规划不合理、未与业务融合、缺乏持续调优，以下分别进行分析。

1. 战略重视度不足

一般而言，企业能否转型成功，在很大程度上取决于企业在战略上是否足够重视，而数字化资金投入是反映企业对数字化重视程度的指向标之一。优秀的制造业企业，比如美的、华为，数字化资金投入通常占年收入的1%~2%。而如图5-1所示，房地产行业头部企业的数字化资金投入约为1‰，其他大部分房企甚至不足1‰。房企在数字化应用上也局限于基础信息化建设，数字化系统在业务打通和数据共享方面还处于发展阶段，智能化应用则刚刚起步。房地产行业的数字化情况与制造业相比，存在巨大差距。

出现上述现象是因为房企对于数字化的重视度不足。在数字化转型过程中，不同房企面临的困难不同，但是短期的数字化转型成本压力与初期产生的效果不能形成正比是所有房企面临的共同问题。过去，房企处于行业高速增长的周期，收益增长源于规模的高速增长，而非精细化管理，不少房企缺乏足够的动力与决心推动数字化应用与发展，行业的数字化资金投入和应用情况自然也就远远落后于制造业。

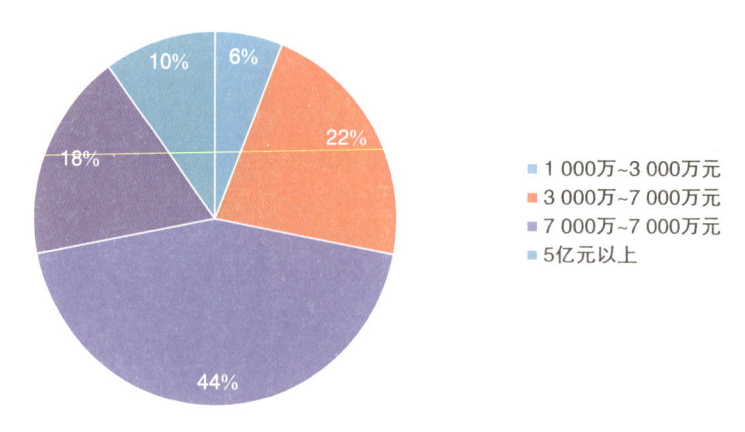

图 5-1　国内前 50 强房企数字化资金投入情况

数据来源：克而瑞。

- 1 000万~3 000万元
- 3 000万~7 000万元
- 7 000万~7 000万元
- 5亿元以上

2. 规划不合理

规划是数字化建设的指南，如果规划不合理，品质数字化进程就像是轮船无法判别航道，难免触礁。根据房企数字化案例，数字化规划问题表现为缺乏整体规划或规划与经营战略脱节，以下分别做阐述。

（1）缺乏整体规划

具有前瞻性、整体性的数字化规划对于企业数字化的推进极为重要，房企只有站在全局角度思索数字化业务和技术落地方案，才能尽可能减少系统冗余，降低重复建设的可能性。当前，部分房企的数字化建设方式是根据业务需求，边规划边建设，缺乏整体性规划。随着业务的纵向深化与横向拓展，房企为满足业务需求而新建设的系统越来越多，这些系统之间多数不互通，系统烟囱和数据孤岛情况严重，这十分影响数字化应用效果。

（2）规划与经营战略脱节

有些房企已经意识到数字化需要整体规划，但由于数字化属于新兴事物，而房企属于传统行业，一把手普遍缺乏数字化理念，在数字化规划上难免出现规划与经营战略脱节的问题，这里存在两种极端情况。

第一，将数字化视为普通管理工具，没有认识到数字化需要与经营结合。一般而言，这类型企业并不根据企业战略和实际业务需求来确定数字化项目的轻重缓急，而是根据哪个项目团队在汇报时所描绘的价值更加凸显。例如，某家房企明明确定了以打造品质为目标的三年规划，但其上线的数字化产品与品质战略毫无关系，在这种情况下，数字化对于房企来说仅仅是另一个管理工具，并不能为解决业务问题和实现战略目标提供实质性贡献。

第二，急于求成，过分追求技术的先进性。有些房企没有详细分析业务需求，认为数字化更为重要的是实现前沿技术的落地，然而在实际应用中，数字化建设与经营管理水平不匹配，数字化成本高但并无明显收益。

3. 未与业务融合

从数字化项目的落地情况来看，当前房企数字化项目的落地缺乏科学性和系统性方法论，以下按照数字化项目的推动阶段进行分析。

（1）项目推动前：未明确自身需求，盲目进行数字化

大多数房企在进行数字化项目选型时，没有将自身业务所处发展阶段、业务管理中待解决的问题摸排清楚，而是单纯效仿标杆房企的数字化应用案例，或是参考供应商提供的解决方案，以此来梳理数字化需求，没有考虑清楚自己与这些案例的匹配度便匆忙进行数字化项目的建设。

（2）项目推动中：数字化团队能力弱、业务缺席

①数字化团队能力弱

当前，很多房企已经组建了数字化团队，但不同房企的数字化团队的性质与定位存在区别。纵观行业数字化团队的组建情况，大部分规模较小的房企的数字化团队以计算机软硬件维护为主要业务，数字化需求分析与规划能力是其弱项。中大型房企则有相对全面的数字化团队，有专门的需求分析、项目管理、运维服务岗位。在数字化快速发展的现在，房企数字化团队也需要向权责集中、业务专业的方向发展。如果对不同岗位的人才建设、数字化建设的职责与权利不清晰，那么数字化团队在项目推动上会面临较大阻力，将很难整合数字化项目与业务管理之间的关系，难以与业务团队达成共识。

②业务缺席

一些房企将数字化视为技术提升，高薪聘请了很多外部数字化管理人才，将

数字化建设全权委托给他们，但这类数字化管理人才对房企战略目标的理解不够深入，对业务的理解也比较弱。数字化规划以及数字化项目的立项与落地需要业务部门参与，否则数字化建设极有可能成为缺乏实际成果的"面子工程"。

4. 缺乏持续调优

观察其他行业或标杆房企的数字化转型路径，我们可以发现，成功的数字化转型需要企业根据业务变化和技术升级情况，在长时间内不断调整转型方案。这与当前房地产行业的数字化发展情况大相径庭，大部分房企在上线数字化项目时，并没有考虑业务需要与技术升级要求，系统功能长时间维持原状，无法满足日常经营业务的运作。

通过分析上述误区我们可以发现，品质数字化并不是单纯的数字化技术应用，而是有特定方法论的系统工程。要想保证数字化成功，必然要考虑一家企业的管理团队、组织体系、企业文化、业务模式、员工素质等方面。房企必须结合自身特性因企施策，有步骤、有体系地进行品质数字化。

第三节
房企数字化发展成功案例

上节我们分析了品质数字化的误区，并且提出房企应该基于自身经营特点，树立多维度、体系化的数字化转型思路。但仅了解思路，一些房企仍然不知道如何落地执行。只有站在巨人的肩膀上，才能看得更远，本节将详细阐述成功的数字化案例，总结分析其数字化经验，为房企成功实现品质数字化提供参考。

招商蛇口成立于1979年，是招商局旗下城市综合开发运营板块的旗舰企业，也是招商局集团核心资产整合平台以及重要的业务协同平台。2015年招商蛇口实现重组上市，以"中国领先的城市和园区综合开发运营服务商"为战略定位，聚焦园区开发与运营、社区开发与运营、邮轮产业建设与运营三大业务板块，采取"前港—中区—后城"的独特发展经营模式，参与我国国内以及"一带一路"重要节点的城市化建设（见图5-2）。

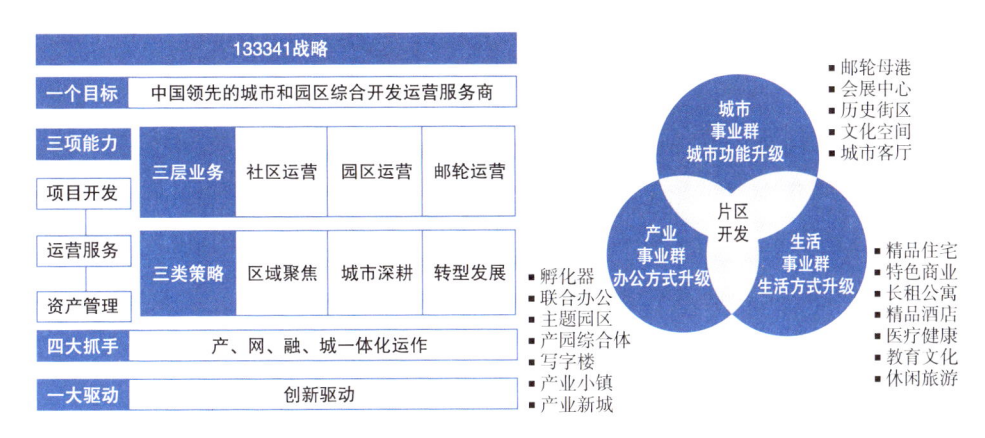

图 5-2　招商蛇口的 133341 战略规划

基于产业布局，招商蛇口结合外部环境变化，以执行集团"立足长远、把握当下、科技引领、拥抱变化"的核心战略为原则，以质效提升为抓手，形成了"产业数字化新标兵、数字产业化领航兵"的数字化发展战略。经过多年的发展，招商蛇口的数字化发展已取得显著成果。

一、招商蛇口的数字化转型历程

如图 5-3 所示，根据数字化发展性质和发展阶段，招商蛇口的数字化转型历程可以大致分为以下三个阶段。

第一阶段　专业管理信息化

建设特色：重管控、业务主导，主要目标在于实现各板块的业务线上化。

建设成果：企业专业管理ERP（包括销售、成本、采招、计划、商业租赁等在内的管理系统），财务管理软件、OA管理软件。

2010—2015年

第二阶段　经营管理一体化

建设特色：在业务线上化的基础上，通过数据治理实现"业务一体化、业务空间一体化、业务财务一体化、业务管理一体化"四个一体化。

建设成果：数据治理和DMP（数据管理平台）大屏、投资决策分析、财务共享（业财融合）、货值管理（财销平衡）等。

2016—2019年

第三阶段　产业数字化

建设特色：一方面，以科技重塑不同产业的生产方式；另一方面，打造大客户体系。

建设成果：创新生态，比如供应链中台；客户体验系统，比如风控系统、招商荟平台；智慧空间，比如墨斗系统、智慧公寓运营管理平台等。

2020年至今

图 5-3　招商蛇口的数字化转型历程

1. 专业管理信息化（2010—2015年）

招商蛇口是数字化建设起步较早的国有房企之一。在2010—2015年，招商蛇口先后启动了各业务板块ERP、经营预算平台、项目户口簿和商业系统等，完成了对数字化系统的基础建设。在此阶段，招商蛇口的数字化规划更多是站在项目全周期管控层面，目的在于使各业务板块实现标准化、线上化，以信息化管理手段代替纯人工的管理方式。

2. 经营管理一体化（2016—2019年）

从2015年开始，招商蛇口的经营节奏面临较大调整。一方面，主业规模逐渐扩大，原有业务系统的数据不标准、不准确、不能及时获取等问题极大限制了招商蛇口地产业务的发展；另一方面，随着业务板块的扩大，重组之后的招商蛇口涵盖园区、社区、邮轮等不同业务，集团层面对于数据打通、资源整合的需求比较强烈。

在这一发展背景下，招商蛇口在业务线上化的基础上，以数据治理（见图5-4）和DMP大屏落地为开端，先后落地投资决策、业财融合、货值管理等数字化模块，开启了"业务一体化、业务空间一体化、业务财务一体化、业务管理一体化"四个一体化进程。

图5-4 招商蛇口数据治理整体框架

3. 产业数字化（2020年至今）

2020年年初，招商局集团董事长李建红和招商蛇口董事长许永军出席招商蛇口工作会议，提出招商蛇口将以数字化为奋斗目标，争当产业数字化新标兵，形成以数字科技为引领的增长方式，在新一轮发展中抢占先机，以获得更大的发展成就。至此，招商蛇口已经将数字化从经营策略维度上升到发展战略维度。如图5-5所示，招商蛇口的产业数字化战略包括一个中心、一条主线，一个驱动和五大战略，从而促进企业质效提升，服务客户享受美好生活。

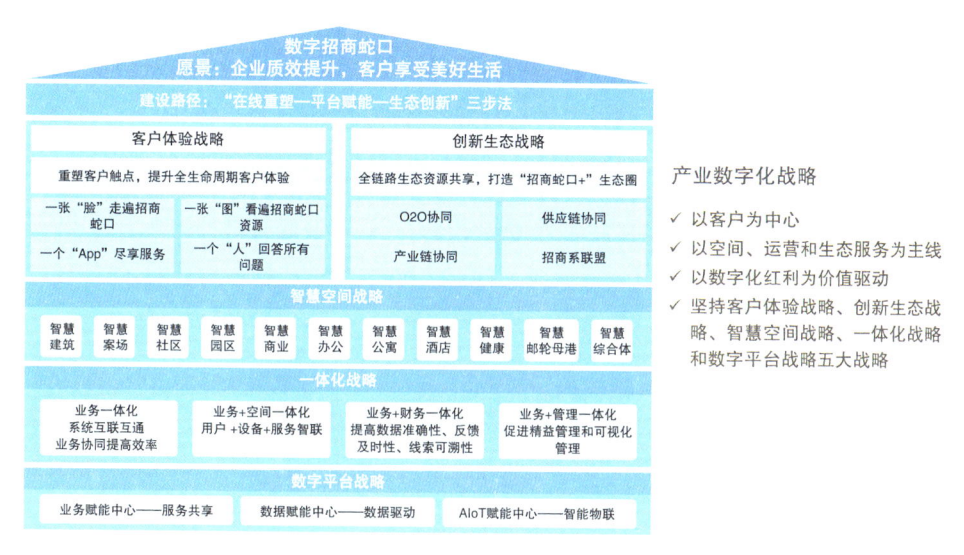

注：O2O是将线下的商务机会与互联网结合；AIoT是指人工智能物联网。

图5-5 招商蛇口的产业数字化战略

在产业数字化战略的指引下，招商蛇口以旗下全资子公司招商城科为依托，积极推进各领域的数字化项目，将数字经济与传统产业融合，实现了多业态管理模式和业务模式的转变，提升了运营效能，推动了产业升级。如图5-6所示，招商蛇口已在业务赋能、客户服务方面取得显著成果。

业务赋能

- **供应链中台**：打通供应链和产业链，实现供应链协同，推动全链路生态资源共享。
- **墨斗系统**：打造全新项目管理协同平台，进行精细化、集成化管理，构建工程生产数据共享中心，打通各参与方业务，实现业务协同。
- **智慧园区管理系统**：借助智慧园区App、小程序等实现园区运营服务线上化、园区管理精细化、智慧招商精准化。

客户服务

- **全周期风控系统**：涵盖九条客户服务业务线，解决标准落地难、事中过程管理难、事后缺陷沉淀难等问题，提升客服管理风控能力。
- **招商荟平台**：以招商荟平台为载体，以积分商城为抓手，以联邦制会员运营体系为支撑，建立客户跨业态体验旅程闭环，让客户享受专业的一站式服务。

图 5-6　招商蛇口产业数字化落地成果

二、招商蛇口数字化转型经验

审视招商蛇口的数字化转型路径，我们认为其取得成果的原因在于以下三点。

1. 高层重视

招商局集团和招商蛇口管理层对于数字化转型都极为重视，将数字化转型视为企业新的增长方式，将数字化转型提升到企业战略级别，并亲自督促产业数字化战略的落地执行。

2. 组织转变

为推动数字化转型，招商蛇口专门设立了全资子公司招商蛇口城市科技有限公司，统筹数字化转型，牵头推进各领域数字化项目的落地。除了专职的数字化科技公司，招商蛇口还通过各种手段让前端业务人员走到后台，用技术革新员工的固有观念和行为习惯。

3. 确定合理路径，分步推动

对于产业数字化战略的落地，招商蛇口在参考其他企业数字化转型路径、结合自身数字化基础和经营特性的基础上，确定采用"在线重塑—平台赋能—生态创新"三步法，分步进行数字化转型探索。在每一个建设期限内，招商蛇口都细化了不同领域的数字化建设目标，通过统一架构、因业施策等方式，既实现了快速推进，也为不同业务留下了缓冲区。

第四节

实现路径：战略重视、全局规划与分步兑现、评估调优

基于前文对品质数字化发展误区的分析，结合不同房企的数字化转型案例，我们认为房企品质数字化转型的路径为战略重视、全局规划与分步兑现、评估调优三步（见图5-7）。

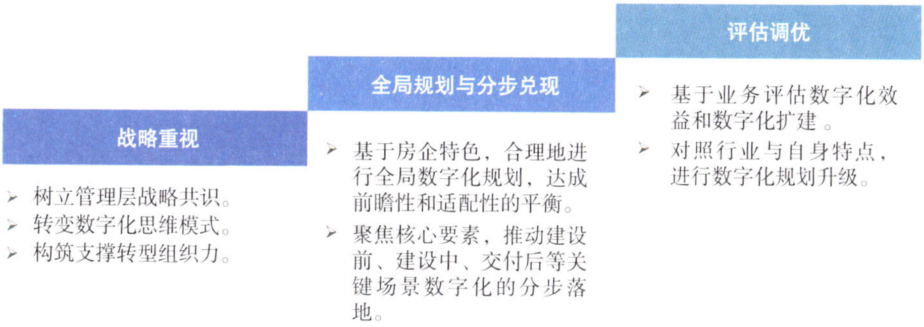

评估调优
- 基于业务评估数字化效益和数字化扩建。
- 对照行业与自身特点，进行数字化规划升级。

全局规划与分步兑现
- 基于房企特色，合理地进行全局数字化规划，达成前瞻性和适配性的平衡。
- 聚焦核心要素，推动建设前、建设中、交付后等关键场景数字化的分步落地。

战略重视
- 树立管理层战略共识。
- 转变数字化思维模式。
- 构筑支撑转型组织力。

图5-7 房企品质数字化转型路径

一、战略重视

要想实现品质数字化，房企需要将品质数字化上升到企业战略级别：在文化意识层面，不论是房企一把手还是一线员工，都要有数字化与业务融合的思维模式；在组织层面，构建能够支撑数字化转型的专业团队。

1.战略共识：一把手形成品质数字化战略共识

查看国内外企业数字化转型案例，我们发现数字化转型成功与否并非取决于企业规模，而是取决于一把手推动数字化转型的决心。因为数字化转型涉及企业

的方方面面，涉及全价值链的调整与转变，所面对的阻力绝非一个数字化团队能够消除的，这需要企业一把手提供从决策到资源的支持。因此，如果企业一把手没有决心，那么再优秀的数字化转型方案也难以得到落实。

> **案例 5-2**
> **美的：从制造企业向数字化、智能化科技企业转型**
>
> 美的集团是中国最大的家电企业之一，常年在空调、冰箱、洗衣机领域名列前茅。2012年，随着互联网的普及以及信息技术的发展，美的集团过去的打法——靠库存拼销售以及与经销商、供应商博弈价格差的模式，在新时代已经不太能够满足消费者对产品差异化、科技化的需求。彼时方洪波刚刚成为美的集团董事长兼总裁，他想向人们展示一个数字化的、与传统家电企业风格不同的美的。面对权责分散、业务体系间数据系统形成孤岛的业务管理与数字化现状，方洪波制定了"一个美的、一个系统、一个标准"的变革策略，并且坚定地认为要全力推进数字化。
>
> 在一把手的坚定推动下，美的集团逐步由系统流程重构、数据标准统一的数字化1.0，进阶到可以支撑柔性生产和智能产品业务转型，从而实现场景化、数据化的数字化2.0。当前，美的集团正在全力实现全面数字化、全面智能化，从而进入工业互联网阶段。随着数字化与企业发展的深化，美的集团开始从数字化中尝到甜头，并愿意为了尝到更大的甜头做出更多努力。
>
> 回顾美的集团的数字化转型过程，方洪波认为数字化转型是一把手工程，高层必须要改造认知并坚定地展现推动数字化的决心与精力，统筹企业的人力物力。

从美的集团的数字化转型案例中，我们能够看到企业一把手在转型中的关键作用。这种借助数字化转型，最终突破增长困境的突围经验，对当前正在行业新周期中寻找发展出路的房企来说，有一定借鉴意义。

第一，房企一把手要有长期建设共识，要明白数字化转型并非短时间就能完成的，而是在长期不间断地优化迭代中完成的，急于求成或者过于追求短期投入产出比，极有可能让数字化转型半途而废。

第二，房企一把手要树立业务与数字化融合理念。房企要想通过精细化管理在市场竞争中胜出，就必须将这一目标与数字化建设融合起来，形成"业务数字化、数字化业务"的战略共识。

第三，房企一把手要做出表率，全力推动数字化。在形成上述共识的基础上，房企一把手要为所有员工做出表率，通过主导数字化工作、推动资源落地等方式，推动品质数字化落地。

2. 思维模式：全集团形成数字化思维模式

房地产属于传统行业，团队成员基本上都是传统领域人才，其思维模式也是业务思维模式。企业数字化要想真正融合业务、赋能业务、升级业务，不仅需要数字化技术人才理解业务结构、了解业务运作机制，还需要业务团队植入数字化、智能化的思维方式。业务团队与技术团队都是数字化推进者，双方合作才能有效实现业务与技术的融合落地，实现数字化转型。

结合其他行业及标杆房企的数字化转型经验，我们认为房企业务团队应转变以下思维。

（1）将流程思维转为场景思维

长久以来，房企的业务运作基本上是以部门为单位开展的，呈现出"集团分权、部门集权"的特点。在具体工作上，各业务团队基本上严格遵循本部门相关运作流程、权责制度，部门边界十分清晰。这种模式实际上带来了部门墙高筑、业务协同弱的问题，严重制约着团队的真正能力，这是房企数字化转型的束缚。因此，房企业务团队需要将流程思维转为场景思维，基于实现业务目标的底层逻辑，明确要解决什么问题、谁来解决、谁来配合、如何解决、产生哪些成果等，梳理现有或扩大化后的房企业务运作场景。

（2）将逻辑决策思维转为数据决策思维

一般而言，房企做决策主要依靠收集信息并对其进行逻辑分析。然而受房地产市场信息不对称的影响，现实中的决策往往是根据个人经验与信息数据综合分析得来的。

观察那些数字化转型十分成功的互联网企业或科技企业，我们可以发现它们的很多决策都是基于大量数据储备，通过数据分析而产生的，由真实、客观的数据驱动业务发展。借鉴这些企业的经验，房企在进行数字化建设时，也可以秉持数据决策思维，重视数据、保存数据、运用数据，为房企全面数字化、智能化打下良好的基础。

（3）将管控思维转为用户、管控并重思维

由于企业天然的管理属性，管控是房企数字化的第一要义。但无论是事项执行、工作协调、成果输出还是数据沉淀，其主体都是业务人员，即数字化的实际用户。房企需要特别关注用户对数字化产品的使用体验和感受，这样用户的使用频率和积极性才会提高。房企团队在进行数字化建设时，要兼顾用户体验与管控，思考如何为管理、为个人用户创造价值，提供稳定又可靠的支撑。

数字化思维的培养并不是一朝一夕就能成就的，房企在必要之时，可以通过聘请外部专家、第三方专业机构进行内训等方式不断改造全员思维。

3. 组织变革：构筑支撑长期转型的组织力

如果说数字化意识与思维是引导企业数字化转型走向正确航道的顶层风向标，那么组织变革则是确保数字化执行的有效支撑。为保证实现数字化转型，房企要在内部构筑起支撑长期数字化转型所需的组织力，不仅包括数字化部门，还包括其他部门。

（1）打造集中、全面、综合的数字化部门

数字化部门作为企业数字化转型战略落地的推动部门，其组织设置非常重要。房企需要仔细考量数字化部门的定位、组织架构等一系列问题。

①房企数字化部门的定位

从定位上看，当前行业内数字化部门的定位有数字化维护、数字化推进、数字化研发三种类型。

数字化维护定位。一般而言，小型房企常常设置这种数字化部门，部门职责以计算机软硬件维护为主，以项目需求对接与管理为辅。房企的数字化建设全过程主要依赖外部第三方供应商。

数字化推进定位。该定位在大多数房企中较为常见，其职责主要是对房企数字化战略、规划、优化进行全过程管理与执行。这类数字化部门需要具备需求发掘能力、数字化规划和推动能力、技术理解能力和少量自研能力。部门设置更加综合，对数字化项目进行集中管理，与其他业务部门的关系类似协同伙伴，而非服务关系。

数字化研发定位。确定该定位的房企通常会自建或入股有强大研发能力的科技公司。由于房企的数字化浪潮逐渐兴起，这种定位的数字化团队在近年来较为常见。相对于第二种定位，数字化研发类部门更强调技术研发能力，科技公司会加大对底层核心技术的投入，而较少关注业务解决能力。这类部门的可控性较强，对于创新性需求会快速响应。

从当前房企的数字化发展情况来看，在上述三种数字化部门定位中，单纯做数字化维护的部门必须升级，而另外两类数字化部门均为权力集中、能力全面的综合性部门，两种模式各有其优势，房企可根据自身能力选择。

②**组织架构搭建**

参考多个比较成功的企业数字化转型案例，数字化部门的组织架构应按照数字化能力进行划分，如表5-1所示，应包含统筹职能、规划职能、实施职能、能力职能四个部分。

表5-1 数字化部门的职能设置

职能性质		工作职责
统筹职能	集团统筹	由于数字化转型是整个企业的事情，所以可以在集团高层设置具有统筹职能的组织，比如数字化委员会，从顶层来协调和推进数字化进程，这类统筹职能建议由房企一把手担任主导人，各业务条线一把手都参与
	数字化部门统筹	统筹数字化规划、实施与建设事项
规划职能		主要对房企数字化转型进行顶层设计，对各数字化项目进行审批与监督，从企业层面思考应用架构，这要求数字化部门既了解房企业务架构，又具备前瞻性技术知识和全局观
实施职能		围绕企业数字化项目落地全过程开展工作，负责需求调研与分析以及项目立项、开发、运营
能力职能		深入研究数字化相关能力，包括业务能力和数字化技术能力

以旭辉为例，旭辉在推动数据治理工作时，设立了专门的数据治理团队以推动规划快速完成，其组织架构包括数据管理委员会、数据管委会办公室和数据治理工作组（见图5-8）。数据管理委员会作为集团的统筹组织，由集团高层和业务一把手组成；数据管委会办公室则是数字化团队统筹组织，由各业务信息负责人组成；数据治理工作组作为实际执行组织，承担业务需求规划、技术能力研究、项目推动等职能。

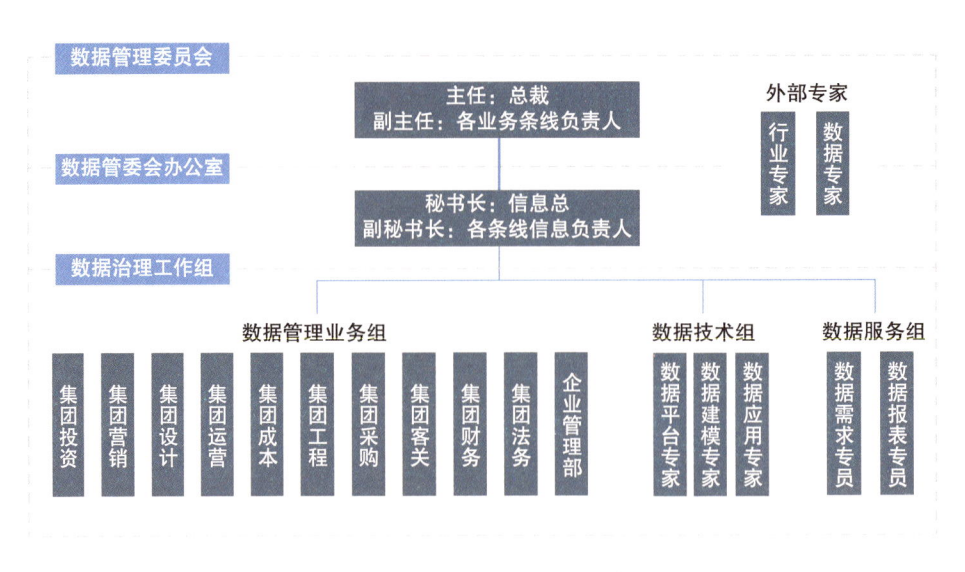

图 5-8　旭辉数据治理团队的组织架构

（2）数字化对组织的改造

数字化时代，组织的创新能力、快速响应市场的能力是企业赢得竞争的关键，而传统的科层组织逐渐显现出诸多不足，比如决策效率低、创新支撑不足、员工能动性差等，房企需要借助数字化来实现组织能效的提升。一方面，房企可以通过数字化优化业务场景，梳理并优化端到端流程，建立基于数字化的更有效的利润保障体系；另一方面，数字化工具、机器人流程自动化工具等，能够稳定高效地代替执行重复性工作的员工，解放组织人效。在提效的同时，这可以改造房企的组织体系，使之更扁平、更精简，更适配当下甚至未来的数字化、智能化管理方式。

案例 5-3
龙湖：数字化转型对龙湖组织体系的改造

随着楼市调控的持续深化，房企需要转变原有粗放的增长方式，借助数字化实现企业的转型。与众多房企相比，龙湖身上带有更多的科技属性，它不仅对科技应用和融合表现出巨大的兴趣，还花费了很多心思结合数字化进行创新产业赛道的孵化。

2018 年龙湖提出了创新概念——空间即服务，这之后成为龙湖数字化转型的战略纲领。在这一战略中，龙湖出于对未来存量市场的长远考量，结合互联网的运作模式和思维，决定改造龙湖作为传统企业的基因，提前布局存量新赛道，以获取先发优势。

经过搭建数字化团队、拉通数据生态以及应用物联网和人工智能等地产科学技术三大举措，龙湖已具备数字化转型基础。2021年7月，龙湖调整了组织架构，将地产从集团总部中拆分出来，集团总部更名为集团赋能平台，采取轻量化设置，聚焦战略研究和平台赋能，加快推动龙湖的数字化转型。在这次调整后，集团总部的供应链管理部、空间智能研发中心、数字科技部、人工智能引擎团队都成为数字化转型的关键组织，致力于对智慧建筑、地产智能科技与物联网等新增长点的研究。

二、全局规划、分步兑现

除了主观意愿与组织建设，对于品质数字化的建设方向、建设内容、建设步骤，不同房企各有定论。面对急迫的品质管控需求，行业需要提炼出适用的品质数字化全景图，房企在识别自身需求的基础上，按图索骥地制定品质数字化整体框架和发展目标，在房企内部统一目标、统一语言。我们基于明源多年的数字化经验以及对标杆房企数字化案例的研究，依据前瞻性、全局性、可扩展性原则，梳理出了品质数字化全景蓝图以及分步兑现方法论，为房企品质数字化规划与落地提供参考（见图5-9）。

- 综合评估行业现状与痛点，分析业务需求，对标行业优秀企业实践案例，找准品质数字化转型的突破口。

  价值发现

- 基于前瞻性、全局性、可扩展性原则，对行业品质数字化发展愿景进行描绘，制定品质数字化发展蓝图。

  蓝图制定

- 识别落地条件、资源情况，制定分步落地路径，进行数字化蓝图分解建设。

  路径规划

图5-9 房企品质数字化规划与落地

1. 品质数字化全景蓝图

（1）解构品质数字化全景蓝图

针对线下品质管理业务壁垒严重、存在信息孤岛以及工程技术升级缺乏有效抓手、上下游生态循环不畅等影响房企品质力的问题，我们依据当下数字化转型业务在线、协同互联、数字驱动、智能决策的发展趋势，梳理出品质数字化发展终极愿景：业务一体、三链互联、智能建造、高质高效发展。为实现这一愿景，我们将需求拆解，形成品质数字化全景蓝图（见图 5-10）。

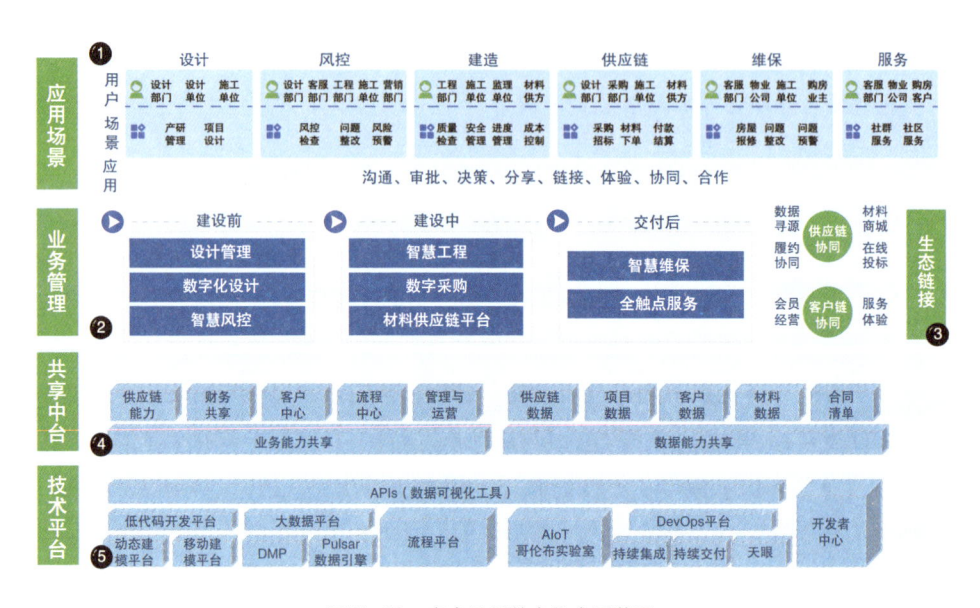

图 5-10　房企品质数字化全景蓝图

品质数字化全景蓝图主要包括应用场景、业务管理、生态链接、共享中台、技术平台五大模块。

①**应用场景**

这是面向用户的终端场景应用服务，包括设计、风控、建造、供应链、维保、服务六大业务场景，可以为相关管理层、一线员工、客户提供数字化支持与服务。

②**业务管理**

这是对房企全周期品质进行管理的数字化应用，按照建设前、建设中、交付后三大阶段进行分类。建设前包括设计管理、数字化设计、智慧风控，主要从设计端和客服端预控风险，防止设计缺陷项的产生；建设中包括智慧工程、数字采购、材料供应链平台，主要联动工程部门、采购部门和供应商，从而实现更高效的现场管理和质量管控；交付后包括智慧维保、全触点服务，目标在于通过数字化建立更贴近客户的服务体系。

③生态链接

生态链接是房企在经营过程中与外部生态合作伙伴协同互联的数字化应用，包含客户链协同、供应链协同。客户链协同的核心在于通过整合内外部资源来满足客户需求，优化客户服务体验。供应链协同即打造开放透明的供应商管理平台，实现统一的供应商管理，减少中间环节，提升采购效率。

④共享中台

共享中台包含业务能力共享和数据能力共享。业务能力共享的核心在于实现企业级业务能力复用和各业务板块之间的联通和协同，数据能力共享的核心在于实现企业级数据资源和数据服务的共享。

⑤技术平台

技术平台主要为前端应用、中端能力提供技术支撑，以下从前端应用、中端能力、平台底座进行说明。

前端应用主要对应用场景层、业务管理层、生态链接层提供支持。这两层是房企管理层、员工、客户与合作伙伴等用户能够直接接触到的系统，面临着快速的需求变化与技术革新。面对管控等相对稳态的需求，ERP作为稳态系统，是需求兑现的最佳选择；而面对要求应用场景具有灵活性的敏态需求，SaaS（基于互联网提供软件服务的平台）可以满足，也可将少量可复用的能力沉淀下来。

中端能力主要对共享中台层提供支持，包括数据中台和业务中台。数据中台是基于云计算、大数据、人工智能等新一代技术搭建的，可以为上层应用和系统提供数据采集、清洗、管理分析以及数据治理、建模等服务。业务中台则是将业务场景业务组件、开发机制等沉淀，为上层应用提供统一调用支撑。

平台底座包括低代码开发平台、大数据平台、流程平台、DevOps平台等一体化技术工具平台，可以为上层提供技术支撑。以公有云、私有云集合部署的IaaS（基础设施即服务）云平台，可以为上层提供储存与计算服务。

（2）品质数字化全景蓝图的四大关键要点

从业务支持角度出发，品质数字化规划包含业务互通、能力共享、智能赋能、数据决策四大关键要点。

① 业务互通：品质管理业务在线、用户在线，打通断点

从项目建设全价值链来看，品质管控不仅包括建设过程，还包括影响品质的各个环节，可以向前、向后延伸到规划设计阶段、交付保修阶段。就线下业务管理而言，这些环节的工作分属不同阶段、不同业务部门和组织层级；就数字化建设而言，不同部门拥有不同的系统，每个系统都是一座孤岛。因此，在品质管控的实际工作中出现标准不一、业务割裂、协同不畅等情况极为常见。

基于上述情况，全环节业务互通是实现品质数字化的基础。房企只有实现业务互通，才能进行更精细、更快速、更有成效的品质管理。基于品质数字化全景蓝图，我们认为业务互通需要实现全环节业务在线、用户在线，打通业务链接的断点。如图5-11所示，我们按照管理层、员工、客户、供应商等不同用户展开业务场景分析。

➤ 房企管理层用户
基于管理层的管控和决策需求，梳理和实现管理场景。

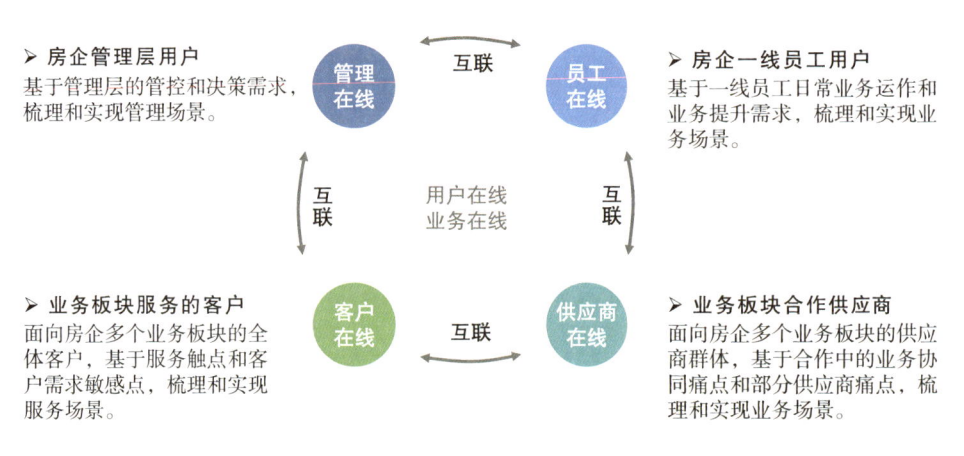

➤ 房企一线员工用户
基于一线员工日常业务运作和业务提升需求，梳理和实现业务场景。

➤ 业务板块服务的客户
面向房企多个业务板块的全体客户，基于服务触点和客户需求敏感点，梳理和实现服务场景。

➤ 业务板块合作供应商
面向房企多个业务板块的供应商群体，基于合作中的业务协同痛点和部分供应商痛点，梳理和实现业务场景。

图 5-11 业务互通中的四类用户

第一，员工在线包括设计、成本、采购、工程、客服等多个业务中的一线员工，他们需要通过品质数字化来优化日常业务运作，比如减少工作量、提升沟通效率等。因此，房企在进行品质数字化规划时，需要注意对线下业务进行深度梳理和整合，之后再进行线上业务流程和场景的优化或重构，使员工尽可能实现端

到端的线上工作，以防出现线上、线下两张皮的现象。

第二，管理在线。从横向看，管理层用户包含设计、成本、采购、工程、客服等多个业务中的管理决策者。从纵向看，管理层用户包括集团、区域、项目三个层级的管理者。从管控和决策需求上看，横向与纵向管理者的需求不同，横向管理者更加侧重业务提升、项目协同，以支持管控与决策需求，纵向管理者则更侧重项目品质、与风险相关的管控与决策需求。房企需要基于上述需求，梳理出适配的管理场景，从员工在线场景中提取管理所需数据，为监控和决策提供支持。

第三，供应商在线。站在品质管控全链角度，供应商是房企实现品质管控不可或缺的一部分，双方需要加强业务协同。然而，大多数房企实际上并未将供应商纳入自身的线上管理体系，供方与房企存在业务和数据断点。因此，房企在品质数字化规划中，需要梳理出协同业务、供方与自身的痛点，之后基于业务与痛点来实现供方协同业务场景线上覆盖（见图5-12）。

供方寻源	供方注册	供方考察	供方入库	履约评估	供方定级
招标预告	资格预审	发标	答疑	回标	开标	定标
签订合同	策划进场	样板管理	工序验收	设计变更	产值申报	付款申请
	材料申请	材料下单	材料发货	材料验收	付款申请

图5-12 供应商在线

第四，客户在线。客户敏感点数据的收集对于品质提升至关重要，为了获取这些数据，房企可在进行品质数字化规划时，根据所需客户敏感点类型，梳理出各阶段的服务触点，从而形成线上服务场景，提升客户协同效率和服务质量（见图5-13）。

图 5-13 客户在线

②能力共享：多元板块的业务与数据能力共享

房企发展到一定规模，会涉及多元板块的经营与发展，而这种多元板块的发展对房企的品质数字化提出了更高的要求，主要体现在两个方面。

第一，多元板块的业务逻辑存在差异，需要适配的数字化支撑。房企较为常见的多元板块，比如地产、商业、物业、产业等，各自的业务闭环存在差异。例如，商业的前期策划、招商、建设、运营、改造、退出等一系列环节与传统地产业务有很大差异。因此，这些多元板块需要有适配于自身业务的数字化系统。

第二，系统重复建设，数据不互通。在数字化落地过程中，房企往往采取对不同多元板块都进行独立系统建设的方式，而实际上，各板块存在类似的业务需求和数据需求，房企完全可以通过提炼、治理形成标准的通用系统，为各板块品质提升赋能，而独立建设则会使数据和业务能力均不互通，造成资源浪费。

基于上述两点挑战，布局多元板块的房企在实现品质数字化时，需要为数字化构建统一、强大的技术底座，基于底座能力，根据多元板块业务运作经验搭建一个共享的数字化服务体系，各板块可灵活复用体系中的数字化服务，以此支持自身差异化的数据需求。这种模式不仅能够减少系统重复建设的情况，还有利于房企在品质管控的共性业务、共需数据上形成统一标准，实现业务和数据打通，为品质提升赋能。

③智能赋能：**智能赋能业务，实现员工数字化、数字化员工**

数字化系统发展到一定程度，如果仅仅依靠员工人力操作，其实际效果就会受到限制。因为单纯的人力操作会受到知识储备、承受能力、责任意识、细心程度等因素的影响。如果将智能化与员工结合，房企就可以实现管理覆盖范围广、作业自动化效率高、作业精准度和成功率高、全程可视等，从而有效解决上述问题。

在业务互通、能力共享的基础上，房企实际上已经具备智能化的基础能力，能够进入智能赋能的建设阶段，实现员工数字化、数字化员工，从而解放效能、提升竞争力。

员工数字化指的是抽象业务底层逻辑，借助 AI 智能技术实现业务智能化，帮助员工提升工作质量与效率。比如在设计业务领域，在前期规划方案时，房企可以抽象出设计业务的底层逻辑，在确定输入条件后，由 AI 自动出具多种建筑方案。在做具体设计时，房企则可依靠智能模型，自动测算出风向、采光等限制条件的相关数据，从而实现对建筑设计的调整。在图纸审查环节，智能化可以为房企设计人员提供更为精准、高效的审图方式。

数字化员工指的是通过智能装备或机器人来武装员工，实现作业自动化和智能化。比如在工程业务领域，质量检查一直是工程管理的痛点与难点，人力很难彻底解决这一问题，当前不少标杆房企选择借助智能化检测设备甚至是检测机器人等智能硬件来实现更为精细化的质量检测。

④数据决策：**数据驱动业务，实现数字化决策**

当前，尽管数字化系统为管理层和一线员工提供了一些决策大屏和中屏以辅助决策，但就实际成效而言，很多房企并未感受到数字化系统的助益。究其原因，虽然系统为决策提供了数据，但决策结果依然需要人为输出，而决策人的能力和经验并未实现突破。新时期下，房企要想掌好船舵，就必须建立更为量化的客观决策体系，即数据驱动业务，实现数字化决策。比如，在数字化系统长期应用后，大量客户数据、设计数据与成本数据得以沉淀，房企可以形成客户画像库、产品库、成本库。在打通上述各类业务数据的基础上，房企便可借助数字化系统将动态变化的客户需求与自身产品进行比对，清晰地获取两者间的偏差，当偏差值较小时，房企可进行产品优化，当偏差值较大时，房企便可做出研发新产品的决策。

2. 品质数字化分步兑现方法论

品质数字化全景蓝图的落地过程极为复杂。就业务范畴而言，品质数字化规划涵盖业务阶段长、业务部门多，彼此之间业务逻辑不同；就数字化建设范畴而言，品质数字化的实现存在业务在线化、一体化、智能化与数据化的进阶式发展要求。因此，品质数字化全景蓝图的落地必不可能一步到位。如图 5-14 所示，房企需要基于全景蓝图进行进一步细化，形成分步兑现方法论，明确落地内容、时间。

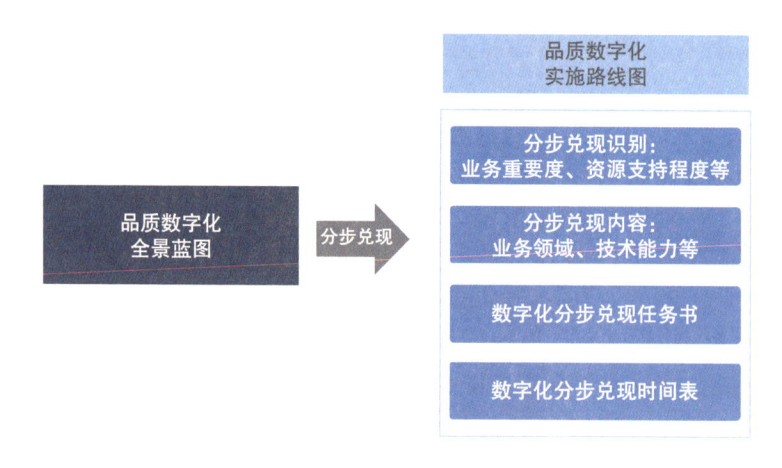

图 5-14 品质数字化全景蓝图分步兑现方法论

房企如何判断分步兑现业务领域的优先级？我们认为房企需要聚焦数字化的核心要素，坚持战略重心业务优先、高关联度业务优先、成熟业务优先、推进速度快优先四项原则。

（1）战略重心业务优先

品质数字化应用的核心目的是为房企相关战略赋能。因此，基于价值工程理念，房企在推动品质数字化落地时，应评估各业务数字化系统对战略支撑的价值，对贡献值高的业务先进行数字化规划与建设。

（2）高关联度业务优先

业务之间并非是割裂的，战略重心业务数字化目标的实现必然少不了关联业务的支持。房企在推动品质数字化落地时，需要梳理出与战略重心业务关联的业务，先行建设强相关业务的数字化系统及基础设施系统，对于弱相关业务，之后再进行分步规划。

（3）成熟业务优先

房企业务体系的成熟程度影响着数字化的规划、建设与应用。首先，成熟度不高的业务处于探索阶段，其管理边界、业务模式、职能权责的变动概率大，很难形成具有前瞻性、全面性的系统规划。其次，成熟度不高的业务在数字化建设和应用上，还面临着建设时反复调整、上线速度慢、上线后员工应用率不高等问题。因此，房企在推动品质数字化落地时，需要优先推动成熟业务的数字化落地，对于尚处于探索阶段的业务，可以先做初步规划，随着业务的成熟逐步落地数字化系统。

（4）推进速度快优先

品质数字化的分步落地除了考虑业务，还需要考虑数字化的建设难度。面对品质数字化规划中的空白领域，房企可优先落地可快速上线、快速应用的业务管理和场景在线类系统，推后建设数据分析决策类系统。

三、评估调优

1. 为什么需要评估调优

评估调优是指房企在评判现有数字化转型情况的基础上，对数字化进行迭代升级。近年来，房企纷纷加速上线品质数字化项目，但一些房企在品质数字化系统上线后，并没有根据业务需求和技术升级需求对系统进行优化调整，反而降低投入，这使得品质数字化系统在长时间内维持原状，无法与实际业务适配。这种情况毋庸置疑将影响房企品质力的提升，因此房企需要基于现有系统的评估成绩，及时迭代升级，提升品质数字化的适配程度。

2. 评估调优三步法

如何对品质数字化进行评估调优？房企可以套用落地效果评估、落地系统优化、数字化蓝图迭代的三步法模型。

（1）落地效果评估：基于业务价值指标的效果评估

在确定分步兑现方法论后，房企可将品质数字化全景蓝图切分成多个迭代周期的数字化目标。在各个迭代周期内，房企需要经历需求分析、方案设计、开发测试部署、效果评估四个步骤。

如何对已应用的数字化系统进行评估？一些数字化发展成熟的标杆房企的做法值得参考。例如，旭辉认为数字化衡量体系包括可衡量的短期商业价值目标和不可直接衡量的面向未来的战略价值目标。再例如，碧桂园数字化管理中心从四个层面衡量数字化成果：第一，数字化需求合理、有价值；第二，产品受到用户喜欢，能帮助其实现业务价值、解决业务问题；第三，数字化建设具有前瞻性，能够推动新需求产生；第四，数字化能够持续迭代，让用户持续提高价值。碧桂园的评价体系概括了数字化项目的企业适用性、用户友好性、业务赋能性、规划前瞻性等综合性要求。

因此，房企应基于服务战略和提升业务能力的维度，对已应用的数字化系统是否达成预期进行评估。例如，如果房企将提升全流程品质力作为核心战略，那么数字化评估应该基于全流程品质管理的业务场景、端到端流程和数据资产管理等指标，以评判数字化项目所贡献的业务价值。

我们认为房企可以从运营优化、产品创新、业务模式升级三个维度来设计评估指标体系。

①运营优化

房企基于当前业务，通过数字化系统来帮助内部价值链开展业务创造工作，可以获取效率提升、成本降低、质量提高等价值。

第一，效率提升，包括时间效率提升（单位时间内产出价值的提升）、员工人效提升（单个用户价值输出提升）两个层面；第二，成本降低，包括但不限于研发成本、建造成本、管理成本、交易成本等；第三，质量提高，包括质量缺陷减少、供应链供应质量提高、客户满意度提高等。

②产品创新

房企需要考查数字化系统是否可以促进产品和服务创新，以及是否可以通过新产品和新服务获得增值，比如产品创新成果的数量、新产品的市场反馈情况、服务带来的收益等。

第一，产品创新成果的数量，数字化工具可以促进房企产品创新成果数量的增长；第二，新产品的市场反馈情况，包括销售业绩、缺陷问题比率、客户满意度等；第三，服务带来的收益，房企依托数字化、互联网技术，为潜在客户或业主提供客户服务、增值服务，客户服务可通过客户满意度衡量，增值服务则可以实际服务交易所获取的收益作为衡量指标。

③**业务模式升级**

在这一维度，房企需要考虑数字化系统是否带来了业务模式升级，比如建立内部供应链平台、行业供应链平台，通过数字化技术实现对绿色工艺、材料的应用，从而使低碳绿色建造业务得到发展。

在进行衡量时，以上三个维度的权重并非均等，房企需要根据自身能力和数字化期望进行指标和权重的调整。

（2）**落地系统优化：管理升级与数字化升级齐头并进**

在经过系统性的数字化评估后，房企可对存在问题的现状和成因做深入研究与分析。如图5-15所示，品质数字化问题的成因源于管理缺陷和数字化方案缺陷两个层面。

图5-15 品质数字化问题的成因

影响品质数字化系统应用效果的成因不同，房企的优化措施也不同。如果因管理缺陷而导致品质数字化系统的应用效果不佳，那么房企需要从线下管理动作入手。如果管理机制并无问题，那么房企可着手加强数字化应用培训与推广，提升员工数字化应用率。如果管理机制没有与数字化系统实现配合，那么房企需要考虑优化管理机制，再在新管理机制的基础上做培训与推广。

如果数字化方案设计出现了问题，那么房企需要评判是整体方案与需求不匹配，还是在设计时存在遗漏和重心偏移的问题。房企可以在上述分析的基础上，对数字化系统进行调整优化。

(3) 数字化蓝图迭代：优化品质数字化规划

品质数字化是一项长期工程，在推动过程中，房企往往面临市场变化、经营模式变化、技术更新、数字化趋势更新等种种变化因素，此时，品质数字化全景蓝图也需要进行迭代升级，房企应结合行业、自身情况来确定迭代升级方向。

①看行业：数字化发展阶段不同，核心任务不同

基于房地产数字化发展进程中服务对象、聚焦重点、建设内容的变化情况，我们将房企数字化发展分为信息化、在线化、一体化、智能化四个阶段。

第一阶段，信息化阶段，强调核心业务流程内控。本阶段数字化服务的主要对象是房企的管理者，主要诉求是内部管理与风控，即决策下达后，保障每个执行节点都有序推进，不出现问题。基于以上诉求，这一阶段对于一线员工的使用体验、业务价值赋能的关注并不多，很多时候房企需要设置考核机制来使一线员工配合信息化的建设与应用。从长远数字化发展来看，信息化是以流程建设为主的基础底座建设，是房企无法跨越且必须完成的部分。

第二阶段，在线化阶段，强调场景在线与数据赋能。此时房企对业务效率和决策效率提出了更高的要求，而这种要求离不开丰富的数据基础。为了既获取足量的高质量数据，又不增加一线员工的工作量，房企要基于各业务条线一线员工的工作场景进行数字化工具的设计，使员工在运作业务的同时完成数据采集或填报，从而提升员工使用系统的意愿。从上述诉求和关注重点来看，在线化阶段的服务对象主要是一线员工。

第三阶段，一体化阶段，强调场景打通、数据互通、内外互联。在前期数字化建设过程中，同一价值链关联业务经常出现场景割裂、数据不互通的问题。此时，房企数字化的重心开始转向一体化。一方面，打通内部价值链系统，使有关联的业务场景、业务数据实现互通互联，提升内部协同效率；另一方面，将业务场景进一步拓展到外部客户、生态合作伙伴，实现内外互联与数据共享。

第四阶段，智能化阶段，强调决策智能化、业务无人化。历经在线化、一体化建设后，房企沉淀的大量数据如何为企业赋能，甚至帮助房企进行智慧决策，是房企智能化阶段应思考的重点。在本阶段，数字化服务对象包括管理层、一线员工、上下游供应商以及客户，在大数据、算法等技术的支持下实现决策智能化、业务无人化，比如AI决策、自动营销、智慧风控等。

②**看自身：对照行业，优化品质数字化规则**

房企可以对照四个数字化发展阶段的特点，找到自己与同行的差距，再在综合评估自身品质数字化能力的基础上，确定品质数字化优化方向。房企品质数字化的优化包括数字化目标、数字化组织、全景蓝图三个方面的内容。

首先，当方向调整幅度较大时，房企的数字化目标需要根据品质数字化发展方向进行调整。例如，万科的"沃土计划"在启动初期以系统优化梳理为目标，通过建立统一的后台系统，整合多业务平台数据，并与前端的工程管理、服务等相关产品和工具相配合，后来其数字化目标先后转变为促进数据赋能和多业务板块的智能化应用探索。

其次，在调整完数字化目标后，房企需要评判数字化团队的人力资源、专业能力和部门职责能否支持目标的实现。如果不能，则房企需要及时进行调整。

最后，根据数字化目标和新业务需求，对品质数字化全景蓝图进行及时调整，并梳理出分步兑现的路线图、任务书与时间表。如表5-2所示，品质数字化全景蓝图的调整内容涵盖业务和数字化应用两个层面。

表5-2 品质数字化全景蓝图的调整内容

类型	调整项	内容
业务	业务覆盖与集成	全价值链业务流程是否覆盖，跨部门、跨业务环节的业务是否需要衔接与集成
	房企业务数字驱动	已搭建业务系统是否能基于数据实现数字驱动，比如数据驱动设计审图或者数据驱动决策
数字化应用	数字化基础	品质数字化的基础技术是否适配，包括数据标准化、基础设施等
	数字化技术应用	DMP、人工智能等数字化技术是否能在产品规划设计、工程建造、供应链管理、客户服务等各环节应用

第五节
品质数字化实践

基于品质数字化规划和分步落地原则，本节对品质数字化规划在建设前、建设中、交付后的数字化实践进行梳理总结（见图5-16），以供房企根据自身能力与发展特点，实现数字化分步落地。

图 5-16 数字化实践

一、智慧设计

1. 智慧设计案例：H 企——设计管理数字化提升

H 企是一家多区域深耕的房企，住宅业务覆盖珠三角、长三角、环渤海三大重要城市经济圈。近几年，H 企迅速发展，项目数量增多，项目涉及地区变广，项目增加和地域增多使得 H 企在产品管理和项目设计管理上面临难题。

首先，产品标准落地难。H 企属于集团、城市、项目三级管理的多级企业，设计院的招募与协同主要由城市公司负责，但由于城市公司的管理能力不足以及对设计院管理不到位，产品标准落地情况不佳，H 企无法打造房企产品品质与品牌符号。其次，集团管理和集团设计中心缺乏有效抓手：一方面，难以监控产品标准的落地应用情况；另一方面，很难将优秀产品素材进行复用和推广。最后，项目设计效率有待提升，设计协同效率低，决策时间长，这都会影响项目开发进度。

在深度分析痛点后，H 企意识到依靠线下管理很难提升产品标准化率和设计效率，设计管理的数字化是必经之路。基于这一理念，H 企与数字化供方共同梳理了数字化规划方案，确定 H 企的设计管理数字化分为产品标准应用平台、设计全周期管理平台两个部分。在产品标准应用平台上，梳理并内嵌产品库、项目库等标准数据库，新项目在进行方案设计时可以选取库内模块数据，进行快速配置。在设计全周期管理平台上，通过场景在线、计划在线、流程驱动的方式，进行设计全周期节点管控与预警，以降低设计延期风险。通过设计管理数字化的应用，H企横向打通了设计、营销、采购、成本业务，纵向推动了产品标准化落地，提升了产品力，同时缩短了开发周期，使得项目周转速度加快。

2. 智慧设计应用的必要性

设计是项目建造的源头，为建设工程项目全周期提供源头指标与数据，其业务复杂度非常高。房企设计部门不但需要做好项目设计管理，还需要实现"一专多能"，通过做好设计管理来提升房企产品力、降低项目风险、控制成本。早年由于标准缺失、技术应用门槛高、数据资产不足等问题，房企的设计数字化发展进程较为平缓。但在当前，房企无论是在产品标准还是在管理规范方面，都已形成一定体系，设计数字化作为进一步提升设计管理精细度的重要工具，能够有效解决体系落地的难点，提升设计生产力，房企数字化规划与落地需求逐步旺盛。

3. 设计管理难点

房企在设计过程中既需要关注设计的合理合规性和利润价值贡献，也需要关注设计内外部协同，为房企降低无效成本。因此，房企设计过程中的难点与痛点有很多，我们按照内外部角度，从设计人员、项目设计管理、产品管理三个方面进行分析（见图5-17）。

设计人员效率低
- **设计院设计人员**：同时担负多家公司多个项目的设计任务，不同房企有不同设计标准和施工要求，工作量极大，容易出错导致反复修改
- **区域公司设计人员**：在人力资源少、项目周期紧的情况下开展工作，房企设计标准梳理得不够清晰，设计人员与施工人员沟通不足，设计效率低

项目设计管理协同难
- 建筑、结构、机电、装饰等各个专业内部标准不统一，各专业之间语言不互通，以及设计过程协同严重依赖"人治"，导致项目协同成本高、问题多、进度慢

产品管理提升难
- **产品标准化推动**：房企面临着产品标准、设计标准落地推动难度大，设计数据难以有效沉淀和复用，规模化效应难发挥作用的问题
- **设计流程规范**：多层级体系架构使得设计流程落地走样，无法保障项目按照预定节点推进
- **设计成果审核标准化**：由于人员少、工作量大，集团很难监控区域审图过程是否按照要求进行

图 5-17 设计管理难点

4. 智慧设计数字化思路

围绕上述痛点，我们可以发现不同人员对数字化的需求有所不同。从使用场景和使用人员来看，我们认为智慧设计包括数字化设计工具、数字化设计管理、产品研发管理数字化三个维度。

数字化设计工具。面向房企区域公司设计人员、设计院设计人员，聚焦综合CAD、BIM技术、大数据、人工智能交互等数字技术，形成高效易用的数字化设计工具，为设计人员提供更高效、更精准的设计生产手段，达到"图模一致、模实一致"。

数字化设计管理。面向房企区域公司设计部门、设计企业、施工企业，聚焦项目流程管控、项目设计成果的审图，以场景化、数据化为驱动力，促进各专业协同，提升设计效率与审图质量，控制成本，确保进度，保证设计合规。

产品研发管理数字化。面向房企集团设计中心，聚焦房企自身产品研发与标准化建设，在数字化设计工具或数字化设计管理留存的数据资产基础上，进行产品研发与标准化设计，推动产品标准化落地执行，并监督执行情况。

基于上述业务管理场景以及管理痛点，我们梳理出智慧设计数字化蓝图（见图5-18），分为数据决策、业务模块、技术支持三层。

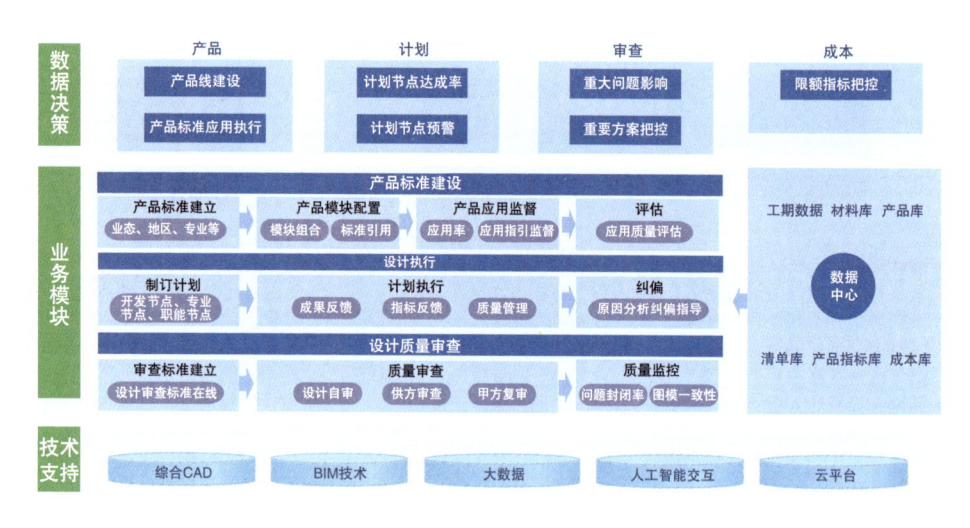

图5-18 智慧设计数字化蓝图

①数据决策层

基于设计全周期业务在线沉淀的数据资产，智慧设计通过数据分析为设计部门决策、集团决策赋能，比如产品线建设策略、设计风险控制策略等。

②业务模块层

业务模块层是设计业务场景化应用的集合，包括产品标准建设、设计执行、设计质量审查、数据中心四个部分。第一，产品标准建设，通过数字化建立房企产品标准，包括产品、模、部件、成本标档等，促使房企设计模式由单项目独立设计，转向类似工业式设计的组合设计。第二，设计执行，通过智慧设计平台建立设计全周期闭环：首先，设计管理主线以实现计划流程驱动，包括设计计划的编制、执行、纠偏；其次，在设计执行上借助 CAD、BIM 等多技术组合应用，实现标准化、智慧化设计。第三，设计质量审查，基于 BIM、CAD 实现人工智能审图，通过设计、供方、甲方三层审查机制，保障设计图纸质量。第四，数据中心，依据数据复用和数据赋能原则，打造智慧设计数据中心，包括材料库、产品库、清单库、成本库等。

③技术支持层

技术支持层为业务模块层、数字决策层进行技术赋能，包括综合 CAD、BIM 技术、大数据、人工智能交互、云平台等。

5. 智慧设计数字化落地

基于上述蓝图，房企可基于产品化、一体化、智能化、客户化四步，实现智慧设计数字化落地。

（1）产品化：构建标准库，实现工业化的产品设计模式

工业化设计模式是房企的设计发展方向。这种设计方式将设计标准、部件标准、成本标准等一系列标准封装成产品库中的产品系列，在具体项目设计时组合优化，形成设计方案。房企要想实现工业化的产品设计模式，需要做好标准库搭建、工业化产品设计应用两个方面。

标准库搭建。工业化设计模式的基础是标准化设计。房企需要对墙面、地面、户型、空间等实现标准化设计，并借助智慧设计平台搭建标准库，包括业态、专业、模块、部品部件等。设计人员在开展设计工作时，可以查看标准库中的设计、采购技术规格以及参考成本数据，在标准库的指引下进行相对独立的自

由设计。

工业化产品设计应用。基于业态、专业、模块、部品部件等设计元素，智慧设计平台封装形成产品库，包括产品系列及其对应的组合解决方案，设计人员在拿到新项目时，可以根据营销定位迅速找到产品系列进行对标，获得基础数据，再根据实际情况进行模块的适配和设计的微优化，从而快速形成设计方案。

（2）一体化：多专业、多部门协同提升，保证设计质量与进度

项目设计中的各专业协同是一个棘手的问题，一些设计冲突在施工时才能被发现，对项目影响极大。如何解决这一问题？利用CAD、BIM等技术组合实现一体化设计，同时辅以计划驱动机制，是当前房企提升设计协同的数字化趋势。

通过技术组合实现一体化设计。为了实现多专业、多部门的一体化设计，当前房企的主流应用技术为CAD与BIM。其中，CAD作为当前主流的计算机制图软件，优点在于能够提高设计师生产效率，并且能够输出二维图纸及其数据指标信息，从作业方式和输出成果来看，CAD更加适合设计师独立工作使用。BIM则是经过多种专业数据输入后，将设计三维化、系统化，使各阶段建筑价值的构成更为有机，更具系统性、全面性。因此，BIM对于打通不同专业、不同阶段的壁垒极为有效。受到BIM成本和设计与施工主体分离现状的影响，当前BIM与CAD的组合形式主要为BIM伴随设计方式，即在扩初设计或施工设计阶段，BIM介入辅助二维设计做持续校核和优化，例如进行翻模、管线综合排布分析等。这种方式能够解决大部分"错、漏、碰、缺"问题，但受设计人员与建模人员的水平限制，该方式暂时还不能完美解决图模一致问题。未来，通过BIM实现正向设计是借助数字化技术实现多专业、多部门一体化的发展趋势。

计划驱动机制。除了在设计工具上促进一体化设计，房企还可以通过数字化建立设计PDCA闭环，以计划驱动多专业、多部门协同，从而保证项目设计进度。具体做法分为建框架、编计划、抓执行三步。第一，建框架。房企集团总部按照"谁来做、做什么、怎么做、做多久"的原则，梳理针对计划管控层级、执行层级、各计划节点事项以及具体作业规范的相关制度，梳理计划节点的前后关系，然后按照地区、业态的不同，在设计平台中形成模板库。第二，编计划。在编制计划时，项目一线在平台模板的基础上进行节点调整，集团总部通过设计平台进行审核。第三，抓执行。在集成数字化设计工具的基础上，设计平台实现了

业务场景在线以及大量成果数据沉淀，可以打通计划管理模块，从而实现场景与计划联动，帮助集团总部、区域公司及时掌握各专业、各部门的工作计划、执行情况，保证在出现问题时能够及时解决。

（3）智能化：人工智能出图、审图，提升设计效率

依托人工智能的技术内核，随着设计数据资产的积累以及机器自我学习和快速验证，房企可以实现人工智能出图、审图。首先，人工智能出图。通过对设计师绘图习惯、各地工程做法以及设计标准规范等的分析，设计平台自动提炼设计底层逻辑，按照构件的颗粒度来拆分设计步骤，在人工智能等技术的支持下，实现多种方案自动出图。其次，人工智能审图。使用人工智能技术，对图纸进行解构和识别，通过自动分析图纸数据信息，快速发现设计缺陷，自动完成图纸的审查和报告的出具。

（4）客户化：搭建精装平台，实现客户需求与设计直连

随着全装修政策在全国的推广，如何解决客户需求与设计、成本、供应链能力的冲突成为房企关注的重点。为解决这一问题，不少房企着手搭建精装平台，打通设计、成本、采购、工程等各个业务部门，以实现批量精装设计，同时为目标客户的个性化需求提供选择，以提升客户满意度。

内部批量精装平台。建立精装部品部件、客户需求、成本价格数据库，基于数据库，平台可以根据客户的需求风格与档次自动完成一套精装方案，设计人员可以在方案的基础上再进行同等风格模块的选择，实现自由组合。完成方案后，平台自动关联成本价格以及部品部件的供应商资源，从而实现多专业条线标准统一、业务协同和数据打通。

客户互联网家装平台。在数字化精装设计和供应链能力提升的基础上，房企可以对外赋能，与上游供应链企业一起搭建互联网家装平台。一方面，家装平台可服务于本公司项目精装设计与建造安装实施；另一方面，家装平台可实现C端客户拓展，客户可通过家装平台定制不同方案，从而满足自身需求。

二、智慧风控

1. 智慧风控案例：Z企——从事后救火到事前防火

Z企是某建设集团旗下房地产业务的唯一运营平台，主要从事中高端住宅、

商业地产和城市综合体的开发和物业管理等业务。2016年以前，由于项目扩张速度较为平稳，因此Z企的交付能力尚可。从2017年开始，公司加大项目拓展力度，由于项目体量增加以及新冠肺炎疫情影响，交付压力及风险陡增，屡次爆发重大舆论事件，这给Z企造成了经济和口碑的双重损失。因此，Z企痛定思痛，提出加强对大客户的重视，以大安全思维做好风险防控，将"救火"转变为"防火"。如何在较短的时间内，实现风险防控能力的大幅度提升？Z企想到了数字化。

在与明源云合作的基础上，Z企同步进行风控体系搭建、标准化制度梳理与智慧风控数字化建设。一方面，借助明源云合作多家房企的经验，Z企在盘清自身风控现状以及对标标杆企业风控体系的基础上，梳理出八大风控管理节点，以及各节点下的检查标准、管理流程、权责体系等标准化制度；另一方面，Z企利用智慧风控数字化，使上述体系实现了标准内置、计划跟进、问题闭环和数据沉淀，并基于计划执行情况进行智能预警。

通过落地智慧风控系统，Z企快速提高了风控意识，通过"管理制度+IT赋能"线下线上齐头并进的方式，攻防并举，减少了风险事件的发生，强化了服务和品牌质量，提升了客户满意度。

2. 智慧风控的必要性

Z企的困境在当前行业中并非个例，事实上，"交付即投诉"已经成为常态。过去，房企一直重销售、轻交付，随着项目规模的增长和客户维权意识的提高，房企往往面临着集中交付和客诉爆发的双重压力，从而造成极大损失。因此，当前的房企不仅重视销售，还开始重视品质和口碑，不少房企开始构建风控管理体系，力求将交付风险在企业内部解决。然而，在风控机制落地时，房企意识到单纯依靠线下人工协同的方式，很难达到有效风控所要求的管理精细度，必须依靠数字化抓手来强化体系执行、提升风控效果。

3. 风控管理难点

在调研与研究房企智慧风控案例的基础上，我们认为房企在风险管控落地上的痛点主要包括风控范围过大、风控标准不完善、风控执行难控制、风控问题反复出现（见图5-19）。

风控范围过大	✓ 风控体系管控范围过大,线下人力跟不上风控体系要求,导致其形同虚设,分为两种情况:中小型房企不考虑管理能力,建立全覆盖风控管理体系;风控检查项过多,一线执行意愿差	✓ 房企在风控标准制定上存在缺陷,线下执行时完全依赖区域的管理水平和执行层的主观能动性,制度在执行时走样、跑偏的问题常常出现	风控标准不完善
风控执行难控制	✓ 房企总部很难跟踪到项目风控执行情况 ✓ 风险检查依靠业务条线员工主观能动性,缺乏有效闭环机制 ✓ 预警主要依靠会议汇报、邮件推送等形式,预警效果差	✓ 随着项目增多,风控检查项需要动态更新,但大多数房企往往会忽略这点,不能对发生的负面案例、新增的检查项进行有效沉淀,导致相同的风险问题重复发生	风控问题反复出现

图 5-19　风控管理难点

4. 智慧风控数字化实践

针对上述难点,房企基于自身需求推动了不同智慧风控数字化实践,通过建立标准化、在线化、闭环化、预警化、复用化的数字化风控闭环来提升风控质量。如图 5-20 所示,按照房企风控目标的差异,智慧风控数字化实践分为解决客诉、保证品质、关注运营三种。

01 解决客诉为主的风控
风控目的:保证项目顺利交付,减少客户投诉
风控特点:着重工作事项完成后的风险排查

02 保证品质为主的风控
风控目的:保证产品品质,降低重大舆论风险
风控特点:着重项目建设过程中的风险防控

03 关注运营的风控
风控目的:聚焦风险对进度和利润的影响,以保证经营目的达成
风控特点:将风控与全景计划结合,设置风险预警与停止机制

图 5-20　智慧风控数字化实践类型

(1)解决客诉为主的风控:聚焦开盘与交付,减少客诉

采用这种风控模式的大多为成长型或客服部门较弱的房企,其线下业务一般

停留在客诉处理的"救火"阶段，由于客服资源有限，极易出现客诉事件升级的情况。因此，这类房企选择借助数字化手段，对客诉风险进行提前预控。基于上述背景，重心为解决客诉的风控模式聚焦开盘前、交付前对客户敏感项相关成果的排查，以便及时进行纠偏，从而达到减少客诉、顺利交付的目标。数字化步骤分为立标准、建机制、存案例三步。

第一，立标准。由于这类房企的客服业务并不成熟，因此，要想确保风控目标有效达成，首先就需要建立风控标准，通过数字化工具的推广及应用来提高各业务条线的风控意识。

在风控体系中，风控标准会随着区域增加、企业成熟而逐渐增多。因此，如图5-21所示，房企需要在系统中建立兼具标准性和灵活性的风险检查标准库，进行三级动态管理。

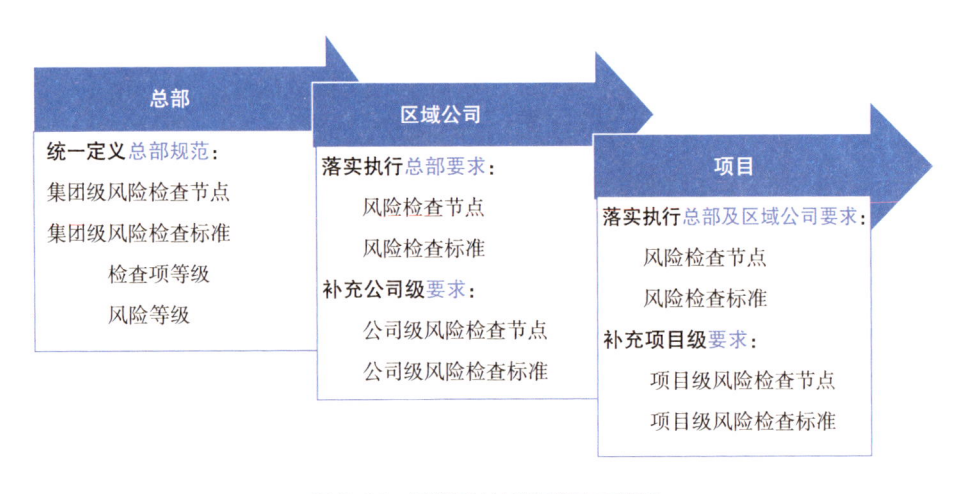

总部
统一定义总部规范：
集团级风险检查节点
集团级风险检查标准
检查项等级
风险等级

区域公司
落实执行总部要求：
风险检查节点
风险检查标准
补充公司级要求：
公司级风险检查节点
公司级风险检查标准

项目
落实执行总部及区域公司要求：
风险检查节点
风险检查标准
补充项目级要求：
项目级风险检查节点
项目级风险检查标准

图 5-21 智慧风控检查标准动态管理

第二，建机制。有了检查标准后，如何推动标准落地是成长型房企关心的另一个问题。借助数字化，房企将各阶段的主责部门、检查成果、检查时间节点等固定下来，实现了各节点、各业务条线的线上协同，强化了风控闭环机制。比如，H企就在系统中内置了开盘、交付两大节点六个环节的风控闭环机制，包括风控小组成立、开盘和交付前各部门自查、成果上传及报告输出、各部门整改、集团复验、复验成果提报，并固化了六个环节的启动时间。通过这种线上风控机制，H企在无风控专岗的情况下，有效推动了风控检查标准的落地。

第三，存案例。为了避免风控问题反复发生，房企可借助系统实现线上案例的沉淀，并将其与历史问题关联，将同性质的问题聚合到一个案例下。同时，风控系统还可以作为员工学习与传播的渠道之一，强化员工风控意识，从源头避免问题重复发生。

（2）保证品质为主的风控：聚焦产品品质、降低重大舆论风险

与成长型房企相比，采用这种风控模式的房企一般有完整的客服组织。在长期的客诉处理工作中，这类房企已经意识到，要想彻底解决客诉、避免重大舆论事件，就必须回到产品端，通过提高产品质量、减少缺陷来满足客户需求、提高认可度。

基于上述背景，重心为保证品质的风控模式的管理范畴延伸到项目全建设周期，通过对拿地启动、规划设计、开盘销售、施工建造、产品交付等阶段进行项目品质预控，从源头降低风险。比如，Z企就基于品质管理目标，在规划设计阶段、开盘销售阶段、施工建造阶段、产品交付阶段四个运营阶段将审图作为风控的标准执行动作，审图后形成缺陷清单和决策清单。在下一阶段，基于上阶段缺陷清单，审视是否进行整改以及是否有新的缺陷，每个阶段的工作环环相扣。由于管理范围扩大，管理机制也趋于复杂，这类风控模式在进行数字化时，不仅需要固化标准和机制，还需要实现场景在线和协同闭环。

第一，场景在线。房企可以通过风控系统，将不同阶段的风控检查标准动作由线下执行转为线上执行。如图5-22所示，在移动端的指引下，员工开展具体检查工作，记录问题和相关图片资料，以方便后续开展整改工作。

第二，协同闭环。线下风控的成果主要通过邮件等形式进行传递，由员工执行跟踪，但这往往会出现版本混乱、集团信息与一线信息无法整合和无法闭环的问题。借助风控数字化系统，这些问题可以被轻松解决。首先，房企可以在系统中编制风控计划，以计划驱动风控从"人找事"转向"事找人"，从而保证风控责任到人、定期提醒、反馈及时。其次，在检查整改过程中，各相关部门通过风控系统进行协同作业，让决策清单等相关资料在协同中得以留痕建档，为后一阶段的风险评估与整改提供依据。

| 检查指引 | 检查项清单 | 拍照登记问题 |

图 5-22　智慧风控场景在线

（3）关注运营的风控：聚焦进度和利润、保证经营目标达成

从企业经营层面看，风控执行情况影响着项目运营目标的实现。因此，一些标杆房企将风控体系与全景计划结合起来，在主项计划基础上，关联并细化全周期风控专项计划，通过构建风控预警机制来保证一线公司不漏过任何一个检查节点，从而保证项目经营利润目标的实现。然而，单纯依靠线下管理模式，风控预警机制的落地难度非常大，而借助数字化系统是推动预警机制落地的最佳手段。房企在系统固化风控检查标准、风控检查机制的基础上，可以通过线上亮灯预警和风控数据决策来监控风险。

第一，线上亮灯预警。如图 5-23 所示，房企通过系统对不同等级的风险进行分级管控，在风险跟进过程中，随着整改延期、舆论变坏等情况的产生，低风险的检查项可向上一等级升级。一旦出现风险问题，风控系统可依据风险等级点亮不同颜色的预警灯，随着风险项的升级或降级，亮灯颜色也随之变化，而一旦问题得以解决，房企可通过内部灭灯流程将问题闭环。

图 5-23　智慧风控线上亮灯预警

第二，风控数据决策。依据场景沉淀数据，风控系统可对项目的执行情况、闭环情况、影响情况等进行分析，从而实现数据赋能决策。

5. 案例：招商蛇口借助智慧风控减少群诉

（1）招商蛇口智慧风控的应用背景

招商蛇口上线智慧风控的背景是：第一，企业性质要求，作为规模体量大的央企以及行业标杆，招商蛇口必须要建立良好的品牌口碑；第二，制度落地需求，基于客诉增多的情况，公司制定全周期风控管理制度，但在执行落地上遭遇困难。

风控管理推行存在的问题主要体现在三个方面。

标准不完备。招商蛇口的风控管理体系总计 2 289 项检查项，但在落地时不同区域、不同项目的检查标准不一致。区域公司、城市公司的检查管理表格未形成统一模板，集团在汇总检查与整改情况时遭遇检查项重复但名称不一样的情况。除此之外，风控体系与工程标准、交付标准未关联，导致风控语言与工程语言不统一。

执行不到位。风控制度虽然规定了管理流程，但较为笼统模糊，具体执行流程待商榷事项很多。同时，风控管理协同的跨度大，客服难以统筹；风控整改未形成业务闭环，易漏项。

集团无感知。风控管理由客服部门牵头，权责小，推动力有限，容易出现风控为收益妥协的情况。另外，风控管理按照单项目组织进行，容易出现前期风险在内部消化的问题，集团难以感知。

（2）智慧风控的解决路径

基于上述需求与管理痛点，招商蛇口决定与明源云共建智慧风控系统，以数字化强化风控效果。系统建设分为建标准、盯过程、推预警、集资料四步。

建标准。统一业务标准，统一管理模板，系统初步设置2 289项风险检查标准，涵盖设计、工程、报建、营销、招采、物业多个端口，分为S、A、B、C四个等级检查标准，贯彻从拿地到交付全周期六个关键节点。

盯过程。固化流程，职责关联到人，风控节点提醒，风控岗联动检查进展，实现风险计划、风险排查、整改和灭灯的闭环。

推预警。实行亮灯预警机制，灭灯需进行流程审批。风险点问题可导出并形成风控报告，自动预警高层。

集资料。通过风险案例来沉淀产品和服务缺陷数据，提升设计、工程质量，优化交付成果。

（3）智慧风控提升价值

通过智慧风控的数字化应用，招商蛇口实现了四大提升。第一，协同效率提升。智慧风控系统推广后，风控管理的协同效率提升了两倍以上。第二，沉淀数据资产。智慧风控系统为招商蛇口累计积累风控资料共494份，成功收集了大量风控数据资产。第三，节约赔付成本。预期成本约降低2 100万元/年（共计100个项目）。第四，实现品牌增值。通过利用智慧风控系统进行宣传和推广，招商蛇口以客户为中心的品牌形象得到增强。

三、智慧工程

1. 智慧工程案例：R企的智慧工程打造

R企是一家深耕区域的知名房企。近年来，随着项目增多，R企对工程管理、交付管理、投诉处理、供应商管理等方面提出了更高的要求。其中，工程管理的基础薄弱，弊端凸显：工程现场管理困难，异地项目管理监督靠堆人，监理报告无法核实，施工方数据核实难，提交的数据错漏百出等。基于上述背景，工程管理提质提效成了 R 企管理的重中之重。

明源云在对 R 企进行详尽调研后发现，R 企的工程管理主要存在以下痛点：第一，管理粗放，工程管理体系不完善，考核指标缺失，各业务条线的工作缺乏考核指标和实际执行数据支撑；第二，项目多，但人力有限，工程部门人均要管三个项目，很难对现场有没有出问题、有没有整改等情况进行严格监控；第三，制定的工程品质标准很难落实到位，问题责任边界不清晰且难以界定，很多问题往往在最末端才被发现。

基于上述痛点，R 企结合数字化工具，与明源云共同搭建了智慧工程系统，聚焦"现场检查、实测实量、工序移交、材料验收"四大核心场景，充分利用移动化、智能化工具，让数据在线、全员在线，实时了解项目现场情况，从而实现管控统一、过程透明、数据准确，为集团、区域、项目多层级的工程管理提供有效抓手。在智慧工程系统落地执行后，R 企的第三方月检成绩提升明显，质量风险、安全文明、实测实量、监理综合成绩都有明显提高。

2. 智慧工程搭建的必要性

R 企的案例可以说是众多房企的一个小缩影。尽管当前其他领域的数字化发展如火如荼，但在房地产工程管理领域，由于成本、员工素质等因素的影响，传统线下管理模式依旧是主流。随着行业的不断发展，传统模式的弊端也逐渐凸显，管理方式粗放、生产效率低、科技创新不足等问题，使得高效、高质、安全的建造要求与相对落后的管理水平和生产水平之间的矛盾明显，而数字化技术是解决弊端的最佳手段。

3. 传统工程管理的痛点

从项目管理全局来看，传统工程管理的参建方众多，投资周期长，管理难度极大。而作为主导方的房企，不同的管理层级有不同的关注点与痛点，如图 5-24 所示。

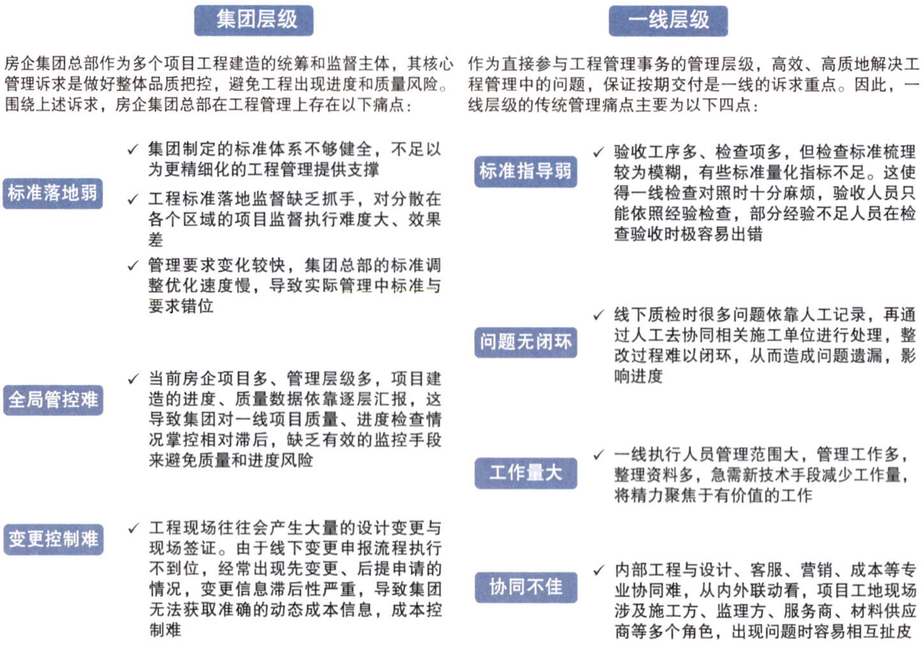

集团层级

房企集团总部作为多个项目工程建造的统筹和监督主体，其核心管理诉求是做好整体品质把控，避免工程出现进度和质量风险。围绕上述诉求，房企集团总部在工程管理上存在以下痛点：

标准落地弱
- ✓ 集团制定的标准体系不够健全，不足以为更精细化的工程管理提供支撑
- ✓ 工程标准落地监督缺乏抓手，对分散在各个区域的项目监督执行难度大、效果差
- ✓ 管理要求变化较快，集团总部的标准调整优化速度慢，导致实际管理中标准与要求错位

全局管控难
- ✓ 当前房企项目多、管理层级多，项目建造的进度、质量数据依靠逐层汇报，这导致集团对一线项目质量、进度检查情况掌控相对滞后，缺乏有效的监控手段来避免质量和进度风险

变更控制难
- ✓ 工程现场往往会产生大量的设计变更与现场签证。由于线下变更申报流程执行不到位，经常出现先变更、后提申请的情况，变更信息滞后性严重，导致集团无法获取准确的动态成本信息，成本控制难

一线层级

作为直接参与工程管理事务的管理层级，高效、高质地解决工程管理中的问题，保证按期交付是一线的诉求重点。因此，一线层级的传统管理痛点主要为以下四点：

标准指导弱
- ✓ 验收工序多、检查项多，但检查标准梳理较为模糊，有些标准量化指标不足。这使得一线检查对照时十分麻烦，验收人员只能依照经验检查，部分经验不足人员在检查验收时极容易出错

问题无闭环
- ✓ 线下质检时很多问题依靠人工记录，再通过人工去协同相关施工单位进行处理，整改过程难以闭环，从而造成问题遗漏，影响进度

工作量大
- ✓ 一线执行人员管理范围大，管理工作多，整理资料多，急需新技术手段减少工作量，将精力聚焦于有价值的工作

协同不佳
- ✓ 内部工程与设计、客服、营销、成本等专业协同难，从内外联动看，项目工地现场涉及施工方、监理方、服务商、材料供应商等多个角色，出现问题时容易相互扯皮

图 5-24 传统工程管理的痛点

4. 智慧工程的数字化思路

围绕集团层级、一线层级的核心痛点，我们认为工程管理的数字化必须以互联互通、业务在线为支撑，覆盖全周期、全场景的业务管理，横向、纵向打通数据，避免出现数据孤岛与管理死角。基于上述原则，我们梳理出智慧工程数字化蓝图（见图 5-25），包含数字决策、核心业务在线、管理支撑三个层级。

①**管理支撑层**

管理标准是房企工程业务的基础，也是工程数字化、场景化的重要支撑，房企借助智慧工程系统，可以实现管理标准的适配、落地和调优，从而使得管理标准开箱即用。

②**核心业务在线层**

核心业务在线层指的是工程核心业务的在线化，具体包括四个维度：第一，品质管控，借助智慧工程业务在线化、标准在线化，房企可以将针对样板、材料、工序的管理要求执行到位，从执行源头保证品质；第二，弱项治理，借助线

上实测实量、检查和巡检评估手段，房企可以发现问题，有针对性地进行提升；第三，重大专项，对工程管理中的重点、难点项（比如桩基、渗漏、精装等），进行专项管控；第四，项目交付，提升一户一验、承接查验和工地开放的效率，减少缺陷问题，确保顺利收楼。

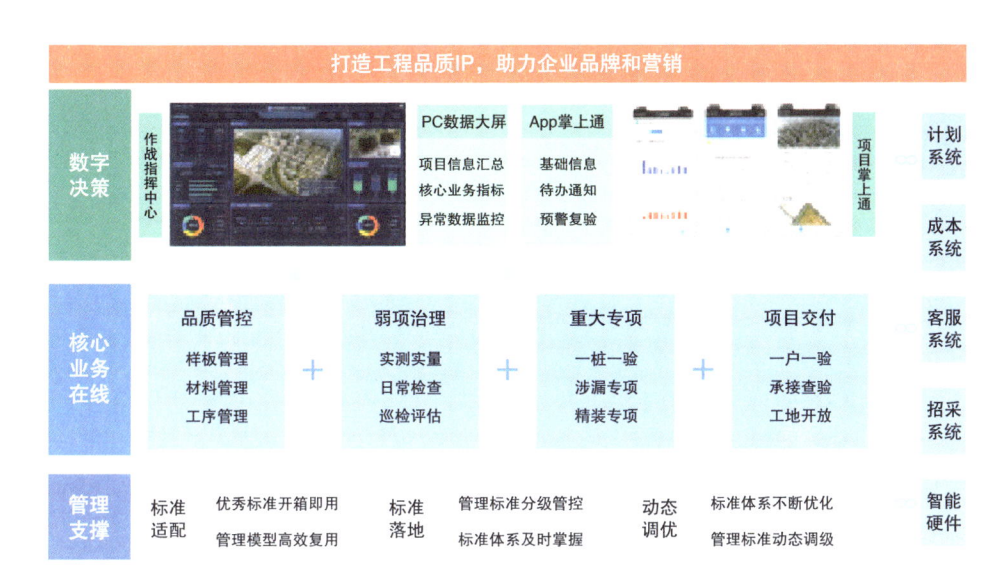

图 5-25 智慧工程数字化蓝图

③数字决策层

在标准在线化、业务在线化的基础上，智慧工程所沉淀的数据资产可提供数字化的决策分析，PC端作战指挥中心可以帮助房企快速了解项目核心业务指标，对异常数据进行监控。App端的项目掌上通方便集团、一线管理层随时随地了解项目的基本情况。

5. 智慧工程数字化实践

基于上述蓝图，结合我们对房企的工程数字化实践总结，当前行业的智慧工程数字化实践主要分为质量底线管理、集团管控、全面数字化三类（见图5-26）。

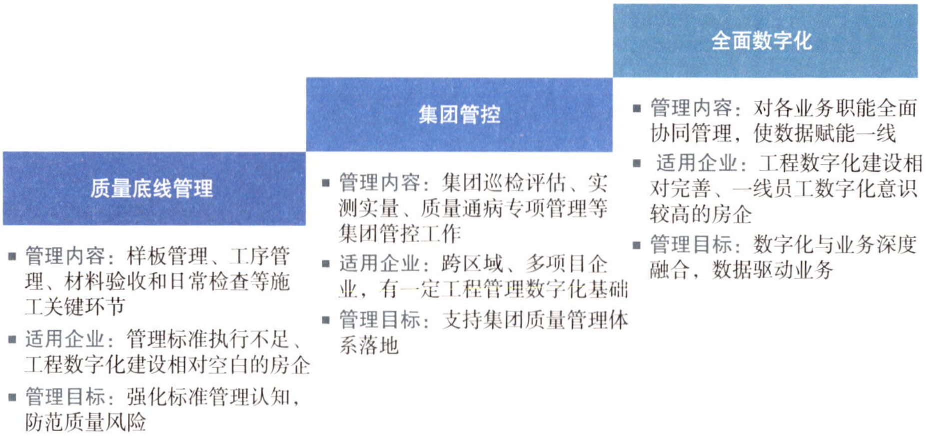

质量底线管理

- 管理内容：样板管理、工序管理、材料验收和日常检查等施工关键环节
- 适用企业：管理标准执行不足、工程数字化建设相对空白的房企
- 管理目标：强化标准管理认知，防范质量风险

集团管控

- 管理内容：集团巡检评估、实测实量、质量通病专项管理等集团管控工作
- 适用企业：跨区域、多项目企业，有一定工程管理数字化基础
- 管理目标：支持集团质量管理体系落地

全面数字化

- 管理内容：对各业务职能全面协同管理，使数据赋能一线
- 适用企业：工程数字化建设相对完善、一线员工数字化意识较高的房企
- 管理目标：数字化与业务深度融合，数据驱动业务

图 5-26　智慧工程数字化实践类型

（1）质量底线管理：助力标准完善与落地，防范质量风险

当项目数量较少时，房企品质管理的复杂度相对较低，主要聚焦项目标准的落地与效率的提升。当前，大部分房企都建立了工程质量标准管理体系，但很难实现完整的落地执行。面对高质量管理需求，一些房企选择通过建设工程数字化系统，使样板管理、工序管理、材料验收、日常检查线上化，以强化内部标准管理认知、守住质量底线。由于这些房企的工程数字化建设相对空白，因此，质量底线管理类数字化实践的落地主要包括建标准、守底线两步。

① 建标准：助力标准完善与落地，实现多方品质标准的同频

标准制度是房企进行工程管理的前提和基础，如何实现标准落地是工程数字化建设首先需要思考的问题。首先，房企需要借助数字化系统使一线员工了解和熟悉标准；其次，在数字化工具的支持下，一线员工可以快速准确地找到对应标准，并按照标准执行；最后，集团对标准的执行情况进行有效监督，保证标准执行不走样。

根据上述三点思考，房企可以将自身标准内嵌到工程数字化系统，将复杂的标准手册转变为具备条理性和引导性的数字化标准库，一线员工通过手机在工作过程中学习和落实标准规范，这种方式不受时间和空间限制，有效地解决了标准传递和标准执行问题。比如，B企制定了详实的验收手册，但在实际执行中，受到时间影响，一线员工很难去一一查证纸质验收说明，因此 B 企将验收标准内置到数字化

系统，所有要求都通过 App 指引，这样一线人员就能够非常清楚如何进行验收。

有了标准制度和执行数据后，房企监督评价主观性过强的问题也能得以解决。房企可以通过工程数字化系统中的客观数据来量化项目标准执行情况，对优秀执行者进行激励，从而提升标准落地的效率。

②守底线：关键环节闭环式管理，守住质量底线

按照性质划分，房企的质量管理分为施工过程管理和日常检查两条线。施工过程管理指的是施工过程中的材料验收、工序管理、样板管理等工作。日常检查则是围绕施工过程进行全周期检查，比如施工单位自检、监理检查、甲方项目部检查等。两者的工作关联紧密，哪一方出现问题都有可能导致项目质量出现纰漏。因此，房企需要在工程数字化系统中，设置"控过程+治问题"双螺旋数字化管理体系。

首先，控过程。在施工过程中，现场管理的日常工作主要围绕施工单位、监理和房企工程人员三方展开，施工单位是否按照要求及时报验，工序是否达到项目的质量检测要求，样板制作是否及时，材料的验收有无按照标准执行，这些都是过程管控中比较难的地方。因此，施工过程的数字化要求一次做好对样板、材料、工序的验收，从而避免问题在施工源头产生。

样板管理的难点主要是样板未及时做、样板质量不到位、后期施工未完全参考样板，这覆盖了样板管理的前、中、后三个阶段。房企通过工程数字化系统，可以对整个流程进行在线改造。在样板制作前，房企可以将关键样板制作节点要求固化，形成待办计划提醒，以避免样板制作的遗漏。在样板制作的质量控制上，房企可通过数字化系统，将样板交底、样板施工和样板点评等核心环节线上化，核心人员在线验收以确保群体决策的有效性。后期一线人员在施工时可借助 App 与样板进行比对，从而保证按照样板标准执行。

材料管理的核心痛点在于房企的供应链管理能力较弱，而材料进场时验收工作量大，验收人不在现场导致验收拖延、进场材料未被检测以及检测后货不对板、数量不对等情况频频发生。从痛点来看，材料管理不只是工程现场的管理职责，也需要招采、材料相关岗位协同管理。因此，工程数字化系统需要在与供应链系统打通的基础上，将材料进场验收业务场景线上化。如图 5-27 所示，房企在供应链系统向供方在线下单后，工程数字化系统自动生成验收任务，从而使每批材料都可以追溯到订单编号、数量和发货日期。

```
         自动回填收货数量
      ┌─────────────────────────────────────┐
      │   自动生成进                        │
      │   场材料清单                        ↓
   ┌──────┐  →  ┌──────────┐  →  ┌──────────┐  →  ┌──────────┐
   │材料下单│     │生成验收任务│     │任务信息查看│     │进场过程验收│
   └──────┘     └──────────┘     └──────────┘     └──────────┘

      供应链系统                          智慧工程
```

图 5-27　智慧工程关联供应链系统

在供应商材料进场时，项目现场的材料验收人员、监理人员根据验收任务记录车辆的车牌信息与进场过程，比对材料规格和数量，对材料进行抽检。每一批材料在线验收完，都能形成线上化的流程记录，同时每一条记录对应生成一份材料二维码，员工用微信扫一扫材料二维码，便能清楚地看到材料验收进场的全过程。

房企在做工序管理时主要面临易遗漏、难闭环的问题。易遗漏指的是工序种类多、数量多，施工过程中容易出现疏漏。难闭环则是由于项目管理人员少，房企很难对每一道工序都进行验收，并确保推行到位。针对上述痛点，房企需要以有效的数字化管理工具为抓手来做好工序分类分级管理和工序闭环预警。工序分类分级管理的目的在于将重点工序施工过程和验收过程严格管控起来，房企可根据自身管理精细度，梳理核心管控工序，内置系统以牵引执行。以 B 企为例，2020 年 B 企全国在建项目超过 500 个，集团的管理颗粒度相对较粗，因此，B 企重点对影响项目发展红线问题的 42 道隐蔽工序进行验收，要求进行影像可视化的留底留痕，并向项目一线明确每个动作如何执行落地，通过指引的方式将执行标准嵌入工程平台，让一线能够直接参考执行，提高执行效率和效果。

其次，治问题。做好检查闭环，保证不漏项，避免小概率的大问题产生。除了严抓施工过程，确保围绕施工全过程形成检查、整改、沉淀闭环，是质量底线管理不出现小概率大问题的保障之一。当前，大部分房企都会采用匹配自身的日常检查体系，包括日检、周检、月检等。一般而言，房企会利用微信群或者工作联系单跟进项目，这极容易造成问题遗漏。在借助数字化工具后，一线人员在发现问题时，通过 App 随手拍照，系统自动识别并判断施工单位，之后向其推送问题清单。在整改环节，通过人工智能识图功能，房企能够识别高相似度的照片，有效规避造假问题，确保整改的真实性。

（2）集团管控：建立数字化管理抓手、实现标准流水化作业，助力品质提升

集团内检是跨区域或者多项目房企对一线项目质量管理执行情况进行监督的重要手段，一些房企为了重点整治自身工程管理的弱点和难点，还会由集团牵头进行专项管理。但是由于集团人员少且管理跨度大，集团工程管理体系难以落地。此时，房企工程数字化就不应局限在项目的施工过程管理上，而应该覆盖房企总部、区域、项目全层级。本阶段的工程数字化系统管理内容包括集团巡检、实测实量以及质量通病品控 SOP 管理。

集团巡检。集团巡检是多级架构房企工程管理日常工作中非常关键的一环，由于项目数量多、地区跨度较大，集团工作人员忙于多项目巡检走访，很难保证巡检质量，集团巡检提效需求强烈。借助工程数字化系统，集团总部可在现场检查之前，先通过数字化巡检提前发现项目质量隐患，再基于隐患做针对性检查，从而提高整个巡检的效率。如图 5-28 所示，在现场巡检时，巡检人员可在系统中将集团巡检模板提前配置好，在检查时利用 App 进行一键打分，系统会自动计算得分结果，同时一键导出巡检报告，节省巡检报告制作时间。巡检完成之后，集团能够将所有的项目横向拉通，弄清楚哪些项目质量好，哪些项目存在较大提升空间。通过对数据进行监控和晾晒，集团可以对薄弱项目和重点问题进行针对性提升。

图 5-28　智慧工程巡检评估

实测实量。传统模式下的实测实量执行工作量极大，实测实量资料先做后补的情况较为普遍，数据准确性和真实性存疑。为提升实测实量的效率和质量，房

企可采用软硬件结合的数字化方式。在硬件上，房企可以借助智能靠尺、智能阴阳角尺、智能楼板测厚仪、混凝土回弹仪以及卷尺激光测距二合一的智能测量五件套（见图 5-29），并在测量完成后，直接同步数据给软件系统，避免人工调整。在软件上，工程数字化系统可自动对比施工单位、监理、甲方三方的测量数据，对异常情况进行预警，并自动输出实测实量报告。

混凝土回弹仪应用示例　智能靠尺应用示例　　　　智能测距仪+卷尺应用示例

图 5-29　智慧工程实测实量智能硬件

质量通病品控 SOP 管理。当前房企在工程管理上存在一些管理顽疾，比如桩基、渗漏、精装工程等涉及项目质量底线的问题，一旦出现疏漏，就极易造成重大安全事故，也会影响客户满意度，引发重大客诉事件。如何破解单点场景的施工过程管理难题？基于客户敏感点，如何做好质量通病防治工作，严守质量底线？当前一些房企采取梳理质量通病工艺模块标准作业流程，建立品控 SOP 质量数字化管理模式的方式来解决。如图 5-30 所示，以防渗漏为例，房企借助品控 SOP 可以通过简单的三步有效防范质量风险。

工艺工法模板化	将门窗、卫生间等具体场景的工艺工法模板化，建立专项工程标准动作，确保一线人员应知应会
标准节点流水作业	一线人员在 App 端按标准节点，流水作业式地执行防渗漏工程，确保作业过程不漏项，质量有保障。过程中，防渗漏各个环节的工艺标准随手可查，一线学习成本低，操作效率更高
执行可视化监管	整个防渗漏的执行情况都在可视化的监管中，全局健康度一目了然，任一环节出现问题，系统不仅会实时预警，还能层层穿透直至问题所在，让管理者及时纠偏有抓手，避免隐患留存

图 5-30　防渗漏专项品控 SOP

（3）全面数字化：工程管理全面数字化，互联互通赋能一线与总部

当房企发展到全国布局阶段时，工程部门需要站在企业运营角度进行管理思考，不仅需要考虑工程管理体系执行效率问题，还需要考虑工程专业与成本、运营、采招等其他专业的协同问题和工程业务决策与优化问题。基于上述背景，本阶段需要实现工程管理的全面数字化，重点在于在线业务协同和数据赋能决策。

第一，在线业务协同。工程专业与其他专业需要协作得十分紧密，但由于不同专业的业务要求不同、数据标准不同、业务系统不同等种种问题，协同并不顺畅。因此，工程数字化系统需要支持运营、成本、采招等系统互通，避免形成数据孤岛。

首先，通过工程数字化系统与运营实现协同，将工程施工计划与主项计划联动，使工程进度管理由层级汇报转变为"可见、可控"。"可见"是指利用现场录像、移动直播、视频监控等技术手段，直观地了解和监督现场情况。"可控"是指将各业务场景完成数据与施工计划进行比对，对计划延期等风险情况进行红黄灯预警，以便项目经理及时掌握进度风险并进行纠偏。

其次，通过工程数字化系统与成本实现协同，对于现场变更管控难的问题，房企需要使项目与成本、采购等内部业务部门实现在线协同，同时与施工方实现内外协同，将变更申请与认质认价、产值确认、合同结算关联起来，通过构建供应商端口，使供应商在线直接发起变更申请，避免压单，让整个动态成本更加准确。

最后，通过工程数字化系统与采招实现协同，支持供应商评估。工程数字化系统中沉淀了大量供应商履约数据，比如问题的整改及时率、超时整改率等，这些数据能够为供应商量化评估提供重要支撑。

第二，数据赋能决策。基于施工过程在线、品质检查在线以及运营、成本等专业线上互联，房企沉淀了施工阶段的工程质量数据、交付阶段的房间问题数据、维保阶段的投诉报修数据、项目进度数据、项目结算数据等大量数据。如图5-31所示，一方面，与质量相关的数据资产可以形成全生命周期的质量缺陷问题库，为房企提高产品品质、调整产品战略提供参考；另一方面，通过对项目管理全周期数据进行分析，房企管理层可即时、直观地了解项目全局，比如项目供货情况、关键节点完成情况、质量问题分析、安全文明情况等，从而让管理决策更高效。

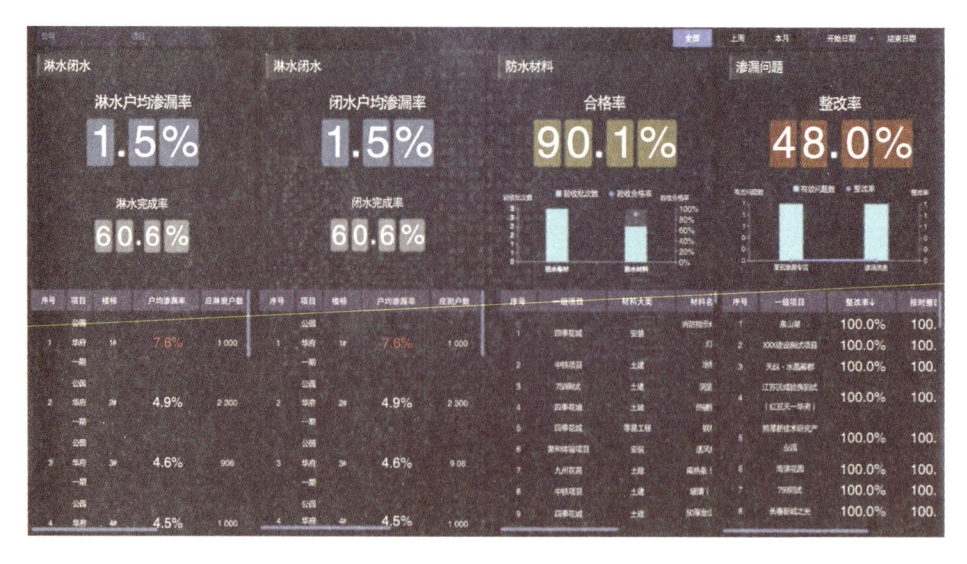

图 5-31　数据赋能决策

四、智慧供应链

1. 智慧供应链案例：Y 企的智慧供应链建设

Y 企是一家老牌千亿级房企，经过多年发展，Y 企形成了以地产开发为主的九大产业布局。随着经营业务板块的增多，Y 企组织层级也大幅度膨胀，形成了业务板块墙、业务部门墙等重重壁垒，资源流通、价值共享的难度极大。就供应链管理而言，Y 企的九大产业板块各有其供应链组织，管理难度极大。基于上述情况，Y 企意识到局限企业内部、产业板块内部视角的采购管理已经不能满足需求，在新的经营背景下，应该利用数字化技术构建智慧供应链平台，打通产业供应链业务场景，链接外部供应商。

基于上述诉求，Y 企与明源云在调研后认为，应聚焦共性的招采和供应商进行管理，从场景在线、业务协同、资源共享三个方面来构建智慧供应链平台。

第一，多产业招采管理场景在线。在深度调研各产业板块的招采业务后，Y 企将招采过程中的共性管理诉求拆解组合成共性的业务场景，将与供应商相关的 23 个业务场景、与开发商协同的 37 个业务场景在系统中进行固化，使全集团招标 100% 在线交互，从而降低招标违规风险。

第二，强化内外部业务协同。借助智慧供应链平台，Y 企内部实现了材料、工程、采购三大职能的协同,同时,Y企各业务部门在各个环节与施工方、材料方、服务方实现线上协同。

第三,供应链相关资源的共享。Y企通过智慧供应链平台建立了供应商管理机制,根据供应商管理、材料采购等场景沉淀的数据,形成了多元产业赋能的、可共享的供应商资源、材料品类和价格数据等。

通过构建智慧供应链平台,Y企成功拉通了产业间资源,帮助集团实现了降成本、提质量、提效率、控风险的目标。

2. 智慧供应链平台建设的必要性

当前,许多房企已经意识到了供应链的重要性。作为房企价值链的业务中枢,供应链平台向前承担了计划、设计、成本管控等目标,向后则需保障项目工程质量和实际进度。房企人效提升、成本控制、质量保障等经营目标离不开对采购与供应链的管理,智慧供应链平台也就成了房企实现数字化的重要一环,这一趋势基于房企外部竞争、全链管理、业务增值三大需求。

外部竞争需求。在利润空间被限制的当下,房地产整体供应链协同能力将被外化为产品溢价、风险管控和成本控制,进而延伸为企业的核心竞争力。在传统方式下,房企供应链竞争力构建缓慢而又分散,借助数字化技术建立智慧供应链平台是房企提升竞争力最有效的手段。

全链管理需求。房企要想让供应链能力转化为竞争力,就必然要解决供应链全链管理中存在的问题,包括供应链管理标准化进程缓慢,业务与业务之间、企业与企业之间壁垒高,业务孤岛与数据孤岛问题严重,供应链中各方信息不对称,资源得不到最优配置,等等。而这些问题在传统模式下无法被解决,必须依赖数字化技术。

业务增值需求。在利润空间缩小的情况下,房企除主业之外,应积极寻找第二增长曲线。将供应链能力转化为增值方式便是一种新的商业模式,而这种模式的增值变现离不开智慧供应链平台。

3. 智慧供应链的数字化思路

基于上述三大需求,遵循当前数字化建设的协同互联、场景在线、资源整合、数据赋能原则,结合明源云多年数字化经验以及标杆房企案例,我们梳理出智慧供应链数字化蓝图（见图 5-32），包含应用场景、共享模块、内部业务、数据资产四个层级。

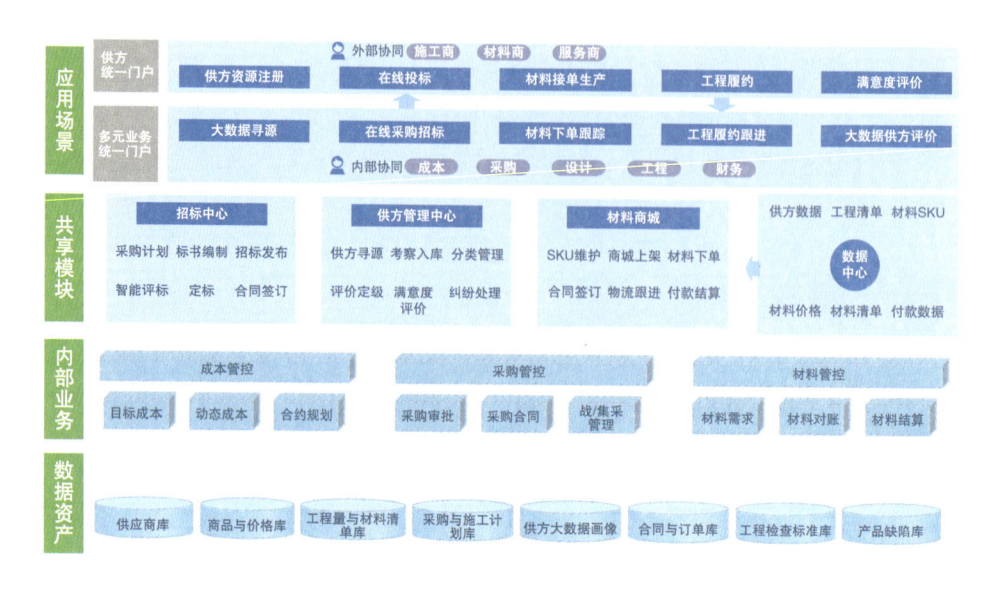

图 5-32　智慧供应链数字化蓝图

①应用场景层

应用场景层是面向房企内部用户、外部生态合作用户的具体供应链业务场景的线上集合。其中，内部用户指的是在供应链中协同得十分紧密的设计、成本、采购、工程与财务等专业条线的用户。外部生态合作用户指的是围绕供应链上下游提供产品和服务的施工商、材料商和服务商。借助智慧供应链平台，上述内外部用户在业务协同上可减少壁垒，在信息互通上可减少信息误差，在业务操作上可适配业务习惯。以下按照用户性质的不同分别描绘应用场景。

房企内部用户。智慧供应链平台可搭建内部统一用户平台，涵盖寻源、招标、材料下单、工程履约跟进、供方评价五大业务场景，业务场景基于整合和梳理共性业务模块生长而来，大数据与内部数据为其提供支持，比如在供方寻源时，房企可根据数据中心提供的供方资源数据进行快速寻源和筛查等。

外部生态合作用户。智慧供应链平台可搭建外部统一供方平台，涵盖供方注册、投标、接单生产、工程履约、满意度评价五大模块。外部供方平台应用场景与内部用户平台应用场景可以实现对应联动，以促进供应链中不同企业实现无断点业务协同与数据资产沉淀。

②共享模块层

共享模块层是面向房企内部采购及供应链管理的业务场景集合。多元化布局的房企在提升供应链能力时，最重要的事情便是破除业务区隔，减少不同业务独立进行数字化建设所带来"数字化烟囱"，使集团可集中统筹核心资源、统一标准，最大程度发挥管理效益和集中效益。根据业务关联性和对其他房企案例的梳理，我们认为不同业务板块的共享模块包含招标中心、供方管理中心、材料商城和数据中心。

第一，招标中心。在全集团建立通用招标平台：一方面，统一招标门户以面向外部生态合作伙伴；另一方面，通过统一招标平台落地集团招投标制度，保证招标合规性。

第二，供方管理中心。全集团建立共享供方管理中心，供方ID在全平台中具有唯一性，可综合不同业务板块对同一供方的评价，更合理地评估供方风险，避免不合格供应商再被启用。

第三，材料商城。建立全集团适用的材料商城，各业务板块可在材料商城下单，从而实现房企全集团集采落地，降低成本。

第四，数据中心。依据数据复用和数据赋能目标，打造匹配全集团业务的数据中心，包括供方数据、材料价格等。

③内部业务层

面向多元业务板块，智慧供应链平台除了要抽象出共享功能，还需贴合各业务板块自身管理需要，实现各业务板块的内控和决策要求，包括成本管控、采购管控、材料管控三大模块。

④数据资产层

由不同业务板块、供应链相关部门、生态合作伙伴在不同业务阶段和场景，通过采集、沉淀形成基础数据，之后经过数据汇总、清洗、整理，形成全集团数据资产。

4. 智慧供应链数字化实践

基于智慧供应链数字化蓝图，房企根据自身供应链管理需求，进行了不同的供应链数字化实践。按照供应链管理重心与供应链能力发展要求，房企供应链数字化分为三种。

招投标数字化，主要聚焦实现数字化招投标，使得招投标过程透明，以保证招投标的合规性。一般而言，国有房企以及合规要求较为严格的民营房企会优先进行招投标数字化的落地和应用。

供方管理在线化，主要借助数字化系统，实现对供应商资源的整合、管理、培育，通过建立供方伙伴关系来降低成本、避免供应风险。由于多元化房企不同业态板块都有独立的管理体系，因此，供方管理在线化极为重要。

材料采购电商化，主要借助数字化系统，实现材料供应链的打通，提升供应链全链条的管理能力，甚至在构筑好材料供应链数字化基础设施、提升供应链能力的基础上，寻求新的利润增长点，对生态赋能。

(1) 招投标数字化：过程透明、智能评标

采购是房企品质力构建的重要业务环节，一旦采购出现问题，项目的工程质量、进度、成本都将受到影响，进而影响项目的收益以及房企的口碑。在房企项目实现量级增长后，采购效率和合规性之间的冲突越发明显，这折射出招投标管理存在着种种问题（见图 5-33）。

1　过程不透明，影响房企公信力
在线下采购模式中，招标前供应商直接与采购对接人沟通，过程不透明。正式招投标时，房企答疑、评标、定标等阶段的信息互通局限于招投标小组内部，其他部门和外部供应商对采购结果存疑，这导致房企招标公信力不足

2　效率低，难以及时满足房企采购需求
线下招投标业务流程节点多，整个过程需要历经与业务部门、外部供应商的反复沟通，招标清单编制量大，导致采购合规与采购效率难以兼得，一线采购"一管就慢，一放就乱"，难以及时满足房企采购需求

3　串标、围标等合规性问题频繁出现
投标供应商资格资料提供不齐全，房企审查能力有限，容易出现中标供应商不符合要求的情况；另外，招标异常情况（比如围标、串标等）很难识别，招标风险极大

4　招标计划执行出现疏漏，影响工程进度
传统模式下，招标计划执行情况主要依靠各层级统计汇总给集团总部，以实现对招标情况的监督，但实际上，这种线下模式极容易出现疏漏，造成重大招标合同进度延期，从而影响项目工程进度

图 5-33　招投标管理问题

围绕上述难点，我们认为房企极有必要推动招投标数字化、在线化、智能

化，重点可落在以下四个场景。

①场景1：全业务场景在线，将线下断点转变为线上闭环

如图5-34所示，通过智慧供应链平台，房企可以在线重构招投标业务流程，从而使过去耗费大量时间、资金、人力成本的业务断点情况转变为线上流程指引、数据驱动、在线操作协同的线上闭环。从内部来看，房企招投标小组在线进行招投标的协同工作，减少因沟通、文件传达而造成的问题；从外部来看，在房企发布招标通知后，供应商可在招标门户查看公告，符合条件便可参加。供方在接到发标通知后，通过门户端和移动端进行提问、回标、澄清等操作。招投标业务在线减轻了房企与供方双方负担，提高了采购效率。

②场景2：基于大数据与数字分析手段的供方审查，避免串标、围标

房企在线下进行供方审核需要花费大量人力、物力，但如果结合内外部大数据与技术手段，则可以有效实现供方资质审查，判别是否串标、围标，帮助房企识别潜在风险，从而避免招标失败。比如，在对供方资质进行审查时，智慧供应链平台可以联动外部数据以查询供方基本信息、经营风险信息、企业荣誉信息，自动将供方提供的资料与招标要求进行对比，减少人为干预。再比如，在投标时，房企可通过数字手段分析内外部人员的招投标行为数据，以洞察潜在的串标、围标风险。

③场景3：评标定标智能化，保证结果合规

智慧供应链平台将评标、定标要求固化在系统中，并借助技术手段使评标、定标过程智能化。首先，在评标方面，房企可在系统中建立清单模板库，供应商在线上进行清单报价，避免清单篡改，在清单报价结束后，系统对供应商回标清单内容和标底价格进行自动比对与分析，可视化展示偏差值，大幅度缩小清标评标时间。其次，在定标时，系统对得分或报价结果自动排名并选中中标单位，将合约规划金额与实际中标金额进行对比。

④场景4：全景可视化监控，促进招投标节点高效完成

经过招投标场景在线和过程数据沉淀，房企可对采购需求进行全景可视化监控，清楚掌握哪些需求正在采购，哪些需求已经完成，哪些需求已经逾期，从而对重大合同进度进行控制。

（2）供方管理在线化：数据化管理，培育长期伙伴

作为房企重要的生态合作伙伴，供应商承担了规划设计、工程建设、材料生产等与项目开发相关的大部分职责，因此供应商履约时的专业水平和服务质量对

招投标全场景在线流程

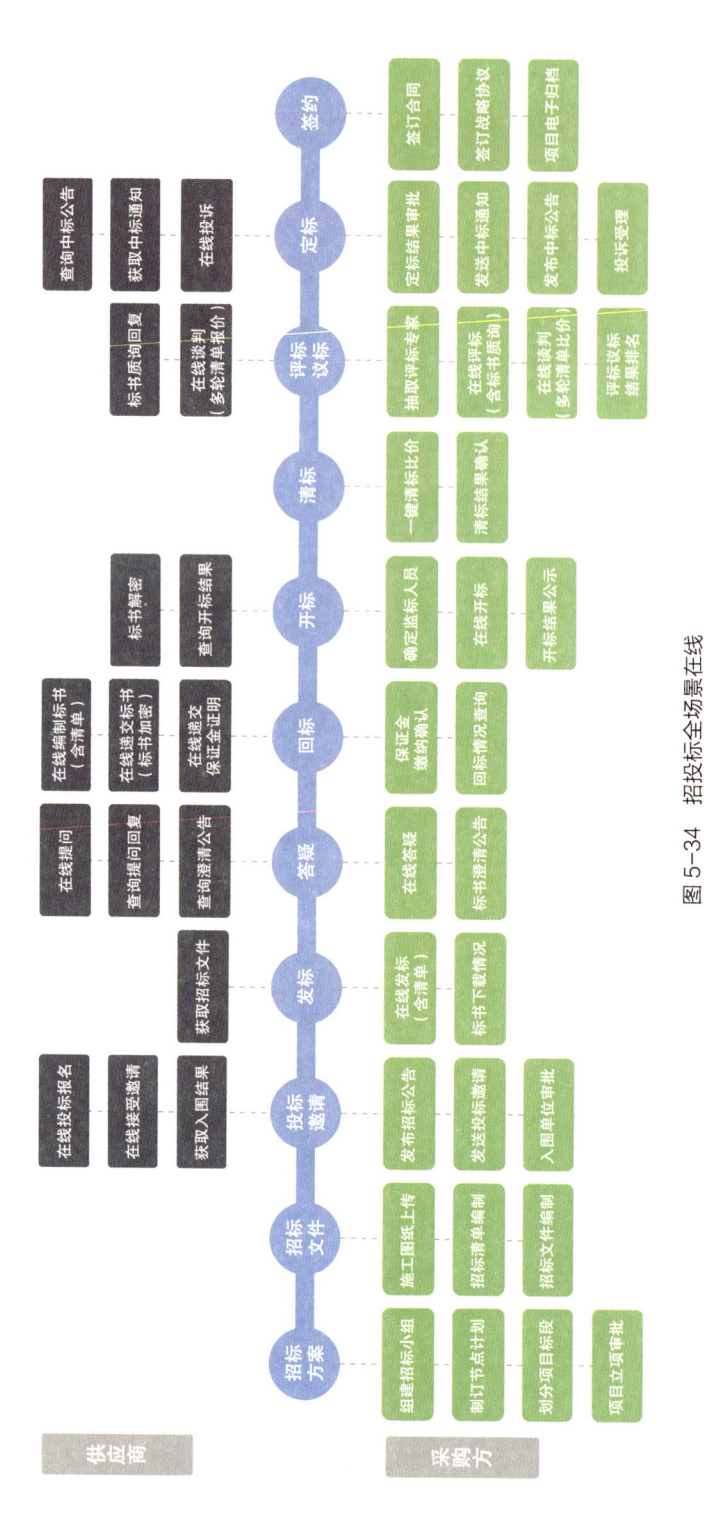

供应商侧：

- 招标方案：（无）
- 招标文件：（无）
- 投标邀请：在线投标报名 / 在线接受邀请 / 获取入围结果
- 发标：获取招标文件
- 答疑：在线提问 / 查询提问回复 / 查询澄清公告
- 回标：在线编制标书（含清单）/ 在线递交标书（标书加密）/ 在线递交保证金证明
- 开标：标书解密 / 查询开标结果
- 清标：（无）
- 评标议标：标书质询回复 / 在线议判（多轮清单报价）
- 定标：查询中标公告 / 获取中标通知 / 在线投诉
- 签约：（无）

采购方侧：

- 招标方案：组建招标小组 / 制订节点计划 / 划分项目标段 / 项目立项审批
- 招标文件：施工图纸上传 / 招标清单编制 / 招标文件编制
- 投标邀请：发布招标公告 / 发送投标邀请 / 入围单位审批
- 发标：在线发标（含清单）/ 标书下载情况
- 答疑：在线答疑 / 标书澄清公告
- 回标：保证金缴纳确认 / 回标情况查询
- 开标：确定监标人员 / 在线开标 / 开标结果公示
- 清标：一键清标比价 / 清标结果确认
- 评标议标：抽取评标专家 / 在线评标（含标书质询）/ 在线议判（多轮清单比价）/ 评标议标结果排名
- 定标：定标结果审批 / 发送中标通知 / 发布中标公告 / 投诉受理
- 签约：签订合同 / 签订战略协议 / 项目电子归档

图 5-34　招投标全场景在线

344　品质力

项目开发的影响极大。传统模式具有信息差、协同弱、评价不准确等问题，使得房企的供应商管理一直局限于内部管控层面，而并未向关系管理层面发展。如图 5-35 所示，从供应商管理全业务过程来看，供应商管理难点包括四点。

1　寻源层面：信息不对称，寻源工作量大
由于市场信息传递存在滞后性和不准确性，供应商供应情况与采购需求之间存在信息差，这导致房企在寻源时存在两大问题：第一，采购人员忙于进行市场信息搜集与筛选，寻源工作量大；第二，信息来源渠道不一定可靠，房企找到的供应商不一定符合采购要求

2　协同层面：供方与房企协同存在壁垒和断点
供应链的发展趋势是打破边界、建立生态网络、实现资源整合，而当前供应商与房企有各自的管理边界，在招标、履约等业务协同中存在壁垒，业务断点情况经常发生

3　履约评价层面：事后评价，准确度不高
由于供应商履约过程不在线，房企往往是在业务事项处理完的一段时间后再进行评价，这种事后评价受到评价人的个人情感和记忆情况影响，评价准确度不高，使得履约评价流于形式

4　供方资源层面：缺乏有效管理手段，多元板块资源未打通
一些房企未建立良好的供应商分类分级管理机制，一些多元化房企仅仅是业务板块内部有供应商资源库，但是从整个集团层面来看，各业务板块的供方资源库并不互通。在这种情况下，极容易出现不合格供应商依旧提供服务的问题，从而影响项目质量，也使得房企公平性受到其他供方的质疑

图 5-35　供方管理问题

围绕上述难点，我们认为房企需要推动供方管理在线化，重点落在以下四个场景。

①场景 1：依托大数据进行精准、快速寻源

寻源信息不对称问题只有数据量级足够多才能解决，因此，依托大数据进行精准、快速寻源将成为寻源趋势。一方面，房企可借助外部平台进行数据积累与沉淀，对供应商发起招募，以进行精准、快速寻源，比如明源云采购平台一直聚焦服务地产供应链，沉淀了超过 19 万家的供应商资源，房企可在线进行供应商招募；另一方面，随着房企与供应商合作量的增加，房企内部也可以建立供方数据库，结合外部平台大数据一起形成更为清晰、准确的供应商数据画像。

②场景 2：统一供方门户，实现内外直连、协同提效

要想减少供方与房企协同壁垒，就要建立供方集中入口，通过统一供方门户与供方实现全协同场景在线和角色直连。

统一供方门户。面向供应链业务，房企梳理出供应链中的外部协同对象，形成对应的供应商应用门户，供应商使用统一的身份 ID 标识进入系统进行业务运作。

场景在线和角色直连。基于"场景+角色"的设计原则，系统门户覆盖寻源、招投标、材料履约、变更、结算等多个业务场景，在这些场景与房企员工、其他供应商协同，通过消息可触达、业务可贯通、数据可共享来保证协同效果。

③**场景 3：定性与定量结合的数字化供方评价**

借助数字化技术，房企可重新构建供应商评估模式，建立起基于场景跟随式的定性评价和基于大数据的定量评价相结合的数字化评价模式。

基于场景跟随式的定性评价。在房企梳理需要进行评价的业务场景后，数字化系统以全景计划和业务流程触发评价要求，业务人员跟随流程节点进行点评，这种方式的好处是在不增加业务工作量的情况下，还能保证评价更为准确。

基于大数据的定量评价。在具备足够数据量的情况下，房企可通过数据建模进行自动评估，其中的数据涉及内部数据和外部数据两个维度，而内部数据源于内部各大业务系统，包括成本、工程等。

④**场景 4：动态供方管理，实现资源共享，优化供方结构**

依托智慧供应链平台，建立供方资源库，实现全集团供方资源共享。如图 5-36 所示，在管理过程中，对供方资源实行动态管理，通过识别评判供方履约情况，持续优化供应商结构，将核心优质供方逐步升级为战略合作伙伴关系。

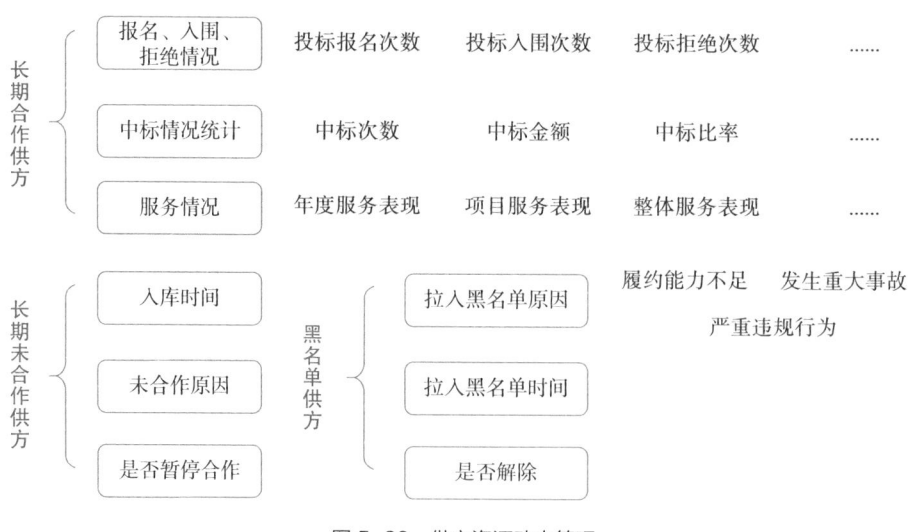

图 5-36 供方资源动态管理

(3)材料采购电商化：材料线上闭环，提升集采执行度

随着精装时代的到来，房企甲供材比例不断上升，材料管理成为房企降本提质的重点管理环节之一。材料供应的数字化也成为房企智慧供应链建设的重要一环，且重要度逐渐提升。

如图5-37所示，从材料采购与供应的全业务过程来看，材料管理难点包括三点。

1　材料语言不互通
房地产供应链中材料品类众多，但不同供应商之间、供应商与房企之间的材料SKU并不统一，这导致双方在材料选型、下单和协同时，存在沟通壁垒。而且由于SKU未进行统一管理，房企也无法对相关材料进行数据分析

2　材料供应过程流程长，追踪难
材料供应过程从选型、下单、生产再到配送，历经多个环节，流程长、时间久。在线下协同模式下，房企下单后对材料生产到什么进度、是否发货等情况一无所知，即使向供应商追问，也无法确定情况是否属实，万一材料延期，则极容易影响工程进度

3　集采执行落地难
为降本提质，扩大集采范围是房企的重要举措之一。在传统管理方式下，集团很难对项目集采情况进行监督，这导致集采供应商很多时候签订了协议，但并没有拿到订单，集采协议成为一纸空文，房企集采也就很难推行下去

图5-37　材料管理难点

围绕上述难点，我们认为房企可以借助数字化，推动材料采购电商化，重点落在以下三个场景。

①场景1：电商式材料下单，提升集采下单的效率与体验感

当前，企业搭建采购电商平台、提升集采执行范围，以获取价格优势和溢价服务，是各行业提升供应链能力的重要一步。对于房企而言，搭建材料商城可以满足房企各项目以及其他多元板块的材料采购需求，提升下单效率与体验感。房企搭建材料商城分为两步。

第一，搭建材料库。房企可以在梳理SKU的基础上搭建材料库，统一材料SKU语言，这便于房企不同部门、房企与不同供应商基于统一理解进行沟通与交流。

第二，建立材料商城。房企和供应商基于材料商城进行材料下单和跟踪的协

作。供应商可在 SKU 中选取自身产品，依据集采协议价格在商城上架，然后房企项目工程人员在商城自主进行采购。

> **案例 5-4**
> **保利发展：构建智慧供应链平台，实现材料采购电商化**

　　随着保利发展的地产主业实现规模增长，批量精装修业务不断扩大，保利发展对材料集中采购、集中管理要求提高。如何通过材料的集中采购实现成本管控、效率提高、质量提升，是保利发展的聚焦点。在建设智慧供应链平台之前，保利发展在执行材料集采时主要有三大难点：第一，多方线下协同不畅，仍有一线公司未使用集采品牌型号，集采执行率有待提升；第二，材料供货不及时，品类、数量不准确，影响正常施工；第三，材料集采线下工作烦琐，纸质单据容易丢失。

　　为了精准分析集采效果，确保集采业务落地，减少一线员工人工操作，实现集采"两提一降"——提高效率、提升规范、降低风险，保利发展引入智慧供应链平台进行集采管理。首先，建立材料部品库并关联集采协议，使一线公司可按照套标套档在线选材下单。其次，为了消除订单协同的盲区，保利发展通过平台使甲乙双方在线进行下单、配送、验收、使用、付款。最后，充分利用集采执行过程中的数据，进行多维度数据分析，为集采提升、决策提供支持。通过智慧供应链平台建设，保利发展的材料集采规模和效率都有了极大的提升，并且由于甲乙双方在线协同模式已形成，保利发展数字化供应链管理在多元业务扩展和对外赋能上未来可期。

②**场景 2：材料全场景在线，提升材料进度透明度**

　　在应用移动互联网的基础上，对下单、生产、发货、验收、结算等场景进行在线化重构，供方、采购、项目工程师均可通过 App 端对材料进度、验收情况、结算情况进行跟踪，这既保证了进度的公开透明，又能沉淀材料下单、验收数据，从而为结算付款提供数据支撑。

③**场景 3：集采执行优化**

　　如图 5-38 所示，各业务场景在线同时也沉淀了集采相关执行数据，房企集团可监控集采的下单率、材料供应效率等指标，并且根据上述指标做出是否扩大集采范围、是否优化集采供应商等决策。

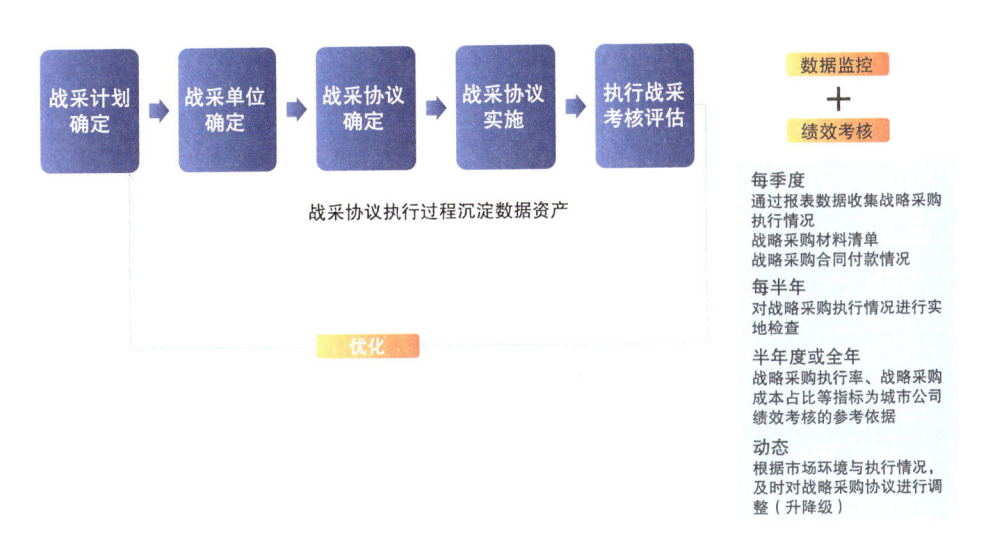

图 5-38 集采执行分析

五、客服数字化

1. 客服数字化案例：X 企客服数字化解决管理之痛

X 企是行业中一家高品质房企，长期专注高品质住宅，致力于为高净值人群提供优质产品与服务。近年来，由于项目增多，交付压力大，管理未及时跟上。项目交付后，在报修整改方面极易出现与客户产生纠纷的问题，影响客户口碑。在交付压力最大时，X 企每月都会发生 1~2 次报修单遗漏事件，引发客户投诉与内部扯皮。

基于上述背景，X 企重新检视了报修制度体系，发现自身的线下报修管理模式存在三个问题：第一，人力不够，项目往往仅配置一名客服经理和一名客服专员，在报修登记、传达、跟踪等工作上精力跟不上要求；第二，流程冗余且不透明，重复和无效工作多，从报修到派单，至少需要 2 天，物业客服与地产客服工作职责不清，地产客服不跟进报修但却经常在微信群中被提醒；第三，报修单流转依靠微信群，极易丢单。地产客服花费三小时左右的时间整理更新维修明细表，通过微信群分派及回收，维修工程师由于未及时更新发生丢单事件。

为解决以上三个问题，X企与明源云链合作推动移动客服数字化系统的使用，通过报修业务线上化、场景化、闭环化及权责分工线上固定、派单数据自动获取与共享，改善了报修整改效果。通过移动客服辅助报修业务，X企的报修完成率、报修关闭率均提升到90%以上，远超行业标准水平。

2. 客服数字化的背景及必要性

上述案例所呈现的其实是当前行业在交付后面临的最大管理痛点。一般来说，在集中交付后，房屋报修处理工作就会成为地产客服部门的头号大事，因为房屋报修处理工作尽管处于项目收尾期，但却涉及业主、客服、维修工程师、维修单位等多方，一旦协调出现问题，往往会影响客户观感，导致客户满意度降低以及房企口碑变差。为了使报修处理尽可能快速响应，房企从组织、实施制度、工期标准、回访机制等多个维度提升管理水平，但线下手段面临种种问题，报修整改效率的提升极为有限。为进一步提升房屋报修处理效率，依靠数字化、移动化手段已成为行业通用做法。

3. 客服管理痛点

在调研与研究客服数字化案例的基础上，我们认为传统的报事报修流程在报修、派单、整改方面存在难点（见图5-39）。

报修：报修渠道过多，人工统计易遗漏	派单：派单维修安排时间久，整改不及时	整改：业主、客服、房修信息不对称
业主报修渠道包括电话报修、上门报修、微信群报修等。客服人员统计报修事项的信息源于不同途径，需要及时地进行登记和汇总，容易出现客服人员登记不及时、报修事项被遗漏的问题	客服人员通过内部微信工作群派发并回收维修明细表，之后进行维修任务的分派，维修施工人员上门整改。在实际执行时，往往会遇到客服人员发送新版本维修明细表，而房修部门保存的依然为旧版本，导致派单延迟、维修上门不及时、整改不及时的问题	在整改过程中，业主、客服、维修施工人员的信息不对称。从业主角度来看，业主不清楚报修后房企何时上门维修。从客服角度来看，如果反馈报修信息，则需要协同施工人员、房修人员，客服人员对整改完成情况不清楚。从维修施工人员的角度来看，不清楚报修具体情况，需要上门才能了解

图5-39 传统客服管理痛点

4.客服数字化思路

基于上述管理痛点，我们认为房企要想解决房修痛点，就需要以场景化、在线化形式重塑报修流程，实现正面循环提升，包括统一渠道、过程预警、数据考核三个层面。

（1）统一渠道：搭建客户应用端，统一客服接单渠道

如图5-40所示，移动报修系统从客户端、客服端两个方向入手实现报修渠道统一。首先，客户端，面对多种报修渠道并且业主体验差的困境，移动报修系统为业主构建统一的微信应用端，业主利用微信发起报修，将原来多线并行的报修场景尽可能地集中在微信客户端进行处理。其次，客服端，移动报修系统为客服建立统一接单平台，当业主利用微信、400热线发起报修时，接单平台自动接收，同时处理零星的上门报修。

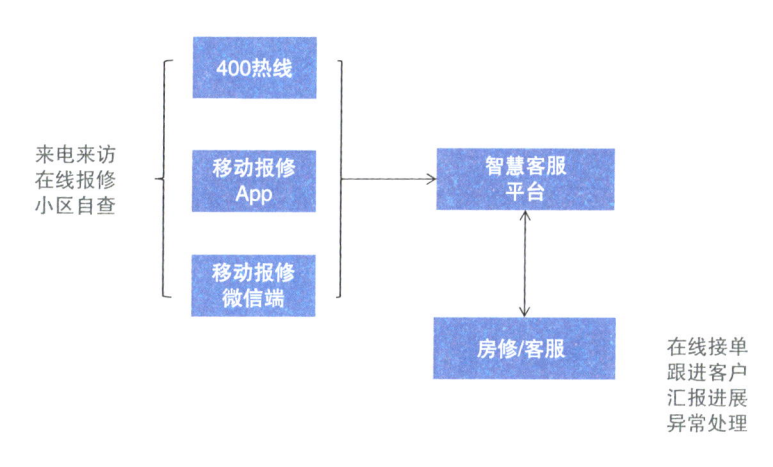

图5-40 移动报修统一渠道

（2）过程预警：线上流程闭环，超时预警

从报修问题解决上看，移动报修系统必须以在线化思路形成报事报修业务流程闭环，实现数据自动沉淀、整改过程可控。在整个闭环中，业主通过App或者微信发起报修，移动报修系统可在线进行派单，维修施工人员在线获取派单信息，维修需求清单、维修结果数据在业务场景操作中自动沉淀。在维修过程中，移动报修系统自动进行进度通知，使各方及时了解进度，信息可知、透明。除了在线化流程闭环，移动报修系统也帮助房企建立超时预警机制，多层级同步风

险，强化监督与催办力度。

（3）数据考核：在线评价，数据化考核

在数字化工具的辅助下，房修的考核更为简单高效。一方面，业主可在线对维修情况进行评价，评价结果及时准确，处理过程公开透明，有利于服务质量的提高。另一方面，维保的相关指标包括维修任务数、响应及时率、按时完成率等，在业务场景沉淀数据资产的基础上，房企可以对维修施工人员、维保组织进行数据化考核。

六、全触点服务

1. 全触点服务案例：数字化助力 J 企客户体验提升

J 企是一家高品牌价值的千亿级房企，在业务布局上主营房地产，并向多元化发展。J 企成立几十年来，一直致力于客户服务体系的升级与改革，认为客户是企业发展之源。近年来，面对客户满意度下滑、客户期望相对固定的局面，J 企认为提升客户体验是提升客户满意度的核心对策。基于此，J 企将目光转向客户全触点服务体系打造，期望通过高质量服务为客户带来最佳体验，然而面对服务要求提升，传统线下服务模式捉襟见肘。

J 企经过分析发现，线下客户全触点服务实现的难点主要有三点。第一，人力有限，客户触点覆盖有限。J 企当前服务的社区规模大，服务业主为百万级别，相对于庞大的客户体量和服务需求，客服资源有限，极易产生服务盲区和投诉事件，客户触点服务质量无法保证。第二，内部标准不定，执行质量不佳。J 企的全触点服务制度制定后，在各区域落地执行时表现差异较大，监管难度偏大，服务标准不一致，客户感受千差万别。第三，客户数据壁垒未打通。客户数据对提升客户体验十分重要，然而，J 企不同部门的客户数据割裂式留存，未实现统一输出，对客户分析造成极大困扰。

J 企将数字化视为解决上述痛点的最佳路径，通过内外齐头并进的方法，建设全触点服务系统，主要分为三步：第一步，搭建综合的客户服务平台，统一管理内部客服问题解决和外部服务质量保障；第二步，优化客户触点服务标准、管理标准，建立统一客户端 App，为客户提供全周期服务；第三步，在内部管理上，通过全触点服务系统加强问题解决的协同，提升服务响应速度和响应质量。经过全触点服务体系的数字化、线上化，J企提升了客户体验感，促进了品牌口碑的提升。

2. 全触点服务数字化的背景与必要性

正如上述案例展现的，全触点服务和以全触点服务为导向的数字化体系的建立正是当前房企的研究和发展趋势。随着客户需求层级的提升，客户已从关注单纯的居住感受转向了关注生活场景与生活体验感受。当下服务已经逐渐被提升到产品的同等核心地位，是否拥有全周期、全触点的客户服务能力成为房企竞争力的重要组成部分，甚至在未来将成为房企新的利润增长点，决定了房企能否在市场中脱颖而出。但回归现实，房企在落地全触点服务时备受时间、空间掣肘，需要借助数字化予以解决。

3. 全触点服务落地痛点

在调研与研究房企全触点服务案例的基础上，我们梳理出全触点服务落地的痛点有四点，包括全触点服务标准不完善、服务场景断点、人力投入重心失衡、客户数据价值未得到应用。

（1）全触点服务标准不完善、执行有偏差

由于全触点服务在房地产业尚处于起步阶段，部门之间为建立全触点服务所需要梳理和整合的事项并没有较多的借鉴案例，因此当前全触点服务标准并不完善，执行容易出现偏差。我们从内部、外部两个维度进行分析。

首先，客户服务触点梳理不完全，服务标准不统一。当前大部分房企的客户服务管理仍然较为粗放，客户触点及各个触点的服务标准在广度与深度上都不足，无法支撑提升客户体验的目标。

其次，内部管理体系未与客户触点进行对应。从全触点服务实施来看，外部客户服务与内部管理应该是一体两面的，在同一阶段，内部管理体系应该以外部客户服务为目标进行管控和提升，而当前大部分房企呈现的是内外割裂的情况。

（2）服务场景断点，客户体验感不佳

由于房企与客户在较长时间内处于时空断点，如果没有有效的数字化抓手，全触点服务基本无法实现。因此，房企需要借助数字化，在与客户直连的基础上实现全触点服务的所有核心场景线上化，从而提升客户体验感。

（3）人力投入重心失衡，难以聚焦高价值工作

全盘审视全触点服务工作，我们可以发现：在外部服务中，很多服务动作重复且客户感知较为迟钝；在内部管理中，重复性的汇总、沟通、审核工作量十分庞大。在这种人力投入比例下，如果要实现精细化管理，房企的人力资源完全无法与服务要求实现匹配，需要增加极大的人力和时间成本。从工作价值贡献来看，这种失衡状态也无法使房企聚焦于客户分析、服务优化等高价值工作。因此，房企极为需要数字化以解放人力。

（4）客户数据价值未得到应用

由于房企数字化分业务、分阶段探索式的建设方式，很多客户数据以及客户服务所需业务数据实际上分散在各个业务条线的系统中，数据标准不统一，也没有得到有效应用，无法对客户价值梳理和服务提升提供助力。

4. 全触点服务数字化实践

基于上述痛点，房企纷纷通过服务场景线上化、服务过程闭环化、客户数据一体化等数字化举措来推动全触点服务数字化的落地。但不同企业的全触点服务体系有不同侧重点，因此在数字化规划上也有所差别。经过梳理，全触点服务数字化实践主要分为客户服务导向、客户经营导向两种类型（见图5-41）。

客户服务导向
- 建设目的：完善客服体系，提升客户服务质量。
- 建设特点：内外服务数字化并行，实现服务标准化、自动化、全场景化。
- 适配类型：未布局多元化业态的房企；已布局多元化业态但服务体系不完善的房企。

客户经营导向
- 建设目的：聚焦会员的经营服务与营销。
- 建设特点：多元化业态会员数据通、服务通、营销通。
- 适配类型：已布局多元化业态的房企。

图5-41 全触点服务数字化实践类型

（1）客户服务导向：服务标准化、自动化、全场景化

以房企的客服阶段进行划分，落地客户服务导向数字化的企业更多是处于客户关系管理阶段，比如未布局多元化业态的房企，以及已布局多元化业态但内部服务体系并不完善的房企。这类房企极为重视服务口碑与客户价值，但是由于内部服务体系不完善、服务落地遭遇种种困难等问题，无法实现客户管理预期。因此，它们选择借助内外部服务体系的数字化，实现服务标准化、自动化、全场景化，从而提升客户服务感知，为地产主业发展提供支撑，为多元化业态客户服务整合打好基础。一般而言，这类数字化规划落地需要通过建体系、强触点、提价值三步实现。

建体系：建立全触点服务管理标准，推动服务自动化。对于当前客户服务体系较为混乱、服务职能分散的房企而言，在打造全触点服务数字化系统时，首先要做的就是梳理并固化服务标准与管理标准，从而实现标准统一、权责到人、服务自动化。

第一，统一服务标准，与客户、自身管理实现三方匹配。房企可在综合考量自身客服基础、目标客户需求、数字化规划方向的基础上，梳理形成全周期、全客户、全触点的客户服务标准，以及对应各环节的内部管理流程与标准，并通过数字化系统将标准传达给区域、项目，以统一各区域服务质量，提升口碑。

第二，权责到人，多平台、全方位处理问题。在数字化系统固化服务标准、管理标准后，各阶段服务主责人就极为清晰，他们可以通过App、微信端等"线上+线下"的方式处理问题，消弭原来因职责混乱造成的服务空白，从而实现事事有人跟进、事事有服务成果。

第三，服务自动化。如图5-42所示，在标准梳理的基础上，房企还可进一步制定服务标准策略，将服务动作自动化，使得一个客服大使连接服务1 000户，解放重复人力，提高服务人效。

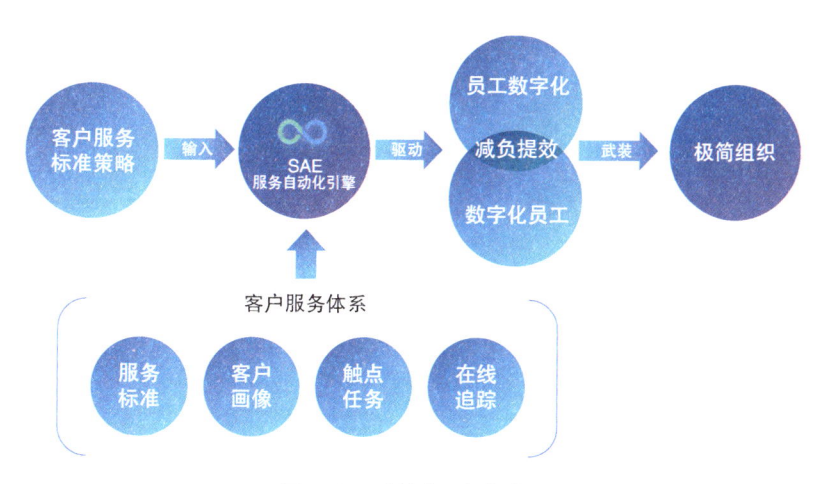

图5-42 全触点服务自动化

强触点：建立客户私域端口，提升触点感知。构建客户私域实现客户经营、分析与变现是当前各行业客户经营趋势，房企也不例外。如图5-43所示，全触点服务需要构建统一的客户服务私域端口，进行客户直连，以作为服务抓手。借助微信、App，服务人员可为客户提供主动连接、日常服务、活跃运营、风险预控、事件应对、价值挖掘等多样化服务，从而加强经营深度，提升客户参与活跃度与服务感知度。

图5-43 客户服务私域端口

提价值：整合沉淀数据，为客户价值挖掘赋能。借助全触点数字化业务，打通现阶段多业务条线、多业务板块客户数据壁垒，使得客户触达、购房、工地开放、验收、入住、报修等各阶段客户数据自动沉淀、统一管理。在大数据和算法支持下，房企可对客户喜好、敏感点、客群发展趋势等客户价值指标进行深度挖掘，实现对业务的赋能。

（2）客户经营导向：多元化业态会员数据通、服务通、营销通

落地客户经营导向数字化的企业基本上为多元化发展房企。这类房企在布局物业、商业、酒店等多个板块后，发现自己虽然手握大量客户资源，但是由于不

同业务板块的客户资源并不互通,无法做到服务一体化,这不利于进一步的客户价值挖掘和品牌打造。因此,在落地数字化时,它们主要考虑如何借助数字化,实现不同业态板块的数据通、服务通、营销通。

数据通:拉通底层客户数据,构建全景客户画像。当前,如果多元化发展房企要从企业全局思考服务提升和收益点挖掘,首先必须解决底层客户数据标准不一、彼此不互通的问题。要解决上述问题,数字化规划需要包含两个维度:一方面,房企需要基于客户视角,借助移动互联网和数字化技术,实现一客一档,解决多业态板块数据打通的问题;另一方面,房企需要基于客户分析建立数据模型,将打通的客户数据资产,转化为可为决策赋能的全景客户画像指标,为多业务板块决策提供支撑。比如,H 企依托多元化产业资源,提出了"大服务体系",旨在为 H 企的业主和会员提供多元化的优选服务。为了实现这一目标,H 企打造了"H 企+"App,将 H 企所有业态板块的客户都纳入其中,形成了统一客户私域池。基于客户私域池,H 企可对客户数据进行清洗、整合、建模、挖掘,整合打通后的客户数据可支持多业态板块的决策。

服务通:联动会员服务场景,提升客户满意度。在客户数据打通的基础上,多元化发展房企还需要实现多板块的服务贯通。通常情况下,不同业态板块有独立的客户会员体系和服务机制,客户常常疑惑为什么同一家房企的会员权益会互不相同,服务方式也是断点和割裂的。这种情况极大地影响了房企品牌的打造。

为解决上述问题,大部分多元化发展房企选择了借助数字化做多元板块资源的整合。一方面,经过整合,建立线上客户会员体系对应关系,实现会员等级和会员积分的互通。另一方面,借助移动互联网和数字化平台,房企聚合内部及外部多个业态资源,形成综合的在线交易平台。在线交易平台不仅可以实现线上服务的打通与共享,还可以将线上客户引流到店,实现线上线下服务闭环。除了既有的服务资源,房企还根据会员等级为高端客户提供定制化增值服务,比如理财、投资与圈层社交等,提高客户对服务的满意度。

营销通:培育深度关系,以服务驱动营销。过往,房企营销更多局限于单一板块内部,营销形式呈现单一频次、单向输出的特点,往往需要耗费高额的营销费用,但是却不能达到预期效果。在数据通、服务通的基础上,房企可以实现营销层面的革新,主要包括全板块营销整合和服务驱动营销两个层面。

第一,全板块营销整合。在服务与数据打通的基础上,房企可打破不同板块之间的营销边界，基于统一的品牌形象理念，通过数字化系统和线下门店实现整合式一体化的营销，在定位、策略、内容、平台、传播等各个环节，各板块相互协作、环环相扣。这促使集团能够更好地控制整体营销费用，评判营销效果。

第二，服务驱动营销。房企通过数字化工具实现对客户的陪伴式服务，在服务中逐渐培育起深度关系。在房企与客户高度互信的基础上，多种服务场景可挖掘出多样的营销机会点，促使价值裂变，从而取代传统营销模式。

本章小结

随着数字技术的发展与应用，房企已经进入数字化转型的窗口期。面对传统品质管理方式的局限性，数字化、智能化将成为新周期下房企可持续发展的必然选择。经过详细分析，我们发现房企在推动品质数字化时，往往会出现战略重视度不足、规划不合理、未与业务融合、缺乏持续调优四大问题。要想解决上述问题，房企不能就数字化谈数字化，而需要对意识、组织、方法三个层面进行变革。

第一，意识上，要将品质数字化提升到企业战略高度。企业管理层要形成品质数字化的战略共识，通过决策支持、资源支持、业务参与的方法推动数字化转型方案落地。企业部门与员工要从传统领域思维模式转向数字化思维模式，与技术团队共同实现业务与数字化的融合落地。

第二，组织上，为了推动数字化转型，房企需要根据自身特点，设置适配的数字化团队。另外，随着数字化转型的推进，房企不仅可以借助数字化解决原有科层组织存在的效率、能力问题，还有可能因为数字化发现新的业务，建立新的组织。

第三，方法上，数字化转型按照全局规划、分步兑现、评估调优三步推动。首先，房企需要对品质数字化发展愿景进行描绘，并依据愿景绘制品质数字化发展蓝图。其次，在上述蓝图的基础上，房企要对不同模块推进条件进行识别，从而形成数字化转型路线图，实现分步兑现。最后，在数字化落地后，房企对落地系统进行评估，以此决定是否进行系统优化或数字化蓝图的迭代。

除了上述方法，本章还提供了不同专业领域的数字化转型实践，通过数字化转型方法＋数字化转型实践为房企品质数字化转型落地提供帮助。

第六章

变革路径：不同房企如何实践品质力变革

行业进入黑铁时代，精修内功是所有房企穿越周期的重要突破口之一。不过，由于房企发展阶段并不相同，其业务基础、管理颗粒度自然存在较大差别，需要修炼的内功也就不同。房企不能追求全面精深，而需要找到适合自己的变革路径。本章我们以房企规模、管理发展成熟度为分类依据，划分规模型、成长型两类房企，将客户驱动、管理驱动、技术驱动、数字驱动作为理论基础，梳理规模型、成长型房企变革需求，形成针对性的变革路径，以供同类房企参考。

第一节
变革路径蓝图：战略、组织、业务、品牌

在前文，我们分别就四大驱动做了梳理，从中可以发现，实现四大驱动的方法论均包含战略、组织、业务变革，并且由于房企价值链协同需要，不同驱动的战略、组织、业务变革并非孤立存在。因此，我们在实现四大驱动的方法论基础上，基于不同房企的管理特点和发展愿景，探索房企整体、系统的变革路径。具体变革路径图如图6-1所示。

其中，战略变革、组织变革、业务变革、品牌变革是房企变革路径的四条主线。

一、战略变革

行业底层逻辑发生变化，房企要跟上行业节奏，实现周期穿越甚至弯道超车，就需要在发展方向上做出匹配底层逻辑变化的调整。因此，战略变革是房企变革路径的第一步，也是其他变革主线的基本纲领。房企战略变革主要包括经营增长模式、投资布局方式、产品战略、服务战略、数字化战略五个方面。从整个行业来看，在经营增长模式上，房企需要从土地和杠杆外部驱动模式回归内部经营本质，通过经营降本、提质、增效来实现增长；在投资布局方式上，房企需要量入为出，合理布局，做好区域深耕；同时，房企需要提高对品质相关战略的重

视程度,比如产品战略、服务战略、数字化战略。

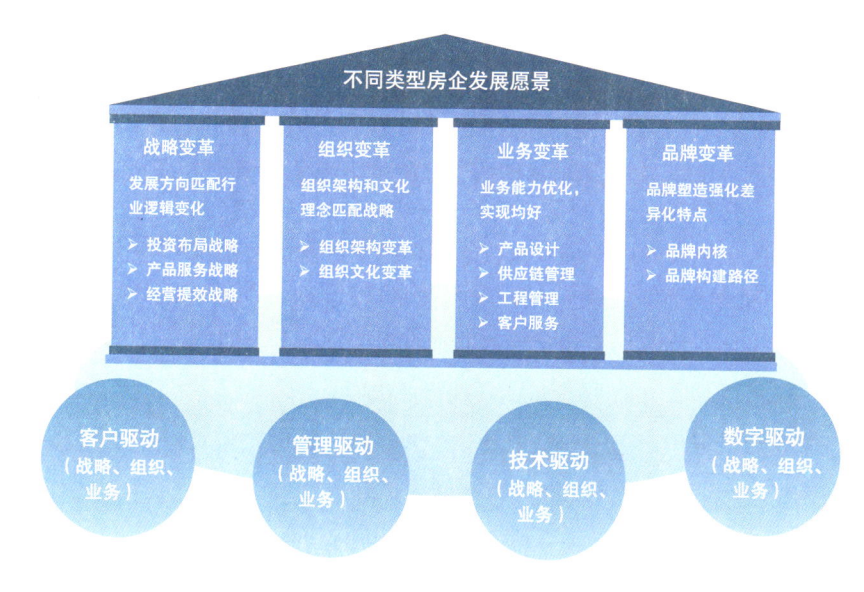

```
                    不同类型房企发展愿景

    战略变革           组织变革           业务变革           品牌变革
  发展方向匹配行     组织架构和文化     业务能力优化,     品牌塑造强化差
   业逻辑变化       理念匹配战略      实现均好         异化特点
  ➢ 投资布局战略    ➢ 组织架构变革    ➢ 产品设计       ➢ 品牌内核
  ➢ 产品服务战略    ➢ 组织文化变革    ➢ 供应链管理     ➢ 品牌构建路径
  ➢ 经营提效战略                    ➢ 工程管理
                                  ➢ 客户服务

   客户驱动         管理驱动         技术驱动         数字驱动
  (战略、组织、    (战略、组织、    (战略、组织、    (战略、组织、
     业务)           业务)           业务)           业务)
```

图6-1 变革路径图

二、组织变革

组织变革包括组织架构变革与组织文化变革两个维度。首先,提升组织架构效能。作为承接战略和开展业务者,员工与其所在组织决定了战略的响应速度和效果。过去,企业规模快速扩张,多元化业务竞相上马,导致大部分房企出现组织臃肿、管理分散、发展不均衡的问题。因此,组织效率提升、能力提升是房企组织变革的关键。

其次,建立品质力相关组织文化。战略、组织、业务变革在推动中极可能面临组织阻碍、员工抗性等问题,而作为软性管理方式,文化能够帮助房企统一共识、弥合分歧,达成最终变革目标。当前,行业需要重振客户为先、产品为先、品质为先的文化理念,并且在企业中实现文化真正落地。

三、业务变革

战略重心向内部经营转移对房企提出了更高要求,与品质相关的业务如产品、供应链、工程、服务亟须优化调整。过去，业务短板可以被土地红利、资本红利弥补，但当增长方式改变后，业务短板对经营的影响凸显。因此，房企要减少业务短板，放大优势，实现均好。

四、品牌变革

战略转向也促使品牌塑造方式转变。在规模扩张时期，房企倾向沉淀雄厚的品牌形象，同质化现象比较严重。随着流量时代到来，品牌营销进一步向细分化、差异化发展，当前房企的品牌塑造则更强调企业的鲜明特点，以特点为品牌内核，梳理形成品牌IP传播，从而实现行业出圈。

以上是从行业看四条主线发展趋势，而在规模型房企和成长型房企不同发展愿景的指引下，四条主线的变革会有不同侧重点。

第二节
规模型房企变革路径

一、房企特点与存在问题

1. 房企特点：企业规模大、体系成熟、全国知名

（1）企业规模大

规模型房企基本上处于行业TOP50以内，销售额在千亿级以上，市场占有率较高，布局区域广泛。

（2）体系成熟

规模型房企发展久，基本上已建立起完整的品质管理体系和部门协同机制，包括产品研发流程、产品线与产品系标准、设计流程与标准、工程管理体系、质量管理标准、风险控制标准、客户服务体系与标准等，管理标准化程度较高。

（3）全国知名

规模型房企基本上为头部房企，同时具备管理先进、实力雄厚、全国布局、项

目数量多等要素，在行业以及社会中拥有高知名度，但社会并不一定认可其品质水平。

2.存在问题

作为土地驱动和资金驱动时期的最大受益者，规模型房企在进入黑铁时代后，一方面需要实现已有业务增长动能向管理和品质转变，另一方面则需要积极寻找新的增长机会。这对于规模庞大且已形成经营管理定势的企业而言无疑是一次重构。经过梳理，我们认为规模型房企在转型初期需要聚焦以下四个方面的问题进行变革。

（1）增长模式：未摆脱高周转惯性

在行业集中度加速攀升背景下，规模型房企通过"投资轮动＋高周转"方式促进规模扩张以提高市占率。投资轮动是指在踩准城市发展节奏和政策风向的基础上，大举投资某一区域或某个城市能级的土地。高周转即基于投资轮动策略，实现土地的快速开发与资金回笼以投入下一个项目。这种模式要求企业具备强大的现金流，一旦高速发展期结束，蕴藏风险爆发的可能性极大。

当行业利润开始下滑后，一些规模型房企确实对增长模式进行了反思。由于企业经营对高周转模式依赖严重，短时间内难以扭转，模式转换成本过高，在反思过后，规模型房企实际上并未摆脱高周转的经营惯性。但从行业集中度发展趋势来看（见图6-2），2021年TOP10、TOP50、TOP100、TOP200房企的销售金额分别约占TOP500房企销售金额的30%、65%、83%、92%，相较2020年数据而言，行业集中度趋势下滑，行业高速集中期已过，房企需尽早转换增长模式。

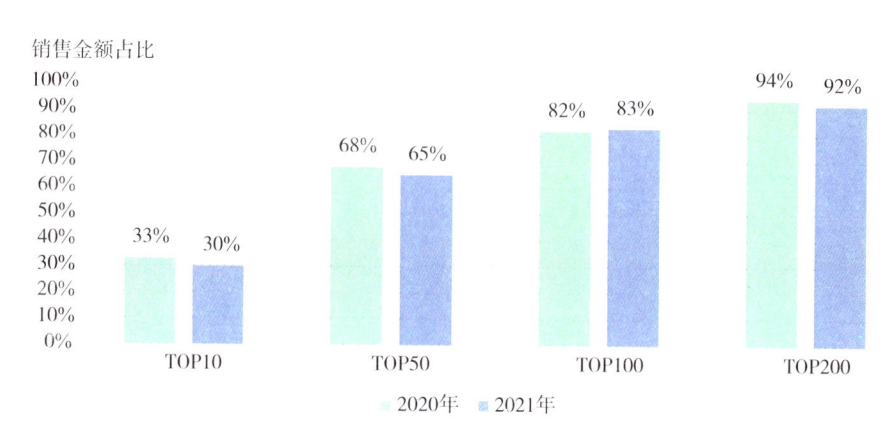

图6-2 2021年行业集中度趋势分析

（2）组织能力：纵向低效、横向受阻、组织效能难以进一步提升

首先，纵向组织架构庞大低效。规模型房企基本上为总部、区域公司、城市公司三级管理体系。总部容易出现组织结构臃肿的情况，而区域和城市公司则容易出现设置过多、管理分散等问题。部门内部则存在层级过多、扁平化不足、人员安排不合理等问题。

其次，横向组织架构协同受阻。由于按照专业职能进行组织设计，在品质管理中需要高度协同的专业职能之间存在部门墙，协同受阻。比如，有些房企总部分设了设计管理中心、客户服务中心（包含研究与服务职能）、工程管理中心、成本管理中心、采购管理中心等，受到部门权责和管理边界的限制，在实际业务中很难实现品质管理的良好统筹。

（3）业务管理：内部视角为主、创新不足、数字驱动处于探索阶段

首先，业务运作以内部视角为主，难以保证品质底线。长期以来，规模型房企强调保证现金流、高速周转，因此在实际业务开展时，往往以内部经营视角为主，品质为经营目标让步。

其次，业务创新不足，无法为地产增长创造新动能。在地产主业上，产品、设计、工程建造等多个层面创新不足，比如：产品上，客户研究与产品研发很难摆脱原有体系制约，研发探索较为浅层；设计与工程建造上，BIM 等先进技术处于探索阶段，新建造技术应用还有待提升。多元产业发展不足，多元化业务并未与地产主业形成良好联动，赋能主业有限。

最后，数字驱动处于探索阶段。大部分规模型房企仅仅完成了数据生态打通，并没有实现智能驱动和数字决策，智能化工具和数据驱动工具在地产领域的应用还处于起步探索阶段。

（4）品牌打造：品牌缺乏品质内核、未在客户心中树立口碑

相较于其他房企，规模型房企的品牌建设较为成熟，有相对完整的品牌成果，并且品质与客户中心理念在品牌中也有所体现。但是由于品质管控疏漏，部分规模型房企时常发生质量问题，品质导向的品牌内核在现实中缺乏实际支撑，并未在客户心中树立口碑。

二、品质变革路径：战略转型、组织聚变、业务创新、品牌优化

规模型房企的当务之急是转变增长模式，在坚持主业基本盘的基础上，寻找新增长点以实现利润的提升。为实现上述变革需求，如表6-1所示，一些标杆规模型房企已经转变了发展思路，以促进企业转型。

表6-1 部分标杆房企2020—2022年战略概览

企业	2020年	2021年	2022年
招商蛇口	（1）总体定位：将2020年定位为资管年，基于产业数字化新标兵的战略要求，全面践行综合发展理念，努力变成综合发展头部企业 （2）业态发展方向：地产业务更加注重盈利能力，酒店、商业、公寓经营由被动转为主动，在片区开发上发挥园区建设方面天然的资源优势 （3）投资战略：深化一城一策的研究，深耕一、二线核心城市，适当布局强三线城市，产城联动、港城联动获取优质土地 （4）业务战略：更加强调客户为本，就开发业务而言，从产品设计、建造、销售到物业服务，都要围绕客户来展开 （5）组织战略：深化组织结构，重点建设轻重分离，打造一体化的组织管理体系	（1）总体定位：稳中求进，追求有质量、有利润的增长，不追求粗放的增长，通过利润掘金夯实行业地位 （2）业态发展方向：地产业务持续关注盈利。持有型物业实现总部做强、区域做实、项目做优。园区业务、产融发展业务实现做精做优 （3）投资战略：聚焦资源获取，特别重视权益比例的提升，通过综合发展模式获取大量优质的土地 （4）业务战略：在产品与服务战略上，开展"一城一模板2.0"，精益求精，持续狠抓产品品质，做优品牌，并以客户为中心，提升服务品质；在数字化战略上，基于数据治理、数据化系统线上化，打造基于数字化的经营赋能生态圈 （5）组织战略：持续优化组织管控，强化持有型业务的专业化垂直管理。持续提升组织效能，针对做得差的区域，会考虑关闭，针对做得差的城市总，会考虑调整	（1）总体定位：三个转变方向，即从开发为主向开发经营并重转变，从重资产为主向轻重结合转变，从同质化竞争向差异化发展转变。基于三个转变方向，优化资源配置、存货结构和业务组合，推动科技创新及产业转型，充分发挥公司在资源融资等方面的优势，实现公司高质量的良性发展 （2）业态发展方向：地产业务重品质、提服务，提升盈利能力，持续做优持有型物业和园区业务、产融业务 （3）业务战略：在产品与服务战略上，基于重品质和提服务两个层面，夯实工程管理体系，系统提升工程品质，强化交付管理，进一步提高客户满意度，提升产品竞争力；继续加快推进数字化建设，以经营看得清和提升客户服务水平为核心助力公司转型发展；将绿色低碳纳入公司"十四五"规划

(续表)

企业	2020年	2021年	2022年
万科	（1）总体定位：以客户为中心，以现金流为基础，合伙奋斗，持续创造更多真实价值，实现有质量发展，聚焦产品和服务 （2）业态发展方向：巩固提升地产基本盘，落实精益运营，坚持城乡建设与生活服务商的既定战略，围绕房地产领域拓展多元业态跑道 （3）投资战略：以城市发展和人口导向为主，进行投资布局 （4）业务战略：要求全面综合的竞争能力，提高竞争维度，聚焦产品和服务，结合数字时代助力业务发展 （5）组织战略：组织减脂增肌和活血，事能匹配，做成对应的事要匹配相应的人	（1）总体定位：坚持做好实体经济的生力军，巩固提升地产基本盘，打造客户愿意买单的好产品、好服务，创造真实价值 （2）业态发展方向：坚持开发业务和经营业务并重，从全品类、全周期的角度出发，巩固综合住宅开发和服务能力，提升项目各业态的协同，实现项目全周期的价值最大化 （3）投资战略：坚持稳健经营，提升资源转化效率，加快回款速度，量入为出，保障流动性安全，争取年内回归绿档，继续巩固信用评级的优势 （4）业务战略：在产品服务战略上，抓住客户需求，积极创新，打造好产品、好服务；在数字化战略上，坚持科技助力业务，落实人工智能审图的全覆盖，线上线下购房融合 （5）组织战略：提升业务协同，组织要适配业务协同要求和战略发展需要	（1）总体定位：实现止跌企稳，稳中提升 （2）业态发展方向：开发与经营并重，地产主业依旧有机会，仍是万科的主要业务，经营各赛道提前布局，形成协同效应 （3）投资战略：经营上转换新发展模式，保证自身发展安全 （4）业务战略：集团一盘棋，统筹管理开发经营业务。首先，做好产品标准的贯彻和产品的建设，实现单个项目的优点向批量的优势转化，使得客户感知度、获得感提升，项目具备统一性和品牌形象。其次，细化项目分类分级管理能力，大型复杂项目是业务管理的重中之重，实现建成产品与运营的均好 （5）组织战略：组织能力优化，实现各分公司业务能力的拉平

(续表)

企业	2020年	2021年	2022年
保利发展	（1）总体定位：把握市场的窗口，保持销售规模不下降，更注重现金流的管理，加强对销售回笼，特别是权益回笼的管理 （2）业态发展方向：地产主业保持行业头部地位，规模保持行业平均速度增长。推动两翼产业的高质量发展，一是加速两翼产业的规模化和市场化发展，二是深化两翼产业的机制改革，为两翼产业发展制定市场化的发展机制 （3）投资战略：坚持核心城市跟重点城市群的深耕，保持适当的投资强度，积极把握拓展机会，进一步发挥企业的优势和央企的优势，通过旧改、合作并购等方式补充优质资源 （4）业务战略：地产主业坚持普通住宅为主，打造安全健康、适老适幼、空间符合的全生命周期产品	（1）总体定位：坚持一主两翼战略，增强公司发展定力 （2）投资战略：完善投资研判体系，加强城市研判，保持合理的投资节奏，聚焦核心城市和重点城市的重点区域 （3）业务战略：主动创新变革，坚持战略引领，加强总部的业务整合，聚焦提升投资力、运营力、产品力和品牌力。另外，促进物业、酒店、公寓等相关产业发展，为主业赋能 （4）组织战略：做强总部赋能一线，实行扁平高效的两级管理架构	（1）业态发展方向：首先，地产主业调整增长模式，聚焦挖掘结构性机会。其次，相关产业要提升资产的运营能力，重点在租赁性业务上发力，积极践行国家战略，体现央企的责任担当，物业管理、销售代理等业务要继续维持行业第一梯队的市场地位，进一步构建基于社区消费、城镇全域化管理的大服务体系，借助信息化、数字化工具，挖掘增值服务的盈利空间 （2）投资战略：进一步巩固华东、华南两个业绩基本盘，提高在国家中心城市的市场份额，积极寻求在中部、西南、海西等区域的业绩增量，持续保持公司的经营业绩稳定，持续以现金流管理提升效率为导向，增强公司抵御市场波动的能力 （3）业务战略：在产品与服务战略上，进行产品品牌服务标准化体系再升级，全面提升公司的产品力、销售力和服务力，保持并扩大公司的相对优势，同时完善信息化、数字化工具为业务赋能 （4）组织战略：坚持扁平高效的组织架构，在核心区域继续实施子公司组织裂变，让决策链条直达一线。通过两个共享中心的成立，进一步发挥集约化管理优势。在企业文化建设上，结合新的时代特征以及企业发展战略需要，全面梳理公司的企业使命、愿景和核心价值观，塑造员工价值认同，进一步激发公司改革发展的动力

依据上文对规模型房企存在问题的分析和对标杆房企变革的总结，我们可以得出规模型房企的品质变革路径为战略转型、组织聚变、业务创新、品牌优化。

1. 战略转型：聚焦长期主义，做强主业，做优副业

（1）总体方向：短期到长期、规模到质量

首先，短期到长期。在政策收紧后，短期规模扩张战略存在巨大风险。规模型房企体量庞大，更应该立足于长期主义来思考战略，如果当前房企战略模式存在的隐患将影响未来存亡，那么房企就需要调整方向，避免风险产生。

其次，规模到质量。过去行业处于快速集中期，规模型房企考量的是如何提升横向的市场占有率。存量市场考验的是房企在下沉市场和细分市场的经营能力，因此，规模型房企的战略从规模导向转为质量和经营导向。

（2）地产主业：精细管理、能力提升、做强主业

从地产主业发展来看，规模型房企需要改变相对粗放的管理方式，借鉴制造业经验，探索出符合地产特点的精益化管理方式，以产品和服务为核心竞争要素，提升投资能力、运营能力、专业能力、组织效力，做强主业。

（3）多元业态：聚焦关联板块，适度瘦身，实现协同

从多元业态发展来看，规模型房企的多元化业务布局要回归地产关联产业，实现多元板块与地产主业的协同效应。对于探索之后商业效益不达预期、资本评级低、对集团依赖性过大的板块，房企要进行适度瘦身。

2. 组织聚变：组织架构聚合提效，促品质文化观落地

（1）组织架构聚合提效、精总部、强区域、优协同

为解决效率下降、协同受阻、资源错配等大企业组织通病，规模型房企需要在原有组织框架下，进行组织聚合、精简，从而实现"大象轻盈起舞"。

①纵向组织架构：控层级、精总部、强区域及城市

首先，控层级。组织层级的多少影响着集团内部信息的流动与决策的传达。为了实现组织信息快速传递，在不影响组织效率的情况下，规模型房企需要尽量保证企业组织层级的扁平化，能做到两个层级就不设置三个层级，能做到三个层级就不设置四个层级。

其次，精总部。集团总部要定位为战略指挥中心与业务赋能中心，减少务虚

职能部门与岗位的设置，更多思考如何为业务做实事；在人员编制上，保持相对固定、精简的人员规模，不通过人员扩张而是通过人才升级来实现总部能力的提升。

最后，强区域及城市。规模型房企需要对现有区域公司及城市公司进行整合和优化，做到合理布局、资源优化。整合标准是市场弱、能力弱的区域公司及城市公司进行合并，强化能力，以使资源向能力强的区域公司及城市公司集中。

②横向部门协同：各职能一盘棋，优化协同

对于横向的专业职能部门，根据业务关联度和协同紧密度，进行业务条线之间的拉通，实现专业职能一盘棋，解决管理分散、协同不畅所导致的经营问题和品质问题，比如实现研发生产交付一体化、产供销存一体化、投融建管退一体化等。

（2）与业务融会贯通，促品质文化观真正落地

在增长模式的转换期，良好的文化可使战略落地和管理提升事半功倍。当前，规模型房企的现状是建立了以客户为中心、以产品为基础的品质文化观，但在执行上，文化和实际做法两张皮的情况普遍存在。因此，规模型房企一方面需要管理层躬身入局，做好牵头和宣传工作，以品质文化观为行事准则，另一方面则需要总部建立机制，促使一线员工从学习领悟到将品质文化与业务融会贯通，从而实现品质文化观的真正落地。

3. 业务创新：产品、服务、工程、供应链积极创新

落到实际业务上，规模型房企需要认识到一个事实，即当企业处于行业头部的体量层级时，企业做深、做细业务只能维持当前业绩水平，要真正实现业绩突破，则需要实现业务持续创新。对于当前的地产行业而言，业务创新主要聚焦产品规划、工程管理、供应链管理、客户服务四个领域。

（1）产品规划：响应细分客需、产品优化升级

房地产市场经过多年的发展，已经基本满足居民的居住需求，住宅需求分化趋势逐渐明确，包括改善型住房需求提升、Z世代住房偏好细分等，这需要房企快速调整和创新进行响应（见表6-2）。在这一变化中，规模型房企的最大优势是基本建立了客户细分体系和产品体系，创新研究的基础扎实。在现有基础上，房企首先需要优化客户细分体系，通过更贴合客户生活场景的研究手段，动态获取

不同目标客群在不同区域的住宅需求；其次则需要根据细分客需，在已有产品的基础上打造全新产品体系，满足不同群体的差异化需求。

表6-2 2021年规模型房企产品升级动作

企业	产品升级动作
绿城中国	面向传统、现代和未来三个维度进行产品创新。(1)城市院子基于对中国传统哲思的继承与发扬，在高层和叠拼产品中引入多样的院子形态。(2)社区中央车站从当前社区痛点着手，重构了社区空间体系，完美诠释了城市和社区之间及社区和邻里之间的开放性、交互性和共享性。(3)无界公寓通过结构创想，解放了住宅的平面功能、立面边界、户内视野和底层公区，通过绿色智慧科技的融入，进一步提升了居住的舒适性和人性化。发布绿城"如意宅"，形成美好生活600+的场景和解决方案；未来的生活服务将实现精准化、属地化、科技化三大升级
招商蛇口	发布"25小时健康生活家"全新理念，从时间、空间、温度三大维度，引导当代健康住宅产品力的升级与创新
保利发展	创新五大产品，打造更独立的"共居"关系、更温情的公区设计、更细节的微气候场景设计、更适老化的空间规划、更人性化的精装策略
碧桂园	发布"星、府、云、天"四大全新产品系和碧桂园家圆服务体系

（2）工程管理：精益化、价值化的工程体系更新

建造过程即产品规划的落地产出过程，在这个过程中，质量是底线要求，质量、进度、成本均好则是更为高阶的要求。当前规模型房企的工程管理情况尽管仍存在些许问题，但总体上看质量底线管理水平要远高于行业水平。因此，规模型房企需要在此基础上实现进阶，将工程管理要求提升到更高阶的精益化、价值化要求上。

精益化，指的是站在经营角度，通过管理升维、技术更新来实现质量、进度、成本的均好。其中，管理升维要求规模型房企的工程部门站在经营全局视角和价值链协同需求的基础上，对现阶段工程管理标准、人才胜任力模型进行优化升级，同时强化落地执行机制，以保证升级标准的落地。为实现质量、进度、成本的均好，除管理升维之外，技术更新必不可免。规模型房企有相对充足的资金预算、严谨的管理体系、一定的高精尖人才，能够全面研究和落地新技术、新工艺、新材料以及新设备，在自身降本增效提质的同时，也能推动行业进步。

价值化，指的是站在客户角度，审视工程管理，为客户创造价值，向客户传

递价值。在传统工程管理模式下，工程部门普遍缺乏客户需求的洞察能力。在客户对品质要求提升的背景下，工程部门也需要从后端走向前端，基于客户需求来审视工程管理，在管理过程中为客户创造价值，再通过各种手段向客户传递价值，提升客户对于房企匠心建造的认同感。

（3）供应链管理：供应链管理内化，与供方共创共建

综合其他行业的供应链管理水平来看，我们可以发现整个房地产业的供应链管理处于相对粗放的阶段，行业头部的规模型房企也处于战略集采和供方关系管理持续发展时期。实际上，由于其行业地位和资源占有情况，规模型房企具备主导供应链的条件。从长远来看，规模型房企将供应链纳入内部管理体系，与供方实现共创共建，可挖掘出新的增长点。

首先，将供应链纳入内部管理体系。规模型房企将战略合作供方的经营监督纳入自身的供方管理体系，对供方经营策略、组织人效、生产过程进行问题发掘，并提出建议，督促改善。这种变革可以为规模型房企提供两方面好处：一方面，通过监督供方经营过程，改善供方生产供货过程，从而保证供货时间与质量；另一方面，借助对供应商经营模式梳理，找出成本优化点，帮助供方降低成本，从而实现自身降本目标。

其次，与供方实现共创共建，创造业绩新增长点。对于长期合作、技术领先的优秀供方，规模型房企在做好供方管理的基础上，探索合作新模式，包括：共同建立建研中心，研究新材料、新技术，降低成本，提高质量；基金创投，对发展前景良好的供方进行投资，获取收益回报；公司入股，对发展前景良好、技术能力突出、管理能力较好的供方进行投资入股，作为多元业态板块拓展的一部分，创造业绩新增长点。

（4）客户服务：客户关系管理进化为客户经营

从社会全行业发展情况来看，房地产业的客服职能虽然发展时间久，但发展水平却并没有名列前茅。金融、快消制造业等行业的客服体系已进入客户经营阶段，关注重点已从提升客户体验转为提升客户价值。但在房地产业，大部分规模型房企处于客户关系管理阶段，小部分则处于客户关系管理向客户经营发展阶段。事实上，客户对客服的感知并不是单一地站在地产行业进行比较的，而是基于所有行业对自身服务进行比较的。因此，规模型房企在客服职能上，要实现向客户经营阶段的转变，包括客户价值挖掘、增强客户体验两个维度。

客户价值挖掘，即在打通客户链的基础上，获取客户特征及需求，并对这些信息进行深度挖掘分析，得出有规律的价值体系。增强客户体验，即在客户价值体系基础上，梳理出客户体验旅程，整合出各种服务产品，比如社区增值、社群活动等，通过种种客户体验产品来获取收益转化。

4. 品牌优化：基于品质内核，建立品牌 IP 矩阵

品牌价值和企业割裂、客户无感知是当前规模型房企品牌建设面临的问题。随着品牌传播方式的改变，这一问题将得到解决。区别于过往传统媒体的品牌推广方案，随着移动互联网渗透，品牌传播已经转变为内容传播和流量传播。在这种情况下，规模型房企要实现客户心智的占领，就必须转变传统的品牌打造思维。

规模型房企可在明确品牌品质内核的基础上，挖掘各个业态、各个价值链阶段、各个专业条线品质管理与品牌的价值契合点，形成细分的全业态、全链路品牌矩阵，比如客研 IP、产品 IP、工程管理 IP、建研 IP、绿色科技 IP、社群服务 IP 等。规模型房企要以品牌矩阵为核心纽带，在服务过程中，使客户感受到品牌所传递的品质内涵以及核心价值观，从而产生深层次的情感共鸣。

第三节
成长型房企变革路径

一、房企特点与存在问题

1. 房企特点：区域深耕、"人治"模式、特色不凸显

成长型房企并不是行业规模化发展阶段的受益者，受资金能力、融资能力和风险控制能力的限制，这类企业没有能力进行大规模拿地和大规模开发，往往优先聚焦本地市场发展，这反而构筑了区域深耕的护城河。

（1）区域深耕，单城覆盖

由于资金杠杆、管理能力有限，无法像规模型房企一样实现快速规模扩张，因此，成长型房企的拿地区域基本集中在大本营的主要城市，或者少数其他关联

区域的核心城市，通过占领单个城市的方式，实现本地区项目集中推广，提高声量和社会反响，在当地客户群体中树立了一定口碑。

（2）串行开发，"人治"模式为主

大多数成长型房企过往以串行开发为主，依靠优秀管理层及员工，比如项目总、工程经理、工程师等的经验积累，从而拥有对单个项目精雕细琢的能力。随着项目规模量级增加，成长型房企的项目并行管理短板逐渐凸显。

（3）单方面精耕细作，未做好客户转化，特色不凸显

成长型房企与竞争对手向市场呈现的成果差异较小，无论是产品规划设计、施工技术体系还是客户服务内容等都没有体现出企业自身的差异化特色。

2. 存在问题

从上述特点可以看出，成长型房企普遍管理成熟度不高，企业经营相对脆弱。一旦出现区域市场变化或管理层变动问题，这类房企的生存就极容易受到影响。新周期下，做细主业、区域深耕是行业发展趋势，而成长型房企要实现突破，则需要基于这一趋势，解决"小而美"的伴生问题。基于成长型房企发展现状与特点，我们总结出战略、组织、业务、品牌四个层面的问题。

（1）战略规划：战略为短期利益让位，定力不足

不同于规模型房企的职业经理人管理体系，大部分成长型房企由家族式企业发展而来，体系化弱，内部权责不清晰，因此极易出现战略为短期利益让位、定力不足的情况。这主要表现在三个方面：第一，战略认知不足，认为需要先谋生存，再谋发展，因此仅设计当年的短期目标，不思考未来3~5年的长期规划；第二，战略规划受到管理层个人意识影响，缺乏科学性和严谨性；第三，战略规划执行容易退缩，一些房企为了减少单城、单区域的经营风险，选择布局其他城市，但一旦经受挫折就退缩，导致战略规划成为一纸空文。在上述情形下，成长型房企尽管获取了短期利益，但无法实现进一步发展，一旦市场变化便极易产生经营危机。

（2）组织能力：总部管理压力大，专业协同效率低

①组织能力错配，总部管理压力大

一般而言，成长型房企的组织架构为总部—城市公司—项目。在具体工作时，由于能力错配问题，城市公司管理能力薄弱，总部管理压力大。

首先，城市公司管理能力薄弱主要表现在两个方面。第一，不同城市公司之间能力不均衡。受到资源配置、人员素养的影响，成长型房企的城市公司的强弱差别很大，这导致客户口碑两极化，影响了房企品质形象的输出，所以一些能力弱的城市公司需要借助总部专业力量进行重大项目操盘，避免风险产生。第二，城市公司内部的不同项目之间存在差别。一般而言，城市公司资源有限，而大多数城市公司并未将制度化、数字化的管理模式落地，导致出现单个项目极为优秀，但其他项目客户反馈一般的情况。

其次，总部管理压力大。由于城市公司的业务能力不足，总部各业务条线会参与实际项目监控甚至项目运作，比如为了保证项目质量，总部需要花费大量人力，进行多次巡检。在这种情况下，战略决策、标准制定与推动等顶层设计工作就需要增加人员来解决，导致总部人员不断增多。

②**专业协同效率低**

从横向的专业职能来看，成长型房企主要存在两个问题。

品质相关业务割裂在不同部门。例如产品研发与客户研究紧密相关，但在组织设计上，部分房企却将产品研发职能设置在设计中心一级架构之下，将客户研究职能设置在营销中心一级架构之下，导致业务协同跨部门，无法紧密合作。

品质管理职能的组织重要度不足，品质监督工作开展困难。比如客服职能设置在运营中心之下，运营中心首先保证的是项目进度和利润指标，客服履行代客户监督职能时，只能为指标让步。

由于上述这种割裂和重要度不足问题，成长型房企在产品打造、项目建设时往往出现职责不清、资源拖延、协同不足的问题。

（3）**业务管理：依赖"人治"模式，无法形成普遍能力**

在业务管理上，成长型房企更多是追随效仿标杆房企的管理模式。但由于业务基础不同，这些管理模式大多数在成长型房企出现水土不服的情况，使得成长型房企回归"人治"，无法依靠"法治"实现业务能力的普遍提升。基于客户、管理、技术、数字四大驱动，当前成长型房企在业务管理上存在以下问题：

①**客户：客研能力不足，需求挖掘浅层，产品未实现差异化**

成长型房企已建立相对完整的区域客群结构，对核心客群的常规居住需求有一定了解，能够通过自己的精耕细作来获取客户口碑。但是这些成果是基于成长型房企的多年深耕经验，而不是严谨的客户研究体系和专业的客户研究能力。这种情况会导致两方面问题：一方面，成长型房企对深度客需挖掘不足，掌握需求较为浅层，难以打造差异化产品与服务满足客户；另一方面，由于缺乏体系化的客户研究能力，成长型房企如果进入新拓区域，很难把握新区域的客群需求。

②管理：工程、采购未形成体系化管理，亟须升级

成长型房企在体系化建设上相对落后，亟须由"人治"向"法治"升级。我们从工程管理、采购管理两个维度进行分析。首先，在工程管理上，成长型房企并没有实现工程管理体系的标准化。相对来说，成长型房企的工程计划标准化较为成熟，而关键节点的风险管控标准化、施工质量管理的标准化并不完善，这些问题往往需要工程技术人员与管理人员凭借经验进行识别，但由于精力有限，一旦项目操盘数量增多，就容易出问题。其次，在采购管理上，大部分成长型房企启动集采或战采不久，总部推动难度大，集采或战采合约在区域或项目上执行率较低。在供方管理上，过去成长型房企长期合作少量区域供方，供方评价较为主观，随着项目数量增多和规模扩张，成长型房企势必要引进更为优质的供方，供方管理机制不足将影响到供方的有效管理与长远培育。

③技术：新技术应用保守，往往临时上马

新技术应用受到技术缺陷、成本风险、市场接受度风险、建造风险、管理风险等因素的限制。管理能力弱、专业人才少、资金面并不充裕的成长型房企，对新技术、新工艺、新设备的应用相对谨慎。因此，成长型房企极少主动研究新技术可行性方案，比如基本原理、应用方法、成本数据等，当国家颁布强制性政策要求时，成长型房企只能临时上马，导致问题重重。

④数字：业务场景割裂，数字化与实际应用两张皮

在数字化建设上，成长型房企有一定信息化建设基础。早期以管控为主要目的，成长型房企上线了一系列业务管理系统。但由于各系统是不同阶段、不同供应商分别建设的，因此，成长型房企并未实现业务场景线上化。各业务内部、业务条线之间的线上业务场景割裂，导致数字化与实际业务应用两张皮，数字化对业务管理提升不足。

（4）品牌塑造：品牌意识不足，品牌打造未"出圈"

品牌理念的重要度逐渐提升，而成长型房企呈现两种不同情况。一部分成长型房企缺乏品牌打造意识，它们满足于自身在深耕区域的销售水平与影响力，并没有意识到品牌对营销和企业长远发展的助力。另一部分房企则开始着手品牌塑

造工作，但从呈现成果来看，仅仅参照标杆房企的品牌打造方式，会导致品牌理念与自身实际情况不符合，品牌未在客户、行业层面"出圈"。

二、品质变革路径：战略重视、夯实基础、彰显优势、品牌塑造

基于问题分析，我们认为成长型房企要实现发展，首先需要重视战略规划，推动战略规划真正落地，在对标标杆的基础上，量体裁衣地推动业务标准能力建设，在标准中挖掘企业差异性并转化为价值，以构建能与规模型房企竞争的实力。如表6-3所示，当前一些成长型房企已经开始着手调整发展方向，以期实现市场突围。

表6-3　部分成长型房企2022年战略概览

企业	2022年发展方向
东原集团	（1）总体定位：坚持长期主义经营理念，保证交付与品质，保持稳健经营 （2）业态发展方向：发展房地产+多元化经营的模式，拓展商业、物业、建设等产业链横向延伸业务，提高风险防范能力 （3）业务战略：快速应对市场调整经营策略，努力回款保障现金流安全，确保不发生流动性风险。在市场环境及公司实际经营稳定情况下持续深耕战略，坚持以客户为导向，专注品质与服务，关注用户体验，进一步提升产品力，强化品牌竞争优势
海成集团	（1）总体定位：提质增效、防控风险、精细管理、稳健发展，做有区域影响力的企业 （2）业务战略：分为产品、服务、采购、项目管理四个维度。第一，产品维度，在客户敏感点上积极投入、提供更高品质、更好服务的产品。第二，服务维度，从客户关注点出发，强化全员客户意识，构建"客户满意第一"的服务文化。第三，采购维度，通过两费控制、战略集采、简化流程实现降本增效。第四，项目管理维度，一盘一策制定具体操盘策略，赋能项目总，夯实项目总责权利匹配，支撑项目"做一成一" （3）组织战略：驱动组织扁平化、高效化。总部要做强、定目标、定原则、定标准，做好管控与服务，及时纠偏；城市公司要做实，发挥项目总监作用，做好执行落地
儒辰集团	（1）总体定位：回归企业经营本质属性，稳中求进 （2）业态发展方向：协同发展"建安、物业、建材"，构建齐头并进的良好态势 （3）投资战略：稳中求进，小步快跑。守住山东大市场，稳定长三角投资寻找机会 （4）业务战略：分为产品、服务、品牌三个维度。在产品上，坚持品质为王，筑牢集团产品优化、品质提升的基础。在服务和品牌上，进一步提升客户满意度和品牌美誉度

(续表)

企业	2022年发展方向
天地源地产	（1）总体定位：固本强基，创新发展 （2）业态发展方向：以精品住宅为基础业务，以智慧服务、文旅、产业、商业地产为成长业务，以精装修、智能化、房地产经纪为协同业务，以科技为创新业务，构筑"1+4+3+X"业务组合，形成系统化竞争优势 （3）投资战略：在确保资金链安全的前提下，筛选经济基础好、人口净流入、出清周期短的城市，通过招拍挂、收并购、股权合作等方式，找准时机，精准出击，获取优质土地资源 （4）业务战略：产品质量和服务品质取得突破，更加关注客户敏感点，注重节能和智能化产品的选用，推进产品标准化的实施和产品化应用，更加关注、关心、关怀业主的感受，再造物业服务流程体系，提高服务标准

根据成长型房企存在问题，结合上述成长型房企变革思路，我们将成长型房企的品质变革路径归纳为战略重视、夯实基础、彰显优势、品牌塑造四个方面。

1.战略重视：找对城市，构建中长期的稳步增长战略

战略是企业发展之舵，为了在多变的市场环境中获取未来的胜利，成长型房企需要选择对的城市进行布局，将城市做熟、做透，以城市为维度，少量且有步骤地推动外拓，以获取抵抗规模型房企的缓冲空间。为避免城市布局战略为短期利益让步，如图6-3所示，房企需要建立科学合理的战略研究方法，制定中长期战略，并通过战略复盘机制来监督其真正落地执行。

1 加强市场研究	2 制定中长期战略	3 战略复盘调整
综合全国市场环境、本地市场环境、地产政策、本地客户需求、房企案例研究。	依据研究，确定房企愿景、发展目标、业务规划、布局城市。	基于过去目标达成成果、外部条件变化、存在风险进行战略调整。

图6-3 成长型房企战略规划三步法

首先，加强市场研究。城市的选择考验房企的研判能力，成长型房企需要建立起科学的城市研判体系。通过对全国经济情况、人口产业资源、客户需求、房

地产政策变化、标杆房企案例等的综合性分析，制定既适合企业现状又符合未来发展趋势的城市布局战略。

其次，制定中长期战略，通过战略复盘机制跟踪并及时调整。在市场研究的基础上，成长型房企确定包括房企愿景、发展目标、业务规划、布局城市在内的中长期战略，拟定入驻城市清单，推动战略落地。在规划的执行过程中，成长型房企应建立复盘机制，监督战略落地情况，并根据战略成果、风险底线、外部变化，敏捷地进行中长期战略的调整与优化。

2. 夯实基础：强组织、强文化、建标准、数字化

面对不确定的市场环境，房企之间竞争加剧，高质量发展是广大房企的必然选择。为此，相对于规模型房企，成长型房企首先需要夯实业务基础，通过推动业务建章建制、组织变革、文化变革和数字化变革来赋能管理，从而实现从"人治"到"法治"。

（1）强组织：做强总部管理，做实城市业务，提升部门协同

①做强总部管理，做实城市业务

基于稳步增长战略规划，成长型房企可基本维持两级或两级半的组织架构，但不同层级的职责和能力需要做调整，以实现合理配置。

首先，总部精简，做强管理。成长型房企总部要从事务型总部向管理型总部发展，一方面做好战略制定与落地、标准制定与落地的工作，为全公司确定目标与标准原则，另一方面则需要跳脱全程监督、实际参与项目的模式，在业务上以"专业规范＋专家"形式为城市公司与项目赋能，在管理上选择合适的第三方评估公司协助监督管理。

其次，强化城市公司专业能力，做实城市业务。在标准体系上，加强总部标准在城市公司的落地，推动标准体系的属地化。在能力构建上，搭建城市公司当地人才体系，培养更多的优秀项目总与专业人员。

②选取职能合并，驱动业务高效协同

就横向职能而言，成长型房企需要基于自身品质管理重心，对同一类型的品质管理职能进行合并，并且将其上升到一级重要等级，从而提升职能之间的协同。比如重点专注研发、设计、建造阶段，可通过成立产品建造中心，将研发、设计、建造纳入其中，进行统筹管理。

（2）强文化：建立统一品质文化共识

成长型房企处于品质文化建设的关键时期，正是树立高质量发展的正确文化观，打好品质文化基础的最佳阶段，需要在全集团建立起统一的品质文化共识：首先，从总部层面明确品质文化观和价值观并推动公司上下认可，包括客户观、产品观、员工观等；其次，营造氛围，以品质文化观和价值观为基础构建员工行为准则，并将其融入业务机制，作为日常工作的评判标准。

（3）建标准：推动业务标准化，打造可复制能力

成长型房企处于单项目、少项目向多项目发展的成长时期，业务标准化建设的重要性凸显。但由于成长型房企所处阶段、业务基础与规模型房企截然不同，因此，成长型房企的标准化建设不能贪多、贪全，而应该在读懂标杆房企标准化建设的基础上，结合自身发展量体裁衣，实现标准化建设的点状突破，由点及线，由线及面，随着房企的成长发展最终形成全面的标准化体系。在本阶段，成长型房企的业务管理重心在于厘清总部与项目之间的资源分配、职能分工，打造可复制能力，从而实现所有项目质量可控。因此，采购管理、工程管理的点状标准化建设是成长型房企的重点。

①采购管理：建立全过程供方履约评价机制，筛选优秀合作伙伴

当前，供应链已成为房企竞争力的重要组成要素，成长型房企也需要打造自身供应链，包括单纯采买向策略采购转变、供方主观管理向客观管理转变两个方面。

首先，单纯采买向策略采购转变。成长型房企需要站在降本增效提质目标的价值贡献角度，划分甲供材、乙供材类型，设计集采、战采、分散采购的策略组合方案，并根据企业发展阶段进行及时调整，在方案落地时，做好集采或战采监督。

其次，供方主观管理向客观管理转变。成长型房企需要健全供方"选用育留"全周期管理机制，在供方评估上抓全流程、量化两大要素，针对履约前、中、后对供方进行数据化评价，实现对供方能力的客观评价，以便及时优化更新供方资源结构。

②工程管理：聚焦施工过程检查，逐步推动全周期质量管理

历经多个优秀项目之后，成长型房企已经具备实现标准化的能力，但如果要构建"横到边、纵到底"的全面标准化体系，依旧难度较大。因此，推动模块标准化管理机制建设，对于成长型房企而言更具备适配性。成长型房企如果最初比较难推动事前—事中—事后全过程质量管控，那么可先将重点放在过程检查的标

准化上，建立过程检查—专项检查—交付评估三层标准检查体系，在过程检查中沉淀的缺陷问题数据，经梳理后可为前置管理提供基础和依据，从而推动前置管理标准化。

（4）数字化：业务在线化、数据共享化

各业务割裂、数据不共享极大地影响了房企品质管理的效果。因此，成长型房企需要站在品质管理全局视角，优化数字化规划，一方面推动品质管理核心业务场景在线的覆盖，另一方面推动已有业务系统打通、统一数据管理标准，实现各专业条线的数据共享。

3. 彰显优势：基于客户价值，做精产品，推动产品科技升级

除了夯实基础，成长型房企要想与规模型房企竞争，在市场中占据一席之地，就需要基于客户价值，做精产品，推动产品科技升级，从而打破产品同质化困局，突出自身差异化竞争力。

（1）产品服务：增强客研能力、聚焦细分客群、做精产品与服务

相对于规模型房企，成长型房企项目规模小，而项目规模小的特点使得成长型房企可以充分实现个性化与差异化。成长型房企可以通过建立客户研究体系，找准城市客群，洞察客户需求，精简产品线布局，做精产品与服务。

首先，建立客户研究体系。为了解决外拓城市客户研究的能力问题，成长型房企首先需要构建起精准、高效的客户研究体系，通过标准体系来指导城市公司开展客户研究业务。

其次，找准城市客群，洞察客户需求，精简产品线布局。基于客户研究体系，城市公司构建属地化的城市细分客群体系，聚焦核心客群，深挖客群需求，精准定位产品，精简产品线布局。

最后，做精产品与服务。根据客群需求，成长型房企可以在既是客户敏感点又是房企强项的部分，强化产品设计的实用性、合理性、完善性，强化设备设施的新颖性、高效性，打造客户感知强、具备企业特色的产品，形成产品壁垒。在服务上，基于深度理解区域客户，成长型房企可以构建针对不同定位、不同阶段业务的全周期差异化服务体系，从而提升业主口碑，并将口碑转化为竞争力。

（2）科技升级：基于客户价值，实现绿色化、预制化、智慧化升级

当前，健康化、科技化的生活方式正在成为主流人居需求。成长型房企需要

基于客户需求，及时实现产品绿色化、预制化、智慧化升级。成长型房企可选取经过验证的住宅智慧化、预制化等技术，在综合考量成本、技术能力、管理风险、质量提升情况的基础上，通过选择试点、小步推进、逐步实现全面应用的方法，实现产品的科技升级。

4. 品牌塑造：打造标杆，树立品牌，转化特色 IP

不同于规模型房企，成长型房企的品牌基础较弱，且能够为品牌打造投入的资源也有限，因此，它们不可能在短期内通过全方位、高频度、大范围宣发实现品牌认知的占领。我们认为成长型房企要打造品牌，可以通过打造标杆、树立品牌、转化特色 IP 三步来实现。

第一阶段，打造标杆。成长型房企具备掌握区域资源的巨大优势，在品牌构建初期，成长型房企可选取重点项目，投入最优资源以保证项目定位精准且具备特色、品质，从而打造出区域级标杆项目，如图 6-4 所示。

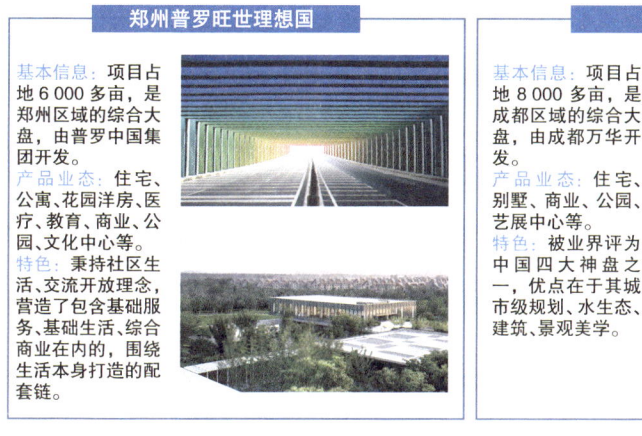

郑州普罗旺世理想国	成都麓湖
基本信息：项目占地 6 000 多亩，是郑州区域的综合大盘，由普罗中国集团开发。 **产品业态**：住宅、公寓、花园洋房、医疗、教育、商业、公园、文化中心等。 **特色**：秉持社区生活、交流开放理念，营造了包含基础服务、基础生活、综合商业在内的、围绕生活本身打造的配套链。	**基本信息**：项目占地 8 000 多亩，是成都区域的综合大盘，由成都万华开发。 **产品业态**：住宅、别墅、商业、公园、艺展中心等。 **特色**：被业界评为中国四大神盘之一，优点在于其城市级规划、水生态、建筑、景观美学。

图 6-4　区域标杆项目示例

第二阶段，树立品牌。在打造多个区域标杆项目后，配合成长型房企自身机制体系的完善，形成统一化、标准化的产品服务、价值理念等内容实现对外输出，为企业品牌造势。

第三阶段，转化特色 IP。为了使企业品牌更加生动突出，易于被客户接受，成长型房企可提炼产品、服务优势，有针对性地打造为 IP，以 IP 植入各项营销活动、社群活动、社区服务，使企业品牌日渐深入人心。

第四节
房企变革案例

前三节我们详细分析了规模型房企与成长型房企的经营特点、存在问题以及对应的变革路径。本节将分别选取规模型房企的优秀代表绿城中国、成长型房企的优秀代表东原集团和永威置业，以案例分析的形式探索它们的品质发展模式。

一、规模型房企案例：绿城中国，从品质特长生到全面优等生

2021年地产行业陷入急风骤雨，绿城中国（以下简称绿城）则显得从容不迫。如图6-5所示，2021年绿城以销售额TOP10房企增速第一、目标完成率113.2%、优秀客户满意度与品牌口碑实现了逆势增长，向社会交付了一份优秀的答卷。绿城能够取得如此优秀的成绩，并非一日之功，而是三年前的规划布局所结出的硕果。

图6-5 绿城2021年业绩表现

1. 发展历程：历经两大时期，品质始终为基因内核

如图 6-6 所示，绿城的发展之路可分为宋卫平时期和中交时期两个阶段，但优秀的产品品质和独特的产品美学是绿城的基因内核，贯穿绿城发展始终，因此，绿城长期被行业称为房地产品质特长生。

```
        中交入驻
   01        02            03
宋卫平时期   探索期         调整期
(1995—2015年)(2016—2018年)(2019年—2021年)
```

- 1996年：多个优质项目面市，奠定了"品质第一"的绿城价值观导向。
- 2001年：形成《桂花城批判》自我批判书本并下发给员工，成为绿城品质之路的里程碑。
- 2006年：绿城在香港联交所挂牌上市。
- 2015年：中交集团成为单一最大股东。

- 2017年：绿城优化组织结构，形成"一体五翼"的格局。
- 2018年：确立"品质为先，兼顾其他"的发展战略，确定2019—2021年三年规划。

- 2019年：多元拿地，提速增效，进行产品标准化、产业化、科技化和环保化的"四化建设"。
- 2020年：更新战略规划，形成战略规划2025的1299战略体系。
- 2021年：实现市场逆势增长。

图 6-6　绿城发展阶段

（1）宋卫平时期：塑造品质与美学兼顾的文化基因

1995—2015 年为宋卫平时期。在成立之初，绿城仅仅是扎根杭州的区域型房企，但随着金桂花园、银桂花园、月桂花园、绿城·桂花城等精品项目的面市，绿城逐渐占据浙江乃至全国的品牌房企地位，品质美学声誉响彻业界。绿城的成就离不开其创始人宋卫平的坚持，带有浓郁文人气息的宋卫平对建筑的美学与品质极为执着。行业中倡导品质的房企其实并不止绿城一家，但在纯粹的美学与品质上，并没有一家像绿城这么出色。正是因为完美平衡了审美与品质，绿城才迎合了富裕阶层的强烈渴望，从而在住宅开发上占据独特地位。

（2）中交时期：品质为先，兼顾其他

2016 年至今为中交时期。随着规模扩大、业态增多，绿城的财务与管理问题显现。在历经绿城与融创合作后，最终中交收购绿城股份成为第一大股东，绿城进入中交时期。在经历 2016—2018 年的探索期后，绿城提出了"品质为先，兼

顾其他"的战略方向，再次确定了绿城的品质定位，并确定了2019—2021年三年规划，对绿城存在的短板进行调整，狠抓内功，实现由"特长生"向"有特长的全面优等生"的转变。2022年伊始，绿城先后召开了产品管控开年工作会和满意度提升专项工作会议，确定了持续改革改进、提升产品品质的"一号工程"和把客户满意度纳入考核体系的"一号标准"，将产品品质和客户满意度确定为绿城的头等大事。

2. 转型举措：调整战略，锻长板、补短板

仔细研读绿城2019—2021年三年规划、战略规划2025的总体思路，我们可以发现绿城的转型举措为锻长板、补短板。

（1）锻长板：持续锻造五力

绿城的长项在于其对产品与服务品质的高要求，作为企业的基石，绿城持续对产品、营造、服务、品牌、数字五力进行锻造。

①产品力：以客研为导向不断迭代优质产品

产品力是绿城的立企之本。聚焦客户需求，以客研为导向，迭代能够满足客户需求的优质产品是绿城产品力的锻造方向。具体锻造举措包括以下三项。

第一，建立满足客户全生活场景需求的多维度、可持续的产品谱系。基于客户全生活场景需求，绿城持续推进产品的升级演变，逐渐形成多维度、立体化、可持续的"绿城匠造"产品谱系。如图6-7所示，绿城产品谱系包含8大产品系列、22个产品品类、22种产品风格，不同产品谱系均形成了相关的标准化成果，成为绿城产品力的重要依托。

第二，基于迭代需求，不断创新产品。绿城把客户需求分为两大类，即外在和内在，表现在产品设计上，绿城将其提炼为三大方向——美学、性能、智慧。如图6-8所示，基于三大方向，在"前置创新"的战略引领下，绿城研发设计中心逐渐完善了专项创新、标杆创新、属地创新的"研发一代、应用一代、储备一代"的创新体系，力争一年创新、两年落地、三年复制。2021年，绿城实现了23个创新项目落地，以"生活有温度"为创新计划，形成36项前置创新成果，走出了一条以设计为先导，多条线协同推进体系化、常态化的道路。

图6-7 绿城产品谱系

以标杆创新的"转角芯生"为例,"转角芯生"是绿城2019年创新研发的"社区·芯空间"的2.0版（见图6-9），脱胎于1.0版本的"社区·芯空间"。2.0版本在保留主入口和次入口的芯·港湾和芯·驿站的基础上，从《清明上河图》中提取出9个新的空间片段，对整个小区界面进行了串联，将以往认知中的社区围墙升级为一个可游、可玩、可商的城市活力带，更是一个连接邻里和城市、重建美好的纽带。

第三，除了产品创新，绿城还不断推进建筑、景观、精装、智能化等领域的研发，通过"四化建设"（标准化、产业化、科技化、环保化）实现技术进步和产业升级。

②营造力：材料品质把控、推广日式管理

除了产品，绿城对产品品质的锻造还体现在产品建造过程的管理能力上。

首先，材料供应链打通和品质把控。绿城从供应商选择、材料选型、材料验收与检测三个方面进行材料品质的把控。

第一，供应商选择。绿城对供应商设置了"绿名单"和"黑名单"，总分不低于90分的供应商进入绿名单，总分低于60分的供应商则进入黑名单备选。在

美学创新 | 性能创新 | 智慧创新

专项创新 | 标杆创新 | 属地创新

> 外立面创新专项
聚焦末风宅院，江南民居的风格，提炼出几百种建筑细节。

新末风立面
汲取末式建筑美学精髓，从台基、屋身、屋顶，细部到4个系统入手，通过现代材料和工艺，演绎末风美学。

> 户型创新专项
高能效创新户型、九零后创新户型、三胎家庭创新户型等。

高能效户型
聚焦主卧大空间小集约、弹性可变、复合公区、入口洞游、憧憬阳台打破传统空间隔阂等六大模块，全通式复合公区打破传统空间隔阂，重构亲情生活场景。

> 智慧创新专项
户型创新+家居智能化，提炼出智能化生活场景。

智慧体育模块
设置手工业会所、架空层、生活馆，配套商业等，为各年龄阶段的业主提供快捷、舒适、智能化的健身空间。

▶ 绿色建筑标杆——"生机之宅"
以"绿色低碳、生态宜居"为价值主张，聚焦物低碳与心理健康。

生机之宅
打造绿色低碳宜居的典范
大胆释放前后的邻里交往空间，通过地形、局部打开地库、通过楼幕墙实现内外联通，实现场外空间切入室内，营造四季可变的花园。

▶ 社区共享与服务标杆——"转角新生"
"社区中央车站"创新产品，在入口基础上，增加多重的归家体验，将园区服务体系外延到整个街区。

生活街角
唤起熟人邻里社会的回归
这里将亲热闹的商业、休憩聊天的重量院子、烟治美有的花廊、开放园寄、充足书屋、浪漫的街心花园等，不光是邻里共同的精神角落，也是城市中平凡日常的一盏明灯。

▶ 属地创新——"林盘"合院
针对年轻化的川渝中产人群，以"得花园得天下"为切入点，创新产品通过"林盘"合院研发符合属地人群生活方式。

西南林盘合院
针对年轻化的川渝中产人群，以院为景营造轻松随性的生活方式，邻居在楼上递下一声"打麻将啵！"，聚在一起就是这么简单。

图6-8 绿城产品创新体系

进行供应商选择时，绿城优先选择绿名单中的供方。

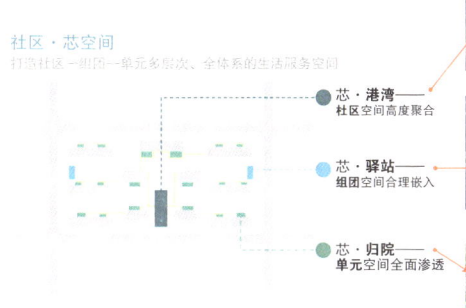

社区·芯空间
打造社区一组多元多层次、全体系的生活服务空间

- **芯·港湾** 社区空间高度聚合
- **芯·驿站** 组团空间合理嵌入
- **芯·归院** 单元空间全面渗透

长沙南湖48号地块项目芯·港湾下沉式庭院示意图

芯·港湾以社区主入口为设计主体，由中央车站、城市花园、物流中心、社区聚院共同组成，从传统的二维平面拓展到了三维立体空间，人车分流，交通有序，同时一站式解决业主多种使用场景。

丽水桂语兰庭次入口社区驿站示意图

芯·驿站是传统社区次入口的激活与升级，由室外林荫小院和室内社区驿站、城市驿站组成，希望补充对外交通和社区服务功能，让业主更方便、更安全、更省心。

舟山如心小镇"芯·归院"鸣朝翮风雨连廊实景图

芯·归院由共享庭院、邻里客厅和归家大堂共同组成，配合分级门禁系统与绿城5G服务体系，芯·归院把单元入户空间打造成一个楼栋专属的邻里社交空间。

图6-9 绿城"转角芯生"创新

第二，材料选型。材料选型是保证施工质量和效率的关键。因此，如图6-10所示，绿城制定了材料选型的八大原则，从材料的地域性、材料规格型号要求、材料的适用性、新材料选择的严谨性等各个角度做了特别说明。

❶ **系统思维**
从市场资源、设计、成本、施工和维护等方面出发系统选用。

❷ **关注材料地域性、相容性和成品保护**
属地政府和规范标准要求，环境气候。

❸ **不同材料不同关注点**
比如室内装修关注环保健康等。

❹ **明确规格、型号、性能等技术指标**
确定质量要求采用的产品标准名称和优先顺序。

❺ **审慎选择建筑新材料**
每一次新材料的应用往往能使建筑发生根本性的改变。

❻ **审慎选用模仿类材料**
比如在首层用仿石涂料代替石材。

❼ **政府规定的禁止或限制使用的材料设备、材料特殊许可与标识**
人防、消防、3C节能标识应满足要求。

❽ **材料的适用性**
性能、成本、数量、交货期和服务满足要求。

图6-10 绿城材料选型八大原则

第三，材料验收与检测。为保证材料品质，绿城在原有第三方检测品控的基础上，创建了自有检测中心——绿品实验室，进一步深化材料品控管理机制。2020年，绿城更是以绿品实验室为依托，组建品控专项小组，主要负责材料入库前考察、重点材料工厂"飞检"、材料入库后复试、项目材料"飞检"、"货不对板"检查、交付前的空气质量检测等。

其次，推广日式管理。为了掌控品质，绿城曾多次赴日本对日本建筑行业发展状况、日式工程管理制度等进行考察和学习，总结了一套《日式管理工程实施标准》，详细明确了日式管理的实施标准与要求：从会议体系到场内着装要求，从场地安全准则到可视化管理，以及工地的垃圾分类管理、地下室整顿制度等30多项"硬核"标准，每一项又再次精细分类、明晰要求。2021年，绿城更是实现了从日式管理到绿城特色的"绿式"工程管理的升级，形成了"3+3+N"工程巡查管控体系，在建设过程和交付阶段实现对项目的全方位管控。

③服务力：高质多维服务，提升客户感知度

客户满意度是绿城的"一号标准"，为提升服务价值，绿城形成了大客服、5G"心"服务的多维度服务体系。

首先，打造以提升客户满意度为中心的大客服体系，如图6-11所示，围绕产品和业主本身，整合五大服务模块职能，以客户敏感点为中心，聚焦12项触点提升，夯实产品和服务基础，提升客户满意度。

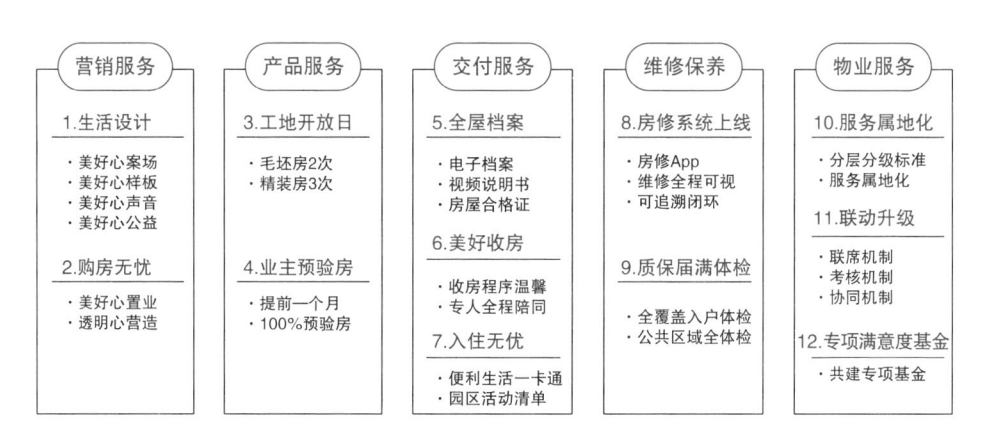

图6-11 绿城大客服体系

其次，5G"心"服务是以园区生活服务体系为基础，构建的全新生活服务2.0体系（见图6-12），从G-HOUSE、G-LINK、G-BOX、G-SPACE、G-CLUB五大维度，为业主提供全生命周期服务的高端生活体验。

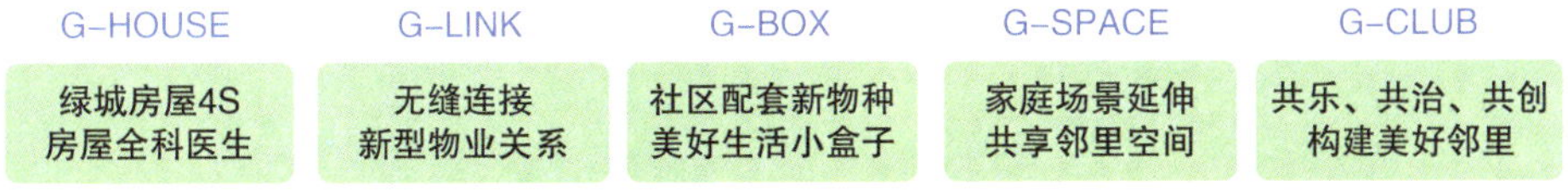

G-HOUSE	G-LINK	G-BOX	G-SPACE	G-CLUB
绿城房屋4S 房屋全科医生	无缝连接 新型物业关系	社区配套新物种 美好生活小盒子	家庭场景延伸 共享邻里空间	共乐、共治、共创 构建美好邻里

图 6-12　绿城 5G"心"服务

④品牌力：以品质为核心，构建品牌族谱

2020 年，绿城为提升核心竞争力，将以品质锻造品牌、以品牌驱动品质纳入了核心战略。基于上述战略，绿城对市值品牌、雇主品牌、服务品牌、业务品牌（包括重资产、轻资产、绿城+的品牌与 IP）进行梳理和完善，构建起完整的品牌族谱。在品牌族谱的基础上，绿城梳理并搭建品牌价值关键触点线路图，一方面厘清品牌触点的风险点，管控项目缺陷，提高品质，另一方面则厘清品牌触点的价值点，以实现更好的品牌传播。

⑤数字力：持续投入，数字化协助管理提升

面对常态化的调控，要想进一步提升产品竞争力，数字化的支持必不可少。绿城在对已有的产品信息化体系进行分析后发现，由于业务数据跨中心交圈堵塞，线上业务循环不畅，面临协同效率瓶颈，难以支撑产品战略目标的实现。针对上述痛点，绿城对产品数字化系统进行全局规划，提出了产品数字化"11343"业务蓝图（见图 6-13）。

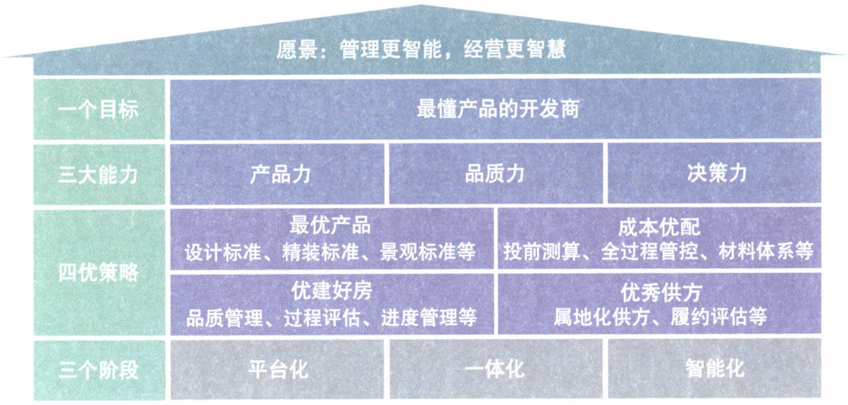

	愿景：管理更智能，经营更智慧		
一个目标	最懂产品的开发商		
三大能力	产品力	品质力	决策力
四优策略	最优产品 设计标准、精装标准、景观标准等 || 成本优配 投前测算、全过程管控、材料体系等	
	优建好房 品质管理、过程评估、进度管理等 || 优秀供方 属地化供方、履约评估等	
三个阶段	平台化	一体化	智能化

图 6-13　绿城产品数字化"11343"业务蓝图

产品数字化整体建设蓝图（见图 6-14）从三个方面入手建设——以统一业务

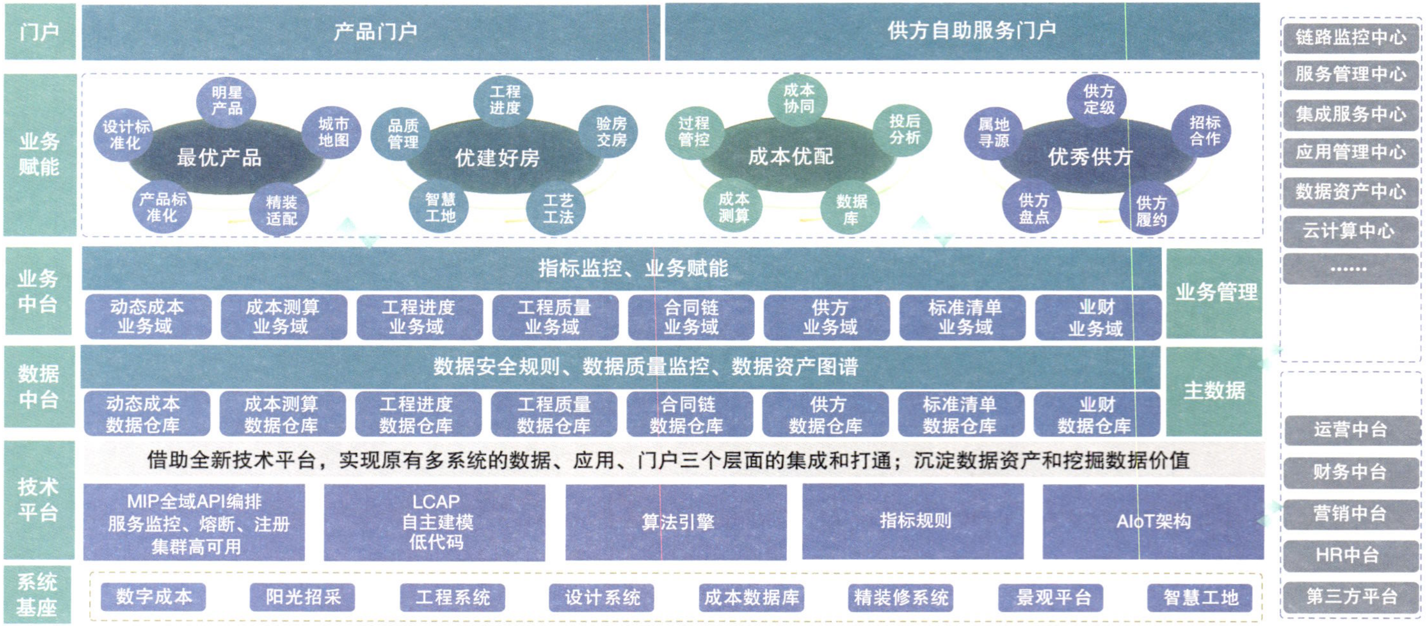

图 6-14 绿城产品数字化整体建设蓝图

注：MIP 指移动 IP，API 指应用程序编程接口，LCAP 指低代码的应用平台。

入口、场景在线为核心的业务中台，以标准产品口径重造的数据中台以及稳定、安全、可拓展的技术平台，构建有效支撑产品力提升的数字化体系。

在具体业务上，产品数字化包括产品门户、成本中心、合同中心、供方中心、工程中心。

产品门户以数字大屏、中屏的形式，向管理层披露产品建造过程中的采购计划执行情况、成本及目标利润率等核心数据，便于管理层监控产品质量与项目建设情况。

成本中心实现多部门项目年度预算、资金计划的协同编制，跟进全成本的动态变化，沉淀利润管理类、建造成本类、资金类、内部考核类成本数据，按照产品系列进行成本对比和投入产出分析。

合同中心实现包括非建造类合同在内的全合同管理，建立合同过程管控红绿灯机制，对合同执行风险进行及时预警，沉淀合同执行、履约数据，按合同类别、供方、执行情况进行比对，比如合同闭口统计、合同无效成本、合同与合约对比等。

供方中心匹配各业务线供方注册、供方管理与供方评估，赋能全过程评价落地，沉淀数据，按供方类别、属地化、招标类型进行比对，比如属地化供方盘点、招标执行对比、招标进度对比。

如图6-15所示，为提升效率、严控品质，绿城携手明源云链搭建了"智慧工程管控平台"，实现管理可视化、业务在线化，推进工程管理的有效落地。首先，在管理可视化上，管理层通过智能大屏，能清楚地查看全国各项目进度、质量、安全等数据，监控异常风险。其次，在业务在线化上，项目现场工作开展如材料验收、工序移交、巡检评估等，都可以利用信息化工具与业务相结合，为一线赋能。

（2）补短板：优化组织、改善布局、提升效率

绿城的短板主要存在于公司投资经营层面，包括治理结构不合理、投资布局重心分散、项目运营周期过长、精细化管理不足、组织人效不高、债务结构不合理等，而这些问题背后隐藏着经营风险，一旦行业风向变化则有可能爆发危机。绿城在行业转折之前意识到了自身短板并及时进行了调整，改善举措包括优化组织、改善布局、提升效率。

图 6-15　智慧工程管控平台

① **优化组织**

随着企业规模扩大和业务板块增多，原有的简单组织架构已不能满足绿城业务发展的需要。中交入股后，基于轻重并举、分级分类、资源整合的原则，绿城组织架构实现了体系化。

轻重并举，指的是基于轻、重资产分类进行组织架构划分，包括集团和子公司两个层面。如图6-16所示，子公司层面划分重资产板块公司及管理集团、生活集团、科技集团等轻资产板块公司。集团层面则设立七大中心+特色房产事业部、小镇事业部、金融事业部、商管事业部进行统一管理与指导。

分类分级，指的是根据子公司的发展规模和发展成熟度，给予不同的管理权限，从而提高子公司自主性。

资源整合，指的是根据业绩发展情况，进行区域子公司的局部优化，对优秀区域做拆分和精细化管控，对弱势区域做合并，实现资源的整合与优化。

图 6-16 绿城组织架构

② 改善布局

在调整之前，绿城城市研究不足，投资布局不合理，三、四线城市库存积压明显。基于上述问题，绿城加大了城市研究能力建设，在布局上聚焦一、二线城市，降低三、四线城市比例，实现入驻城市的深耕和精细化管控。

③ 提升效率

针对项目周期长、人效低、成本高的问题，绿城通过强化管理、人才优化等举措，推动整体运营效率和人效的提升。

尽管实现了逆势增长，但面对多变的外部环境与市场趋势，绿城仍然保持危机感。2022 年，绿城在认清形势、应对考验、精准发力、全面起跑的工作思路引导下，着力强化品相、品质、品位、品牌、品行、品格，实现"有质量发展"向"全品质、高质量"的可持续发展路线转型。

二、成长型房企案例：东原集团，坚持长期主义，将品质特长发挥到极致

近年来，随着房地产业竞争逐渐激烈，不少房企开启了以快速规模化实现市场占领的竞争策略。面对激烈的竞争和同质化产品市场情况，东原集团（以下简称东原）成功地走出了一条以特色产品力制胜的道路，获得了客户高度认可。

第六章　变革路径：不同房企如何实践品质力变革　　393

1. 东原发展历程与发展理念

东原于 2004 年诞生在重庆，其母公司迪马股份是一家实力强劲的多元化上市实业公司。东原布局了包括地产开发、商业运营、物业服务在内的三大核心业务板块，经过不断发展，在产品锻造、商业运营、物业服务、社区运营上都收获颇丰，积累了良好的口碑和较高的市场份额。

与大多数房企扩大规模的经营理念不同，东原一开始就是一家坚持长期主义的房企，认为相较于经营规模，产品品质更为重要，企业要实现这两项的平衡。关注品质、关注长期发展是制造业母公司为东原烙下的特定企业文化与基因。

2. 突围举措：聚焦内功，将品质特长发挥到极致

基于长期主义的发展理念，东原一直坚持着稳步发展的发展战略，在投资布局上聚焦并深耕一、二线城市，基于政策和市场环境，保持较好的拿地节奏。在多元业务发展上，聚焦与地产主业相关并可以提升地产产品品质的商业与物业板块。在地产主业上，聚焦管理内功，将品质特长发挥到极致。

（1）产品打造：打造客户共创生活场景体系，实现共融共生

在长期发展中，东原认为自己不仅仅是城市的建造者，更应该是城市文化的探索者和传承者，因此，根据当地的"性格"，顺应属地文化脉络，实现建筑与城市的共融共生是东原的产品基因。基于客户价值导向的客户共创生活场景体系（见图 6-17），是东原产品力领先于市场的核心优势。

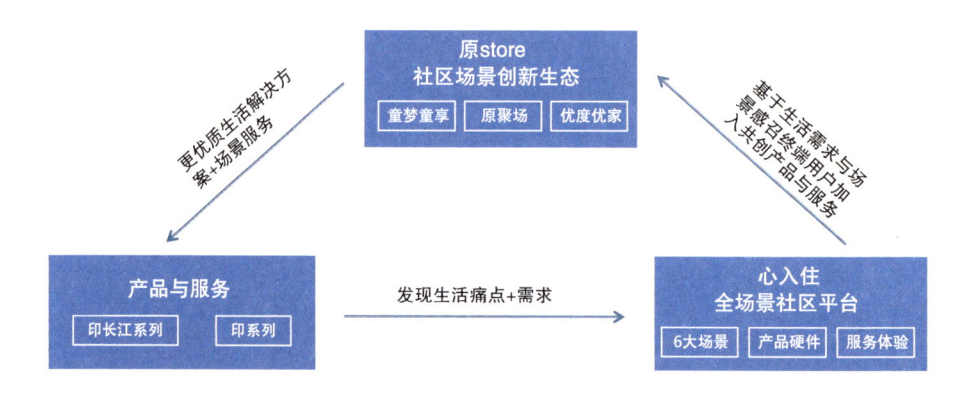

图 6-17　与客户共创生活场景体系

①**客户研究：全民产品官，倾听用户诉求**

东原非常重视客户研究，重视从需求端角度定义好产品。如图6-18所示，2021年，东原提出了"人人都是产品官"的产品与服务共创计划，通过内外共研来获取更真实的客户需求，从而优化产品。

图6-18 "人人都是产品官"共创计划

在外部，基于生活场景做客户调研。一方面，东原产品设计部门与营销客研部门协同进行相关定性定量研究，针对独立需求主题进行客户调研；另一方面，邀请业主参与产品文化活动，进行价值共创。

在内部，产品官协作共研。东原采取跨部门、跨职能协作的方式，以区域总为首席产品官，协同各个专业部门或其他事业部共同确定产品需求。

②**产品服务：特色化、差异化产品和服务体系**

在整合深耕城市的客户需求、特性后，东原通过项目经验的不断积累和沉淀，逐渐形成了具备东原特色的产品体系和服务体系，提升了自身差异化竞争力。

首先，聚焦不同客户需求的产品体系。东原的产品研发特点在于立面IP化、景观度假化、精装人性化，梳理形成"印长江"系列、"印"系列两大产品系。

如图6-19所示，"印长江"的典型特质是基于空间形制，结合高端客户的需求来设置对场景的要求和标准、社区配套的标准，可分为区域级、城市级两个等级，前者更为高端。

第六章 变革路径：不同房企如何实践品质力变革 395

图 6-19 "印长江"系列产品

如图 6-20 所示,在"印"系列产品中,东原除了关注客户独处空间、私立空间的打造,更关注客户日常的需求,所以整个社区的交互关系在"印"系列产品里相对更为强化。

图 6-20 "印"系列产品

卓越的产品力离不开创新。如图 6-21 所示，东原基于已有的产品基础，通过进行专项研究、成立建研基地、启动项目试点等举措来实现产品的创新迭代，保持产品特色的领先性。

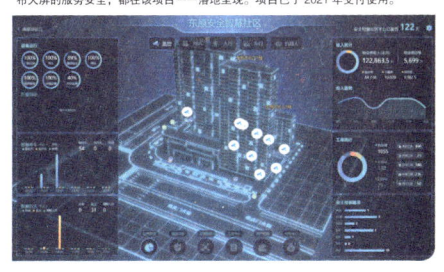

图 6-21 东原产品创新

其次，融合在地文化，构建持续信任的服务体系。如图 6-22 所示，东原基于在地客户的真实需求，已经构建从销售开始的全维度服务生态链，包括基础性服务、管理性服务、智能化服务、增值性服务四类。

服务1.0
搭建即时沟通反馈机制，保障业主的基础服务

服务2.0
通过服务升级、文化运营实现人与人、人与生活配套更有质量的连接

服务3.0
重视新型社区文化的构建，挖掘社区资源、外部资源，实现更有价值的众乐乐的社群生活

基础性服务	管理性服务	智能化服务	增值性服务
➢ 前介服务 ➢ 售场服务 ➢ 交付服务 ➢ 入住服务	➢ 客户视角服务标准 ➢ 管理视角全程监控 ➢ 四级巡检标准 ➢ 第三方多维度专业评估	➢ 智慧运营平台 ➢ 慧眼、慧联、慧行、慧管四大系统 ➢ 智慧社区平台	➢ 社区资产管理 ➢ 社区文化运营

图 6-22 东原全维度服务体系

③社区生态系统：社区生态与产品系结合

社区生态与产品系结合，为客户创造全龄优配社区生活是东原独特的竞争优

势（见图 6-23）。区别于其他房企更加关注产品，东原很早就开启了社区品牌的运营，将"童梦童享""原聚场""优度优家"等社区品牌植入"印"系列产品，获得了客户的高度认可。

（2）工程管理：精工建造、精益管理

当前行业在工程管理上普遍存在"轻技术、重管理"的现象，东原则认为匠心技术是工程管理的基础，精益管理必须由技术驱动为基石。

① "绿建、快建、智建"的精工建造体系

在通过对标制造业学习精益管理后，东原开始推行新一代精工建造体系，从高效、绿色、智慧三个方面进行全方位提升。

第一，绿建。在东原看来，好的产品首先要保障安全，然后是绿色、节能、环保。因此，东原绿建体系主要包括智慧工地平台、全面的现场管理标准升级以及面向业主的工地开放三个部分。首先，绿建体系的基础底座是智慧工地平台，通过智慧工地平台，东原可以远程监控每个项目现场的情况，随时掌握现场安全施工状况和现场环境问题。其次，全面的现场管理标准升级，配合智慧工地平台，东原升级了绿色文明施工、安全防护的现场管理标准，打造高标准项目施工现场。最后，面向业主的工地开放，则是在上述基础上将"标准化工地"进阶到"可以向准业主开放、展示的工地"，倒逼现场管理提升。

第二，快建。东原快建体系的核心在于通过科学的管理手段，并且应用新技术和工艺体系，在保证品质的基础上实现提速。在应用新技术和工艺体系上，东原并不冒进，而是更为强调适配性——根据产品类型、区域资源、区域政策支持等实际情况，有选择地应用推广。比如 PC 在华东地区的推广应用就要好于西部，这一方面得益于当地相关政策的支持，另一方面受益于华东地区 PC 产业链上丰富的供应商资源。

第三，智建。东原认为数字化是工程建造必不可少的辅助工具。因此，为了改善工程现场的管理、提高人均管理效能、改善供应商管理、保障精细化管理有效落地，东原与明源合作开发了智慧工程信息化系统，通过这一套系统实现标准制度落地、施工管理线上留痕、数据沉淀与分析，将管控动作让权监理，真正发挥监理作用。

②打造匠心文化，实现阶梯式提升

为保证"绿建、快建、智建"的精工建造体系在全集团落地，东原通过提炼匠心工程师文化观、系统化培训、树立标杆等手段营造匠心文化氛围，实现工程

图6-23 东原社区生态系统

第六章 变革路径：不同房企如何实践品质力变革

管理的阶梯式提升。

（3）供应链管理：供应链升级，实现降本提质

面对复杂的行业形势，东原在前几年就已经意识到供应链是房企变革的重要一环。作为一家母公司业务多元的企业，东原需要思考如何统筹多元业务板块的集采、材料管理、供方管理等业务，以实现长期的降本与质量的均衡发展。

①降本：拉通多元板块需求，最大化发挥集采效应

东原推动战采、集采时间比较早，从业务发展情况来看主要分为两个阶段。第一阶段，战采、集采的范围主要为地产板块内部，聚焦完善部品材料的分级适配和扩大集中采购品类两项工作。通过分级适配+集采的供应链变革，2020年上半年东原的集采覆盖率达到76.09%。第二阶段，战采、集采范围扩大到其他多元板块，进一步增加降本空间。为解决多元板块之间的管理壁垒，达成多板块集采的目的，东原选择搭建数字化集采管理平台，在线统筹整个迪马股份的集采需求，在资源整合之后，充分发挥规模优势，降低成本。

②提质：基于三端管理的全过程材料溯源

东原的"超级工厂"IP赢得了行业和客户的广泛认可，其成功离不开材料溯源的有力支撑。东原的材料溯源包括三端管理以及全过程溯源管理。

其中，三端指的是工厂端、现场端、展示端，在工厂端和现场端主要强调材料的实时监测和指标监控，在现场端则强调品质外化呈现，将材料品质从概念变成"看得见、摸得着、可追溯"的实际场景。

而为了实现全过程材料溯源，材料全过程线上化和场景化是最优解决方案。东原与明源一起建立了材料溯源系统，以追溯材料出厂、检测到安装的全路径记录，这样一来，材料从哪里来，经过几道检测，用在房屋的什么地方，都能看得一清二楚。

③长期发展：供方集中管理，优质资源长期共享

为实现长期供应链能力提升，东原从横向上打破了各业务板块之间的边界，对多板块供应商进行集中管理与培育，在优质供方长期共享的基础上，实现可持续发展的降本提质。同时，本着"携手并进，互惠共赢"的基本原则，东原多角度、多元化地推动"供应链—创新链—价值链"的递进式转变。

（4）品牌打造：优势转化为特色IP，与客户共鸣

在品牌建设上，不同于规模型房企强调打造统一品牌内核下品牌矩阵的做法，东原更加倾向于将自身优势抽象转化为 IP，通过 IP 实现与客户共鸣，从而推动东原品质理念深入人心。当前东原打造的 IP 包括社群 IP、工程管理 IP、产品 IP 三类。

①**产品 IP：现象级产品引爆，形成超级产品 IP**

类似于金茂府等标杆产品 IP，东原将"印长江"作为自身的超级产品 IP，强调"一座城市只有一座印长江"。在"印长江"面市之初，东原便通过多个城市产品与销售的双重突围，使其成为现象级产品，从而在客户心中打下了"印长江即品质"的烙印。

②**社群 IP：特色服务 IP 化，不断强化客户体验**

基于不同年龄、不同爱好的客群精神生活需求，东原通过梳理服务体系，形成了不同特色服务 IP，包括童梦童享、原聚场等。

如图 6-24 所示，童梦童享作为东原社区生态的起点，以儿童成长专属空间、儿童成长关怀系统、儿童服务标准为核心架构，通过对儿童成长全方位的呵护与关爱，满足四大年龄段儿童不同成长需求。

图 6-24 童梦童享社群 IP

原聚场则是国内首个社群实体空间，引进"生活型态提案店"的概念，围绕社交休闲、亲子教育、健康运动等六大主题创造内容，以社群方式链接客户（见图 6-25）。

原聚场创新引进"生活型态提案店"的概念，围绕"社交休闲、亲子教育、健康运动"等六大主题创造内容，将城市文化艺术生活带入社区。用社群创新的方式，让消失的亲近感和归属感，共同找回社区里消失的亲近感和归属感。

4℃小教室
退休的白教授是一名话剧爱好者，他正在给伙伴们分享话剧鉴赏经验。

周末影吧℃
小朋友们可以一起观看小猪佩奇和迪士尼动画，大人们也能聚在一起畅饮边看电影。

小剧场℃
社区的业主们在这里一起排练和表演舞台剧，还能举办各种剧场演出和大型活动。

休闲区℃
可以跟闺密朋友点一杯咖啡晒太阳，也可以拿个电脑办公。

3℃大教室
苏女士是在9#楼的业主，是瑜伽教练，她在教社区里要健康漂亮的年轻妈妈练瑜伽。

烘焙工坊℃
网红面包坊的面包师教大家做蛋糕，妈妈现学现用，这里也成了孩子们的零食工坊。

2℃小教室
住在8#楼做外贸的王女士拿出家里收藏的红酒，让大家品尝，还教大家鉴赏的方法。

阅读梯℃
找一本书，随地而坐，安静地享受一个人的时光。

1℃大教室
做了20年皮匠的王师傅，正在教手工课，大家做了好多皮包和牛皮笔记本。

演出空间℃
听邻里的才艺展示经验分享TED，领略不同人的精彩感悟。

陪读吧℃
在这个童趣的小房子里，妈妈跟孩子一起读绘本、讲故事。

吧台℃
Y.O伙伴们用柴和草木、花果调制的茶饮，还有各式现磨咖啡。

书塔℃
用书堆成的塔，孩子们能在里面攀爬玩耍，邻居们还拿出自家的书放在上面，让书在社区里流转起来。

户外木台

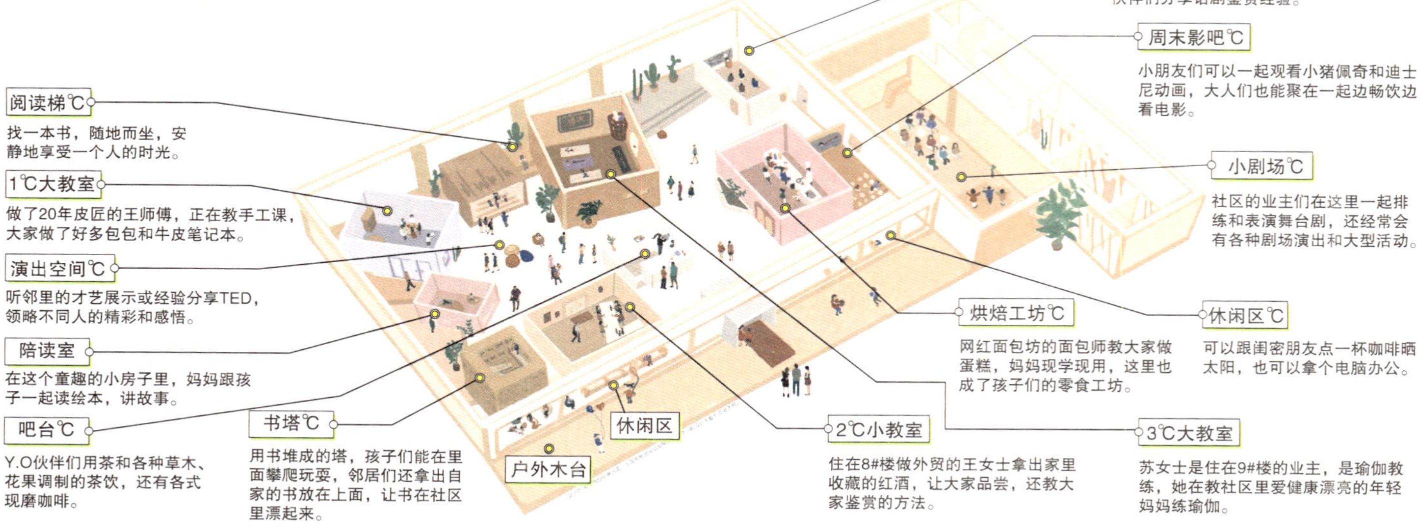

图6-25　原聚场社群IP

402　　品质力

③工程 IP：整合供应链、工程管理优势，打造超级工厂 IP

在内部取得工程、供应链精益管理成果后，东原将这些成果整合形成超级工厂 IP，抽象形成"全标准、全透明、全档案，让客户所见即所得"的核心价值，传递给客户，影响客户心智（见图 6-26）。

全标准 工艺工法	全透明 材料严选	全档案 成长记录
■ "绿建、快建、智建"的精工建造体系 ■ 管理体系标准化、现场实践标准化	■ 材料溯源系统 ■ 三方评估全程追踪 ■ 全时、透明、多触点开放建造过程	■ 建筑材料档案 ■ 隐蔽工程验收档案 ■ 部品部件及使用功能档案 ■ 家的成长过程档案 ■ 工程管理工作档案

图 6-26　东原超级工厂 IP

东原在长期主义战略的指导下，不断锤炼内部精益化品质管理能力，形成了特色产品与服务差异化竞争力。在行业客户诉求提升、产品至上的发展趋势下，这种产品制胜的发展路径可为百强型房企提供一定参考。

三、成长型房企案例：永威置业，精细化战略突围之道

近年来，永威置业（以下简称永威）这家区域型房企因其品质口碑而备受关注。在郑州，业主们对永威有这样一句评价："没有一套永威的房子，你总是遗憾！"据统计，永威的老带新及老业主重复购买率高达 63%，其项目均价相较于周边竞品可实现溢价 10%～20%。这样出色的表现也受到行业的认可。作为中小型房企，永威是如何实现突围的？

1. 永威的发展历程与理念

永威成立于 2005 年，主营业务包括地产、建材、园林以及物业管理等板块，其中建材、园林主要服务于自身地产业务，为永威的项目打造助力。在投资布局

上，永威则主要深耕郑州大本营。

早在前几年，永威就认为行业已经过了高杠杆、高周转、高利润的快速增长阶段，进入由能力驱动的稳健增长阶段，区别于规模型房企追求"大而美"，中小型房企更需要强调产品和服务的极致竞争力，同时在规模上保持适度增长。因此，永威坚持"小而优"的长期主义，从战略到产品，将多维度、全方位的精细化作为自身的突围路径。

2. 永威的突围路径：从战略到产品的全面精细化

（1）战略发展：城市深耕，多元赋能主业

既然要实现"小而优"，那么在战略发展上就必须有相应的调整，主要体现在区域布局和多元板块发展上。

①区域布局：以城市为突破点，深耕大本营，适度外拓

目前，永威对区域布局的策略打法是：深耕大郑州，积极拓展省内重点城市，适时获取省外既有项目周边土地。从上述策略我们可以看出，不同于其他房企区域布局策略，永威的投资布局更多是以城市为布局重心，在考量自身能力、城市发展潜力、是否有合作伙伴的基础上，适度进行外拓。

这种布局策略有三点优势：第一，在一个优质的城市扎根够深，在城市市场占有率、品牌美誉度、客户满意度上有绝对的优势；第二，以城市为突破点进行布局，进入前研究得更为精细，降低投资风险；第三，借助合作机会进入新区域，在减少外省市布局风险的同时，打响永威品牌，为外省市拓展夯实基础。

②多元赋能主业：整合多板块资源，助力主业产品溢价

永威多元化布局的目的在于实现产品品质和品牌力的提升。因此，在做多元化探索时，永威主要的业务是建材、园林、物管，相对次要的业务是教育、商业和酒店。

建材业务为自建门窗基地，生产高标准建材。园林业务为自建苗圃基地，种植植株，全冠移植。这两项业务主要服务于永威地产主业，为项目产品营造提供了极大的助力。教育、商业和酒店等其他业务虽然规模小，但质量高，能够提升永威的产品溢价与品牌力。

（2）文化：建立精细化品质文化观，形成共识

历经17年的发展，永威逐步形成了精细化的品质文化观，包括"向上、向

善、唯真、唯美"的价值观,"做中国精品质住区的领跑者,为客户缔造智慧美好生活家"的战略愿景,"匠筑百年,精细致远"的品牌口号等。

这一品质文化观成为公司上下的统一共识,营造了品质为先的氛围,成为永威做事的主要准则。例如,永威创始人曾多次强调,在精细化理念之下永威还有自己的两个关键词——"用心"和"坚持",精工品质是永威的原则和底线。

(3)产品管理:追求极致产品品质和美好生活方式

产品与服务的极致精细化是永威的核心竞争力,其产品与服务的落地效果远超行业的平均水平。

①产品:"标准化+差异化"生成极致精细化产品

永威极致的产品品质背后是产品标准化与产品差异化的配合。

首先,产品标准化。如图6-27所示,经过多年发展,永威已经形成了以刚改和改善为主的多种类产品系,并在现有产品系的基础上,实现了土建、幕墙、水暖、电气、景观、装饰模块的标准化,通过模块标准化实现了各模块建造工艺、做法的统一,从而保证了各项目品质输出的一致性。

图 6-27 永威模块标准化

在标准化的基础上,永威按照SDCA循环原理,通过"标准化、执行、检查、总结"的模式,不断进行标准化体系的完善和升级,提高专业管理水平,降本增效。

其次,产品差异化。如图6-28所示,永威在产品上实现了建筑美学精细化、景观园林精细化、建材选材精细化、工艺细节精细化,从而与竞品明显拉开了差距,实现了差异化竞争。

建筑美学精细化

永威创始人一直以产品美学为导向，强调创造有影响力的作品，与国际知名设计公司如美国 SOM、英国 UA 以及国内顶尖团队建立战略合作关系，共同磨合产品细节。

景观园林精细化

在园林植株选择标准上高要求，打造独特的园林景观体系。

建材选材精细化

选择高于行业标准的建材来保证业主的居住品质。永威认为选材应该历久弥新，例如一个交付了十余年的小区，现在住进去仍然像新的一样。

工艺细节精细化

永威追求极致的产品细节，在产品工艺上，所有项目的铺砖都要做到平面对缝、立体对缝；内抹灰除了看平整度、垂直度，还应该色泽均匀、纹路一致；甚至地下车库里房企不太关注的管线排布，永威都做到了精细化排布，以体现出"秩序之美"。

归家大堂　　景观围墙　　毛坯交付　　车库效果　　维保仓库　　消防泵房

全方面精细化

图 6-28　永威产品精细化管理

②服务：住宅变为客户的美好生活

过去，永威强调硬产品实力，近两年则洞察到客户除了房子，更需要符合需求的生活方式。面对客需变化以及地产竞争格局，永威重新进行了战略愿景定位——做中国精品质住区的领跑者，为客户缔造智慧美好生活家。

基于上述愿景，永威一方面要继续保持产品的核心竞争力，打造能穿越时间的作品，另一方面则要通过提供综合性服务产品来增强自身对美好生活方式的营造能力。为此，永威创建了"永客会"会员服务体系、永威"和生活"子公司，通过"和生活"为合适的项目提供餐厅、健身房等一系列优质的生活配套，通过"永客会"来拉近永威与客户之间、客户与客户之间的距离，如图 6-29 所示。

（4）工程管理：全周期、勇创新、数字化的"数字"工程支撑体系

出于对产品品质和设计美学的严苛要求，永威内部达成了"交付实景美过效果图"的产品品质共识，而要想达成这一目标，精益化的工程管理体系是必不可少的支撑。历经多个优秀项目，当前，永威已经梳理出一个全周期、勇创新、数字化的"数字"工程支撑体系，如图 6-30 所示。

永客会

线上整合资源，线下积极融入数字经济、智慧管理等新的生存环境，为客户提供"一站式"生活解决方案。打造线上、线下双层生态服务圈，形成双圈联动，提升客户满意度。

➤ 业主服务：访客通行、物业缴费、报事报修、专属管家等多项物业功能在线完成。
➤ 社群服务：从不同年龄段的业主以及不同兴趣出发，筹划组织各类永客会社群活动，当前开展5大社团活动。
➤ 专属权益：从"衣、食、住、行"四方面出发，整合了优质资源，包括永威旗下的酒店、物业、商业、置业资源，以及精选的外部商家，涵盖主题餐饮、生活服务、酒店民宿、健康美护、亲子成长、健身运动6大类资源。

永客会社群活动集锦

图 6-29　永威"永客会"会员服务体系

1	5	21	62+	112+
品质即生命	关键节点	管控指导动作	匠心专利	标准文件

图 6-30　永威"数字"工程支撑体系

①全周期：基于产品生命线的全周期工程管理体系

"没有管理的技术是混乱的，要通过管理解决技术问题，通过技术解决管理问题。"为此，永威构建了基于产品生命线的全周期工程管理体系（见图 6-31），通过科学精细的管理体系来指导施工建造。整套体系将产品品质管理周期分为前期阶段、建设阶段和后期阶段，主要有工程策划、开盘后评估、交付启动会、交付后评估、维保移交五个关键节点。

在落地执行时，聚焦工程策划、样板交底、建造过程检查、交付内验、维保五大重点管控动作。

第一，在工程策划上，永威通过提前进行精细化策划及集中封闭审图制度来消除项目设计缺陷与风险。为了集中封闭审图能够更为精准、高效，永威针对土建、景观等不同专业形成了内部审图要点汇总表，并根据项目经验不断更新要

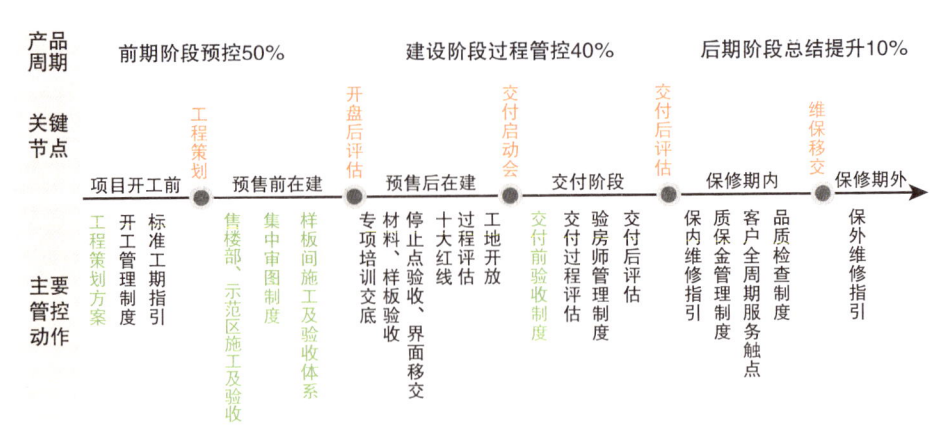

点，以标准化规避风险的产生。

图6-31 永威基于产品生命线的全周期工程管理体系

第二，在样板交底上，如图6-32所示，永威遵循"严谨交底，样板先行"的原则，做好"样板策划—样板验收—样板评估"三步。

图6-32 永威样板先行与落地实现

第三，在建造过程检查上，永威建立了包括样板管理、材料验收、工序验收、实测实量、日常巡检在内的过程质量检查体系，配合数字化、信息化，有效把控项目末端管理行为。

第四，在交付内验上，永威以"交付实景美过效果图"的结果为导向，坚持所有项目无差别验收，以确保永威交付产品品质的原则来开展交付管控工作，包括七重交付管控体系与综合交付评定体系，如图 6-33 所示。

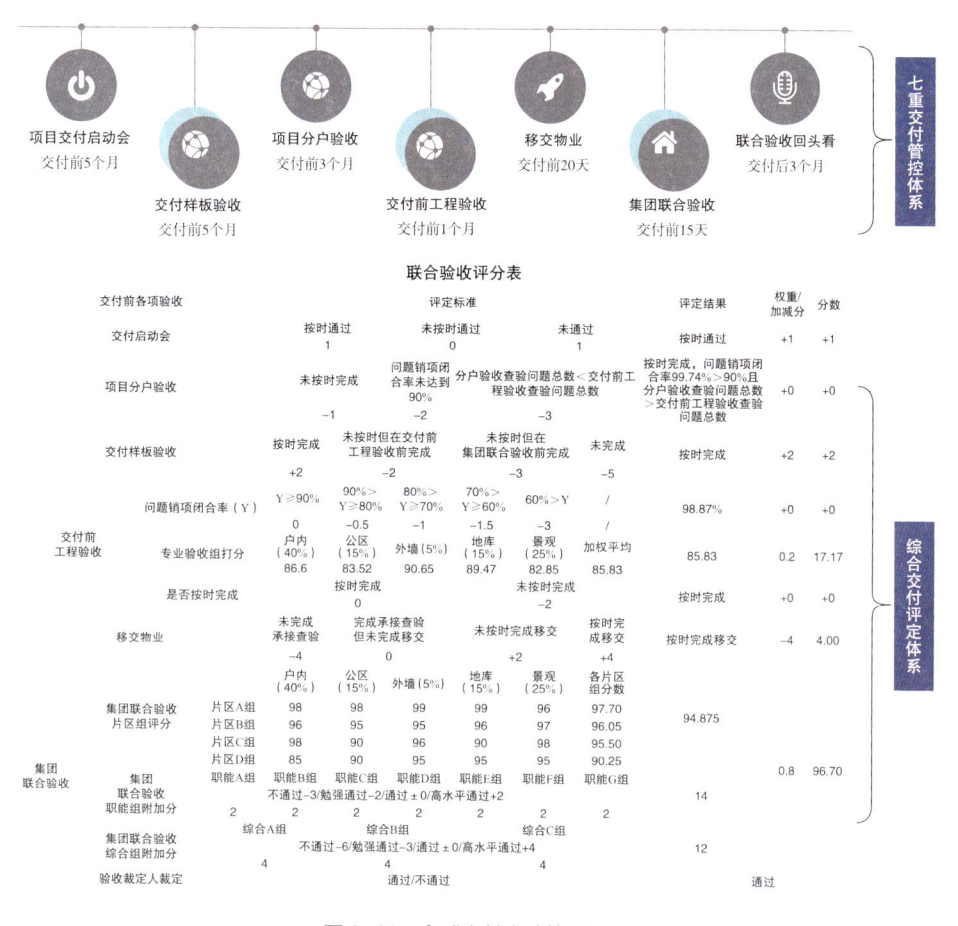

图 6-33 永威交付内验管理体系

第五，在维保上，永威尽已所能地主动服务，打造无忧售后维保体系，为业主提供完美的集中交付体验和售后维修体验。

②勇创新：新工艺、新技术创新，形成特有技术专利

为实现品质与利润、速度的均好，永威积极研发各种精益求精的技术和工艺。如图 6-34 所示，当前永威已研发了 62 项专利成果，广泛应用到各个项目中。

- **专利**：车库出入口感应灯
- **问题**：由于很多人不会看凸面镜，车库出入口车辆会车经常会有刮蹭或堵车的难题
- **专利方法**：在车库出入口装上红绿灯和感应器，当有车辆出入时，对向红灯亮起
- **应用项目**：永威森林花语

- **专利**：便于连接的干挂石材
- **问题**：传统干挂石材幕墙，打胶密封势必会因胶体颜色与石材不同而使其失去石材天然之美，也可能因为打胶操作不当带来交叉污染，影响墙面美观
- **专利方法**：石材加工设计了公母槽，拼接时上下左右搭接互锁，挂装时母槽内注入专用密封胶，公槽为石材原始裁切面，墙面呈现效果仿佛整石雕刻一般
- **应用项目**：永威森林花语

图 6-34　永威特有技术专利示例

③**数字化**：建造场景在线，驱动精益提升，实现品质兑现

2019 年永威开启了"智慧工程"管理模式。将数字化工具应用在一线工地，一方面解决了永威的高标准在项目上的完整落地，另一方面使永威实现了对过程质量大数据的采集，这些数据不但让永威后续项目在设计和施工建造过程中降低了试错成本，更实现了所有问题的追根溯源。

（5）**品牌打造**：以明星项目积累优势，形成品牌影响

作为区域成长型房企，永威意识到极致产品力是拓展客户和行业影响、建立品牌的基石。围绕着体现差异化品质力的大方向，永威通过打造多个高品质、高口碑的明星项目积累优势（见图 6-35），在客户心中建立"屋有所值、人有所乐"的品质印象，在行业中形成"永威现象"，每年接待业界近万人参观。

在通过明星项目为品牌积累势能后，永威接下来需要实现企业品牌在社会层面的强化与出圈。如图 6-36 所示，永威在 2021 年有三大品牌动作：首先，永威组织了首次线上直播造房活动，以一个主会场、五个分会场（施工现场）的庞大阵容，就业主和同行关心话题与线上和现场的观众实时互动；其次，永威将多年来的精细设计、匠艺工法等梳理成体系，以付诸影像、书本的形式对外进行推广；最后，推出永威置业的 IP 形象——永小威，以更具温度的语言去塑造更立体、更多元的永威置业。

永威森林花语	永威上和院	永威迎宾府（安置房）
➢ 明星标杆打造方向 最严格的项目交付	➢ 明星标杆打造方向 不计成本的高端住宅	➢ 明星标杆打造方向 比商品房优秀的安置房
➢ 打造内容 产品细节：社区景观细节、高颜值地下车库。 创新技术：干挂石材等材料、技术和工艺专利。 验房过程：项目自检、集团工程验房、集团联合验收三轮预验房。	➢ 打造内容 建造时间：上和院前期准备时间长达5年。 设计团队：5位国际知名大师分别负责建筑、景观、公区、会所及样板间设计。 产品细节：景观、公区、立面、户内等细节的精雕细琢。	➢ 打造内容 项目定位：项目定位等同于商品住宅项目。 产品细节：户内、公区、景观细节打造。

图 6-35　永威明星标杆打造示例

线上直播造房

影像与书本输出

企业 IP 形像

图 6-36　永威企业品牌强化与出圈

永威以高品质实现了行业突围，完成了"小而优"的华丽转型，为企业长远发展打下了良好的基础，其发展经验有助于中小型房企在当前行业形势下明确自身发展路径。

本章小结

2022年是行业品质红利元年，房企可借势攻坚品质管理难题，尽早布局模式转型，抢占市场先机。由于所处阶段不同，不同房企走向品质的发展路径自然也就不同。房企要想获取品质红利，就必须在理解四大驱动的基础上，推动战略、组织、业务、品牌进行品质变革。

第一，影响品质的四大驱动及其关系。客户驱动、管理驱动、技术驱动、数字驱动是房企品质管理提升的四大推手，如图6-37所示，四大推手相辅相成、相互促进、缺一不可，因此房企必须联合发力。

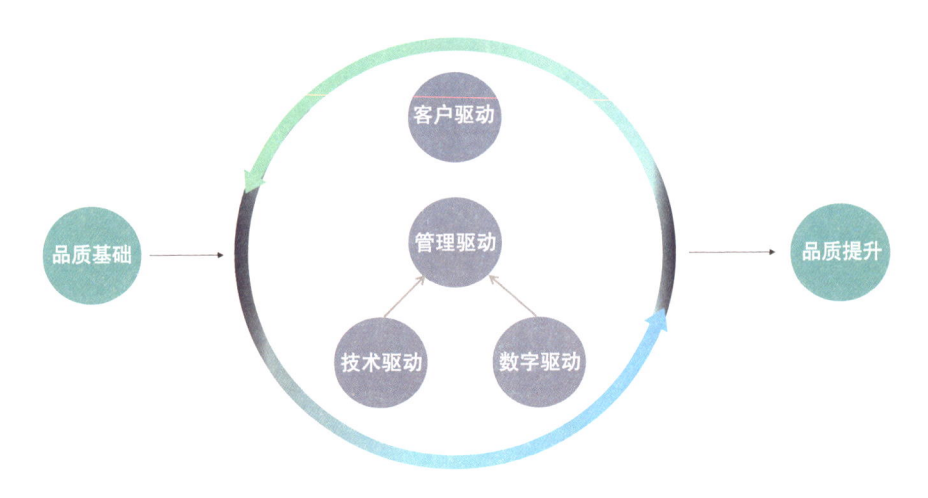

图6-37 四大驱动关系图

客户驱动是房企品质变革的指南。房企业务管理、产品兑现、技术升级、数字化建设都需要以客户中心为准绳。房企通过找对客群、客户研究、需求转化，将客户需求转化成企业内部语言，指导各专业开展业务工作。

管理驱动是客户驱动的落位。影响品质的管理因素包括组织文化、人员能力、标准体系能力、技术运用和数字化发展等。在上述因素中，人员能力因素不确定性较强，房企要实现向管理要品质、要效益，则需要充分发挥个人积极性，放大标准体系、技术、数字化在管理体系中的比重，通过建立基于标准化、数字化、智能化的 SOP 管理体系提升品质。

技术驱动与数字驱动是管理驱动的基础。新技术的运用使得房企从劳动密集型走向工业智能，从而大幅度提升建造效率，而数字化使得房企全业务场景在线，用数据分析、智能赋能业务，使旧管理模式得以改造。技术与数字化之间也存在互相牵引关系，新技术运用要求数字化管理，数字化管理推动新技术真正落地。

第二，基于四大驱动的不同房企变革路径。规模型房企处于行业领先地位，业务基础相对扎实。面对复杂多变的环境，规模型房企更聚焦增长模式调整，通过向品质增长转型来获取新的增长点，解决大型企业卓越与平庸的问题。基于这一关注点，我们认为规模型房企首先要推动战略向长期主义转型，做强主业，做优副业，在战略指导下，进行组织、业务、品牌变革：首先，组织聚合，精简总部，整合弱势区域，推动各部门一盘棋，实现高效协同；其次，业务创新，通过细分需求来进行产品创新、价值化工程体系创新、共创化供应链体系创新、价值经营化客户服务创新来推动业绩从量到质的提升；最后，品牌变革，基于企业品牌内核价值，梳理形成全业态、全链路品牌矩阵，并以其为纽带实现对客统一发声。

成长型房企过去长期处于追随地位，经营能力相对薄弱。在行业分化背景下，成长型房企仅靠模仿标杆房企无法实现突围，需要走自己的路，合理规划布局，解决生存问题。因此，我们认为成长型房企首先需要建立起战略研究能力，加强研究，找对布局城市，以城市为维度进行深耕与拓展。基于上述战略，强化组织经营能力、业务规范化能力，打造差异化产品和服务优势，并且强化自身产品价值对客户的转化。

综上，规模型房企、成长型房企的发展阶段不同、目的不同，其发展方式也就不同，房企应在理解四大驱动的基础上，综合变革路径和优秀企业案例，量体裁衣，梳理出适合自身的变革方法，实现品质转型。